MINISTÈRE DE L'INSTRUCTION PUBLIQUE

ANNALES
DU
MUSÉE GUIMET

BIBLIOTHÈQUE D'ÉTUDES

TOME VINGT-QUATRIÈME
DEUXIÈME FASCICULE

EDUARD MEYER

CHRONOLOGIE ÉGYPTIENNE

TRADUIT

PAR ALEXANDRE MORET
CONSERVATEUR-ADJOINT DU MUSÉE GUIMET

PARIS
ERNEST LEROUX, ÉDITEUR
28, RUE BONAPARTE, 28

1912

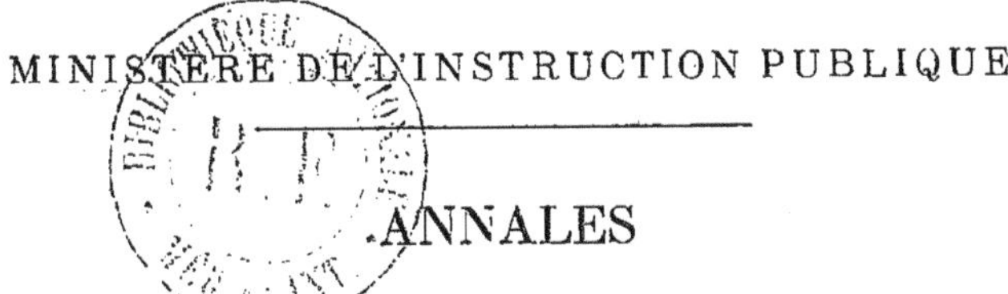

MINISTÈRE DE L'INSTRUCTION PUBLIQUE

ANNALES

DU

MUSÉE GUIMET

BIBLIOTHÈQUE D'ÉTUDES

TOME VINGT-QUATRIÈME

DEUXIÈME FASCICULE

CHRONOLOGIE ÉGYPTIENNE

CHALON-SUR-SAÔNE, IMPR. FRANÇAISE ET ORIENTALE E. BERTRAND

MINISTÈRE DE L'INSTRUCTION PUBLIQUE

ANNALES

DU

MUSÉE GUIMET

BIBLIOTHÈQUE D'ÉTUDES

TOME VINGT-QUATRIÈME

DEUXIÈME FASCICULE

EDUARD MEYER

CHRONOLOGIE ÉGYPTIENNE

TRADUIT

PAR ALEXANDRE MORET
CONSERVATEUR-ADJOINT DU MUSÉE GUIMET

PARIS
ERNEST LEROUX, ÉDITEUR
28, RUE BONAPARTE, 28

1912

AVERTISSEMENT

La traduction de l'*Aegyptische Chronologie* a été faite sur l'édition de 1904 (*Abhandlungen der königl. Preuss. Akademie der Wissenschaften,* 1904[1]). M. le professeur Ed. Meyer m'a autorisé à rejeter à la fin, ou à introduire aux places convenables, les *Nachträge zur aegyptischen Chronologie* (*Abhandlungen,* 1907) et les *Neue Nachträge zur aegyptischen Chronologie* (ap. *Zeitschrift für aegyptische Sprache,* XLIV, 1907, p. 115 sq.). Les planches I à VII ont été reproduites directement d'après celles du mémoire original; aussi ont-elles conservé leurs légendes en langue allemande. Les renvois relatifs à l'*Histoire de l'Antiquité* du professeur Ed. Meyer se rapportent à la première édition allemande de cet ouvrage.

A. Moret.

1. En dépôt chez Georg Reimer, Berlin.

CHRONOLOGIE ÉGYPTIENNE

I. — CALENDRIER ET PÉRIODE SOTHIAQUE

LE CALENDRIER ÉGYPTIEN

Le régime de l'année égyptienne nous est exactement connu, grâce aux astronomes grecs qui ont utilisé le calendrier égyptien pour dater leurs observations[1]. Cette année a donc une base astronomique. C'est une année vague de 365 jours; comparée à l'année julienne, elle perdait un jour tous les quatre ans, de sorte que 1.461 années égyptiennes = 1.460 années juliennes. Pour préciser cette opposition, le

1. Par exemple dans l'introduction aux Parapegmata milésiens (*Sitzungsber. d. Berl. Akad. d. Wiss.*, 1904, 96). De même les horoscopes publiés par Wilcken (*Ostraka*, I, 792) sont datés d'après l'année vague égyptienne à côté de l'année fixe romano-alexandrine. Les dates des observations faites par les Babyloniens (et le canon royal qui s'y rattache), conservées par l'Almagest, sont, bien avant Ptolémée, réduites, par les astronomes grecs, d'après le calendrier égyptien. — Quand les astronomes grecs veulent établir un calendrier immuable, ils usent d'un calendrier idéal d'après la place du soleil par rapport aux signes du zodiaque, et ils y introduisent, pour l'usage pratique, les dates de l'année civile courante (cf. Diels et Rehm, *Sitzungsber. d. Berl. Akad. d. Wiss.*, *l. c.*) : ainsi procèdent Meton, le Parapegma de Geminos, les Parapegmata milésiens, etc. Pendant la période impériale, on date en Égypte d'après le calendrier alexandrin fixe de 365 jours 1/4, qui est identique au calendrier julien (commencement au 1er Thoth = 29 août); ainsi fait Ptolémée dans les Φάσεις ἀπλανῶν et Théon d'Alexandrie dans le Commentaire aux *Phénomènes* d'Aratus.

1er Thoth, jour du nouvel an égyptien, tomba, en l'an 1 de Nabonnassar, au 26 février 747 av. J.-C. ; l'année julienne 745 av. J.-C. étant bissextile, en l'an 4 de Nabonnassar, le 1er Thoth recula au 25 février 744 ; en l'an 8, au 24 février 740, et ainsi de suite[1].

Avec les données des astronomes concordent les renseignements transmis par les écrivains grecs sur l'année égyptienne[2], ainsi que les témoignages et les dates des monuments pharaoniques. D'après ces sources, l'année égyptienne se divise en trois saisons, qui ont chacune quatre mois de trente jours ; en dehors de ces mois, on intercale cinq jours, appelés par les Grecs *épagomènes*. Dans l'écriture, les quatre mois de chaque saison sont simplement désignés par des chiffres.

C'est sous la XXVIe dynastie que furent introduits les noms des mois que nous trouverons en usage dans les papyrus araméens sous la domination perse, dans les sources grecques et chez les Coptes : ils sont dérivés des noms de fêtes mensuelles. Quelques-unes de ces fêtes sont des fêtes locales de Thèbes et ne furent introduites qu'au temps du Nouvel Empire. D'autres sont très anciennes ; mais on les célébrait, à l'origine, dans le mois qui précédait celui auquel plus tard elles donnèrent leur nom. (Sur ce développement, voir l'*appendice*.) Par l'introduction de ces noms de mois, le caractère du calendrier n'a pas été altéré ; néanmoins il ne nous est plus possible d'employer (comme l'ont fait la plupart des égyptologues jusqu'à maintenant) les *noms* des mois pour les temps antérieurs à la XXVIe dynastie.

1. On trouve des tables commodes dans Brandes, *Abhandlungen zur Gesch. des Orients im Alterthum*, 1874, p. 130 sqq., pour le 1er Thoth de 4 en 4 ans, depuis 4000 av. J.-C. jusqu'en 136 ap. J.-C., et dans Mahler, *Chron. Vergleichungstabellen*, 1888, pour tous les mois de chaque année depuis 747 av. J.-C. jusqu'en 451 ap. J.-C.

2. Voir surtout Hérodote, II, 4 ; *Décret de Canope*, l. 43 sqq. ; Geminos, *Isag. in phænom.*, ch. VIII, p. 106 sqq. (éd. Manitius) ; Censorin, 18, 10. Diodore (I, 50, 2) prétend que l'année égyptienne est de 365 jours 1/4 ; il confond l'année vraie avec le calendrier civil.

Voici le calendrier égyptien avec ces noms de mois :

I	*echout*, saison de l'inondation	1er mois		Thouth
	» » »	2e	»	Paophi
	» » »	3e	»	Athyr
	» » »	4e	»	Choiak
II	*prôjet*, hiver ou saison des semailles	1er mois		Tybi
	» » »	2e	»	Mechir
	» » »	3e	»	Phamenoth
	» » »	4e	»	Pharmouthi
III	*šomou*, été ou saison de la moisson	1er mois		Pachon
	» » »	2e	»	Payni
	» » »	3e	»	Epiphi
	» » »	4e	»	Mesori

doua heriou ronpet, les cinq *épagomènes*.

Ce calendrier est d'une conception absolument artificielle. Il se caractérise ainsi : ses mois ne sont pas des mois, ses saisons ne sont pas des saisons, son année même n'est pas une année. Le seul élément qu'il ait emprunté à la nature, c'est le jour; mois, saisons et année n'y sont que des sommes de jours totalisés en une unité commode. Il obéit à un rationalisme ou radicalisme tel que nul autre calendrier de n'importe quel peuple, à ma connaissance du moins, n'en offre d'exemple, pas même le calendrier julien, qui, dans ses mois absurdes de 28 (29), 30 et 31 jours et dans son jour intercalaire au 24 février, conserve les éléments irrationnels que César lui-même n'osa pas mettre de côté, quand, au calendrier pseudolunaire des Romains, il imposa la longueur de l'année égyptienne. La Révolution française seule, dans sa réforme éphémère du calendrier, eut l'audace des anciens

Égyptiens. Ce radicalisme rationnel explique la commodité pratique extraordinaire du calendrier égyptien reconnue par les astronomes grecs et imitée par eux quand l'année julienne fut introduite à Alexandrie. Ils s'épargnaient ainsi non seulement la détermination de toutes les dates astronomiques transmises, mais encore le calcul incommode d'une année de $\frac{1461}{4}$ jours. Par la même raison, nos astronomes ont conservé les calculs de l'année julienne au lieu de compter d'après l'année grégorienne ou même d'après la véritable année solaire qui est toujours variable dans sa longueur et dont on a fixé la durée, pour l'an 1800 ap. J.-C., à 365j 5h 48′ 46″,43[1]. Une année qui compte par centièmes de secondes n'est pas utilisable pour un calcul chronologique; les dates réelles d'après l'année solaire ne peuvent donc se baser que sur le calcul d'une année fictive; c'est comme telle que l'année égyptienne de 365 jours a servi aux astronomes grecs et que nous sert l'année julienne de 365 jours $\frac{1}{4}$.

Sans aucun doute, ce radicalisme de l'année égyptienne n'est pas prémédité; mais il repose purement sur une connaissance imparfaite des faits chez les premiers auteurs du calendrier. Ils ont évidemment cru qu'ils avaient trouvé la véritable longueur de l'année solaire et créé un calendrier qui concordait avec la marche des saisons. Il n'y eut de prémédité que l'abandon du mois lunaire et de la nécessité qui s'y attache absolument d'une intercalation continue, par conséquent d'une année de longueur variable; et c'est justement en cela que consiste le grand pas en avant qu'implique l'introduction du calendrier égyptien.

Il y a une difficulté insoluble, avec laquelle lutte tout calendrier qui marche avec la nature : c'est que les deux unités de temps données par la nature, c'est-à-dire le mois lunaire et l'année solaire, n'ont pas de commune mesure ni entre

1. D'après Wislicenus, *Astronom. Chronologie*, p. 22.

elles ni avec le jour, et, se trouvant d'une longueur variable (mois de 29 et 30 jours; année solaire de 365 et de 366 jours), ne peuvent être rapprochées de plus en plus que par un système d'intercalation très raffiné.

Voici une des conséquences les plus nuisibles de ce système : tant que l'on compte d'après des mois réels, c'est-à-dire d'après le temps qui s'écoule du lever de la nouvelle lune au crépuscule du soir jusqu'à la prochaine lune[1], non seulement on n'obtient que des mois assez irréguliers de 29 et de 30 jours, mais l'année, pour être en harmonie avec l'état du soleil et le changement des saisons, doit avoir à compter tantôt sur 12, tantôt sur 13 mois, c'est-à-dire tantôt sur 354 ou 355 jours, tantôt sur 383 ou 384 jours[2]. On sait de quelle façon méritoire les Grecs ont résolu ce problème, mais leur année était complètement inutilisable dans la pratique. Le paysan devait connaître les saisons d'après les phénomènes naturels et les phases des étoiles, et l'historien devait dater d'après elles, tandis que, pour tous les calculs, par exemple les comptes d'impôts, seul était employé et valable le calcul par jours ou au plus par mois (comptés conventionnellement à 30 jours, qu'ils fussent pleins ou non[3]).

Pour arriver à une année solaire véritable et à un calendrier dans lequel les mois auront une place fixe, il faut renon-

1. Rappelons ici que la nouvelle lune astronomique, ou « vraie », c'est-à-dire la conjonction du soleil et de la lune, n'est qu'une construction artificielle trouvée par le calcul. L'appellation « nouvelle lune », νεομηνία, n'est donnée à cette conjonction que par un abus contraire au sens du mot. Pour la pratique du calendrier lunaire et de l'année luni-solaire, on ne considère que la nouvelle lune visible.

2. La conception absurde d'une année lunaire pure, de 12 mois lunaires, ne pouvait venir qu'à un homme aussi complètement inexpérimenté en cette matière que Mahomet; il ne fallait pas moins que l'autorité d'une révélation divine pour imposer aux croyants une année aussi dépourvue de bon sens et de sens pratique.

3. A l'occasion, on a défini l'année en lui attribuant arbitrairement un nombre déterminé de mois : 10 mois, par exemple, dans la convention des soldats avec Eumène Ier (Inscription de Pergame, Dittenberger, *Orientis Gr. Insc.*, n° 266), ou dans l'année fiscale des Romains.

cer à tout rapport avec la lune. Le Grec, tout comme le Musulman, voulait, le soir où commençait le premier jour du mois, la Νουμηνία, que la nouvelle lune fût véritablement visible au ciel, et que le dernier jour du mois, la ἕνη καὶ νέα, tombât un jour où la lune est tout à fait invisible[1]. Pour les Égyptiens aussi, les jours de la lune avaient une haute importance : depuis les temps les plus anciens, les fêtes de la nouvelle lune et de la pleine lune ont toujours été comptées parmi les fêtes principales, et mentionnées très fréquemment à côté des autres fêtes lunaires dans les textes religieux et historiques[2]. Un compte du temps daté de Sésostris III, montre aussi que, tout au moins sous le Moyen Empire, le traitement en nature des scribes de temple était calculé d'après des mois lunaires de 29 et 30 jours alternativement[3], et non pas d'après les mois du calendrier; cependant ces comptes sont aussi datés d'après le calendrier civil de l'année de 365 jours. Ainsi a-t-on conservé, autant que cela était nécessaire, le vieux mois lunaire pour le culte[4]. Mais pour le calendrier ces mois lunaires n'ont aucune signification, quelque intéressantes que nous

1. En fait, on ne pouvait toujours y arriver à cause de l'insuffisance des cycles intercalaires; d'où la nécessité de réformes renouvelées du calendrier.

2. Il suffit, à ce sujet, de renvoyer à Brugsch, *Thesaurus*, II. Mais, dans les calendriers identiques de Ramsès II et de Ramsès III à Médinet-Habou, les fondations inscrites pour les 29e, 30e, 1er, 2e, 4e, 6e, 10e et 15e jours de chaque mois ne peuvent être basées sur le mois lunaire, comme Brugsch l'entend (*Thesaurus*, II, p. 310 sq. et 476), mais, au contraire, sur le mois caléndérique, puisqu'on multiplie simplement par douze les totaux isolés afin d'obtenir la somme annuelle. Enfin, avec les mois lunaires, les offrandes prévues pour le 30e jour ne viendraient en compte que moitié moins souvent que pour les autres jours.

3. Borchardt, *Ægyptische Zeitschrift*, XXXVII, p. 92. Voir aussi plus bas, p. 52.

4. Un fait complètement analogue s'est passé à Hambourg, à la suite de l'introduction du calendrier grégorien : la date de départ des domestiques et des fins de loyer s'est trouvée reculée de dix jours, car on n'a

puissent être ces données sur l'état de la lune pour le calcul exact d'une date[1].

Le mois du nouveau calendrier n'est en fait qu'une subdivision de l'année, choisie arbitrairement. Mais, tout comme dans notre calendrier, il a gardé le nom [hiéroglyphes] *ebod* « mois », emprunté, comme sa durée, à l'ancienne manière de calculer le temps par lunes véritables. Déjà à cette époque, comme chez les Grecs, on aura compté le mois conventionnellement à 30 jours, qu'ils fussent pleins ou non ; le nouveau calendrier fixe tous les mois à 30 jours. Quant à l'année solaire, le fait qu'elle a environ 365 jours, laps de temps après lequel les saisons et les eaux du Nil revenaient à leur ancien état, ce fait, on doit l'avoir connu de très bonne heure. De même que précédemment on cherchait à rattraper cette année solaire par des intercalations, de même à ces mois de 30 jours une intercalation était indispensable, mais non plus une intercalation irrégulière de mois entiers, mais une intercalation régulière de 5 jours. Cette innovation hardie marque le moment le plus remarquable du calendrier égyptien : elle lui a donné sa stabilité à travers des milliers d'années et aussi sa grande valeur pratique.

Il est très facile de voir combien les Égyptiens avaient compris l'anomalie de ces jours additionnels. Ils les appellent

pas voulu renoncer à des privilèges établis en droit. Mais, par la suite, ce reste du calendrier julien n'a pas été influencé par le déplacement des deux formes d'années relativement l'une à l'autre. Le jour du déménagement et du départ des domestiques tombait encore dans ma jeunesse, partout, le 11 mai et le 11 novembre.

1. Nous connaissons seulement, par la liste des fêtes du tombeau de Chnemhotep à Beni-Hassan (XIIe dyn.; Lepsius, *Denkmäler*, II, 123 sqq.; Brugsch, *Thesaurus*, p. 231), une fête de « la grande année » et de « la petite année », [hiéroglyphes], [hiéroglyphes], à côté des deux « fêtes du nouvel an » et de la « fête de la fin de l'année », et des « douze fêtes de la nouvelle lune » et des « douze fêtes de la pleine lune » ([hiéroglyphes]); mais nous ne pouvons dire avec certitude si ces fêtes ont quelque rapport avec les mois lunaires.

[hiéroglyphes][1], ou [hiéroglyphes][2], ou [hiéroglyphes][3], plus tard aussi [hiéroglyphes][4], etc., *doua hriou ronpet*[5] « les cinq qui se trouvent par-dessus l'année » ; c'est-à-dire ceux qui sont à la fois en dehors des mois et en dehors de l'année comme un groupe de jours à part qui sont ajoutés, ou, plus exactement, superposés à l'année. Ainsi ces cinq jours sont intercalés entre deux années de douze mois ou 360 jours. Une inscription du début de la Ve dynastie[6] nous montre qu'au temps de l'Ancien Empire on ne les considérait pas comme ajoutés à la fin de l'année, mais avant l'année : ils précèdent les douze mois. Cela est confirmé par le décret de Canope, où ces jours sont nommés αἱ πέντε αἱ ἐπαγομέναι πρὸ τοῦ νέου ἔτους = [hiéroglyphes][7]. Aussi la fête du « jour final de l'année », [hiéroglyphes][8], n'est-elle pas le 5 épagomène,

1. *Pyr. de Pepi II*, 754.
2. Inscription de Hapzefa à Siout (Erman, *ÆZ.*, XX, p. 166 ; inscription de [hiéroglyphes] à Munich, datée d'Amenemès Ier, ap. Brugsch, *Thesaurus*, p. 236.
3. Beni-Hassan, Inscription de Chnemhotep (Brugsch, *Thesaurus*, p. 231-232).
4. Brugsch, *Thesaurus*, p. 479 sqq.
5. Erman, *Æg. Grammatik* 2, § 155.
6. Inscription de Tehne, datée d'Ouserkaf, premier roi de la Ve dynastie, relative à la fondation d'un culte funéraire (ap. G. Frazer, *Annales du Service des Antiquités*, III, p. 122, et K. Sethe, *Urkunden des Alten Reiches*, n° 17. On y trouve par deux fois la liste ci-contre :

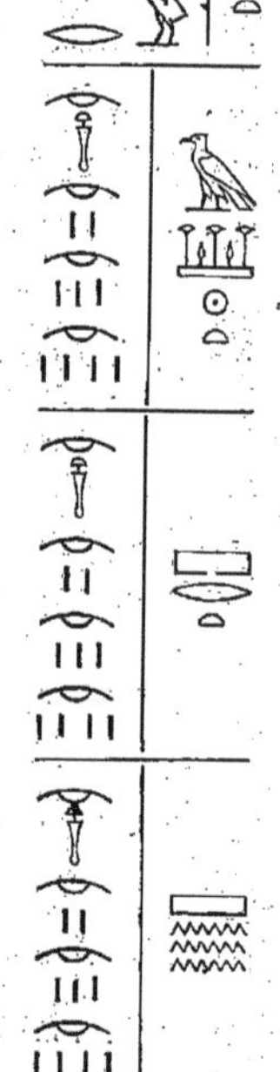

7. Décret de Canope, l. 44 ; néanmoins, dans les textes du Moyen Empire, on les place généralement à la fin de l'année.
8. Inscription de Chnemhotep.

mais le 30 Mesori[1]; et, dans le calendrier de Médinet-Habou, Ramsès II (et Ramsès III, qui le copie) calcule-t-il les offrandes journalières à livrer au temple d'Amon ([hiéroglyphes]) en multipliant par 365 « pour l'année et les 5 jours » ([hiéroglyphes])[2], — les 5 jours n'appartiennent donc pas à l'année, qui ne comprend que 12 mois. La chose apparaît encore plus clairement que je ne l'avais dit jadis[3], dans la formule fréquente aux *contrats* de Hapzefa : « or, un jour de temple est $\frac{1}{360}$ de l'année ». Pour le calcul des rations journalières du temple, on ne considère ici que l'année, c'est-à-dire 12 mois sans les épagomènes.

On comprend combien il fut difficile aux Égyptiens de se faire à la pensée qu'il devait y avoir des jours en dehors des mois, et que, pour constituer l'année, la subdivision par mois, admise jusqu'alors, devait être dépassée. Pour introduire ces jours, on les a déclarés jours de fête et jours de naissance des cinq grands dieux, Osiris, Horus, Set, Isis et Nephthys. D'après la tradition conservée par Plutarque (*de Is.*, 12), qui est certainement très ancienne, Ré (Hélios) aurait maudit Nout (Rhéa) qui s'était liée secrètement d'amour avec Geb (Kronos) : « elle ne pourrait enfanter dans aucun mois ni année » ; alors Thoth (Hermès), qui l'aimait, aurait gagné à la lune, en jouant au tric-trac, un soixante-dixième de sa lumière (τῶν φώτων), en aurait formé 5 jours, qu'il aurait ajoutés aux 360 de l'année ; c'est en ces jours-là que Nout aurait enfanté ses cinq enfants. Les textes des pyramides connaissent déjà cette tradi-

1. Brugsch, *Thesaurus*, p. 478.

2. Dümichen, *Die Kalendarischen Opferlisten von Medinet-Habu* (1881), pl. IX ; *Kalenderinschriften* (1866), pl. II, IX ; déjà noté par Chabas, *Calendrier des jours fastes et néfastes*, p. 100.

3. *Ap.* Erman, *ÆZ.*, XX, p. 172, où j'admets que l'année est comptée conventionnellement à 360 jours, comme chez les Grecs (Hérodote, I, 32).

tion[1] : « Quand les dieux naquirent aux 5 épagomènes ». Il n'y a là rien qu'une légende populaire ou une tradition sacerdotale; mais c'est une trouvaille ingénieuse, qui devait avoir facilement créance auprès du peuple. Elle prouve enfin qu'aux yeux des Égyptiens les 5 jours n'appartenaient pas à l'année. Au point de vue de l'histoire de la religion, son intérêt n'est pas moindre, vu qu'elle montre qu'à l'époque de l'établissement du calendrier, les divinités du cycle Osirien étaient déjà en grand honneur.

D'une part, la légende précitée, d'autre part, la position des « jours supplémentaires » dans le calendrier, ont fait naître la croyance qu'ils sont d'une origine postérieure à celle des 12 mois. Au décret de Canope, nous voyons que c'est là la théorie officielle des prêtres[2]. Qu'une année de 12 mois ait pré-

1. *Pépi II*, 754 : [hiéroglyphes] .. A la fin du papyrus Rhind (pl. XXI, 2; cf. Erman, *ÆZ.*, XXIX, 1891, p. 59), on trouve des notices calendériques et météorologiques, qui placent en l'an 11 d'un roi non désigné, au 2ᵉ jour du 1ᵉʳ mois, la « naissance de Seth » (en ce jour « la majesté de ce dieu fit entendre sa voix »; c'est-à-dire il tonna) — et ensuite, autre rubrique : « la naissance d'Isis » (après laquelle « la pluie tomba du ciel »). Comme de nombreux témoignages de toutes les époques de l'histoire égyptienne nous permettent de placer ces deux jours au 3ᵉ et 4ᵉ Epagomène, il ne put y avoir là qu'une inadvertance commise par le scribe dans les dates. Une autre donnée reste très obscure, celle de la Stèle de l'Excommunication, l. 9 (sous Mencheperreᶜ, XXIᵉ Dyn.; Brugsch. *Rec.*, I, 22). Breasted, qui en fait une collation nouvelle (*Ancient Records*, IV, 654), traduit : « aujourd'hui après le 4ᵉ mois de la 3ᵉ saison, le 5ᵉ jour de la fête « naissance d'Isis » qui correspond à la « fête d'Amon au nouvel an » (d'après sa collation : [hiéroglyphes].) Le 5ᵉ jour doit être naturellement le 5ᵉ épagomène (voir une désignation analogue **ⲙⲉⲥⲟⲣⲏ ⲉⲡⲁ.ⲉ̅** pour le 5ᵉ épagomène *ap.* Wilcken, *Ostraka*, I, 809); mais la naissance d'Isis tombe au 4ᵉ épagomène et comment peut-elle correspondre à la fête d'Amon du nouvel an ? Le lapicide a-t-il mal interprété le texte à reproduire? La fête d'Amon du nouvel an est d'ailleurs bien connue à Thèbes et aussi à Napata (Stèle de Pianchi, l. 25.).

2. L. 43 sqq. : Τῆς συντάξεως τοῦ ἐνιαυτοῦ μενούσης ἐκ τῶν τριακοσίων ἑξήκοντα ἡμερῶν καὶ τῶν ὕστερον προσνομισθεισῶν ἐπάγεσθαι πέντε ἡμερῶν. On sait

cédé l'année égyptienne, c'est un fait certain; mais c'étaient de vrais mois lunaires, qui n'ont rien à faire avec le calendrier égyptien postérieur. Les 12 mois d'une égale longueur de 30 jours sont néanmoins inséparables des 5 épagomènes; ils ont dû être constitués à la même époque. Une année de 360 jours a sans doute exercé de tout temps une attraction magique sur les dilettantes, et elle le fera encore plus dans l'avenir, — cette croyance est proprement la pierre de touche du dilettantisme en chronologie; — mais historiquement cette année n'a jamais existé (excepté en matière de comptes, voir Hérod., I, 32 [de même dans l'énigme de Kleobulina et ailleurs], ou dans le payement de la solde à nos soldats, comme un procédé commode pour faire des chiffres ronds) et ne peut pas exister (à moins qu'un dilettante à la façon de Mahomet ne l'impose aux croyants), vu qu'on ne peut y arriver ni par le mois lunaire, ni par l'année solaire. Les intercalations, nécessaires au compte par mois lunaires, conduisent beaucoup plus nécessairement à une année solaire de 365 jours, en chiffres ronds (12 mois lunaires = 354 jours + 11 jours, c'est-à-dire plus d'un $\frac{1}{3}$ de mois). Les Égyptiens devaient avoir déjà découvert que c'était à peu près la véritable durée de l'année solaire, lorsqu'ils comptaient encore par mois lunaires purs.

qu'Eudoxe soutenait que l'année primitive égyptienne était le mois (Proclus, *in Plat. Tim.*, p. 102, *Diehl*); probablement il expliquait ainsi les totaux élevés des règnes des dynasties divines. Cette hypothèse a été recueillie par Diodore, I, 26 (Hécatée d'Abdère?) et Varron (*ap.* Lactance, *Inst.*, II, 12 = Plin., VII, 155). Plus proche de l'année égyptienne divisée par saisons est la conception d'une année de 4 mois (Diod., I, 26, 5; Plut., *Num.*, 18; Solin, I, 34; saint Augustin, *Civ. Dei*, XII, 11). Censorin (19, 4) reste isolé avec la conception que la plus ancienne année égyptienne se composait de 2 mois (Jahn et Hultsch corrigent avec raison *menstruum*); le roi Ison l'aurait allongée à 4 mois, Arminos à 13 mois (*sic*) 5 jours. On sait quel succès ces fantaisies ont eu auprès des chronographes chrétiens; Panodore en a tiré sa conception que l'année originelle avait la durée d'un jour.

ANNÉE VAGUE, ANNÉE SIRIUS ET ANNÉE SOLAIRE VRAIE

Les noms des trois saisons de l'année, *inondation, semailles* (ou hiver) et *moisson*[1], nous apprennent que les Égyptiens ont cru avoir trouvé la véritable durée de l'année solaire en fixant l'année à 365 jours. Mais la supposition était notoirement fausse. Il fallut peu de temps aux observateurs des astres pour découvrir que le calendrier était en retard sur la position du soleil et des étoiles d'un jour tous les 4 ans, et, après un espace de temps un peu plus long, ce retard du calendrier fut sensible par rapport aux saisons, c'est-à-dire aux travaux des champs et au cours de l'inondation. Mais cette observation n'a eu pour conséquence ni un changement dans le calendrier, ni l'introduction d'un jour intercalaire chaque quatrième année. La raison en est la crainte qu'on eut de faire ainsi une année boiteuse et de jeter à nouveau du trouble dans le calendrier. Et puis il y avait la force de la tradition. Avant tout, la grande utilité pratique du nouveau calendrier plaidait pour sa conservation intégrale. Si, en regardant un long espace de temps, l'inconvénient nous paraît à nous très sensible, n'oublions pas qu'il a bien peu d'importance dans la vie d'un individu ou d'une génération. En 60 ans, ce qui est la plus haute moyenne pour l'activité effective d'un paysan, la différence ne porte que sur 15 jours, et se produit si lentement et si régulière-

1. Dans Diod., I, 26, 5, ἔαρ (= *šomou*, moisson), θέρος (= *echout*, débordement) et χειμών (= *prôjet*). Au décret de Canope, les saisons naturelles de l'année χειμών et θέρος sont traduites (l. 41 sqq.) dans le texte hiéroglyphique par ☉ *prôjet* et ☉ *šomou*. Nous apprenons aussi, par une inscription de la presqu'île de Sinaï, qui date de la XIIe dynastie, et dont je suis redevable à Breasted (cf. IV, à la fin), qu'en ce temps, « le troisième mois de l'hiver » ☉ est tombé dans la saison naturelle de l'été ☉ *šomou*, le temps de la plus grande chaleur.

ment qu'il est presque impossible de la remarquer dans un intervalle de 10 ans; car les phénomènes de la nature, qui appellent les travaux de la campagne, ne reviennent pas non plus au même jour dans le calendrier le plus régulier, vu qu'ils dépendent des influences atmosphériques. Mais d'un autre côté, dans le même espace de 8 ans, où l'assiette des mois égyptiens se déplace de 2 jours, leur position dans un calendrier lunaire bien réglé, comme celui de l'*octaeteris* grecque, se déplace cinq fois en arrière de 11 jours et trois fois en avant de 18 ou 19 jours[1].

Ainsi s'explique que, pour chaque Égyptien en particulier et pour chaque génération, l'idée d'une forme déterminée de l'année naturelle peut se rattacher avec chaque mois exactement, comme chez nous. Sous la VIe dynastie, Ouna, par exemple, admet comme normal qu'Épiphi soit un mois d'eau profonde (cf. IV, à la fin) et Hérodote, dans sa description de l'année égyptienne (II, 4) ne se doute pas que c'est une année vague, mais au contraire la considère comme beaucoup plus compréhensible que le système intercalaire grec, parce que le cercle des saisons y revient tous les ans à la même date du calendrier.

Mais, après un espace de temps plus long, ce déplacement s'est manifesté dans toute sa force. « Il arriva », dit le décret de Canope[2], « que les fêtes que l'on devait célébrer en hiver tombaient en été, et que les fêtes d'été tombaient en hiver ». Chose plus caractéristique encore : les noms des trois saisons devinrent tout à fait conventionnels et ne concordèrent désormais pas plus avec les progrès de la nature qu'ils définissent, que les mois égyptiens ou les nôtres avec la lune.

1. Dans l'année mahométane, les mois dans le cours d'une génération de 33 ans parcourent l'année solaire entière, tandis que pour l'Égyptien le jour de l'an ne se déplace en ce temps que de 8 jours 1/4.

2. L. 41. De même, Geminos, *Isag. in phœn.*, 16 sqq., qui regarde comme intentionnel le fait que le cycle des fêtes est placé dans toutes les saisons.

Ainsi, à côté de l'année vague, représentée en fait par le calendrier civil, existait une année fixe, uniquement théorique, et que le calendrier avait l'intention de représenter. Mais cette année fixe chez les Égyptiens n'est pas non plus l'année solaire vraie correspondant aux saisons. C'est l'année julienne de 365 jours 1/4, et elle ne se règle pas d'après le soleil, mais d'après Sirius ; elle n'est donc pas déterminée par le retour du soleil au même point annuel [car on sait que ce point, par suite de la précession des équinoxes, se déplace en 2.200 ans environ de 30° vers le ciel des étoiles fixes, ou une constellation de l'écliptique] ; le point de repère, c'est quand le soleil revient à une même position par rapport à Sirius. Le jour où, après avoir été longtemps invisible, Sirius apparaît à l'orient du ciel, dans le crépuscule du matin, et effectue ce qu'on appelle le lever héliaque de Sirius, c'est le jour du nouvel an de l'année égyptienne fixe ; — ou, pour s'exprimer plus correctement, c'est le jour où, selon la théorie, devait tomber le jour du nouvel an du calendrier civil, duquel il s'éloigne en réalité d'un jour tous les 4 ans.

On sait que Sirius, en égyptien *Sopdet*, Σῶθις, avait son lever héliaque au temps où les eaux du Nil commençaient à monter lentement. Par là, cette étoile, qui déjà surpassait toutes les autres en éclat, obtint une place tout à fait exceptionnelle : elle annonçait l'arrivée de l'événement le plus important pour les Égyptiens, et semblait l'amener. Le calendrier voulait commencer la nouvelle année avec l'inondation : le lever de Sirius fut donc le jour normal pour le jour du nouvel an, le 1er Thoth. Les textes des pyramides indiquent déjà cette connexion : « Sothis, ta fille chérie (la fille d'Osiris), qui a fait tes fruits (*ronpowet*) (c'est-à-dire : qui par l'inondation a produit ta nourriture) en ce sien nom d'« année » (*ronpet*), c'est elle qui conduit N. (le mort), quand il vient devant toi[1]. » Sothis est l'étoile et

1.

le siège d'Isis[1], qui se manifeste en elle; nous voyons ici encore la connexion du calendrier et de l'année avec les divinités du cycle d'Osiris.

En réalité, comme nous l'avons dit, le lever de Sirius tombe tous les 4 ans un jour plus tard; ce n'est qu'après le cours de 1457 années civiles que la connexion est rétablie. Ainsi il en résulte une année fixe de 365 jours 1/4 et l'équation appelée « période Sothiaque », c'est-à-dire 1461 années civiles = 1460 années Sothiaques (juliennes).

Après le cours d'une période Sothiaque, comme l'année solaire est un peu plus courte, le soleil (et avec lui les saisons) est, à dire vrai, par rapport à la position qu'il prit 1460 ans avant au commencement de cette période, en avance d'un peu plus de 11 jours 1/3. Mais par suite de la précession des équinoxes d'une part, et par le mouvement propre de Sirius d'autre part, la position du soleil par rapport à Sirius s'est aussi déplacée dans la même direction presque exactement de la même quotité; le lever de Sirius ne tombe plus à la même date de l'année solaire pure (grégorienne), mais 11 à 12 jours plus tard, mais toujours cependant à la même date du calendrier julien. Je suis redevable à M. le professeur W. Förster des dates suivantes, calculées d'après ses recherches personnelles en s'aidant du mémoire d'Oppolzer sur la longueur de l'année Sirius et de la période Sothiaque[2]. La durée de l'année Sirius comptait :

En l'année	4231	av. J.-C.	365j2498352	
»	3231	»	365.2500000	(c'est-à-dire exactement 365 jours 1/4 comme l'année julienne).
»	2231	»	365.2502291	

etc., ch. 258, *Pépi*, l. 189 = *Merenre'*, l. 355 = *Neferkere'*, l. 906 sqq.; cf. aussi *Unas*, l. 390 sqq.

1. Déjà, dans les textes des *Pyramides*, ch. 154 (*Teti*, l. 276 sqq. = *Pepi*, l. 30 sqq. = *Merenre'*, l. 40 sqq.).

2. *Ber. Wien. Akad. math.-phys. Classe*, Bd. 90, 2, Abth., 1884, p. 557 sqq.

En l'année	1231	»	365.2505225
»	231	»	365.2508804
»	770 ap. J.-C.		365.2513026

Ainsi l'année Sirius dans les 5e, 4e, 3e millénaires av. J.-C. fut presque complètement identique avec l'année julienne, et depuis elle est devenue très lentement un peu plus longue. Le lever héliaque de Sirius est donc resté durant des siècles à la même date julienne ; à Memphis, par exemple, où en l'an 4231 av. J.-C. (et depuis des siècles déjà) il tombait au 19 juillet, il resta à cette date jusque bien au delà de l'an 1000 av. J.-C., ensuite il se déplaça au 20 juillet[1]. Dans ce même espace de temps de 4000 ans, de 4231 jusqu'à 231 av. J.-C., pendant lequel le lever de Sirius a retardé d'un jour sur l'année julienne, le solstice d'été dans l'année julienne s'est avancé de 31 jours, à savoir du 28 juillet (année julienne) de l'an 4231, au 27 juin (année julienne) de l'an 231 av. J.-C. Le solstice d'été survint donc dans le XLIIIe siècle av. J.-C., à Memphis, 9 jours après le lever de Sirius ; dans le XXXIe siècle (3100-3001 av. J.-C.), il tomba en même temps que lui au 19 juillet, et depuis lors à chaque siècle il s'est avancé de 18 heures 2/3. Pour cette raison, la fête du commencement de l'année ( ) est aussi la fête de la naissance du Soleil (*Mesout Re*ʿ d'où dérive le nom *Mesore* donné d'abord au premier mois de l'année, et plus tard, dès le Nouvel Empire, au dernier mois. (Cf. l'appendice.)

1. Je suis redevable à M. le professeur Förster de la table suivante, dans laquelle les années avant l'ère chrétienne sont indiquées, suivant le procédé des astronomes, par le signe négatif et chacune par un nombre de 1 an moindre que dans la notation usuelle (parce que les astronomes indiquent l'an 1 av. J.-C. comme an 0) :

De	— 4230	jusqu'à	— 3230.	Avance :	0	jour	08.
»	— 4230	»	— 2230.	Retard :	0	»	03.
»	— 4230	»	— 1230.	»	0	»	41.
»	— 4230	»	— 230.	»	1	»	11.
»	— 4230	»	+ 770.	»	2	»	20.

Ces dates montrent que les Égyptiens avaient complètement raison en pratique, lorsqu'ils considéraient l'année Sirius comme une année fixe de 365 jours 1/4; d'autre part, on devait s'attendre à ce que le déplacement de l'année solaire vraie par rapport à l'année Sirius eût dû venir peu à peu à leur connaissance, en même temps que, dans le cours des siècles et dans la vie pratique aussi, ce déplacement se faisait remarquer pour les dates des travaux de la campagne et de l'inondation, comme le déplacement de l'année julienne chez les peuples chrétiens. Pourtant cet exemple montre justement combien ce déplacement séculaire a peu d'importance. Pour le paysan d'aujourd'hui, c'est chose absolument indifférente de savoir que ses ancêtres, il y a 1000 ans, commençaient leurs travaux une semaine plus tard, d'après le calendrier. En fait, sauf l'intérêt religieux qu'offrait la fixation de la fête de Pâques, on en serait venu difficilement au calendrier grégorien. Nous savons maintenant que les prêtres égyptiens, qui s'occupaient sérieusement d'astronomie, avaient tiré, pour la durée de la véritable année solaire, une conséquence de ce fait que le lever de Sirius tombait alors notablement plus tard que le solstice d'été et à un moment où le Nil était plus avancé qu'autrefois dans son débordement et que cela a influencé les noms donnés aux mois et les fêtes mensuelles (voir l'appendice). Mais rien ne peut nous faire douter qu'ils n'aient pas regardé la durée de 365 jours 1/4 comme la durée vraie de l'année[1] : il est très possible que sur ce terrain la tradition consacrée ait eu plus de force pour leur esprit que toute expérience. En tout cas, Sirius, qui, de toute antiquité déjà, s'était rapproché d'une manière si étonnante de l'année vraie[2], devenait pour la suite des temps un obstacle d'autant plus fort pour des déterminations plus exactes.

1. Cf. le décret de Canope et la réforme du calendrier césarien.

2. Chez les Grecs, Oïnopidès fixe à l'année une durée notablement plus grande que l'année julienne, à savoir 365 jours 22/59. Méton, même,

En résumé, chez les Égyptiens, abstraction faite des mois lunaires purs, qui survécurent dans les fêtes lunaires, il est trois formes d'année à considérer :

1° L'année vague civile de 365 jours, d'après laquelle tous les actes sont datés ;

2° L'année Sirius (julienne) de 365 jours 1/4, qui, pour la vie civile, a cette importance que le jour de fête du lever de Sirius lui appartient ;

3° L'année solaire vraie (grégorienne) d'après laquelle se règle la marche des travaux agricoles (et de l'inondation), et qui, d'après le sentiment populaire, est identique à l'année Sirius, mais en réalité s'en détache peu à peu.

La coexistence de ces formes d'année n'est pas plus incommode que, chez nous, l'année solaire civile à côté de l'année lunisolaire intercalaire, à laquelle appartiennent les fêtes mobiles, — (ou plutôt le déplacement continu de ces fêtes est beaucoup plus incommode que la lente discordance de l'année vague égyptienne). Voyez aussi les pays où l'on se sert du calendrier julien et où, en réalité, pour l'économie rurale, intervient encore l'année solaire vraie. Comparez les Athéniens du Ve siècle qui avaient à compter avec trois années tout à fait différentes, à savoir :

1° L'année civile (des Archontes) du calendrier, qui est une année luni-solaire intercalaire de 12 et 13 mois alternatifs, — réduite par nous à des dates juliennes ;

2° L'année du Conseil, alternativement de 360 et de 390 jours[1] ;

3° L'année naturelle, ou des paysans, qui se règle d'après les étoiles et les signes de changement de saisons (arrivée des hirondelles, etc., etc.), et d'après laquelle seule les histo-

n'arrive qu'à 365 5/19, c'est-à-dire 30′ 9″ de trop, tandis que l'année julienne, adoptée par Eudoxos et Kallippos, n'est que d'environ 11′ 13″ trop longue. Hipparque est le premier, on le sait, qui en soit arrivé là.

1. Ajoutez encore l'année panathénéenne, de panathénées en panathénées.

riens, comme Thucydide, ont daté. Nous réduisons cette dernière d'abord à l'année julienne et ensuite, quand nous voulons rendre clair l'état des saisons de ce temps-là, nous la réduisons en dates grégoriennes.

Ce n'est que par de telles comparaisons, que l'on arrive à rendre réellement saisissable la puissante supériorité de l'année égyptienne qui a fait une si grande impression sur Hérodote.

JOUR NORMAL DU LEVER DE SIRIUS ET PÉRIODE SOTHIAQUE

L'Égypte s'étend en longueur sur plus de 7 degrés de latitude : Alexandrie est à 31°, 9 de latitude, Saïs et Tanis à 31°, Memphis et Héliopolis à 30° [1], Coptos à 26° (Abydos un peu plus au N., Thèbes un peu plus au S.), Syène à 24°. D'un degré de latitude à l'autre, la date du lever de Sirius se déplace, en chiffre rond, d'un jour ; quand, par exemple, il se lève à Memphis le 19 juillet, Sirius était déjà visible à Coptos 4 jours plus tôt, c'est-à-dire le 15 juillet.

En théorie, le jour du nouvel an de l'année Sirius, c'est-à-dire le jour normal supposé pour le 1er Thoth, tombe, sous chaque degré de latitude, à un jour différent. Si donc l'on fêtait d'après l'observation réelle la fête du lever de Sirius *heb peret Sopdet*, elle se déplaçait, le long du Nil, chaque fois de 7 jours d'un lieu à l'autre. Il est très invraisemblable qu'il en ait été ainsi pour une fête générale, surtout vu les liens étroits de cette fête avec le calendrier seul en usage dans tout le pays. Il faut alors admettre que toute l'Égypte avait adopté un jour normal, sans s'inquiéter si l'apparition céleste se faisait plus tôt ou plus tard dans des endroits particuliers. — En fait, il en est ainsi : preuves en sont les données du décret de Canope et celles des astronomes grecs qui, sans exception, indiquent une date fixe du calen-

1. Memphis est un peu plus au sud, Héliopolis un peu plus au nord ; mais pour nous, dans le cas présent, peu importe cette légère différence.

drier comme jour du lever de Sothis. « Le jour où l'étoile d'Isis se lève » (★, le jour du lever de Sothis) était justement, d'après le décret de Canope, « indiqué dans les écrits sacrés comme fête du nouvel an *heb wep ronpet* » (τῇ ἡμέρᾳ ἐν ᾗ ἐπιτέλλει τὸ ἄστρον τὸ τῆς Ἴσιος, ἣ νομίζεται διὰ τῶν ἱερῶν γραμμάτων νέον ἔτος εἶναι). Cette indication revient fréquemment sur les monuments. Là aussi, nous apprenons que la fête tombait le même jour (alors le 1er Payni) dans toute l'Égypte, et qu'elle se déplaçait d'un jour tous les quatre ans[1].

Le même renseignement nous est donné à propos de la célébration de la fête en l'an 7 de Sésostris (Usertesen) III, de la XIIe dynastie, par un papyrus provenant de Kahoun (à l'entrée du Faijoum) et publié par Borchardt (*ÄZ.*, 37, p. 99). Le corps des prêtres reçoit ici, du comte et administrateur du temple, à la date du 25 Phamenoth, l'avis suivant : « Tu dois savoir que le lever de Sirius a lieu le 16 Pharmouthi. » Conformément à cela, les « offrandes de la fête du lever de Sirius » étaient portées en compte dans les registres du temple le 17 Pharmuthi. Si le lever de Sirius a été indiqué 22 jours d'avance, c'est qu'il n'était pas *observé*, mais seulement calculé d'avance d'après le calendrier. On comprend fort bien aussi qu'on n'ait pas calculé d'autre date pour chaque temple d'Égypte, d'après sa latitude géographique, mais qu'on ait envoyé à tous le même avis.

Il résulte de ceci que toutes les dates Sothiaques sont établies sur un jour normal et ne reposent pas sur l'observation, et qu'il faut les comprendre en cycle, c'est-à-dire qu'elles sont comptées d'après le calendrier en tenant compte d'un déplacement qui a lieu tous les quatre ans, comme le dit le décret de Canope. Ceci a été contesté par les astro-

1. La fête nouvellement introduite des Θεοὶ εὐεργέται devra, au contraire, rester fixée au 1er Payni, même si συμβαίνῃ τὴν ἐπιτολὴν τοῦ ἄστρου μεταβαίνειν εἰς ἑτέραν ἡμέραν διὰ τεσσάρων ἐτῶν (l. 38 ; cf. l. 41 sq.).

nomes, qui, depuis Oppolzer, se sont occupés de la période Sothiaque, et les historiens, les chronologues, les égyptologues les ont suivis pour la plupart[1].

Mais il est complètement indifférent, au point de vue chronologique, que le lever de Sirius ait été, oui ou non, observé réellement sous le parallèle normal au jour où la fête de Sothis est célébrée, — c'est aussi indifférent, pour la date d'une Νουμενία, que la lune ait été vue réellement ou non le soir même du premier jour du mois. On ne lit plus les mois dans le ciel, et quand vient le bon crépuscule du soir, on ne sait pas si le jour qui commence est le trentième du mois finissant ou le premier du nouveau mois[2]; mais, la chose est calculée d'avance d'après un calendrier, comme l'*octaeteris* ou le cycle de Méton. Du jour où le calendrier égyptien fut institué, la période Sothiaque continua de courir sans pouvoir être changée ; c'est dire que tous les quatre ans, la fête de Sothis avança d'un jour sur le calendrier civil, jusqu'à ce que, au bout de la 1461e année, elle ne trouve plus à se placer. L'an 1460, elle était encore tombée sur les cinq épagomènes, mais la fête suivante tombait déjà au 1er Thoth de l'an 1462, c'est-à-dire l'an 1 d'une nouvelle période. En d'autres termes : la période Sothiaque est née sans doute d'une observation astronomique, mais, une fois cette observation prise pour base du calendrier, elle continua de courir d'après le calendrier, sans dépendre aucunement de toute

1. Borchardt, *ÄZ.*, XXXVII, p. 101, pour qui Brix a calculé astronomiquement la date Sothiaque de Kahun, a exprimé exactement les considérations ci-dessus indiquées. Il est curieux qu'un chronologue de profession comme Mahler, *ÄZ.*, XXVII, p. 98 sqq.; XL, p. 78 sqq., ait fait la faute comme les autres et calculé les dates astronomiquement. Voilà pourquoi toutes ses conclusions sont devenues insoutenables. C'est avec beaucoup de raison que Sethe, *ÄZ.*, XLI, s'est déclaré contre cette manière de calculer.

2. Ainsi procèdent les Musulmans encore aujourd'hui. Ce n'est qu'au moment où le coup de canon annonce l'apparition de la nouvelle lune que les habitants de Constantinople savent que le mois de jeûne du Ramadân a commencé.

astronomie, avec cette règle que la fête de Sothis ou du « nouvel an » se déplace d'un jour tous les quatre ans[1].

L'application de cette règle est aussi le moment unique, où nous apparaisse l'année fixe ou Sothiaque, car cette année est exclusivement théorique. L'idée très répandue qu'il y ait eu en Égypte, à côté de l'année vague civile, une année Sothiaque fixe, avec calendrier propre, est fausse. Un tel calendrier et l'usage de dater d'après les années fixes ne se présentent nulle part, pas même au papyrus Ebers (cf. p. 46 s.), et quand nous considérons une année fixe à côté de l'année civile, ce n'est qu'une sorte d'expédient, une conception moderne, comme si nous voulions placer le calendrier intercalaire d'une année lunisolaire fictive, avec ses mois lunaires, en regard de notre calendrier julien ou grégorien, pour faire mieux comprendre le rapport des fêtes de Pâques et de Pentecôte à l'année fixe.

Afin de déterminer exactement la date normale du lever de Sirius, il nous faut aborder la question du commencement du jour égyptien. Dans un calendrier lunaire, le jour commence avec le crépuscule du soir : et c'est ainsi que comptent les Israélites et les Juifs, les Mahométans, les Grecs. Avec le calendrier des paysans, au contraire, le paysan, à son lever, lit dans le ciel matinal, d'après la position des étoiles pâlissantes, l'état de la saison (et les pronostics du temps) : il est très naturel qu'il considère alors la nuit comme la limite qui sépare deux jours. « Dans la vie

1. La supposition basée sur le calcul astronomique que le jour normal de la fête de Sothis se serait déplacé, dans le cours de l'histoire égyptienne, du 19 au 20 juillet (Jul.) doit impliquer qu'à un moment donné la « fête du nouvel an » ne s'est pas une fois avancée d'un jour, mais bien de deux jours, environ du 4e épagomène au 1er Thoth. Il est évident que cela est inimaginable ; la conséquence unique du déplacement du lever, c'est que, — pour s'exprimer en langage moderne, — la parallèle normale de la fête de Sothis se déplaçait vers le nord, du 30e au 31e degré de latitude, ce qui pouvait être tout à fait indifférent aux Égyptiens.

ordinaire », dit Pline (II, 188), « on compte le jour de l'aurore à la tombée de l'obscurité (*vulgus omne* [*observat diem*] *a luce ad occasum*). » Cela nous amène, pour être plus précis, à prendre minuit pour point de départ de la date du jour nouveau. Ainsi ont compté les Romains, ainsi nous comptons encore. Il est plus artificiel de compter du lever du soleil à un autre lever, — mais cela offre l'avantage d'avoir pour point de départ un moment du temps qu'il est facile de déterminer avec une exactitude suffisante. C'est la méthode suivie par les Babyloniens[1], et les astronomes ont fait couramment de même. Au contraire, Ptolémée, que suivent les astronomes modernes, fait commencer le jour avec midi ; ce qui est absurde pour la vie pratique[2].

Il n'est pas possible de déterminer *a priori* à quel moment les Égyptiens faisaient commencer le jour, mais il y a une chose certaine, c'est l'invraisemblance de la supposition de certains modernes[3], que les Égyptiens auraient compté le lever de Sirius au crépuscule du matin, lever qui devait leur annoncer le commencement de l'année fixe, comme appartenant au jour précédent ; pour eux, le « jour du nouvel an » aurait été celui à la fin duquel, et non au début duquel, Sirius redevenait visible. Cette hypothèse est contredite par tous les témoignages. D'après Pline (II, 188), les Égyptiens, comme les Romains, commençaient le jour à minuit. Dans le calendrier sidéral du tombeau de Ramsès IX (L., *D.*, III, 228 *bis*), le 1er Thoth porte, à la première heure de la nuit, la légende « commencement de l'année » ([illegible]). Ce calendrier,

1. Varro, *ap.* Aulu-Gelle, III, 2 = Plin., II, 188 = Censorin 23, le passage principal sur le commencement du jour chez les différents peuples. Cf. aussi Plutarque, *Quæst. Rom.*, 88.

2. C'est une idée populaire, si l'on en croit Varron, mais seulement chez les Ombriens, qui paraissent avoir eu un penchant très fortement marqué pour les absurdités.

3. Hypothèse d'Ideler, *Handbuch*, I, p. 100 ; présentée comme explication du passage de Censorin sur la période Sothiaque, dans Oppolzer, *Ber. Wien. Acad. math.*, *Cl.* 90, 2, 558.

dont on a une meilleure copie au tombeau de Ramsès VI (*L., D.*, III, 227, 228), donne la position des étoiles, d'après laquelle l'horoscope déterminait et annonçait les heures de la nuit[1], pour le commencement et le milieu de chaque mois, d'heure en heure, et même pour le « commencement de la nuit » et les heures de 1 à 12. Il est donc évident que les Égyptiens ont considéré comme « nuit » seulement le temps d'obscurité effective, de la première apparition des étoiles dans le crépuscule du soir, jusqu'à leur extinction dans l'aurore matinale, car si l'on comptait ici la nuit du coucher du soleil à son lever, les étoiles indiquées pour le « commencement de la nuit » et les étoiles spécifiées pour la 12e heure de la nuit auraient été invisibles. Les jours du mois pour lesquels on donne la liste des 13 étoiles, ont été désignés généralement comme premier et comme [hiéroglyphes] « 16e avec le 15e jour »[2], c'est-à-dire que la nuit appartient dans sa plus grande partie au 16e, et son commencement encore au 15e. D'où il résulte clairement que la nuit du premier jour du mois n'est pas celle qui le suit, mais celle qui le précède; et la remarque faite plus haut pour le 1er Thoth montre, dans un calcul plus précis, que le jour nouveau commençait à la 1re heure de la nuit, c'est-à-dire à l'entrée complète de l'obscurité. La rubrique citée ci-dessus prouve qu'on croyait que la nuit se tenait entre les deux jours.

C'est de la même façon que Hapzefa de Siut (Moyen Empire), dans les conventions qu'il a conclues avec le collège des prêtres pour son culte funéraire[3], se réserve des mèches de lampe pour le service nocturne « au 5e jour intercalaire, la nuit du nouvel an ([hiéroglyphes]) » et « au 17 Thoth, nuit de la fête Ouaga », laquelle fête se célèbre le 18 Thoth. Les deux vigiles de ces grands jours de fête commencent

1. Pour plus d'explication, voyez plus bas, la page 36 sqq.
2. Ce mot est abrégé dans cette formule par le signe ⊂⊃, et nous ne savons pas ce qu'il signifie au juste.
3. Erman, *ÄZ.*, XX; contrats 5, 7, 8, 9, 10.

donc avec l'entrée de l'obscurité, au jour qui précède la fête, mais la nuit elle-même est comptée pour le jour suivant. — Une autre confirmation des tables des heures thébaines nous est donnée par l'horoscope d'un papyrus de l'an 81 ap. J.-C., qui est établi d'après le calendrier fixe alexandrin, à propos de la 3e heure de nuit du 6 Pharmouthi (=1er avril) commençant. Comme date parallèle égyptienne, d'après l'année vague, on donne le 1er/2 Pachon[1]. En l'an 81 ap. J.-C., le 1er Pachon tomba au 31 mars julien; la 3e heure de la nuit (d'après notre manière de compter, 31 mars, 9 heures du soir) doit alors, d'après le calcul alexandrin, être comptée pour le jour suivant (1er avril), tandis qu'elle se trouve, d'après la vieille désignation égyptienne, entre le 1er et le 2 Pachon.

D'après cela, il ne peut y avoir aucun doute sur le sens de l'inscription astronomique peinte au plafond du Ramesséum, où l'on dit du Soleil :

« Il te (le roi Ramsès II) fait briller comme Isis-Sothis dans le ciel au matin du nouvel an[2]. » Il faut comprendre « le

1. Wilcken, *Ostraka*, I, 792 : Ἔτους τρίτου θεοῦ Τίτου Φαρμοῦθι τῇ ἐπιφωσκούσῃ ἕκτῃ ἐπὶ τρίτης τῆς νυκτὸς ὥρας, ὡς δὲ Ῥωμαῖοι ἄγουσι καλάνδαις Ἀπριλίαις, κατ' αρχαίους δὲ Παχῶν νουμηνίᾳ εἰς τὴν δευτέραν.

2. Lepsius, *Denkm.*, III, 170 sqq.; Brugsch, *Thes.*, I, p. 87. Brugsch (p. 90) explique (qu'il veut lire *sebit*, et non pas *duait*) comme la onzième heure de la nuit, parce que dans les scolies sur Aratus (qui remontent à Théon d'Alexandrie (v. 152, *Comm. in Arat.*, éd. Maass, p. 366) il est dit du jour de nouvel an égyptien : τότε γάρ (quand le soleil est dans le signe du Lion) ἐμβαίνει καὶ ὁ Νεῖλος, καὶ ἡ τοῦ Κυνὸς ἐπιτολὴ περὶ τὴς Ἠῶ κατὰ ἑνδέκατην ὥραν φαίνεται, καὶ ταύτην ἀρχὴν ἔτους τίθενται καὶ τὴν Ἴσιδος ἱερὸν εἶναι τὸν Κύνα καὶ αὐτοῦ τὴν ἐπιτολήν. Mais, pour les idées égyptiennes, cela ne prouve absolument rien; car l'astronome grec Théon utilise naturellement un langage astronomique, d'après lequel le jour commence avec le lever du soleil. Ce n'est qu'au ciel du matin que Sirius devient d'abord visible, quand au commencement du crépuscule matinal il se lève environ une heure avant le soleil, c'est-à-dire astronomiquement à 11 heures de la nuit. Pour la vieille façon égyptienne

matin qui précède le jour du nouvel an », et non pas, comme le demanderait la supposition d'Oppolzer, le matin qui suit.

Nous possédons maintenant assez de témoignages sur le jour normal du lever de Sirius. Ils prouvent, comme Unger l'a reconnu[1], que ce jour passait pour être le 19 juillet (julien) : c'est à cette date que le *Parapegma*, paru sous le nom de Géminos, marque le lever de Sirius en Égypte d'après le témoignage de Dosithéos[2]. Celui-ci vivait dans la seconde moitié du IIIe siècle av. J.-C. Comme Sirius se levait alors le 22 juillet à Alexandrie[3], sa date ne peut pas reposer sur une observation personnelle, mais doit être seulement la date normale pour l'Égypte. C'est ce qu'indique aussi l'expression vague : ἐν Αἰγύπτῳ, tandis qu'une observation de l'astre en Égypte fournirait nécessairement l'indication d'une localité déterminée où elle aurait été faite.

Le 19 juillet est aussi indiqué comme jour normal par Théon (IVe siècle)[4]; de même sous Constantin, par Héphæs-

de compter les heures de nuit, c'est à la douzième heure de la nuit qu'il se lève, comme l'indiquent les tables horaires thébaines, c'est-à-dire à la fin de la nuit. Pour elles, le jour commence déjà avec le crépuscule matinal.

1. *Chronol. des Manetho*, 46 sqq.; Zeitrechnung der Griechen und Römer, ap. *Handbuch der class. Alterthumsw.*, I (1 Aufl.), p. 606, où Unger a pu, avec toute raison, citer comme une brillante confirmation de son opinion le décret de Canope, qu'on avait trouvé entre temps. Je regrette de m'être laissé séduire précédemment par l'autorité d'Ideler et de Lepsius, et encore dans le bref mémoire que j'ai donné sur les résultats de mes recherches, dans les *Sitzungsberichten* de 1904, où j'avais accepté sans contrôle le 20 juillet comme date normale.

2. Καρκίνου κγ (= 19 juillet) Δοσιθέῳ ἐν Αἰγύπτῳ Κύων ἐπιτέλλει (*Gemini elementa astron.*, éd. Manitius, p. 212; Lydus, *de Ostentis*, édit. Wachsmuth, p. 175).

3. Ptolémée donne cette date (ap. *Appariliones*, cf. Wachsmuth, *Lydus*, p. 253) correctement pour le parallèle d'Alexandrie (28 Épiphi de l'année alexandrine = 22 juillet); pour le parallèle de Syène, il place le lever de Sirius correctement 7 jours avant le 22 Épiphi = 16 juillet. A Memphis, il se produit alors le 20 juillet (cf. *supra* p. 16 et *infra* p. 28).

4. *Schol. Arat.*, 150 (p. 366, éd. Maass) : Au 28 Épiphi (d'après le calendrier alexandrin = 22 juillet), le soleil entre dans le Lion, ὅτε καὶ

tion de Thèbes[1] (25 Épiphi alexandrin = 19 juillet), et plus tard dans l'Hémérologion d'Aetius Amidenus (VIe siècle)[2]. Enfin, cette même date est précisée encore par un document officiel et absolument authentique, le décret de Canope, d'après lequel, en l'an IX de Ptolémée Évergète (= 22 octobre 239 jusqu'au 21 octobre 238), le jour ἡμέρα ἐν ῇ ἐπιτέλλει τὸ ἄστρον τὸ τῆς Ἴσιος (hiérogl. ★ *Sothis*), ἣ νομίζεται διὰ τῶν ἱερῶν γραμμάτων νέον ἔτος εἶναι tombait au 1er Payni, c'est-à-dire le 19 juillet 238 av. J.-C.[3] Il résulte également de cette date, que le jour normal du lever de Sirius est placé sur le 30° de latitude, c'est-à-dire sur le territoire de Memphis et d'Héliopolis. C'est là que pendant tout le cours de l'histoire nationale d'Égypte, depuis les temps les plus anciens jusqu'à la seconde moitié du Ier siècle av. J.-C., il tombait au 19 juillet de l'année julienne.

Si les savants modernes, à l'exception d'Unger, n'ont pas placé le lever de Sirius au 19, mais au 20 juillet, c'est qu'ils s'en rapportent au passage connu de Censorin (XXI, 10) sur les années égyptiennes : *sed horum (annorum) initia semper a primo die mensis ejus sumuntur, cui apud Ægyptios nomen est Thouth : quique hoc anno fuit a. d. VII Kal. Jul., cum abhinc annos centum, Imp. Antonino Pio II Bruttio Praesente Romae coss., idem dies fuerit a. d. XII Kal. Aug., quo tempore solet Canicula in Ægypto facere exortum. Quare scire etiam licet, anni illius magni,*

ὁ Κύων τὰς ἐπιτολὰς ποιεῖται· οὐ γὰρ πάντως περὶ πέμπτην καὶ εἰκάδα (19 juillet) ὁ Κύων τὰς ἐπιτολὰς ποιεῖται [c'était donc la date communément admise], ἀλλὰ καὶ περὶ κθ καὶ λ (23 et 24 juillet) πρὸς τὴν βραδυτέραν τοῦ ἡλίου κίνησιν. Ces derniers mots sont pour moi incompréhensibles.

1. Ap. Unger, *Manetho*, p. 46.
2. Ap. Wachsmuth, *Lydus*, p. 264 : Μηνὶ Ἰουλίῳ ιθ Κύων ἑῷος ἀνατέλλει.
3. Il est très caractéristique que Lepsius, quand il publia le décret de Canope, déclara que cette date était une énigme qu'il ne pouvait résoudre (car l'hypothèse qu'il présente ensuite n'est pas une solution); quant à penser que le 20 juillet pouvait être une date fausse, et que le décret donnait la date vraie, il n'y songea pas du tout.

qui, ut supra dictum est[1], *et solaris et canicularis et dei annus vocatur, nunc agi vertentem annum centesimum.*

Censorin dit avec raison qu'en l'an 238 ap. J.-C., où il écrivait (c. 21, 6 sq.; 18, 12), le 1er Thoth est tombé au 25 juin; mais la donnée suivante, qu'il serait tombé au 21 juillet en l'an 139, est fausse; il tomba, en cette année-là, au 20 juillet[2]. Depuis Scaliger et avec raison, — si nous ne voulons pas admettre que Censorin ait commis une erreur grave, — on a corrigé la date en a. d. XIII Kal. Aug. Si l'année 139/140, commençant au 20 juillet 139 ap. J.-C., était la première d'une période nouvelle, l'année 238/239, commençant au 25 juin 238, serait en fait la centième.

La donnée 1er Thoth = 20 juillet, pour le commencement d'une période Sothiaque, n'est pas seule en contradiction avec les témoignages qui font du 19 juillet le jour normal du lever de Sirius; il y a aussi le fait de la 4e année, où le 1er Thoth tombait au 20 juillet; l'année suivante, il retombait au 19 juillet. On devrait donc admettre que c'est plutôt l'an 1461 de la période précédente et que la nouvelle commença avec le 19 juillet de l'an 140 ap. J.-C. (tel est l'avis d'Unger)

1. Cf. XVIII, 10: « Ad Ægyptiorum annum magnum luna non pertinet, quem græce κυνικόν, latine canicularem vocamus, propterea quod initium illius sumitur, cum primo die ejus mensis, quem vocant Ægyptii θωυθι, caniculæ sidus exoritur. Nam eorum annus civilis solos habet dies CCCLXV, sine ullo intercalari, itaque quadriennium apud eos uno circiter die minus est quam naturale quadriennium; eoque fit ut anno MCCCCLXI ad idem revolvatur principium. Hic annus etiam ἡλιακός a quibusdam dicitur, et ab aliis ὁ θεοῦ ἐνιαυτός. »

2. Oppolzer a essayé de sauver la date fournie en admettant que, dans le crépuscule du matin du 21 juillet, le lever de Sirius aurait d'abord été visible à Alexandrie, et les Égyptiens auraient compté le crépuscule matinal comme appartenant au jour précédent. Mais 1° rien dans la donnée de Censorin ne désigne Alexandrie; 2° d'après la donnée d'un astronome contemporain, Ptolémée, le lever de Sirius à Alexandrie ne tomba pas au 21 juillet, mais seulement au 22 juillet; 3° les Égyptiens, nous l'avons déjà vu, comptaient le crépuscule du matin, non pas pour le jour précédent, mais pour le jour suivant. L'hypothèse d'Oppolzer est donc fausse.

ou que, si le 20 juillet était le jour normal, la nouvelle période avait déjà commencé avec le 20 juillet 136 ap. J.-C.

Cette dernière opinion est celle de Brandes[1]. Il croit l'avoir prouvée en démontrant, d'après l'Almagest, qu'en 132 comme en 135 ap. J.-C., le 1er Thoth est tombé au 21 juillet; donc en 136-139 il tomba au 20 juillet. Mais de ceci, autant que je sache, personne n'a jamais douté; il en résulte simplement que les années juliennes 140, 136, 132 et autres ap. J.-C. sont des années intercalaires. La correspondance entre le calendrier égyptien et le calendrier julien en reste parfaitement fixe; elle est indépendante du débat au sujet de l'an qui commence la période Sothiaque. Bœckh a déjà montré[2] comment la donnée de Censorin peut s'accorder avec le fait ci-dessus mentionné : au sujet des 4 années dans lesquelles, selon le calendrier égyptien, le lever de Sothis tombait au même jour, il admet que pour la première ce jour correspondait au 20 juillet julien, pour les trois suivantes au 19 juillet[3].

Usener ajoute à cela une combinaison avec la règle intercalaire de l'année alexandrine fixe. On sait que cette année commence avec la première année d'Auguste, au 31 août 30 av.

1. *Abh. zur Gesch. des Orients*, p. 123 sqq.

2. *Manetho und die Hundssternepoche*, p. 24, contre Des Vignoles, qui a déjà proposé l'argument de Brandes. Moi aussi, je me suis laissé séduire longtemps par Brandes, mais je dois avouer que sa démonstration ne peut pas réfuter l'hypothèse de Bœckh, c'est-à-dire la donnée de Censorin. Il en est autrement de l'argumentation de Brandes, tirée de l'ère ἀπὸ Μενόφρεως (voir plus bas). Usener s'appuie sur Bœckh pour la donnée de Théon, *Fasti Alexandrini*, dans les *Chronica minora*, éd. Mommsen, vol. III (*Mon. German., Auct. antiquissimi*, XIII). Mahler, *ÄZ.*, XXVIII, p. 119 sqq.; XL, 79 sqq., comprend de même la période Sothiaque, mais il la fait faussement commencer en l'an 1318 av. J.-C. Alors la prochaine aurait dû commencer au 19 juillet 143 ap. J.-C., et le jour normal aurait été le 19/18 juillet.

3. Cela n'aurait en soi rien de choquant; car il se trouve par hasard, que justement les années 4, 8, 12 et ainsi de suite ap. J.-C. sont des années intercalaires; l'intercalation pourrait tout aussi bien être insérée dans n'importe quelle autre année de la Tétraétéris.

J.-C.; mais le cycle intercalaire n'a été introduit que dans la 5e année d'Auguste = 26/25 av. J.-C., et en l'an 22, c'est-à-dire à la fin de l'an 8 d'Auguste = 23/22 av. J.-C., pour la première fois un 6e épagomène = 29 août fut inséré. Dès lors l'intercalation suit régulièrement dans l'an 4 de la *Tetraeteris*, c'est-à-dire au 29 août de 22, 18, 14 av. J.-C., 3, 7, 11 ap. J.-C. et ainsi de suite, 6 mois avant l'intercalation dans l'année julienne (29 février 21, 17, 13 av. J.-C., 4, 8, 12 ap. J.-C., etc.)[1].

Usener rétablit la concordance de façon qu'il y ait eu intercalation dans l'année alexandrine, après que le lever de Sirius se fût déplacé d'un jour dans l'année vague. D'après le schéma de Bœckh et Usener, dans l'année vague le lever de Sirius pour l'été 22 va du 25 Épiphi (= 19 juillet 23 av. J.-C.) au 26 Épiphi (= 20 juillet 22 av. J.-C.); d'où les Alexandrins auraient immédiatement intercalé un jour au 29 août 22.

Bœckh et Usener donnent une table, dans laquelle ils placent l'année vague en regard d'une année Sirius fixe, et ils insèrent dans cette dernière tous les 4 ans un jour intercalaire. Comme une telle construction éveille trop facilement de fausses notions, je donne leur table dans une disposition un peu différente [*b* = année julienne intercalaire; je désigne les 4 années de la Tétraétéris par *a-d*]. (Voir page suivante.)

Une pareille construction de la période Sothiaque est théoriquement possible; il en résulterait, comme Biot, Ideler, Bœckh, Lepsius et d'autres l'acceptent, que la précédente aurait commencé au 20 juillet 1322 av. J.-C. Mais le décret de Canope s'y oppose; d'après lui, en l'an 239/38 av. J.-C. = 510 de Nabonassar, la fête de Sirius tomba au

1. Ideler, *Handbuch*, I, p. 143; Théon, dans Usener, *op. cit.*, p. 372 sqq. A cela correspond la venue du 6e épagomène en l'an 95 ap. J.-C. (Wilcken, *Ostraka*, I, 789). Après le jour intercalaire, le 1er Thoth ne tombe qu'au 30 août; à partir du 1er mars suivant = 5 Phamenoth, la coïncidence régulière des dates alexandrines et juliennes se rétablit à nouveau (1er Thoth = 29 août).

ANNÉES DE LA PÉRIODE	ANNÉES DE NABONASSAR	ANNÉES VAGUES DU 1er THOTH AU 5e ÉPAGOMÈNE	FÊTES DE SIRIUS	
1456	881	*d* 21 juillet 133 jusqu'au 20 juillet 134 ap. J.-C.	19 juillet 134 = 4e épag.	
1457	882	*a* 21 » 134 » 20 » 135 »	20 » 135 = 5e »	Jour intercal. de l'année Sirius 19 juillet 135.
1458	883	*b* 21 » 135 » 19 » 136b »	19 » 136 = 5e »	Jour intercal. alexandrin 29 août 135.
1459	884	*c* 20 » 136 » 19 » 137 »	19 » 137 = 5e »	
1460	885	*d* 20 » 137 » 19 » 138 »	19 » 138 = 5e »	
1461	886	— 20 » 138 » 19 » 139 »	manque	Jour intercal. de l'année Sirius 19 juillet 139.
1	887	*a* 20 » 139 » 18 » 140b »	20 juillet 139 = 1er Thoth.	Jour intercal. alexandrin 29 août 139.
2	888	*b* 19 » 140 » 18 » 141 »	19 » 140 = 1er »	

1er Payni = 19 juillet 238 av. J.-C. Donc cette année est dans le schéma cité plus haut une année *a* de la Tétraétéris[1], où le lever de Sirius devait tomber au 20 juillet = 2 Payni. La reconstruction par Bœckh de la période Sothiaque est donc fausse[2].

Ajoutez à cela que, dans cette acception, *deux* dates juliennes auraient répondu au jour normal égyptien : franchement ce n'est pas vraisemblable. Plus invraisemblable encore est l'explication que donne Usener de l'année alexandrine. Car d'après lui (et Bœckh), la fête de Sothis en l'an 24/23 av. J.-C. tombe au 19 juillet = 25 Épiphi 23 av. J.-C., mais en l'an 23/22 au 20 juillet = 26 Épiphi 22. Ensuite il n'y a d'intercalation dans le calendrier alexandrin qu'au 29 août 22 et, l'année suivante 22/21, la fête de Sothis est de nouveau reportée au 19 juillet = 25 Épiphi 21, tandis que, d'après l'année vague, ce jour est maintenant le 26 Épiphi. Les choses se passent beaucoup plus simplement et d'une façon plus croyable, si nous admettons que le jour de la fête de Sothis a toujours été le 19 juillet.

Alors nous obtenons ceci : (Voir page suivante.)

Comme on le voit, quand l'intercalation fut introduite en l'an 26/25 à Alexandrie, l'année intercalaire fut déterminée de telle sorte que la fête de Sirius ne pouvait plus se déplacer à un autre jour du calendrier (comme c'est le cas dans le schéma d'Usener en l'an 22 et 21), mais demeura continuellement fixée au 25 Épiphi Alexandrin ; et ce jour correspond, par l'établissement de l'intercalation dans toutes les années, au 19 juillet, ce qui est en complète concordance avec les données fournies plus haut (p. 26).

Il suit de là encore que la période intercalaire de l'année

1. 1085, d'après le calcul de Bœckh, mais, d'après le mien, naturellement, 1084 = d.

2. Je remarque également ici que l'espoir d'obtenir, par les dates de Kahun, d'autres explications sur l'état de la période a été tout à fait illusoire. Voir plus loin *la XII*e *dynastie*.

ANNÉES DE LA PÉRIODE	ANNÉES DE NABONASSAR	ANNÉE VAGUE DU 1er THOTH AU 5e ÉPAGOMÈNE	ANNUS AUGUSTORUM	ANNÉE ALEXANDRINE	DATES DE LA FÊTE DE SIRIUS (= 19 juillet julien) Année vague	Année alexandrine
1293	719	*a* 31 août 30 jusqu'au 29 août 29 b	1	*idem*	24 Épiphi 29	*idem*
1294	720	*b* 30 » 29 » 29 » 28	2	»	24 » 28	»
1295	721	*c* 30 » 28 » 29 » 27	3	»	24 » 27	»
1296	722	*d* 30 » 27 » 29 » 26	4	»	24 » 26	»
1297	723	*a* 30 » 26 » 28 » 25 b	5	»	25 » 25	»
1298	724	*b* 29 » 25 » 28 » 24	6	»	25 » 24	»
1299	725	*c* 29 » 24 » 28 » 23	7	»	25 » 23	»
1300	726	*d* 29 » 23 » 28 » 22	8 b	29 août 23 jusqu'au 29 août 22	25 » 22	»
1301	727	*a* 29 » 22 » 27 » 21 b	9	30 » 22 » 28 » 21	26 » 21	25 Épiphi
1302	728	*b* 28 » 21 » 27 » 20	10	29 » 21 » 28 » 20	26 » 20	25 »

julienne a été choisie en réalité, comme l'on a souvent présumé, d'après le calendrier égyptien; de même que l'année alexandrine, l'année julienne intercale cette année-là, où — dans l'année vague — la fête de Sirius recule d'un jour; seulement, les Alexandrins intercalent avant le jour du nouvel an, et les Romains au mois de février suivant.

Pour la fin de la période ancienne et le commencement de la nouvelle, voici ce qui arrive : (Voir page suivante.)

L'erreur de Censorin ne peut pas s'expliquer par ce fait que, de son temps, le lever de Sirius sous le parallèle normal s'était avancé[1] au 20 juillet, car alors il devait dater la nouvelle période à partir de l'an 136. Unger[2] a présumé avec raison que Censorinus s'était laissé tromper par l'idée que la période se composait de 1460 années (juliennes, mais non égyptiennes), et qu'en 1461 elle revenait à son commencement = *eoque fit, ut MCCCCLXI ad idem revolvatur principium* (18, 10). Il tint donc l'an 1461 = 139/40 non pas pour la dernière année de la vieille période, mais pour la première année de la période nouvelle. En réalité, l'an 238/39 ap. J.-C. n'a pas été la 100e année, comme il le dit, mais la 99e année *anni illius magni.*

1. A cela répond la donnée de Solin, 32, 13, sur le lever de Sirius : « quod tempus sacerdotes natalem mundi indicarunt, id est inter XIII Kal. Aug. et XI (20-22 juillet). »

2. *Chronol. des Manetho*, p. 55 sqq. Unger fait ressortir que Censorin aussi s'est trompé en réduisant l'alexandrine *Æra Augustorum.* D'après lui (21, 9), l'année où il écrit (238 ap. J.-C.) est 986 de Nabonassar et 562 de Philippe, c'est-à-dire 238/39, mais, en même temps, = 267 des Augustes, c'est-à-dire 237/38. Il a donc converti l'année consulaire romaine, qui commençait au 1er janvier, avec celle qui commençait dans son cours, et dans les *Anni Augustorum*, au contraire, avec celle qui finissait dans son cours. Cette dernière est l'équation alexandrine : Théon place dans ses *Fastes* les consuls de 139 (Antoninus II et Praesens) = 168 Aug., 462 Phil., et ceux de 238 (Ulpius et Pontianus) = 267 Aug., comme Censorin, mais ici encore = 561 Phil.

ANNÉES DE LA PÉRIODE	ANNÉES DE NABONASSAR	ANNÉE VAGUE DU 1er THOTH AU 5e ÉPAGOMÈNE	FÊTE DU LEVER DE SIRIUS (= 19 JUILLET)
1456	882	*d* 21 juillet 134 jusqu'à 20 juillet 135	4e épagomène 135 [interc. alexandrin, 29 août 135].
1457	883	*a* 21 » 135 » 19 » 136 *b*	5e » 136.
1458	884	*b* 20 » 136 » 19 » 137	5e » 137.
1459	885	*c* 20 » 137 » 19 » 138	5e » 138.
1460	886	*d* 20 » 138 » 19 » 139	5e » 139 [interc. alexandrin, 29 août 139].
1461	887	— 20 » 139 » 18 » 140 *b*	manque
1	888	*a* 19 » 140 » 18 » 141	1er Thoth 140.
2	889	*b* 19 » 141 » 18 » 142	1er » 141.

Donc une nouvelle période Sothiaque a commencé dans les années :

19 juillet	140/41	ap. J.-C.	—	143/44	ap. J.-C.	
19 »	1321/20	av. J.-C.	—	1318/17	av. J.-C.	
19 »	2781/80	» »	—	2778/77	» »	
19 »	4241/40	» »	—	4238/37	» »	

Ce qui confirme ces dates, c'est le passage de Théon, dont il a été beaucoup parlé depuis Biot, où il mentionne l'Ère ἀπὸ Μενόφρεως, qui ne peut être que la période Sothiaque[1].

Nous n'avons pas à nous occuper, ici, des difficultés que celle-ci présente en particulier et qui, jusqu'à présent, n'ont pas été toutes résolues (spécialement le compte supplémentaire des 5 jours n'est pas du tout clair). Il nous suffit que Théon compte 1605 ans de Ménophris jusqu'à la fin de l'ère d'Auguste. L'ère Dioclétienne commence au 29 août 284 ; la dernière année de l'ère d'Auguste et la 1605e ἀπὸ Μενόφρεως est par conséquent 283/84 ap. J.-C. Puisque Théon, dans son calcul, prend expressément des années vagues égyptiennes

1. Le texte porte, d'après Lepsius, *Königsbuch*, p. 123 (= Unger, *Chronol. des Manetho*, 47 ff., Brandes, *Abh.*, 124 ff.) : Ἐπὶ τοῦ ρ' ἔτους Διοκλητιανοῦ περὶ τῆς τοῦ κυνὸς ἐπιτολῆς ὑποδείγματος ἕνεκεν λαμβάνομεν τὰ ἀπὸ Μενόφρεως ἕως τῆς λήξεως Αὐγούστου. Ὁμοῦ τὰ ἐπισυναγόμενα ἔτη ᾳχε' (1605)· οἷς ἐπιπροστιθοῦμεν τὰ ἀπὸ τῆς ἀρχῆς Διοκλητιανοῦ ἔτη ρ' (100), γίνονται ὁμοῦ ᾳψε' (1705)· τούτων λαμβάνομεν τὸ τέταρτον μέρος, ὅ ἐστιν υκς' (426)· τούτοις προςθέντες ε' γινονται υλα' (431)· ἀπὸ τούτων ἀφελόντες τὰς τότε τετραετηρίδας οὔσας ρβ' (102 ; c'est-à-dire les périodes intercalaires de quatre ans de l'année alexandrine à partir de l'an 26 av. J.-C.) λοιπὸν κα' [ces mots absolument incompréhensibles sont à rayer], τὰ λείποντα, ἡμέραι τκθ' (329), ταύτας ἀπόλυσον ἀπὸ Θώθ, διδόντες ἑκάστῳ μηνὶ ἡμέρας λ', ὡς εὑρίσκεσθαι τὴν ἐπιτολὴν ἐπὶ τὸ <ρ'> Διοκλητιανοῦ Ἐφιφὶ κθ'.

Au surplus, il est indiqué avec raison que Théon ne sait plus que l'ère ἀπὸ Μενόφρεως est la période Sothiaque, car il croyait que l'ἀποκατάστασις de l'année égyptienne, c'est-à-dire le point de départ des 1460 années fixes, est survenu en la première année du cycle intercalaire alexandrin, l'an 5 d'Auguste = 26 av. J.-C. (v. le texte dans Usener, ap. *Chron. minora*, III, 372).

pour base, nous pouvons convertir les années d'Auguste (= années alexandrines fixes) immédiatement (et non pas seulement avec Théon dans la suite du calcul), et placer ainsi cette année du 14 juin 283 au 12 juin 284. 1605 années vagues font 1604 années juliennes moins 36 jours; la première année de Ménophris va donc du 19 juillet 1321 au 18 juillet 1320 av. J.-C., ce qui correspond exactement à la première année d'une période Sothiaque.

Pourquoi Théon a-t-il appelé ainsi cette période? Nous ne le savons pas : le nom de Ménophris ou Ménophreus pourrait être en égyptien *Merenreʿ*, avec l'article (*p*) intercalé devant le nom du dieu. Nous ne connaissons de rois de ce nom que dans la VIe dynastie, à laquelle on ne peut penser ici; d'autre part, il n'existe au XIVe siècle et généralement dans le Nouvel Empire aucun souverain de ce nom. Si l'on veut donc chercher ici un nom de roi, et non celui d'un particulier, par exemple, d'un astronome, il ne nous reste plus qu'à corriger le nom. — On y a très souvent vu Me(r)neptaḥ, le fils de Ramsès II; mais il est tout à fait impossible de placer celui-ci dans l'an 1321, vu que Ramsès II n'a pu arriver au trône que vers 1300, au plus tôt. On pourrait aussi penser à Menpeḥtireʿ, prénom de Ramsès Ier, ou même à Menmaʿatreʿ (ou Maʿatmenreʿ ?), prénom de Séti Ier. Mais c'est ouvrir la porte à l'arbitraire; pour fixer le règne d'un souverain d'Égypte la donnée ne vaut rien.

Le fait que 1461 années égyptiennes correspondent à 1460 années fixes est une mention assez fréquente dans la littérature. Par contre on ne nomme que très rarement la période Sothiaque ou de l'étoile du Grand Chien, sauf dans Censorin (p. 24), ou dans un passage de Chalcidius[1], et

1. Chalcidius, *Comm. in Platonis Timæum*, éd. Wrobel, ch. 125 : « canis ..... hanc stellam Ægyptii Sothim vocant, cujus completur annis, qui Cynicus vocatur, annis mille quadringentis sexaginta. » — Il n'y a

encore dans Clément d'Alexandrie (*Strom.*, I, 21, 136), qui place l'exode κατὰ Ἴναχον 345 ans πρὸ τῆς Σωθιακῆς περιόδου. Dans la suite, on trouve, selon la chronologie fabuleuse des Grecs, les dates jusqu'à la première Olympiade, dates d'après lesquelles on pourrait calculer l'année de la période Sothiaque, si les chiffres étaient intacts et complètement transmis. Mais comme tel n'est pas le cas et que des conjectures, quelque vraisemblables qu'elles puissent être, ne peuvent pas nous aider, je n'irai pas plus loin sur ce sujet.

Manéthon avait parlé sans doute de la période Sothiaque, et le falsificateur du *Livre de Sothis*, que Panodoros et après lui le Syncelle (qui seul nous en a conservé quelque chose) ont pris pour le vrai Manéthon, a utilisé la période Sothiaque pour ses listes falsifiées de rois[1]. Cela ne peut avoir aucune valeur pour nous. Finalement, on doit faire ressortir que l'année fixe de Sirius n'a pas été plus utilisée pour les dates, que la période Sothiaque ne l'a été comme ère (sauf par l'astronome Théon). C'est ce qui explique qu'on la mentionne si rarement, et qu'elle ne se présente jamais dans les textes égyptiens. Toutes deux ne sont que des systèmes chronologiques, qui déterminent la relation de l'année vague avec le moment des saisons. Cette relation est maintenue par la « fête du nouvel an de Sirius » qui se déplace d'un jour tous les quatre ans ; mais elle ne sert pour ainsi dire pas pour la notation du temps, vu que le calendrier de l'année vague y suffisait parfaitement.

aucune mention à faire, dans une recherche chronologique, de la période du Phénix, sur laquelle Tacite (*Ann.*, VI, 28) et Pline (X, 4 sqq.) donnent des renseignements fantastiques de toute sorte, tout en la confondant par moment avec la période Sothiaque.

1. D'après le Syncelle (p. 193, Bonn), elle commença en l'an 2776 du monde [= 2718/17 av. J.-C.], avec Mestraim, le premier roi d'Égypte. Sa 700e année = 3475e du monde fut la 5e et dernière du roi Koncharis, le dernier roi de la XVIe dynastie. Ensuite vinrent les Hyksos. — C'en est assez pour caractériser ce fatras. Dans le Παλαιὸν Χρονικὸν, on mentionne aussi le κυνικὸς κύκλος (le Syncelle, p. 96).

LA PRÉTENDUE ANNÉE FIXE.

INSCRIPTIONS CALENDÉRIQUES. — TABLES D'ÉTOILES

Depuis l'époque où il fut constitué, le calendrier civil de l'année vague en Égypte est resté sans changement jusqu'à la fin de la civilisation égyptienne. L'essai que fit Ptolémée III Évergète de l'améliorer, par l'introduction d'un jour intercalaire chaque quatrième année, a échoué, malgré le décret solennel des prêtres qui sanctionnait la mesure, de sorte que nous n'en saurions absolument rien, si le décret n'avait été conservé par une inscription[1]. Plus tard, lorsque Auguste imposa aussi au calendrier égyptien l'année fixe de 365 jours 1/4, identique à l'année Sirius et l'année romaine, la vieille année vague continua d'être en usage dans le peuple et sans aucun changement pendant des siècles encore[2], — et les astronomes eux-mêmes continuèrent à l'employer (cf. p. 1, n. 1). On voit avec quelle ténacité les Égyptiens tenaient à leur calendrier. Un passage bien connu des Scholies sur les Aratea de Germanicus[3], dit que les rois avant de monter sur le trône devaient jurer dans le temple d'Isis (c'est la déesse Sothis), *neque mensem neque diem intercalaturos se neque festum diem immutaturos, sed CCCLXV dies peracturos, sicut institutum sit ab antiquis*. Comme beaucoup de traits semblables qu'on rapporte des rois, ce n'est peut-être qu'une formule légendaire qui définit l'idéal des prêtres; mais elle exprime d'une façon complètement juste l'opinion qui régnait en Égypte.

Or les équations, qui se présentent dans les documents,

1. Je ne puis tenir pour fondée l'opinion de Brugsch, qui suppose que l'année canopienne aurait servi de base aux calendriers d'Edfou et de Dendéra (*Thesaurus*, II).
2. Voyez Wilcken, *Ostraka*, I, p. 793 sqq.
3. P. 88 sqq. = 157 sqq., éd. Breysig.

entre les dates macédoniennes et les dates égyptiennes du temps des six premiers Ptolémées, offrent de grandes difficultés qui restent jusqu'à présent inexpliquées[1]. Elles montrent une forte oscillation et un déplacement extrêmement rapide de l'année lunisolaire macédonienne par rapport à l'année égyptienne et de l'année fixe[2].

Strack[3] propose cette solution : « il y a eu dans le royaume des Lagides, pendant la première moitié de leur règne, deux années égyptiennes et deux années macédoniennes en usage. » Mais cette hypothèse n'a trouvé d'adhésion nulle part. C'est une idée absolument insoutenable que les mêmes noms de mois, tant égyptiens que macédoniens, aient pu avoir des significations tout à fait différentes dans les documents de même époque, sans aucune indication qui les distingue. Strack affirme plus loin : « Les deux années égyptiennes, nous les connaissons parfaitement; c'est l'année vague de 365 jours et l'année fixe de Sirius de 365 jours 1/4, commençant au 19 juillet. » Cette affirmation est erronée. On ne connaît pas de dates égyptiennes de calendrier qui soient datées d'après l'année Sirius, et, avant d'opérer avec elles pour éclairer des questions incertaines et difficiles, il serait à souhaiter que, parmi les centaines de dates égyptiennes avec donnée exacte de mois et de jour, on montrât un seul cas certain où, avant l'époque d'Auguste, on aurait compté d'après les années fixes. L'année alexandrine, introduite par Auguste, prouve d'ailleurs justement que l'année fixe n'exis-

1. Beloch, *Griech. Gesch.*, III, 2 (1904), p. 21 sqq., a réuni dans un résumé très clair tous les matériaux sur cette question.

2. Autant qu'on peut le voir dans le détail, il y a un fait certain, c'est que l'intercalation dans l'année macédonienne a eu lieu sans aucun ordre. On a, dès le début, accordé très peu d'importance aux dates macédoniennes; au contraire, dans la vie pratique, on a toujours compté exclusivement avec le calendrier égyptien universellement préféré.

3. *Der Kalender im Ptolemäerreich*, ap. *Rhein. Mus.*, LIII, 1898, p. 399 sqq.

tait pas précédemment dans le calendrier; car elle consiste exclusivement en ceci, comme nous l'avons vu, que le jour du lever de Sirius, à partir de l'an 26/25, est fixé au 25 Épiphi; en conséquence, avant l'année où ce jour est avancé dans le calendrier égyptien, on doit intercaler un 6ᵉ épagomène. Vis-à-vis de l'année vague égyptienne, les mois alexandrins se déplacent, à partir de l'an 22/21, d'un jour tous les quatre ans. Mais comme les noms des mois sont identiques dans les deux calendriers, il est nécessaire désormais, en datant, d'indiquer la différence par l'addition de κατὰ τοὺς Αἰγυπτίους ou κατ' ἀρχαίους.

Si donc au temps des Ptolémées, en dépit de l'essai de Ptolémée III, il n'y a pas eu d'interruption dans le cours régulier de l'année vague, il est encore beaucoup moins probable qu'il y en ait eu dans les temps plus anciens.

Et pourtant on essaye toujours à nouveau de démontrer qu'une année fixe a été pratiquement en usage dans le calendrier, dès les temps beaucoup antérieurs. Pour y arriver, Brugsch a déployé une énergie étonnante à rassembler et mettre en valeur des matériaux très importants[1]. Il a été in-

1. La conclusion de ses travaux sur le calendrier se trouve dans les deux premiers volumes de son *Thesaurus inscr. ägypt.* (I. *Astronomische und astrologische Inschriften*, 1883; II. *Kalendarische Inschriften*, 1883). Dans son dernier ouvrage *Die Ægyptologie*, 1891, il a résumé avec une clarté et une précision remarquables ses travaux. Il est très significatif qu'il s'y soit montré beaucoup plus réservé que dans le *Thesaurus*, et il laisse ouverte la question de l'existence d'une année fixe (p. 356 sqq.). Elles lui paraissaient, pourtant, tout à fait définitives, les constructions hardies qu'il présente comme faits certains dans le *Thesaurus*, et elles méritaient la plus grande attention. Il a dû se dire qu'avec l'admission d'une année fixe, il n'y avait absolument rien à faire vis-à-vis des dates historiques. Il ne faut pas oublier ici que la force de Brugsch, à laquelle nous sommes redevables de ses admirables travaux, reposait sur un instinct divinatoire, que fortifiait une connaissance supérieure des monuments et des textes. Malgré son sérieux, il n'était pas l'homme qu'il fallait pour des recherches prosaïques et rigoureusement méthodiques, comme celles que réclament les problèmes chronologiques. Il serait hautement désirable que

fatigable dans ses recherches. D'autres savants ont déployé beaucoup d'activité et de perspicacité dans cette même direction, et il y a lieu de penser que ces efforts ne seront pas les derniers.

En effet, quiconque part non pas des dates isolées, mais des calendriers et des textes calendériques, trouvés dans les inscriptions, se laissera toujours trop facilement induire en erreur par le fantôme de l'année fixe qu'il poursuit toujours sans pouvoir l'atteindre jamais.

Par exemple, dans ce qu'on appelle le calendrier de Médinet-Habou, dénombrement des dons et offrandes que le roi Ramsès III faisait apporter aux dieux de Thèbes, à chaque jour, aux huit fêtes lunaires du mois et à tous les jours de fête du calendrier annuel, — parmi ces derniers, en première place[1], — on cite le « lever de Sothis » pour le 1er Thoth[2]. De ce fait on pourrait au besoin déduire que le règne de Ramsès III appartenait à une époque où le lever de Sirius tombait réellement pendant quatre ans au 1er Thoth, et que le calendrier se rapportait justement à ces quatre ans, — deux choses invraisemblables et même impossibles[3]. Mais Dümichen[4] a découvert que toute l'inscription n'est qu'une copie littérale d'une inscription fragmentaire de Ramsès II; puisque, dans cette inscription, le lever de Sirius est indiqué positivement au 1er Thoth, il ne peut y avoir aucun doute possible que « le calendrier ne peut se rapporter qu'à une année fixe ».

la grande quantité des matériaux qu'il a si bien réunis fût une fois encore remise en œuvre par un égyptologue, qui aurait acquis les connaissances astronomiques nécessaires.

1. La fête de l'avènement du roi est citée seule auparavant.

2. Dümichen, *Kalenderinschriften*, pl. 12. Le calendrier lui-même est plus correctement publié par Brugsch, *Thesaurus*, p. 364.

3. Lepsius a essayé de s'appuyer sur l'hypothèse que la date indique seulement le mois de Thoth en général, et non pas le 1er Thoth.

4. *Die Kalendarischen Opferfestlisten im Tempel von Medinet-Habu*, 1881.

Il en est de même des calendriers des temples ptolémaïques et romains de Dendéra, Edfou et Esneh[1]. Dans ces temples (et aussi ailleurs) le 1er Thoth est désigné par *heb wep ronpet* « fête du nouvel an »; d'après le décret de Canope, le jour du lever de Sirius est désigné par cette même expression dans les écrits sacrés (cf. *supra* p. 19). Et les mêmes termes se trouvent au tombeau de Hapzefa de Siout (cf. *supra* p. 24) [commencement du Moyen Empire], et dans les fragments du calendrier d'offrandes de Thoutmosis III à Éléphantine[2]. Et pourtant, puisque dans ce même calendrier d'Éléphantine la fête du lever de Sothis est indiquée pour le 28 Épiphi, elle ne tombait donc pas alors au 1er Thoth. Nous savons également que l'année calendérique du Moyen Empire n'a pas été une année fixe, comme il le paraîtrait d'après l'inscription de Hapzefa, mais bien une année vague, dans laquelle, en l'an 7 de Sésostris III, le lever de Sirius tomba au 16 Pharmouthi (cf. *supra* p. 20); nous connaissons le même fait pour le commencement du Nouvel Empire, par le calendrier du papyrus Ebers (v. plus bas p. 46 s.). Au temps des Ptolémées, le décret de Canope témoigne de l'existence de l'année vague seule; c'est elle qui, par l'insertion de la fête des Évergètes (6e épagomène) doit être accommodée chaque quatrième année, « pour que les saisons se placent correctement par rapport à la position actuelle du monde (κατὰ τὴν νῦν οὖσαν κατάστασιν τοῦ κόσμου), et qu'on ne voie pas quelques-unes des fêtes publiques, qui doivent être célébrées en hiver, se célébrer à l'avenir en été, parce que l'étoile (*Sothis*), tous les quatre ans, se déplace d'un jour, — tandis que d'autres fêtes, qu'actuellement on célèbre en été,

1. Brugsch, *Matériaux pour servir à la reconstruction du calendrier*, 1864; *Drei Festkalender*, 1877; *Thesaurus*, p. 365 sqq.

2. , combiné avec les fêtes d'Amon et de Chnoumou, Lepsius, *Denkmäler*, III, 43, c, *f* (Brugsch, *Thesaurus*, p. 363, fr. *b*, *c*.)

sont célébrées à l'avenir en hiver, comme cela s'est produit jadis et se produirait encore maintenant, si la composition de l'année en 360 jours plus 5 jours complémentaires restait en usage ». D'où il suit, comme nous l'avons déjà remarqué plusieurs fois, qu'avant l'introduction du calendrier alexandrin, on ne peut trouver une seule date qui appartienne à l'année fixe, tandis qu'à toutes les époques de l'histoire d'Égypte, même abstraction faite des dates fournies par les astronomes grecs, nous possédons assez de données que l'on doit calculer en toute sûreté d'après l'année vague.

Quant aux dates assignées aux fêtes dans les calendriers de Médinet-Habou, elles ne peuvent, en dépit de la mention du lever de Sirius, appartenir qu'à l'année vague. En effet, de même que la fête d'Ouaga est placée ici au 18 Thoth[1], elle est tombée au même jour, mille ans plus tôt du temps d'Hapzefa (v. plus haut p. 24). Si le calendrier de Médinet-Habou avait été réglé sur une année fixe fictive, cette fête, au temps de Hapzefa, aurait dû tomber à un tout autre jour.

Il en est de même des autres fêtes de ces calendriers et de tous les calendriers semblables[2]. Si, dans ces calendriers, le lever de Sothis ou la fête du nouvel an est placée au 1er Thoth, il ne s'ensuit pas qu'ils donnent une année fixe, mais *qu'ils sont basés sur l'année normale égyptienne*. Que la fête de Sirius fût une fête mobile, c'était un fait si connu et compréhensible qu'il n'était pas nécessaire de le dire. Mais si l'on voulait l'indiquer dans le calendrier des fêtes, on ne pouvait la mettre qu'à la place qui lui appar-

1. Dümichen (*Kalenderinschriften*, pl. 13) donne pour la fête d'Ouaga, comme pour la fête de Thoth, qui la suivait, le 19 Thoth; mais Brugsch, qui a collationné à nouveau le texte (*Gesch. Ægypt.*, p. 607, et *Thesaurus*, p. 565), donne pour la première le 18 Thoth, pour la seconde le 19 Thoth ; ce qui est certainement exact.

2. Cf., par exemple, E. de Rougé, *Æg. Z.*, IV, 1866, p. 92.

tenait d'après la théorie, et qui correspondait à son nom de fête du nouvel an [hiéroglyphe].

Le calendrier civil repose, certes, sur la fiction qu'il représente une année fixe, et l'on sait pertinemment que tel n'est pas le cas. Il en est exactement de même quand, pour la désignation des mois et des groupes de mois, on emploie les noms des saisons naturelles. Alors même que le « premier mois de l'inondation » tombe en hiver ou au printemps, le « lever de Sirius » ou la fête du « nouvel an » seront liés au premier jour de l'année civile, bien qu'ils ne tombent ce jour-là qu'une fois tous les 1460 ans[1]. Aussi trouvons-nous assez souvent la désignation du nouvel an civil (1er Thoth) sous le signe [hiéroglyphe] comme dans les calendriers et dans l'inscription de Hapzefa, ; il n'y a que les formules d'offrandes dans les mastabas de l'Ancien Empire[2], qui font une distinction précise entre « la fête du nouvel an de Sirius » [hiéroglyphe] *wep ronpet,* et la fête du nouvel an civil [hiéroglyphe] *tepi ronpet,* « premier [jour] de l'année ».

Il en est un peu autrement avec les célèbres tables d'heures des astres de nuit, conservées aux tombes de Ramsès VI et de Ramsès IX[3]. Ici aussi, les uns ont admis l'usage d'une année fixe, tandis que d'autres n'ont voulu y voir qu'un comput de ces règnes. C'est le même texte qui se présente dans les deux tombeaux, quoiqu'il soit plein de fautes d'écriture et de négligences : il est donc certain, avant tout, que nous n'avons pas ici des observations contemporaines de ces rois, mais des copies d'un livre beaucoup plus ancien, le *Livre de l'Horoscope,* qui sert à déterminer et à faire pro-

1. De même encore, chez les Égyptiens et chez les Grecs, le mois lunaire est calculé à 30 jours, quoique dans la moitié des cas il n'en ait que 29.

2. Parfois aussi, dans les temps postérieurs ; voyez dans Brugsch, *Thesaurus,* II, p. 231 sqq., les textes, qui pourraient s'augmenter considérablement.

3. Lepsius, *Denkmäler,* III, 227-228 *bis ;* commentées par Brugsch, *Thesaurus,* I, p. 185 sqq., cf. *supra* p. 20.

clamer les heures de la nuit[1]. Précédemment on estimait que les étoiles nommées pour chaque heure du 1er et du 16 de chaque mois étaient celles dont le lever était à ces dates[2] observé, et comme le lever de Sirius est indiqué pour le 16 Thoth à 12 h. de la nuit (c'est-à-dire au début du crépuscule du matin, v. plus haut p. 24), on devait donc fixer cette observation en l'an 1260 av. J.-C. (ou bien une période Sothiaque précédente)[3], ou admettre qu'une année fixe fut alors introduite. Mais H. Schack-Schackenburg[4] et Borchardt[5] paraissent avoir démontré qu'il s'agit plutôt d'une culmination (passage au méridien) de ces étoiles pour les heures indiquées. Dans ce cas, la table — comme Schack-Schackenburg l'a justement reconnu — est de la seconde moitié du XVIe siècle[6], ou peut-être une période Sothiaque précédente, en 3000 av. J.-C. Pour s'en servir pratiquement, il était indispensable d'avoir une notice calendérique dans le genre de celle que nous a conservée le papyrus Ebers; celle-ci

1. Clément d'Alexandrie, *Stromates*, VI, 35, énumère quatre livres de l'ὡροσκόπος : 1° περὶ τοῦ διακόσμου τῶν ἀπλανῶν φαινομένων ἄστρων ; 2°-3° περὶ τῶν συνόδων καὶ φωτισμῶν ἡλίου καὶ σελήνης ; 4° περὶ τῶν ἀνατολῶν. La table des heures appartiendrait au premier de ces livres.

2. Voir Biot. Lepsius, Brugsch, Gensler (*Die Thebanischen Tafeln stündlicher Sternaufgänge*, 1872).

3. Brugsch est arrivé à 1202 av. J.-C., parce qu'il a pris pour l'heure du lever matinal la 11e heure (à sa fin), où Sirius est assigné au 1er Paophi (voir plus haut, p. 25, note 2).

4. *Ægyptologische Studien*, I, 1902, p. 57 sqq. (écrit en 1894).

5. *Ein altägyptisches astronomisches Instrument*, *ÆZ.*, XXXVII, 1899, p. 10 sqq. Borchardt paraît avoir expliqué l'instrument, la marche et la nature de l'observation des heures beaucoup plus simplement et plus justement que Schack-Schakenburg.

6. D'après Ptolémée, *Apparit.*, Sirius se lève à Syène le 16 juillet, et s'y couche 142 jours plus tard, le 15 décembre. Comme dans l'intervalle les nuits deviennent plus longues, il y a entre le premier lever et la culmination environ 2 mois 1/4; quand il s'est levé au 19 juillet, il sera au point culminant le 24 septembre environ, — au commencement du crépuscule. C'est à cette date que tomba le 16 Thoth, dans les années 1529-1526 av. J.-C.

n'a pas été utilisée pour le tableau, simplement décoratif et par conséquent superficiel, destiné aux tombeaux, mais elle ne peut manquer d'avoir servi de base au livre dont il s'agit. Grâce à elle, l'Horoscope pouvait à peu près se rendre compte du déplacement qui se produisait et se poursuivait régulièrement ; il est probable, si insuffisant que cela fût, qu'il avançait simplement d'un demi-mois tous les 60 ans[1].

En tout cas, il est clair que, si l'interprétation de Schack-Schackenburg et de Borchardt est juste, il ne peut être question d'une année fixe. Car une année fixe, dans laquelle le 1er Thoth serait tombé environ au 9 septembre julien, est absolument inadmissible. Il est également de toute évidence que, pour la chronologie, il n'y a rien à tirer des tables des heures. Dans les recherches chronologiques, elles se classent à part, comme les calendriers de fête[2].

Enfin la chronologie n'a rien d'important à attendre des plafonds astronomiques du Ramesséum[3], où Brugsch[4] et Mahler[5], qui le suit, ont voulu voir une représentation du re-

1. Il n'y a pas à penser à une détermination exacte par les longueurs différentes des heures de nuit dans les mois différents. Pour cela, les indications qui nous sont données sur les étoiles (tantôt « Sirius », tantôt « celle qui suit Sirius »), ni celles sur les positions de l'horoscope placé sous le méridien (« sur le milieu, l'œil droit ou gauche, l'oreille, le bras, la cuisse », etc.), ne sauraient suffire.

2. Ce que l'on dit des tables des heures vaut probablement pour les listes des étoiles Décan, qu'ont étudiées à fond Brugsch et Lepsius; il ne paraît pas nécessaire de les examiner ici.

3. Lepsius, *Denkmäler*, III, 170, 171.

4. *Thesaurus*, I, p. 115.

5. *ÆZ.*, XXVII, 1889, p. 99 sqq.; cf. Brugsch, là aussi, p. 103 et *ÆZ.*, XXXII, 1894, p. 99 sqq. Quelque arbitraire que soit l'interprétation, Mahler, *ÆZ.*, XXVIII, 1890, p. 32 sqq., qui cherche à dissiper le doute que Brugsch éprouvait justement, s'y est précisément arrêté. Tous deux ont fait rapporter le groupe , qui indique le 20e jour, au mois de Thoth, tandis qu'il appartient à Tybi; c'est purement arbitraire, comme Eisenlohr (*Proc. Soc. Bibl. Arch.*, XVII, 1895, p. 282) l'a fait ressortir, en même temps qu'il repousse toutes les autres conséquences que Mahler en a tirées pour la chronologie de Ramsès II.

nouvellement de la période Sothiaque sous Ramsès II[1] On y voit comptés les 12 mois (sans les jours épagomènes, comme toujours) et les constellations correspondantes avec les noms des divinités (ou des fêtes) des mois. A côté de Thoth se place naturellement Isis-Sothis . — Il va de soi que cela ne signifie pas que le 1er Thoth soit tombé réellement alors le jour du lever de Sirius, mais que, dans l'année normale idéale, tous deux sont réunis, comme au calendrier de Médinet-Habou[2].

LA DATE DE L'ÉTABLISSEMENT DU CALENDRIER ÉGYPTIEN

Nous pouvons maintenant nous demander à quel moment l'année vague de 365 jours a été introduite en Égypte. Nous avons déjà mentionné (p. 10) l'hypothèse de l'origine plus tardive des épagomènes. L'auteur du *Livre de Sothis* l'a placée à l'époque du roi hyksos Aseth[3], qui est pour lui le 32e roi et le prédécesseur d'Amosis = Tethmosis. Voici ce que dit sur Aseth le *Livre de Sothis* (*Sync.*, p. 232, Bonn) : οὗτος προςέθηκε τῶν ἐνιαυτῶν τὰς ε' ἐπαγομένας, καὶ ἐπὶ αὐτοῦ, ὥς φασιν, ἐχρημάτισεν τξε' ἡμερῶν ὁ Αἰγυπτιακὸς ἐνιαυτὸς, τξ' μόνων ἡμερῶν πρὸ τούτου μετρούμενος. Ἐπὶ αὐτοῦ ὁ Μόσχος θεοποιηθεὶς Ἄπις ἐκλήθη. (Manéthon, dans l'Africain et Eusèbe, place cette introduction du culte d'Apis sous Kechoos, le deuxième roi de la IIe dynastie.) Eusèbe ne connaît pas Aseth[4]. Mais c'est de lui qu'est tiré la

1. D'après Mahler, au 20 juillet 1318. Il la fixe à la 30e année de Ramsès II, parce qu'il met en relation, à tort (comme Eisenlohr l'a depuis remarqué), la fête *Sed* de l'an 30 de Ramsès II avec le lever de Sirius, avec qui elle n'a rien à faire.

2. De même est-il naturel de lire dans une des phrases louangeuses du texte, que Ramsès II « brille comme Isis-Sothis dans le ciel, au matin du jour du nouvel an » (cf. p. 25)?

3. Cf. plus bas: *Les listes des rois Hyksos.*

4. L'Africain ne le connaît pas davantage. Dans Eusèbe et dans l'Africain, ce nom est remplacé par Ἄρχλης.

scholie du *Timée* de Platon, p. 21, E (p. 947, éd. Baiter, Orelli, et Winckelmann), et à la fin se trouve ajouté ὁ δὲ Σαίτης (ainsi s'appelle chez l'Africain et Eusèbe le premier roi hyksos, que Joseph appelle Σάλιτις, et le *Livre de Sothis* Σιλίτης) προςέθηκε τῷ μηνὶ ὥρας ιβ', ὡς εἶναι ἡμερῶν λ', καὶ τῷ ἐνιαυτῷ ἡμέρας σ, καὶ γεγονεν ἡμερῶν τξε'. Il est évident, comme l'a reconnu Lepsius, que cette note n'est qu'une modification de la donnée du *Livre de Sothis*; elle cherche à expliquer l'origine des épagomènes par l'allongement des mois de 29 1/2 à 30 jours, mais elle se trompe dans le calcul, puisqu'il en résulterait 6 jours d'intercalation[1] pour une année de 360 jours. Avec raison, Lepsius a rejeté ces deux données comme sans valeur, et il est plus qu'étonnant qu'il se soit trouvé dernièrement un champion pour les défendre[2].

1. Je n'accepte pas la correction que fait Bœckh de 6 jours en 5. Cette correction donnerait sans doute un sens raisonnable à la notice (élévation des jours du mois à 30 et introduction de 5 jours d'appoint, par conséquent conversion de l'année lunaire de 354 jours en année solaire de 365 jours), mais elle fausse le sens manifestement.

2. Von Bissing, *Geschichte Ægyptens im Umriss*, 1904, p. 32. Selon lui, le renseignement du scholiaste du *Timée* vient de Manéthon, « qui, on le sait (!), a consacré une attention particulière à la période sothiaque ». Tout le passage de von Bissing ne prouve qu'une chose, c'est qu'il n'a pas compris la question du problème chronologique. Quant à la date sothiaque de la XIIe dynastie, il dit : « L'hypothèse pouvait certes être erronée, comme aussi l'observation du lever matinal à l'aide d'instruments imparfaits » (mais alors pourquoi s'en servir?). Les comptes, selon lui, ne portent pas sur une année de 365 jours, mais sur une année lunaire de 354 jours, — tandis qu'ils sont datés généralement d'après les mois de 30 jours de l'année égyptienne commune. Il reconnaît que les quantités sont comptées d'après des mois lunaires; mais c'est parce que, pour les dates, il faut prendre comme base une année de 365 jours.

Quant à la prétendue réforme calendérique des Saïtes et Aseth, il dit : « Naturellement elle avait pour base de vieilles observations faites » par les Égyptiens eux-mêmes. Ce n'est qu'une rupture avec la ma- » nière traditionnelle de compter jusqu'alors, et non pas l'introduction » d'un fait nouveau. » [Cette phrase est pour moi tout à fait incompré-

Nous devons d'autant moins nous arrêter à ces données fantaisistes, que les monuments nous donnent des renseignements tout à fait suffisants. Nous avons déjà vu que les épagomènes n'apparaissent point seulement sous la XIIe dynastie, au tombeau de Hapzefa, comme jours de fête, mais qu'ils se présentent, — eux et la légende de la naissance des dieux, — dans les textes des pyramides, et que ces textes mentionnent également les relations de Sirius avec l'année (cf. p. 10, 14). Il suit de là, comme nous l'avons dit déjà, que les formules d'offrandes des mastabas reconnaissent, à partir de la IVe dynastie, deux fêtes de nouvel an, *wep ronpet* et *tepi ronpet*, le nouvel an de Sirius et le nouvel an civil[1]. Ainsi au temps où l'on a bâti les pyramides, c'est-à-dire, comme nous le verrons plus bas, vers 2800 av. J.-C., existait déjà le calendrier civil de l'année vague de 365 jours et, à côté de lui, le nouvel an fixe de Sirius (julien) était en usage régulier. Nous pouvons aller plus loin encore avec les textes des pyramides (c'est-à-dire les textes funéraires des pyramides royales); quoique la première rédaction qui nous soit parvenue se trouve dans les chambres funéraires du dernier roi de la

hensible.] « C'est ainsi que j'explique la présence accidentelle (!!) des » épagomènes à la XIIe dynastie, et même dans les textes des Pyra- » mides et les tombeaux de la VIe dynastie. On ne peut en conclure à » l'usage général d'une année solaire proprement dite, ni à l'existence » de la période sothiaque, comme *ère*. »

Avec de pareils arguments, il est à peine possible de raisonner. Je voudrais seulement attirer l'attention de l'auteur sur ce point, c'est que l'introduction du culte d'Apis par Aseth nous est connue « avec le même détail et la même précision » que celle des épagomènes. Tiendra-t-il aussi cette donnée pour historique? Et sera-t-il aussi d'avis qu'elle n'est pas contredite par « la présence accidentelle » d'Apis dans les temps anciens et même sous les premières dynasties?

1. Brugsch a eu l'intéressante idée que l'on pourrait dater les tombeaux d'après l'ordre dans lequel ces deux fêtes et les autres fêtes habituelles sont énumérées. Malheureusement, il apparaît que l'ordre est complètement arbitraire et ne peut être d'aucun usage pour les recherches chronologiques. La plupart des fêtes sont rangées par groupes similaires et d'après leur importance relative.

V[e] dynastie et des premiers rois de la VIe dynastie, il n'en est pas moins certain, d'après l'écriture, la langue et le contenu, qu'ils sont beaucoup plus anciens, et qu'ils remontent en partie au moins avant Ménès. Pour eux, comme nous l'avons déjà vu, le calendrier de l'année de 365 jours est comme un legs sacré : il existait déjà au temps où les dieux naquirent, où l'ordre actuel du monde fut créé.

D'un autre côté, il est tout à fait évident que le calendrier égyptien ne peut avoir été introduit qu'à une époque où le 1er Thoth coïncidait avec le lever de Sirius le 19 juillet, c'est-à-dire au commencement d'une période Sothiaque. En d'autres termes, lorsqu'on a introduit le calendrier, on a choisi comme premier jour du premier mois de l'inondation le jour du lever de Sirius; et le rapport de temps entre l'année vague et l'année Sothiaque, repose non sur une théorie, mais sur un fait historique qui nous permet de déterminer cette date initiale. Si l'on avait introduit le calendrier dans n'importe quelle autre année, aux environs de 4000 ou 3000 ans av. J.-C., il aurait subi, dès l'origine, le désaccord qui se produit tous les 4 ans entre le début de cette année et le nouvel an fixe ou la période Sothiaque. Comme, d'après les faits historiques admis, la période Sothiaque de 2781-2778 av. J.-C. doit être exclue comme trop récente, il en résulte que le calendrier égyptien a dû être introduit dans les années 4241-4238 av. J.-C.[1]

Les découvertes de ces dix dernières années nous apprennent que rien ne s'oppose historiquement à ce que nous remontions jusqu'à cette date, et jusqu'à la période de civilisation du 5e millénaire. Naturellement, nous n'entendons pas que le nouveau calendrier se soit imposé immédiatement à tout le pays ; il s'est introduit peu à peu d'une principauté à une autre, puis, a prévalu dans l'Égypte entière

1. En théorie, on pourrait naturellement remonter plus haut, à une autre période Sothiaque (5701 à 5698 av. J.-C.), mais il n'y a aucune raison de le faire.

grâce peut-être à la politique, ou par l'excellence de ses avantages. Un fait d'une importance particulière et qui augmente beaucoup nos connaissances historiques, c'est que la date du lever de Sirius ait été fixée au 19 juillet ; cela prouve qu'il faut chercher le lieu d'origine du calendrier dans la Basse Égypte, sur le territoire d'Héliopolis et de Memphis. Les monuments protohistoriques, si abondants en Haute Égypte, nous font à peu près défaut, du moins jusqu'à présent, pour la Basse Égypte, malgré la grande importance attribuée par le culte et les traditions à Héliopolis et aux villes du Delta. Mais, avec le calendrier, la Basse Égypte a produit un monument qui la place, dans notre connaissance, au même niveau de civilisation dans les temps reculés, et même à un rang plus ancien encore que les centres de culture de la Haute Égypte, Hiérakonpolis et Abydos.

Nous trouvons d'autre part une seconde confirmation de la date que nous assignons au calendrier. Le lever de Sirius doit indiquer le commencement de l'inondation du Nil. Sur la marche ordinaire de celle-ci, j'emprunte à Bædeker, *Égypte* (5e éd., p. XLVIII), les dates suivantes :

« Au commencement de juin, le fleuve commence à monter lentement ; entre les 15 et 20 juillet, il croit avec impétuosité ; vers la fin de septembre, les eaux restent régulièrement 20 à 30 jours à la même hauteur, et dans la première moitié d'octobre, elles atteignent leur maximum. »

Comme on le voit, à l'époque ptolémaïque et romaine, le 19 juillet (jul. — d'après le comput grégorien, il tomberait quelques jours plus tôt) ne répond à ces données qu'autant qu'il y a une montée des eaux rapide à ce moment. Mais il est évident que cette croyance au retour de Sirius, ou à l'apparition d'Isis dans Sothis pour ramener l'inondation, ne pouvait s'établir qu'en un temps où le lever de Sirius coïncidait réellement avec le début de la crue et dans les jours où le Nil commençait à s'élever au-dessus de son niveau le plus bas. Le calendrier copte d'aujourd'hui, qui compte par années alexandrines et présente par conséquent l'état de l'an 25 av. J.-C., offre les fêtes du Nil suivantes[1] :

Nuit de la Goutte (où une goutte venue du ciel, la larme d'Isis, tombe dans le fleuve et le fait monter), 11 Baûna = 5 juin jul. (maintenant 18 juin grég.).

Commencement du gonflement du Nil, 18 Baûna = 12 juin jul. (maintenant 25 juillet grég.).

Proclamation de la crue du Nil, 26 Baûna = 20 juin jul. (maintenant 3 juillet grég.).

On voit ici que les fêtes populaires ne se sont pas seulement détachées de l'année vague, mais aussi de l'année de Sirius, et que plus tard (je ne sais pas quand cela s'est fait) les fêtes populaires se sont remises d'accord avec le cours naturel des saisons, c'est-à-dire avec l'année solaire vraie, sur laquelle elles sont calculées[2].

De cet état de concordance idéale que nous devons rechercher aussi entre le vieux calendrier égyptien et la vieille année normale commençant au 19 juillet, nous nous rapprochons d'autant plus que nous remontons plus haut dans le calcul du temps. En l'an 2781, au commencement de la 2e période Sothiaque, le 19 juillet tomba au 26 juin grégorien, c'est-à-dire en un jour où le Nil montait déjà depuis quelque temps ; en l'an 4241, au contraire, le 19 juillet correspond au

1. D'après Brugsch, *Thesaurus*, II, p. 334. Voir aussi Bædeker, *Ægypten*, t. V, p. LXXII, où la présentation des crieurs du Nil est indiquée seulement un jour plus tard. Steindorff m'écrit : « Dans le calendrier copte » et pour l'année copte 1617 (1900-1901), la « fête » *lêlat ennukṭa*, nuit de la goutte) est fixée au soir du 17 juin (11 Payni). » C'est la date grégorienne du XIXe siècle, qui se trouve naturellement de même dans Bædeker.

2. Comme elles reposent sur le calendrier copte alexandrin, elles s'écartent maintenant de la véritable année solaire de la même façon qu'elles s'écartaient autrefois de l'année de Sirius. Quand la différence devient assez grande pour amener un état incompréhensible, il faut procéder à une remise au point, telle que le calendrier copte puisse être en usage encore aujourd'hui.

15 juin grég.[1], et tomba donc trois jours plus tôt qu'on ne fête maintenant la nuit de la Goutte.

Les dates pour les travaux des champs nous amènent aux mêmes constatations.

Pour l'ensemble de la culture d'hiver (ce sont les champs *Rai*, qui n'ont pas besoin d'irrigation artificielle, — terrain avant tout de froment, d'orge, de trèfle, de fèveroles), culture normale de l'ancienne Égypte, l'ensemencement se fait « immédiatement après le retrait des eaux; dans la Haute Égypte, dès le milieu d'octobre; dans la Moyenne Égypte (de Siout au Caire), au commencement de novembre; dans le Delta, vers la fin de décembre ». « On peut fixer partout à quatre mois la période qui va des semailles à la fin de la moisson. La moisson[2] tombe par conséquent, dans la Haute Égypte, vers le milieu de février; dans la Moyenne Égypte, vers le milieu de mars, et dans le Delta, vers la fin d'avril[3]. » C'est à ces dates que correspond la place des saisons de l'année normale égyptienne, c'est-à-dire de l'année que le calendrier voulait, mais ne pouvait pas représenter et à laquelle correspondent les noms des saisons et leur commencement avec le lever de Sirius. La coïncidence n'est plus exacte au temps des Grecs et des Romains, comme les dates juliennes l'indiquent; mais elle l'est, dans les meilleures conditions, en l'an 4241 av. J.-C.

En cette année-là, nous voyons tomber :

1° La saison de l'inondation (cal. jul., du 19 juillet jusqu'au 15 novembre) du 15 juin (grég.) jusqu'au 12 octobre.

2° La saison d'hiver ou des semailles (cal. jul., du

1. Il se trouvait donc alors 9 jours avant le solstice.

2. Bædeker dit : « la moisson d'hiver », mais les plantes de la culture d'été (riz, arbustes, cotonniers) et de la culture d'automne (maïs, etc.) n'entrent pas en considération pour l'antiquité.

3. Bædeker, *Ægypten*, t. V, p. LIII.

16 novembre jusqu'au 15 mars) du 13 octobre (grég.) jusqu'au 9 février.

3° La saison de la moisson (cal. jul., du 16 mars jusqu'au 13 juillet) du 10 février (grég.) jusqu'au 9 juin.

Les 5 épagomènes (cal. jul., du 14 juillet jusqu'au 18 juillet) du 10 juin (grég.) jusqu'au 14 juin.

Au commencement de la IIe période Sothiaque, 2781, ces dates se trouvèrent déjà, dans le calendrier grégorien, c'est-à-dire dans l'année solaire vraie, de 11 jours en retard, et, en l'an 1321 av. J.-C., au commencement de la IIIe période Sothiaque, le retard est de 21 jours. Les saisons ne correspondaient donc plus du tout à l'état des travaux des champs. Nous pouvons donc en toute sécurité affirmer que le calendrier égyptien a été créé pour cet état des saisons qui se présente à nous en l'an 4241 av. J.-C.

II. — LE NOUVEL EMPIRE ET LE MOYEN EMPIRE

LES DATES SOTHIAQUES

Sur la foi des résultats acquis, je ne veux pas désigner l'introduction du calendrier égyptien au 19 juillet 4241 av. J.-C. comme la première date certaine de l'histoire du monde; mais c'est pour longtemps encore la seule qui soit établie.

Mais, tout inappréciable que soit l'enseignement historique que nous pouvons en tirer, nous y gagnons peu de chose pour la chronologie de l'histoire d'Égypte. Celle-ci ne peut utiliser le calendrier et ses rapports avec l'année fixe que lorsque se présentent des dates doubles, dates de calendrier et dates de Sirius[1]; encore faut-il que celles-ci se rapportent à un événement historique ou à l'année d'avè-

1. Comme compléments, on peut ajouter les mois lunaires, sur lesquels Brugsch s'appuie, et que Mahler a utilisés pour fixer le temps de Thoutmosis III et de Ramsès II. Il ne faut les employer cependant que dans le cas où l'année en question a déjà été obtenue par d'autres moyens d'une façon approximative, car on sait que les phases de la lune se reproduisent presque exactement de la même façon après 19 ans.

nement d'un roi. Or, de ces dates doubles ou dates Sothiaques, nous ne possédons jusqu'à présent que trois[1] :

1° Le calendrier du papyrus Ebers;

2° La donnée relative à Sirius du fragment de calendrier d'Éléphantine, daté de Thoutmosis III;

3° La donnée relative à Sirius du papyrus de Kahun, de la VIIe année de Sésostris III.

Les deux premières fixent le commencement du Nouvel Empire, la dernière fixe le Moyen Empire (XIIe dyn.).

COMMENCEMENT DU NOUVEL EMPIRE : AMÉNOPHIS Ier ET THOUTMOSIS III

I. Le papyrus médical Ebers a été écrit au commencement du Nouvel Empire; le calendrier se trouve au revers de la première colonne. En dépit de l'écriture un peu trop négligée, Lepsius a raison de dire que ce n'est pas une notice indifférente, mais une annexe indispensable du papyrus, — quelque chose comme des tables chronologiques adjointes aux ouvrages astronomiques de l'antiquité. Il devait rendre possible l'usage des recettes qu'il contenait aux moments indiqués sur le calendrier, en précisant la position de l'année vague par rapport aux saisons, pour le temps de sa rédaction[2]. On admet généralement, d'après cela, que le papyrus fut écrit l'an IX du roi que le calendrier nomme; on s'accorde aussi à lire ce nom assez mal écrit : Zeserkere' (?), c'est-à-dire le prénom d'Aménophis Ier, second roi du Nouvel Empire (XVIIIe dyn.)[3]. Pour le reste, le calen-

1. Abstraction faite de l'ère ἀπὸ Μενόφρεως (voir plus haut, p. 36, et plus bas, II, *in fine*), qu'on ne doit pas, ou le moins possible, employer pour la chronologie historique; abstraction faite aussi de la date du décret de Canope (p. 27) et de la donnée de Censorin (p. 27 sqq.) que l'on n'a pas à considérer ici.

2. Cf. Lepsius, *Æ. Z.*, XIII, 1875, p. 145 sqq.

3. Voir Erman, *Märchen des Pap. Westcar*, II, p. 56 sqq., mais

drier présente à l'interprétation des difficultés qu'on n'est pas encore parvenu à résoudre jusqu'ici[1]. Voici quel est ce calendrier.

Comme on le voit, le 9 Epiphi est indiqué comme jour du lever de Sothis. Pourquoi cette indication a-t-elle été donnée aussi à toutes les dates suivantes par un point indiquant la répétition? On ne le comprend point, et l'on est très porté à regarder cela comme une erreur du scribe.

L'an IX sous S. M. le roi Zeserkere[ʿ].

Fête du nouvel an.	Épiphi,	9e jour.	Lever de Sothis.
Techi [= Thoth].	Mesori,	» »	»
Menchet [= Paophi].	Thoth,	» »	»

Eisenlohr (*Proc. Soc. Bibl. Arch.*, 1895, p. 281) s'est déclaré contre. Mais, quand même la lecture serait plus douteuse qu'elle ne l'est en réalité, nous ne pourrions pas, en raison des synchronismes babyloniens, mettre un autre roi qu'Aménophis Ier pour ce temps. Précédemment, on voulait y chercher un nom royal encore inconnu. Dümichen a cru pouvoir lire [hiéroglyphes], où il voyait le Bichéris de Manéthon (IVe dyn., 6). Comme c'était tout à fait inadmissible, j'ai supposé, dans mon *Histoire*, avec réserves, que le papyrus avait été écrit sous un roi (Hyksos) inconnu, peu de temps avant le commencement du Nouvel Empire, et qu'on avait, par conséquent, trop reculé d'environ 50 ans le commencement du Nouvel Empire.

1. L'explication que donne Lepsius, (*Æ. Z.*, VIII, 1870, p. 165 ff.), et que reproduit Ebers dans son édition du papyrus, reste pour moi peu compréhensible.

Hathor [= Athyr].	Paophi,	9e jour.	Lever de Sothis.
Kaherka [= Choiak].	Athyr,	» »	»
Šefdbet [= Tybi].	Choiak,	» »	»
Rekeḥ (*ouer*) [= Mechir].	Tybi,	» »	»
Rekeḥ (*nezes*) [= Phamenoth].	Mechir,	» »	»
Renwet [= Pharmouthi].	Phamenoth,	» »	»
Chonsou [= Pachon].	Pharmouthi,	» »	»
Chontchat [= Payni].	Pachon,	» »	»
Apetḥont [= Épiphi][1].	Payni,	» »	»

Pour chacun des 11 mois suivants, le 9e jour est nommé aussi, avec omission des 5 épagomènes qui, ici comme ail-

1. Écrit dans une forme cursive, qui s'est déjà présentée et qui vient, comme le Dr Möller me l'a prouvé, de la graphie.

leurs, ne sont pas comptés comme faisant partie de « l'année ». (Ils manquent aussi au plafond du Ramesséum, v. plus haut, page 47.) Devant chaque date, se trouvent les noms des divinités du mois ou des fêtes du mois, dont la plupart sont devenus plus tard les noms usuels des mois égyptiens. On devrait donc y voir l'indication des mois d'une année fixe commençant avec le lever de Sothis, et regarder le calendrier comme un calendrier double de l'année fixe et de l'année vague. Mais le premier de ces mois, Techi, ne se trouve ni proche de la fête de Sirius où nous devrions l'attendre, ni aux environs de Thoth de l'année civile, mais entre les deux, près du 9 Mesori, et il n'est tenu ici aucun compte des épagomènes[1]. Par suite, on devrait attendre le dieu Mesori, Reʿ Harmachis, près du 9 Epiphi ; à sa place, nous trouvons ici la fête connue du nouvel an .

Brugsch a prouvé[2] que ce signe a été effectivement employé au temps des Ptolémées comme un équivalent de Mesori. Mais, d'autre part, il est impossible de séparer la « fête du nouvel an de la fête de Sirius » du « lever de Sothis » mentionné à côté. Nous nous trouvons ici devant de véritables énigmes que je suis absolument incapable de résoudre[3].

L'importance historique et chronologique du calendrier n'en est heureusement pas affectée. Les deux premières lignes disent en toute précision qu'en l'an IX d'Aménophis Ier, le lever de Sothis et la fête du nouvel an de l'année sothiaque sont tombés au 9 Epiphi. Si donc le 9 Epiphi était le 19 juillet jul., le 1er Thoth dans la première année

1. La contenance du mois de Techi est donc, ici, de plus de 35 jours, du 9 Mesori au 8 Thoth de l'année vague.

2. *Æ.Z.*, VIII, 1870, p. 119 ; cf. les textes, *Thesaurus*, p. 266, l. 16, et les textes F aux pages 271, 272.

3. Lehmann, qui s'est attaqué à une partie des difficultés (*Zwei Hauptprobleme*, p. 194 sqq.), n'a pas non plus trouvé de solution.

de la Tetraétéride (c'est-à-dire l'année bissextile julienne) tombait le 15 septembre, et dans les trois années suivantes le 14, l'an IX d'Amónophis Ier fut, par conséquent, l'une des quatre années de 1550/49 à 1547/46 av. J.-C., et l'an premier de son règne se place de 1558/57 à 1555/54. Comme son prédécesseur Amosis, l'expulseur des Hyksos, a, d'après les monuments, régné au moins 22 ans, le Nouvel Empire commence en 1580 av. J.-C., difficilement plus tôt, mais peut-être deux années plus tard (vers 1575).

II. Le fragment de calendrier d'Éléphantine[1] est certainement daté du règne de Thoutmosis III[2]; d'après ce fragment, la fête du lever de Sothis, pour laquelle on énumère les offrandes, tomba au 28 Epiphi; le 1er Thoth tomba donc dans la première année de la Tetraétéride au 27 août, dans les trois années suivantes au 26 août. Ainsi le calendrier date de l'une des années 1474/73 à 1471/70 av. J.-C. Malheureusement la donnée de l'an du règne, qui ne devait pas manquer dans le texte complet, n'a pas été conservée. Nous ne pouvons dire qu'une chose, c'est que les années en question sont tombées dans le temps de Thoutmosis III, et vraisemblablement dans les derniers temps de son règne personnel.

Or, Thoutmosis III déclare que, le 21 Pachon dans sa XXIIIe année de règne [laquelle, d'après le passage connu de ses annales, commença au 4 Pachon], et le 30 Méchir de l'an XXIV ont été fêtes de nouvelle lune ( )[3]. Par

1. Lepsius, *Denkmäler*, III, 43, *e* (Brugsch, *Thesaurus*, p. 363); cf. *supra*, p. 34 : , suit le dénombrement des offrandes.

2. Il est nommé dans le fragment L., *D.*, III, 43, *f*).

3. Les deux passages (Lepsius, *Denkmäler*, III, 32, 13, et Mariette, *Karnak*, 12, 7) ont été souvent commentés par Brugsch, en dernier lieu ap. *Thesaurus*, p. 95 et 323 (cf. p. 280 et ailleurs).

nouvelle lune, faut-il comprendre la néoménie réelle, la première apparition du croissant, et non pas la conjonction, à laquelle les astronomes ont attribué le nom de nouvelle lune[1] ? Cela n'est pas plus douteux pour moi que pour Lehmann. Dans cette hypothèse, Lehmann, avec l'assistance de Ginzel[2], a cherché les nouvelles lunes en question dans la première moitié du XVe siècle ; il croyait que les néoménies du 19 mai 1493 et du 27 février 1491 av. J.-C. répondaient aux conditions voulues et plaçait les cinquante-quatre ans de règne de Thoutmosis III du 8 mai 1515 au 21 mars 1461. Mais comme l'an 1493 (jul. av. J.-C.) a été une année bissextile, il résulte de ces deux dates dans le calcul de Lehmann :

Jour du nouvel an civil.	Néoménie.
1er Thoth, an 22 = 2 sept. 1494.	
1er Thoth, an 23 = 1er sept. 1493.	
1er Thoth, an 24 = 1er sept. 1492.	30 Mechir = 27 février 1491.
1er Thoth, an 25 = 1er sept. 1491.	

Jour du nouvel an de l'an du Roi.	Néoménie.
4 Pachon, an 23 = 2 mai 1493.	21 Pachon = 19 mai 1493.
4 Pachon, an 24 = 2 mai 1492.	
4 Pachon, an 25 = 2 mai 1491.	

En réalité, le 1er Thoth, en l'année julienne 1494, tomba le 1er septembre, et dans les années 1493 et 1492 le 31 août.

1. C'est à celle-ci que Mahler (*Æ. Z.*, XXVII, 1889, p. 97 sqq.) rapporte la date; il pensait d'abord, avec Brugsch, à une année fixe. Cf. Eisenlohr, *Proc. Bibl. Arch.*, 1895, p. 281.

Mahler en est arrivé à fixer le règne de Thoutmosis III du 20 mars 1503 jusqu'au 14 février 1449. Dans une lettre communiquée par Eisenlohr, il est prêt, dit-il, à reconnaître l'année vague; il arrive alors aux nouvelles lunes astronomiques du 16 mai 1482 et du 24 février 1480, et place Thoutmosis III du 4 mai 1504 au 18 mars 1450.

2. *Zwei Hauptprobleme*, p. 150 sqq.

Les conclusions de Lehmann, si séduisantes qu'elles paraissent au premier abord, ne peuvent donc pas être adoptées.

On ne peut d'ailleurs jamais dire, avec certitude absolue, à quel jour le croissant a été vu d'abord : « il est possible de voir le croissant lunaire par un ciel clair et sous diverses circonstances, de 1 à 3 jours après la nouvelle lune (vraie ou astronomique) »[1]. Tous les calculs, par lesquels on voudrait déterminer une année d'après la visibilité de la nouvelle lune, n'offrent donc aucune certitude. En général, quand la conjonction n'a pas lieu de très bonne heure le matin, on pourra fixer le commencement du nouveau mois à deux jours après[2]. Dans cette hypothèse, il n'y aurait à prendre en considération, pour la première moitié du XVe siècle, que les dates suivantes des tables de nouvelles lunes que donne Mahler (*Æ.Z.*, XXVII, p. 104)[3] :

a) Nouvelle lune astronomique, 1479 av. J.-C., le 13 mai, $6^h 0'$ du matin ; premier jour du mois = 15 mai = 21 Pachon, an 23 ;

b) Nouvelle lune astronomique, 1477 av. J.-C., le 22 février, $4^h 48'$ du matin ; premier jour du mois = 23 février = 30 Méchir, an 22.

Ici, en *b*, le croissant serait devenu visible dès le soir du premier jour après la conjonction, ce qui ne paraît pas impossible, vu l'heure matinale de la conjonction.

Nous pouvons donc admettre comme suffisamment vraisemblables les dates suivantes :

1. Wislicenus, *Astronomische Chronologie*, p. 29.
2. Ainsi calcule Lehmann, *loc. cit.*
3. D'après le temps de Greenwich, auquel il faudrait ajouter 2 heures en chiffres ronds pour les Égyptiens.

Jour du nouvel an civil.	Néoménie.
1er Thoth, an 22 = 28 août 1480.	
1er Thoth, an 23 = 28 août 1479.	
1er Thoth, an 24 = 28 août 1478.	30 Mechir = 23 fév. 1477[1].
1er Thoth, an 25 = 27 août 1477.	

Jour du nouvel an de l'an du Roi.	Néoménie.
4 Pachon, an 23 = 28 avril 1479.	21 Pachon = 15 mai 1479.
4 Pachon, an 24 = 28 avril 1478.	
4 Pachon, an 25 = 27 avril 1477.	
4 Pachon, an 26 = 27 avril 1476.	

Ainsi le règne de Thoutmosis III tomberait du 4 Pachon an I = 3 mai 1501 av. J.-C., au 30 Phamenoth an LIV = 17 mars 1447 av. J.-C.

Les dates des monuments ne suffisent pas pour indiquer exactement la durée de l'intervalle entre Aménophis Ier et Thoutmosis III; au contraire, rien que parce que ces deux règnes se rapprochent, le temps des troubles dynastiques sous Thoutmosis I et II et Hatšepsout se laissera fixer avec plus de sûreté. Ce n'est pas ici le lieu d'expliquer en détail que la date admise par nous pour Thoutmosis III (date inférieure à celle de Malher de 2 ans, et à celle de Lehmann de 14 ans) s'adapte très bien à celle pour Aménophis Ier et pour le commencement du Nouvel Empire. Je veux seulement mentionner que si l'évaluation ci-dessus est exacte pour son règne, la sortie de Thoutmosis III de Zarou, le 22 Pharmouthi an XXII, tombe le 16 avril 1479. Au 4 Pachon 23 = 28 avril 1479 il était à Gaza, au 21 Pachon = 15 mai eut lieu la bataille de Megiddo. Selon le calcul grégorien, c'est-à-dire d'après l'année solaire, toutes ces dates se trouvent 13 jours plus tôt : le séjour à Gaza serait donc au 15 avril. Cela pourrait convenir parfaitement; mais un écart d'un demi-siècle serait encore admissible.

1. Le 29 février 1477 suivant est le jour intercalaire julien.

D'ailleurs on sait que les synchronismes, tirés des tablettes d'El-Amarna, avec les souverains babyloniens et assyriens, si peu qu'ils aient pu fournir une chronologie annuelle exacte, exigent cependant qu'on place Aménophis III à la fin du XVe siècle et Thoutmosis III au commencement. Nous pouvons donc poser en fait que, si les dates Sothiaques pour Aménophis Ier et Thoutmosis III permettent de définir le temps de ces rois, de même, en retour, les dates trouvées isolément confirment d'une façon parfaite la justesse de nos idées sur la période Sothiaque et ses rapports avec l'année vague, et font taire enfin tous les doutes.

Moins fondés encore scientifiquement sont les doutes émis contre la date Sothiaque qui nous a été révélée en 1899 pour le Moyen Empire; car ils reposent uniquement sur l'opinion préconçue que cette date aurait dû être considérablement plus reculée.

LA XIIe DYNASTIE

La date Sothiaque déjà citée page 20 de ce livre, provenant d'un papyrus trouvé à Kahun et donnant la VIIe année d'un roi, s'applique, comme l'éditeur du texte Borchardt l'a démontré[1], au règne du roi Senwosret ou Sésostris III (nom qu'on lisait jadis Usertesen). Le lever de Sirius tombant au 16 Pharmouthi, le 1er Thot, dans la première année de la Tétraétéride, était le 7 décembre, et dans les trois années suivantes le 6 décembre; la date s'applique à l'une des quatre années 1882/81 jusqu'à 1879/78 av. J.-C.; la première année de Sésostris III est donc comprise entre 1888/87 et 1885/84.

De plus, les documents trouvés à Kahun contiennent un

1. *ÆZ.*, XXXVII, p. 99 sqq. Le journal du temple, où se trouve la donnée, est de la même écriture pour les années V-IX et mentionne Senwosret II comme mort et Senwosret III comme vivant.

compte[1] de la XXXe et XXXIe année d'un roi, qui peut difficilement être un autre que Sésostris III ; il serait donc attribuable aux années 1859/58 à 1856/55 — et 1858/57 à 1855/54. On y compte six fonctionnaires du temple dont les revenus sont dénombrés; chacun d'eux a été en fonctions un mois, et de fait on passe toujours d'un mois à l'autre. Les mois sont datés d'après le calendrier civil, mais sont évidemment des mois lunaires ; ils comptent :

Du 26 Payni	au 25 Épiphi,	
Du 25 Mesori	au 20 (?) Thoth	an XXXI[2],
Du 20 (?) Paophi	au 19 Athyr	an XXXI,
Du 19 (?) Choiak	au 18 Tybi,	»
Du 18 Mechir	au 17 Phamenoth,	»
Du 17 Pharmouthi	au 16 Pachon.	»

Nous obtenons ainsi les 12 mois suivants :

26 Payni	jusqu'au	25 Épiphi	= 30	jours.
26 Épiphi	»	24 Mesori	= 29	»
25 Mesori	»	20 Thoth	= 31	»
21 Thoth	»	19 Paophi	= 29	»
20 Paophi	»	19 Athyr	= 30	»
29 Athyr	»	18 Choiak	= 29	»
19 Choiak	»	18 Tybi	= 30	»
19 Tybi	»	17 Mechir	= 29	»
18 Mechir	»	17 Phamenoth	= 30	»
18 Phamenoth	»	16 Pharmouthi	= 29	»
17 Pharmouthi	»	16 Pachon	= 30	»
17 Pachon	[»	15 Payni]	=[29]	»
		Totaux.....	355	jours.

1. Publié par Borchardt, *op. cit.*, p. 92. D'après une communication du Dr Möller, il faut, dans la suscription, lire : « An XXXI », comme le donne la traduction ; de même l. 7. Les autres nombres sont vraisemblablement bien rendus, mais quelques-uns sont fortement endommagés.

2. Le calcul de l'année commence donc avec le nouvel an civil au 1er Thoth.

C'est donc une année lunaire avec un jour intercalaire.

Comme on le voit, les mois pleins alternent régulièrement avec les mois défectifs; le jour intercalaire, pourtant, s'ajoute à un mois plein à la fin de l'année civile, de sorte que ce mois a 31 jours. Il en résulte que ces mois ne reposent pas sur l'observation, mais sur un compte brut.

On a supposé que les jours qui commencent ces mois étaient jours de nouvelle lune et servaient à compter astronomiquement l'année qui s'y rapporte et dont la durée serait à peu près donnée par la date Sothiaque.

Le calcul appliqué[1] ici repose à vrai dire sur de fausses hypothèses au sujet de la période Sothiaque et du mois lunaire; mais séduisante est la pensée d'obtenir par là une fixation exacte de ladite année et en même temps de l'an VII, d'où part la date Sothiaque; ce serait aussi pour la période Sothiaque un moyen de contrôle, grâce auquel nous pourrions corriger ou confirmer nos suppositions. M. le professeur Ginzel m'a fait l'amitié de calculer les nouvelles lunes astronomiques et les nouvelles lunes civiles[2] (ces dernières sous le nom de « nouvelles lunes civiles » dans le tableau ci-après) pour les années 1859 jusqu'à 1848 av. J.-C., et avec l'aide de la période lunaire de 19 années, la liste peut se constituer d'une manière suffisante pour le but cherché. Comme, d'un autre côté, les dates juliennes sont fixées pour les jours égyptiens dans chaque année, la comparaison peut se faire facilement. Mais elle aboutit à un résultat absolument négatif. Dans l'hypothèse de Mahler, qui s'appuie sur Op-

1. Par Mahler, *Æg. Z.*, XL, 1903, p. 78 sqq.

2. Les dates sont données pour le méridien de Memphis, d'après les jours astronomiques qui courent de midi à midi (par conséquent 12 heures plus tard que le jour civil), les parties du jour sont en décimales; ainsi, février 10. 88 indique, d'après notre expression, le 11 février, à 9 heures du matin. La nouvelle lune, c'est-à-dire l'apparition visible de la lune, est indiquée 1 jour 1/2 après la nouvelle lune astronomique. Si elle avait lieu dans la nuit ou vers le matin, la lune, naturellement, ne devenait visible que le soir suivant.

polzer, la date Sothiaque de l'an VII tombe dans les années 1879/78 à 1876/75, et la seule année qu'on puisse lui comparer serait l'année 1852/51 (alors l'an VII serait 1876/75). En cette année on a :

An XXX :	26 Payni	26 Épiphi	25 Mesori
= 1852 :	20 septembre	20 octobre	18 novembre
Nouvelle lune astronomique :	Septem. 21,00	Octobre 20,79	Nov. 19,59
Nouv. lune civile :	» 22,05	» 22,3	» 21,1
Idem	21 Thoth	20 Paophi	20 Athyr
	19 décembre	17 janvier	16 février
	Décem. 19,32	Janvier 17,93	Fév. 16,43
	» 20,8	» 19,4	» 17,9
An XXXI :	19 Choiak	19 Tybi	18 Mechir
= 1851 :	17 mars	16 avril	15 mars
Nouvelle lune astronomique :	Mars 17,82	Avril 16,13	Mai 15,41
Nouv. lune civile :	» 19,3	» 17,6	» 16,9
Idem	18 Phamenoth	17 Pharmouthi	17 Pachon.
	14 juin	13 juillet	12 août.
	Juin 13,71	Juillet 13,06	Août 11,51.
	» 15,2	» 14,6	» 13,00.

On le voit, dans la première moitié de l'année, la nouvelle lune astronomique elle-même est placée trop tard (d'après notre calcul, 21 septembre, 21 octobre, 19/20 novembre, 19 décembre, 18 janvier, 16/17 février, 18 mars, 16 avril, 15/16 mai, 14 juin, 13 juillet, 11/12 août), de sorte que cette année ne peut, dans aucun cas, être la véritable.

Et pourtant il doit toujours y avoir, dans la période lunaire de 19 ans, une année qui cadre à peu près, surtout si les dates données ne reposent pas sur l'observation, mais sur un calcul brut. Ainsi l'année 1860/59 concorderait assez bien. En cette année, on trouve (je n'indique que les huit derniers mois) :

An XXXI :	20 Paophi	20 Athyr	19 Choiak
= 1859 :	19 janvier	18 février	19 mars
Nouvelle lune astronomique :	Janvier 16,34	Février 14,96	Mars 16,44
Nouv. lun. civile :	» 17,8	» 16,5	» 17,9
Idem	19 Tybi	18 Mechir	
	18 avril	17 mai	
	Avril 14,82	Mai 14,13	
	» 16,3	» 15,6	
Idem	18 Phamenoth	17 Pharmouthi	17 Pachon.
	16 juin	15 juillet	14 août.
	Juin 12,41	Juillet 11,71	Août 10,07.
	» 13,9	» 13,2	» 11,6.

Les nouvelles lunes visibles (d'après notre calcul, 18 janvier, 17 février, 18 mars, 16 avril, 16 mai, 14 juin, 13 juillet, 12 août) tombent, il est vrai, généralement 1 à 2 jours avant la date donnée, mais au besoin, on pourrait le tolérer. Si c'était là l'année cherchée, l'an VII irait du 7 décembre 1884 au 6 décembre 1883 et le lever de Sirius du 16 Pharmouthi tomberait au 20 juillet 1883. Alors, ce serait au plus tard l'année du 20 juillet 138 au 19 juillet 139 ap. J.-C. que commencerait la période Sothiaque suivante, et, dans l'année du décret de Canope (239/38 av. J.-C.), le lever de Sirius devait tomber au 20 juillet = le 2 Payni 238. Cette combinaison est donc aussi à éliminer.

Comme il n'y a pas d'autre année qu'on puisse utiliser[1], le résultat est que notre hypothèse est fausse ; c'est-à-dire, ou bien les années XXX et XXXI appartiennent à un autre roi (Amenemhet II ou Amenemhet III); ou bien, ce qui est tout à fait invraisemblable, les dates ne sont pas des nouvelles lunes. En fait, cette supposition est aussi tout à fait indémontrable : les fonctionnaires du temple pouvaient

1. En l'année 1863/62, les dates mensuelles du Papyrus correspondent à la nouvelle lune astronomique, mais l'année se trouve beaucoup trop haut, pour qu'on puisse la rapprocher.

tout aussi bien entrer en fonction et recevoir leur traitement à n'importe quel autre jour du mois lunaire, par exemple, à la pleine lune ou à un jour du mois lunaire où il y avait fête au temple. Dans ce cas, les distances mensuelles restent naturellement toujours les mêmes, mais les dates seraient faciles à calculer, si nous connaissions le jour en question[1].

Ainsi la date Sothiaque est la seule qui soit utilisable pour fixer l'époque de la XIIe dynastie. On sait d'ailleurs qu'aucune dynastie n'est aussi bien connue chronologiquement par les monuments que celle-ci. Comme les quatre premiers rois ont pris leurs fils pour corégents et qu'il y a pour cette raison plusieurs dates doubles sur les monuments, les années à leur attribuer se trouvent tout à fait certaines. Enfin les papyrus trouvés à Kahun, à l'entrée du Fayoum[2], fournissent dans les règnes suivants un matériel assez riche pour que l'incertitude ne porte que sur une couple d'années. Les doubles dates, aussi bien que ces documents, nous apprennent que, dans la vie civile, les années du roi étaient adaptées aux années civiles, et commençaient aussi au 1er Thoth[3] :

1. Voici d'autre part, une nouvelle confirmation de l'impossibilité de considérer les dates comme des nouvelles lunes. Le Dr Borchardt a eu l'amabilité de me communiquer un nouveau fragment qu'il va publier dans *Æg. Z.*, XLI, 1904, — et d'après lequel, en l'an IX, deux ans après la date sothiaque, une nouvelle classe de prêtres entre en fonctions le 10 Phamenoth. Mais, en l'an VI, les classes se succèdent d'après les mois de l'année civile. Comment expliquer cela? Je ne sais. — Mais il est évident que ces dates ne peuvent servir aux calculs chronologiques.

2. Griffith, *Hieratic Papyri from Kahun and Gurob*, 1898 (dans le texte, p. 85, il donne une reconstruction de la dynastie et des dates du papyrus de Turin). Borchardt, *Der zweite Papyrusfund von Kahun*, dans *Æg. Z.*, XXXVII, 1899, p. 89 sqq.

3. Il peut paraître douteux que les rois eux-mêmes comptaient ainsi, spécialement dans les cas où ils n'arrivaient pas au trône du vivant de leurs pères. Je ne regarde pas comme impossible que, dans leurs documents et inscriptions, ils n'aient pas suivi le calcul civil, mais que, comme Thoutmosis III, ils aient compté leurs années à partir du jour de leur couronnement.

tel est le calcul des années XXX et XXXI (Borchardt, p. 92 s.) et aussi le calcul « depuis l'an XIX, Pharmouthi (jour 1er[1]) jusqu'à l'an I, Mechir, dernier jour », dans lequel des dates de Pharmouthi, de Pachon, de Payni, d'Épiphi, de Mesori sont indiquées sous les mots « an XIX » et ensuite « an I, Thoth, jour 1 ». Le document provient donc de l'année d'un changement de règne; les deux rois sont Sésostris II et III, et le papyrus de Turin aussi indique que le premier a régné 19 ans. Le jour de sa mort, d'après les documents de Borchardt (p. 91), fut le 14 Pharmouthi. La question est de savoir s'il est mort dans sa XIXe ou dans sa XXe année, c'est-à-dire si le règne de son successeur a été antidaté ou postdaté. Plus tard, sous la XXVIe dynastie, sous les Ptolémées et les Romains, on sait que cette coutume d'antidater était adoptée sans exception, de même que dans le canon ptolémaïque, et, comme c'est la seule naturelle, nous la suivrons ici. Sésostris II est mort le 14 Pharmuthi de sa XXe année; cette année-là, ensuite, a été comptée comme la Ire de Sésostris III[2].

Le papyrus de Turin nous a conservé les dates pour cette dynastie au moins par portions, et la somme totale, soit 213 ans, 1 mois, 17 jours.

Mais il est hors de doute que le papyrus de Turin dans les doubles règnes n'a pas donné ces nombres qui, chronologiquement, doivent seuls être comptés, mais les nombres d'années que chaque souverain a eues pour son règne personnel. Ainsi Amenemhet Ier, dans sa XXIe année de règne, a élevé son fils Sésostris Ier à la royauté, et a régné à ses côtés jusqu'à sa XXXe année. De même Sésostris II,

1. L'expression [hiéroglyphes], sans addition du chiffre indiquant le jour, indique clairement, ici comme ailleurs, le premier jour du mois.

2. Le papyrus cité ne peut rien prouver, vu qu'il a été écrit dans tout cas au plus tôt à la fin de la première année du règne de Sésostris; on peut donc avoir inséré plus tard le chiffre de l'année.

dans la XLIIIe année de son règne[1], a pris comme corégnant son fils Amenemhet II, mais il a encore régné pour le moins jusqu'à la XLVe année. Donc, chronologiquement, pour Amenemhet III et Sésostris Ier, il ne faut compter que 20 + 42 = 62 ans de règne. Mais le papyrus donne pour Amenemhet Ier [2]9 ans [*x* mois][2], pour Sésostris Ier 45 ans [*x* mois ?]. En conséquence, j'avais admis jadis, avec Brugsch[3], que le total du papyrus reposait sur une addition de ces chiffres, c'est-à-dire, était environ de 20 ans trop fort. Mais, comme Sethe[4] l'a prouvé par les dates citées plus haut, ce n'est pas exact : additionnons les nombres d'années les plus hauts connus, et nous trouvons déjà environ 221 ans, et il faudrait encore vraisemblablement élever ce nombre de quelques années. Ainsi, la somme du papyrus serait exacte, mais elle ne serait pas une simple addition. Comme le papyrus ne donne aucune indication sur les doubles règnes, ni sur la manière de les calculer, il s'ensuit que le nombre total est indépendant des quantités particulières. C'est dire que la liste du papyrus est l'extrait d'un ouvrage plus considérable, qui renfermait des données plus exactes, et qui était encore en état de présenter le compte juste.

Comme les premiers règnes jusqu'à Sésostris III sont entièrement déterminés, et que le temps de ce dernier est fixé par la date Sothiaque, nous pouvons donner exactement l'époque de la dynastie, à un écart près de 4 ans seulement. Les quatre prédécesseurs de Sésostris III ont régné ensemble 113 ans. Sa première année est comprise entre 1888/87 à 1885/84 av. J.-C. Dès lors, le commencement de la dynastie

1. Laquelle, naturellement, est comptée de son élévation au trône, et non pas de la mort de son père.

2. On pourrait aussi restituer [1]9, mais cela n'aurait pas de sens. Si nous mettons 29 ans *x* mois, il en résulte qu'il est mort dans sa XXXe année de règne.

3. *Gesch. Ægypt.*, p. 115.

4. *Æg. Z.*, XLI.

= an I d'Amenemhet Ier est 2000/1900 à 1997/96[1] — et la dernière année de la dynastie = 1789/88 à 1786/85 av. J.-C.

PAPYRUS DE TURIN « Rois de la Cour d'Ithit-taoui[2] »		Date la plus élevée	A compter chronologiquement	Avant Jésus-Christ	
Amenemhet Ier régna	[2]9 ans. an 21 = 1er de Sésostris Ier	30	20	2000/1997	à 1981/1978
Senwosret Ier (Sésostris Ier)[3] »	45 ans. an 43 = 1er d'Amenemhet II	45	42	1980/1977	à 1939/1936
Amenemhet II »	[30 + x] ans[4]. an 33 = 1er de Sésostris II	35	32	1938/1935	à 1907/1904
Senwosret II (Sésostris II) »	19 ans.	19	19	1906/1903	à 1888/1885
Senwosret III (Sésostris III) »	30 + x[5] ans.	33[6]	38?[7]	1887/1884	à 1850/1847?
Amenemhet III »	40 + x ans.	46[8]	48 à 49?	1849/1846?	à 1801/1798
Amenemhet IV »	9 ans 3 m. 27 j.	10?[9]	13	1800/1797?	à 1792/1789
Sebeknofrure' »	3 ans 10 m. 24 j.	3?[9]		1791/1788	à 1788/1785
Somme des Rois de la Cour d'Ithit-taoui...	213 ans 1 m. 17 j.		212 à 213		

Comme à cette époque l'année égyptienne concorde à peu près avec l'année julienne (2000 av. J.-C. commence au

1. Car, en l'an 1981 av. J.-C., commencent deux années de la dynastie : an XX = 1/1 1981 jusqu'à 30/12 1981, et an XXI = 31/12 1901 jusqu'à 30/12 1980.

2. Tel est le nom [hiéroglyphes] de la résidence des rois de la XIIe dynastie (Akanthos = Dahšûr).

3. Sethe a prouvé que ce nom de Sésostris, donné par Manéthon, doit se prononcer exactement *Sen-wosret*, et non *Usertesen* (*Unters. zur Gesch. Ægypt.*, II, p. 1, 1900). Mais Unger avait déjà reconnu que Sésostris n'a rien à faire avec Ramsès II, mais qu'il appartient à la XIIe dynastie (*Chron. des Manetho*. p. 120 sqq.).

4. Le nombre partiellement conservé peut être lu 10, 20 ou 30 ; c'est 30 qui résulte des autres témoignages.

5. 30 est distinctement lisible.

6. D'après Griffith, peut-être 35.

7. Cf. Sethe, *Æg. Z.*, XLI ; il rend ces nombres vraisemblables.

8. Le temps de son règne avec Amenemhet IV n'est pas connu.

9. D'après Griffith, les dates des années IX et X d'Amenemhet IV et de l'année III de Sebeknofrure' ne sont pas sûres.

5 janvier, 1789/88 au 13 novembre 1789), nous pouvons, afin de simplifier le calcul, laisser de côté avant 1981 la dernière partie, après 1981 la première partie des deux années, et fixer le commencement de la dynastie à 2000-1997, et la fin à 1788-1785. Les quadriennies sont indiquées dans le tableau précédent (p. 73).

Si maintenant l'on voulait comparer les données de Manéthon (qui a compté Amenemhet Ier encore dans le premier *Tomos*, après la XIe dynastie, « μεθ' οὕς 'Αμμενέμης ἔτη ις », et qui n'a commencé la XIIe dynastie et le second *Tomos* qu'avec son fils), on aurait :

JULES L'AFRICAIN		EUSÈBE		
'Αμμενέμης,	16 ans.	'Αμμενέμης,	16 ans	= Amenemhet Ier.
XIIe dyn., 7 Diospolites		XIIe dyn., 7 Diospolites		
1. Σεσόγχωσις[1] 'Αμμανέμου υἱός,	46 »	1. Σεσόγχοσις[3] 'Αμμενέμου υἱός,	46 »	= Sésostris Ier.
2. Αμμανέμης,	38 »	2. 'Αμμενέμης[4],	38 »	= Amenemhet II.
				[Sésostris II manque.]
3. Σέσωστρις,	48 »	3. Σέσοστρις[5],	48 »	= Sésostris III.
4. Λαχάρης,	8 »	4. Λαμάρης[6],	8 »	= Amenemhet III.
5. 'Αμερής[2],	8 »			
6. 'Αμμενέμης,	8 »	Οἱ τούτων διάδοχοι,	42 »	= Amenemhet IV.
7. Σκεμίοφρις ἀδελφή,	4 »			= Sebeknofrure[c].
Ensemble	160 ans[7].	Ensemble	245 ans[8].	

1. Γεσονγόσις, cod. B, altéré aussi dans les autres codd.
2. Ainsi B ; dans les autres codd., Αμμερής.
3. Ainsi B ; Σεσόγχωρις A ; Σεσύχωρις G ; Sesonduris *Arm*.
4. Αμμανέμης B ; Αμμενέμης G. *Arm*.
5. Ainsi B ; Σέσωστρις A.
6. Λάμαρις B, Λάβαρις G ; Lampares *Arm*.
7. Même total dans Barbarus (voir plus bas). Chez lui, les chiffres des dynasties sont déplacés, de sorte que celle-ci paraît être la XIe : « XI potestas diospolitanorum ann. <C>LX ».
8. Les sommaires donnent 182 ans.

Au sujet du n° 2, Ammenemes II, les deux sources mentionnent qu'il fut tué par ses eunuques. Pour le n° 3, Sésostris III, on rapporte les récits d'Hérodote (II, 102) sur les expéditions de Sésostris et ceux d'Eusèbe sur la taille de ce roi (II, 106), et les auteurs y ont fait des retouches qui s'accordent avec Diodore (II, 53 s.) (lequel s'inspire d'Hécatée d'Abdère)[1]. Sésostris chez les Égyptiens serait le premier roi après Osiris. Lamares, que l'Africain écrit Lachares, s'est bâti le labyrinthe pour tombeau dans le nome arsinoïtique. C'est donc Amenemhet III, son nom Λαμάρις est venu du prénom royal Nemaʿatreʿ (pron. Lemarê), par le changement très fréquent de *n* en *l*.

Il est ici très remarquable que l'Épitome ait recueilli un récit d'Hérodote d'une facture hellénique, dont certainement Manéthon n'a rien su ; en conséquence, il ne faut pas donner à l'indication du Fayoum (Αρσινοίτης) une valeur de date pour Manéthon ; celle-ci peut très bien avoir été interpolée. La concordance dans ces notices, comme dans les additions d'ailleurs, des noms et des cinq premiers chiffres, prouve qu'Eusèbe ne donne qu'un remaniement de l'Épitome qu'on trouve dans l'Africain. La différence n'en est que plus grande pour les derniers chiffres (où Eusèbe n'était plus tenté, comme d'ordinaire, de compter les manquants) et dans le total d'Eusèbe, qui est complètement inexplicable. Elle prouve cependant qu'il n'a pas compté lui-même ses totaux, mais qu'il les a puisés à sa source, de façon à n'être

1. Dans Diodore, le roi s'appelle Σεσόωσις. Ses expéditions durent d'après Diodore (I, 55, 10), comme dans l'Épitome, neuf ans, chiffre qu'Hérodote ne donne pas. Quant à la grandeur de son image (les reliefs de Memnon à Smyrne), Hérodote dit : μέγαθος πέμπτης σπιθαμῆς, et Diodore, I, 55, 9 : τῷ μεγέθει τέτταρσι παλαισταῖς μείζονα τῶν τεττάρων πηχῶν, ἥλικος ὢν καὶ αὐτὸς ἐτύγχανεν. L'Épitome dans Eusèbe va plus loin encore : ὃς λέγεται γεγονέναι πηχῶν δ', παλαιστῶν γ', δακτύλων β'. — Dans l'Épitome, se trouve ensuite cette donnée sur Sésochris (Dyn. II, 8), avec la variante absurde : ὃς ὕψος εἶχε πηχῶν ε', πλάτος γ' (Afr.). Eusèbe atténue ainsi : ὃς λέγεται γεγονέναι ὕψος ἔχων πηχῶν ε', παλαιστῶν γ' τὸ μέγεθος.

pas tenu responsable des écarts que son Épitome présente vis-à-vis de celui de l'Africain.

Ce que nous savons par Manéthon sur la XIIe dynastie est au plus haut degré caractéristique pour tout son ouvrage[1]. L'ensemble de son esquisse n'est pas tout à fait fausse; mais le détail fourmille d'erreurs. Dans la suite des rois, Sésostris II manque; aussi Ammenemes III, qui, contrairement à la règle, figure sous son prénom royal, y est-il deux fois, — car Am(m)eres n'est bien qu'une variante de Lamares. Quant aux chiffres, ceux de Sesonchosis = Sésostris Ier, ceux des deux derniers souverains et peut-être aussi ceux d'Ammenemes II, sont à peu près exacts, tandis que pour Ammenemes Ier, Sésostris III, Lamares et Ameres, ils sont absolument faux; le total dans l'Africain est beaucoup trop faible, et dans Eusèbe beaucoup trop élevé. Ici, où nous sommes le plus exactement informés, il est d'une entière évidence que Manéthon, tel que nous l'avons, pouvait bien offrir une première base pour le classement des rois, mais, à l'histoire réelle et surtout à la chronologie, il ne peut en aucune façon servir de guide utile. Tout système de chronologie bâti sur Manéthon doit nécessairement mener à l'erreur totale.

Une nouvelle date absolue pour la XIIe dynastie a été récemment signalée dans le tombeau du nomarque Toutnecht, fils de Neheri, à Bersche (tombeau n° 1)[2]. On y trouve, à côté d'un tableau de la récolte du lin[3], la légende suivante :

1. Quand il s'agit d'erreurs isolées, on peut les attribuer à la tradition longue et compliquée qui le sépare de Jules l'Africain; mais l'absoudre de toutes, c'est impossible.

2. Le développement qui va suivre a paru dans les *Nachträge zur ägyptisches Chronologie* (1908), § 2, p. 18.

3. *El Bersheh*, II, pl. 8 et Texte (Griffith), p. 22. La planche ne donne pas la date au complet, mais Griffith l'a complétée grâce à un fragment qui n'a pas été reproduit. La scène n'est que partiellement conservée, mais laisse reconnaître clairement la récolte du lin.

« le 23 du IVe mois, sortie pour (la récolte) du lin, par les gens de la fondation funéraire »; dans un bureau de scribes[1], on trouve aussi une mention, qui se rapporte évidemment au rendement de la récolte, « faite le 27 du IVe mois ». Cela nous donne la possibilité de fixer l'époque de cet événement, non pas peut-être à l'année même, mais du moins dans une limite de quelques dizaines d'années, parce que la saison de la récolte du lin, encore que la température puisse lui faire subir quelques oscillations, est constante. Nous pouvons ainsi obtenir un contrôle de la place assignée à la XIIe dynastie par la date Sothiaque de Kahun.

D'après le tableau généalogique dressé par Griffith, Thoutnecht était l'oncle et le prédécesseur (peut-être pas immédiat) du Thouthotep bien connu, qui était un enfant au temps d'Amenemhet II, et devint nomarque sous Sésostris II et III; ainsi Thoutnecht doit avoir été nomarque dans les dernières années de Sésostris I (1980-1939) et sous Amenemhet II (1938-1907)[2]. Supposons que son tombeau ait été établi vers 1940 av. J.-C.; nous avons en cette année :

Le 23e j. du IVe mois = 15 avril jul. = 26 mars grég.
Le 27e j. du IVe mois = 16 avril jul. = 30 mars grég.

D'après la *Description de l'Égypte* (XVII, p. 98), dans la province de Minieh, à laquelle appartient Bersche, la récolte du lin se fait au début d'avril (grég.), trois mois et demi après les semailles, au temps du solstice d'hiver; elle dure de huit à dix jours. Les dates correspondent donc au mieux. Elles montrent aussi qu'en ce qui concerne Thoutnecht nous ne pouvons guère descendre beaucoup plus bas

1. Pl. 9, 7, et Texte, p. 22.
2. Ces deux dates peuvent être abaissées de 4 ans.

(l'an 1930 donnerait le 24 et le 28 mars grég., ce qui mettrait la récolte très tôt). Mais peut-être pouvons-nous remonter un peu plus haut (l'an 1950 donnerait le 29 mars et le 2 avril; l'an 1960, le 31 mars et le 4 avril); sur ce sujet, il n'est pas possible de se décider en toute sécurité, puisque les dates certaines sur la vie de Thoutnecht manquent. Du moins, le fait qu'il doit avoir vécu vers le milieu du XXe siècle est en complète concordance avec la date Sothiaque de Kahun.

En conséquence, nous avons une confirmation très précieuse de la signification de cette date[1]. La concordance de la date de Sirius et de la date de l'année naturelle n'est possible que parce que l'année égyptienne était réellement une année vague de 365 jours. Aussi faut-il renoncer définitivement à toute théorie qui ne concède au calendrier égyptien sa forme achevée que pour les temps postérieurs; au contraire, le calendrier a fonctionné aussi régulièrement sous la XIIe dynastie que sous le Nouvel Empire ou au temps des Ptolémées et des Césars. Celui qui voudra attribuer une date plus reculée à la XIIe dynastie devra recourir à l'hypothèse suivante : il a fallu par la suite insérer une fois dans l'année civile un certain nombre de mois (pour chaque 120 ans de recul donné aux dynasties, un mois entier). Il est inutile d'insister longuement sur l'impossibilité de la chose. Que l'on pense seulement aux difficultés qui

1. J'ai fait part déjà de cette découverte à Breasted, qui y fait une brève allusion dans ses *Ancient Records*, I, p. 48. J'ajoute ici encore cette remarque que, d'après le début du *Conte de Sinouhit* (publié pour la première fois par Maspero, *Mém. de l'Institut égyptien*, I, 1886 = *Études de Mythologie et d'Archéologie*, IV, p. 280 sq.), Amenemhet I est mort le 7e jour du IIe mois de sa 30e année; il n'est donc pas douteux qu'il faille compléter ainsi le chiffre de (2)9 ans dans le papyrus de Turin. La date du mois (d'après le Dictionnaire de Berlin) est fournie par un Ostracon du Caire et le papyrus du Ramesséum de Gardiner; un fragment en possession de Golenischeff donne, au contraire, le 7e jour du IIIe mois.

ont accompagné l'introduction des calendriers julien et grégorien, ou du calendrier de la Révolution française. Au surplus, j'indique encore à ce sujet que les dates de l'année naturelle données par des inscriptions de l'Ancien Empire (cf. plus bas) et commentées récemment par Sethe[1] s'accordent parfaitement avec les dates données par la XIIe dynastie. Il ressort aussi des généalogies et de la liste de nomarques données par les *graffiti* d'Hatnoub (collationnés à nouveau par G. Möller et dont il doit donner sous peu une édition considérablement augmentée), que l'intervalle entre la fin de la VIe dynastie et le début de la XIIe dynastie ne s'élève pas à plus de 300 à 400 ans. Nous pouvons donc admettre comme absolument confirmé que non seulement le calendrier a suivi sans modifications son cours régulier depuis le temps de la XIIe dynastie jusqu'à la domination romaine, mais qu'aucune perturbation n'est survenue dans les temps plus reculés, sous l'Ancien Empire, et même depuis l'introduction du calendrier en l'an 4241 av. J.-C.[2]

INTERVALLE ENTRE LE MOYEN EMPIRE ET LE NOUVEL EMPIRE. — XIIIe DYNASTIE ET TEMPS DES HYKSOS

Les dates Sothiaques pour la XIIe dynastie et pour Aménophis Ier et Thoutmosis III, ont réduit l'intervalle entre le Moyen Empire et le Nouvel Empire, ou plus exactement entre la fin de la XIIe dynastie (1788-1785 av. J.-C.) et le commencement de la XVIIIe (vers (1580-1575), à 210 ans

1. Sethe, *Beiträge zur ältesten Geschichte Ægyptens*, p. 101 sq. (ap. *Unters. z. Gesch. u. Altertumskunde Æg.*, III).

2. Naturellement l'hypothèse (qui a encore quelques partisans), que la XIIe dynastie pourrait être reculée de toute une période Sothiaque dans le passé, ne peut être réfutée au moyen des dates calendériques. On a exposé plus haut pourquoi cette hypothèse est inadmissible. Voir aussi pour une plus ample démonstration la IVe partie.

en chiffres ronds. Cet espace de temps, qui, pour une époque de décadence et de domination étrangère, paraît assez grand, est aussi étendu que l'intervalle entre la mort de Périclès (429) et le début de la seconde guerre punique (218), ou entre le meurtre de Domitien (96 ap. J.-C.) et l'abdication de Dioclétien (305), ou encore entre l'avènement de Rodolphe de Habsbourg (1273) et celui de Maximilien (1493). Mais si nous additionnons les chiffres de l'Africain[1], cet intervalle, d'après Manéthon, ne présente pas moins de 1590 ans, avec 217 rois (ou 260, vu que dans la XVIIe dynastie 43 rois pasteurs règnent en même temps que 43 pharaons thébains) ; dans ce laps de temps sont compris 953 ans de domination étrangère, sous 81 rois pasteurs. Dans le papyrus de Turin aussi, après la XIIe dynastie suivent 5 à 6 colonnes avec des noms de rois ; il y avait là les noms d'environ 150 à 180 souverains, dont les derniers semblent correspondre aux rois pasteurs, et la plus grande partie aux 60 + 76 = 136 rois de la XIIIe et de la XIVe dynastie de Manéthon (originaires de Thèbes et de Xoïs dans le Delta).

Dans ces conditions, on comprend que les conclusions tirées de la date Sothiaque aient choqué plus d'un savant. Il ne reste qu'une issue : puisque l'existence de l'année vague de 365 jours est prouvée pour le commencement de l'Ancien Empire, il faudrait placer cette date toute une période Sothiaque plus tôt. Alors le commencement de la XIIe dynastie tomberait 1460 ans plus tôt que nous ne l'avons fixée, par conséquent 2000/1997 + 1460 = 3460/3457 av. J.-C. — et sa fin en 3248/3245. Ce serait remonter un peu plus haut que ne le disent les chiffres mêmes de Manéthon, si nous voulions maintenir pour le Nouvel Empire ses chiffres qui sont

1. Ils sont en partie douteux, en partie évidemment faux, comme ceux pour la XVe dynastie, voir plus bas. Les chiffres d'Eusèbe, ici, n'ont aucune valeur.

partout inadmissibles. D'après ces chiffres, nous devons compter :

Commencement du Nouvel Empire (XVIIIe dynastie), selon Bœckh : 1655 av. J.-C., selon Unger : 1796 av. J.-C. ;

Intervalle des dynasties XIIIe-XVIIe, selon Bœckh : 1589 ans, selon Unger : 1360 ans ;

Fin de la XIIe dynastie, selon Bœckh : 3244 av. J.-C., selon Unger : 3156 av. J.-C. ;

Commencement de la XIIe dynastie, selon Bœckh : 3404 av. J.-C., selon Unger : 3315 av. J.-C.

En prenant un nombre moyen, Petrie place la XIIe dynastie de 2778 à 2565 av. J.-C., et Brugsch, de 2466 à 2233 av. J.-C.

Ce tableau d'ensemble devrait suffire à lui seul, pour montrer que le déplacement en arrière de la période Sothiaque est une absurdité, qui ne peut donner sujet à aucune discussion scientifique. Puisque le commencement du Nouvel Empire reste fixé sans conteste à 1580, l'intervalle s'allongerait alors de presque 1670 ans : c'est un laps de temps plus long que de Constantin jusqu'à nous. Il faudrait admettre qu'à l'exception de deux monuments de Sebakhotep et Neferhotep et de leurs contemporains, nous n'en aurions d'autres vestiges que de misérables tombeaux et des scarabées[1] ; la civilisation et la langue d'Égypte y auraient si peu changé que nous ne pouvons même pas distinguer si un monument appartient à la fin de la XIIe dynastie ou au commencement de la XVIIIe. En outre, une domination étrangère se serait imposée pendant près de mille ans (c'est l'intervalle d'Alexandre à Mahomet) — et ses rois, dans le pays alors le plus civilisé du monde, n'auraient laissé d'autres vestiges

1. On sait que les tables royales d'Abydos et de Saqqarah passent sous silence tout le temps de la XIIIe à la XVIIe dynastie et font suivre immédiatement Amenemhet IV (Abydos) ou Sebeknofrure (Saqqarah) par Amosis. La table de Karnak, d'autre part, donne un choix des souverains de la XIIIe dynastie.

que des noms, et quels noms !..... griffonnés sur des monuments plus anciens, une paire de scarabées, un papyrus daté d'Apopi, etc., — rien qui puisse donner l'impression d'un état solidement fondé et qui aurait duré mille années.

Pour ces raisons, il y a vingt ans déjà, j'ai limité à 400 ans l'intervalle de la XIIIe dynastie à la XVIIe incluse. Les dates Sothiaques montrent aujourd'hui que ce chiffre est trop élevé presque du double. On est même disposé maintenant à donner au temps de la domination des Hyksos une durée moindre, environ un siècle (1680-1580), et à faire commencer aussitôt les rois de Thèbes, les trois Ra'seqenen Ta'a, et Kamose.

Mais, a-t-on objecté, comment les quelques 150 rois du papyrus de Turin, qui correspondent à la XIIIe dynastie et à la XIVe dynastie de Manéthon, pourraient-ils tenir tous dans un laps de temps d'un peu moins de 100 ans[1] ? A cela on peut répondre, en principe, qu'il ne s'agit plus ici de calculer la durée de cette époque d'après la liste des rois et les dates correspondantes, mais bien plutôt de classer ceux-ci dans le court espace de temps qui est maintenant établi. Et c'est tout à fait possible.

J'ai eu déjà l'occasion de faire remarquer que, pour l'intervalle de 193 à 284 ap. J.-C., nous comptons environ quatre-vingts empereurs romains[2]. Plus d'un se trouve parmi eux, dont le droit d'inscription sur la liste est très problématique; mais ceci n'est pas à considérer, car, de

1. Ou, si l'on veut, 150 ans au plus, dans le cas où ils empiéteraient sur le commencement du temps des Hyksos.

2. Les *Scriptores historiæ Augustæ* en donnent 66. Il faut en ajouter au moins 11, à répartir dans la grande trouée de Gordien à Valérien. Si la chronologie de ce temps n'était pas bien fixée d'autre part, il faudrait leur attribuer deux siècles au moins, vu que d'importants règnes ont été proportionnellement assez longs; il suffit de nommer Sévère, Caracalla, Alexandre, Valérien, Gallien, Aurélien, Probus. Et qui oserait, par exemple, ne pas donner deux ans entiers de règne au persécuteur Décius?

telles figures, il n'en manque pas dans la longue liste du papyrus. On a eu raison aussi de prendre comme terme de comparaison le temps des Mamelucks.

Arrivons maintenant à l'analyse plus détaillée du papyrus de Turin; pour la XIIIe dynastie, il est beaucoup mieux conservé que dans les autres parties; aussi l'analyse des renseignements qu'il fournit doit-elle être le point de départ de l'étude de cette période. Les remarques suivantes demandent comme postulats : longueur normale de la colonne, 400 mm.; la colonne X de l'arrangement de Seyffarth se met à la fin, derrière la colonne XII.

I. Dans les colonnes VII, VIII, IX (plus exactement numérotées 6-8), pour la plupart des lignes on a des fragments conservés (en règle générale, le commencement; les premières lignes, on le sait, sont partout entièrement conservées). La colonne VII avait vraisemblablement 30 lignes, les deux autres colonnes 31 lignes. On a conservé :

De la	colonne	VII[1],	27	lignes; manquent	3
»	»	VIII,	24	» »	7
»	»	IX[1],	27	» »	4

Comme, sur la colonne VII, les trois premières lignes appartiennent à la XIIe dynastie, et que la ligne 4 contient l'intitulé de la nouvelle dynastie, il se trouve en tout, sur les trois colonnes, 88 noms. Il est possible que les colonnes XI et XII n'aient formé qu'une seule colonne. Les fragments sont beaucoup moins nombreux et plus mutilés. Ils montrent une écriture beaucoup plus serrée, avec des lignes espacées en moyenne d'environ 11 mm., et environ 36 lignes. 27 débuts de lignes sont conservés.

La colonne X, d'une autre écriture, plus grosse, est

1. Pour notre dessein, il est indifférent de conserver un à un les noms dans l'ordre donné par Seyffarth, ou, comme Pieper le fait avec vraisemblance, de placer le fr. 77-80 après la colonne IX et le fr. 101 après la colonne VII.

écrite un peu plus largement, avec des lignes espacées d'environ 12mm5 ; elle contenait donc à peu près 32 lignes.

En tout, nous avons donc 88 + 36 (+ 36 ?) + 32 = 156 ou 192 lignes. Une couple de lignes ne donnait pas de noms de rois, mais des remarques générales et, sans aucun doute, aussi des totaux dont rien n'a subsisté ; il reste donc toujours environ 150-185 lignes pour des noms de rois.

A la colonne X, on a reconnu avec vraisemblance dans le fr. 112[1] des noms d'Hyksos, comme Apopi, et les restes de noms à l'aspect barbare du fr. 152 (col. XII) pourraient bien aussi leur appartenir ; les autres noms appartiendraient à la XIIIe et à la XIVe dynastie.

II. Les chiffres d'années de 34 règnes sont conservés en totalité ou en partie[2]. Ils donnent ensemble assez exactement 100 ans. Parmi eux, Neferḥotep a régné 11 ans, Uaḥjebreʿ Jaʿjebʿ ( ), le fondateur d'une nouvelle dynastie (col. VIII, l. 2), 10 ans, 8 mois, 18 jours ; son successeur Merneferreʿ, 13 ans, 8 mois, 18 jours : trois fois se présentent des règnes de 4 ans : pour le premier roi Chutauireʿ[3], pour Chaʿḥotepreʿ (Sebakḥotep) le prédécesseur de Jaʿjeb (col. VIII, 1), et pour le dixième roi de la col. IX (.....zefa). Ailleurs, il ne se trouve que des règnes de 3, 2, 1, 0 années et quelques mois et quelques jours.

III. Il est très possible que le papyrus fournissait l'indication que non seulement des souverains, mais des séries

1. 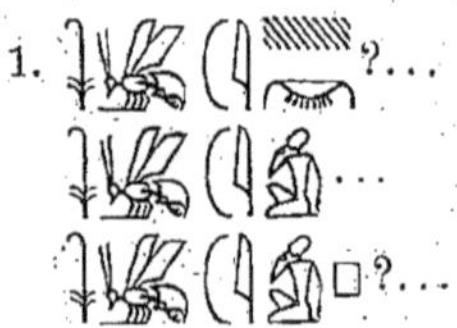

2. En outre, une rangée de fragments dont il ne reste que les mois et les jours.

3. Voyez Griffith, *Hieratic Papyri from Kahun*, p. 86. Les documents datés d'après lui vont jusqu'à la cinquième année, ceux de son successeur, Sechemkereʿ, jusqu'à la troisième.

ou dynasties entières[1], avaient régné en même temps dans différentes parties de l'Égypte. L'existence même, dans la liste, de notices explicatives[2] nous est prouvée par les fragments 159 et 160 (col. XII) et 134 (col. XI); mais ils sont, à dire vrai, trop fragmentaires pour qu'on puisse conjecturer le sens des annotations.

IV. L'auteur du papyrus s'est évidemment proposé de compter pour ce temps-là (sauf pour les dynasties VII à X) tous les noms de ceux qui avaient porté la couronne, ne fût-ce qu'un moment très court. L'écriture, qui devient de plus en plus mauvaise et serrée, nous dit combien ce travail est devenu de plus en plus malaisé pour le scribe. Or, nous avons déjà vu, dans la XIIe dynastie, que le total de la dynastie est indépendant des chiffres particuliers. Si nous faisions l'addition des nombres particuliers dans la XIIe dynastie, nous obtiendrions un nombre trop élevé. Pour le temps qui a suivi, il n'y a aucun total conservé; mais il est très possible que l'état des choses ait été le même et que nous ayons tort quand nous additionnons simplement les nombres conservés et que pour les autres noms nous prenons n'importe quelle moyenne. Il n'y a pas de doute que le papyrus (sauf mention que des dynasties différentes sont contemporaines) considère les noms dans un ordre chronologique; mais il a pu y avoir très fréquemment des règnes doubles et des règnes qui chevauchaient l'un sur l'autre, conséquence inévitable des nombreuses usurpations[3] de ce

1. Des fragments de dynastie, indiqués par *ar nef m sutenit*, ont été conservés cinq ou six fois, mais sans total qui les précède et sans rubrique.

2. En outre, on a conservé à côté du 2e roi de la dynastie, Sechemkere', à la fin de la note ajoutée (écrit en rouge) { ⌓ III ⊙ III }; cf. plus loin, les remarques sur la col. IV, l. 15, 16. Sur le fragment 100. se trouvent des chiffres écrits en rouge parmi les chiffres des mois et des jours.

3. Évidemment presque tous ces souverains étaient des usurpateurs éphémères qui régnaient les uns à côté des autres, comme à l'époque similaire de l'Empire romain; cela se voit, par leurs noms propres,

temps-là. La somme totale a dû s'en ressentir beaucoup.

Ceci admis[1], nous posons en principe que le classement des fragments du papyrus effectué par Seyffarth est ici à conserver entièrement. Pieper[2] a tenté d'échanger la place des fragments 76 à 80 (col. VII[3], donnant les noms de Sebakḥotep et Neferḥotep) avec celle des fragments 100-104 (col. IX). Cela est peut-être possible dans l'état du papyrus, mais c'est inadmissible si l'on s'en tient au fond. Sans doute Pieper s'appuie sur un tableau généalogique trouvé à El-Kab (L., *D.*, III, 62 *a*), pour démontrer que le roi Sechem-Sešed-taoui Sebakemsaf Ier (le mari de la reine Noubcha'S) a régné avant Sebakḥotep III et Neferḥotep Ier, dont les noms figurent aux fragments 79 et 80. Non seulement à Sebakemsaf il annexe le deuxième roi de ce nom, mais, adoptant les vues de Newberry (*PSBA.*, XXIV, p. 285 sq.). il ajoute les trois rois Antef et quelques autres souverains de ce temps. Si tous ces rois ont existé avant Sebakḥotep III, le fragment 76-80 ne peut plus, en effet, rester dans la colonne VII, et la transposition est indispensable. Mais cela ne démontre en aucune manière que les Antef doivent suivre immédiatement les Sebakemsaf : en effet, un des Antef a comme épouse une femme appelée Sebekemsaf[4]. D'autre part, dans le classement traditionnel des morceaux du papyrus, il manque, entre les fragments 72 et 76, deux noms, dont l'un peut fort bien avoir été Sebakemsaf Ier (le 2e roi de ce nom serait trop jeune). Il convient d'ajouter que les

dans les très fréquentes fautes de leurs noms royaux, dans l'usage d'ajouter à leur nom celui de leur père.

1. Le développement qui suit est extrait des *Nachträge*, § IV.

2. *Die Könige Ægyptens zwischen dem Mittleren und Neuen Reich*, Berlin 1904 (*Diss.*).

3. C'est en réalité la colonne VI ; je conserve néanmoins ici les nombres usuels, que j'écris en chiffrés romains.

4. Son tombeau, à Edfou, a été restauré au début de la XVIIIe dynastie par un fonctionnaire de la reine A'aḥḥotep (Bouriant, *Recueil*, IX, 93 ; cf. Newberry, *loc. cit.*; Sethe, *Urkunden* der XVIIIe Dyn., p. 29 sq.).

fragments 76-80 comprennent les plus importants souverains de la XIIIe dynastie : il est impossible de les transférer après la colonne IX, c'est-à-dire au temps de la XIVe dynastie, tandis que, par contre, pas un seul des douze noms conservés aux fragments 100-104 ne se trouve connu par un seul monument. Ces rois ne peuvent donc se placer dans la première moitié de la XIIIe dynastie, — pour le dire tout de suite, ils appartiennent à la XIVe dynastie, dont il est notoire que nous ne possédons aucun monument. Enfin, aux Sebakḥotep des fragments 76 à 80 se rattache immédiatement Sebakḥotep VI de la colonne VIII, l. 1. Ajoutez que la table de Karnak, comme Brugsch l'a déjà remarqué, donne aux nos 37-33, 47-46[1], les noms les plus importants de cette époque, en ordre rétrograde, mais se suivant comme on les trouve aux colonnes VII et VIII, l. 1 inclusivement, dans le classement traditionnel qui de ce fait est confirmé et peut passer pour établi sur une base certaine.

Les dates des tombeaux d'El-Kab concordent aussi parfaitement avec ce classement. Le tombeau 10, celui de Sebaknecht[2], nomme le roi Sechem-souaz-taoui-reʿ Sebakḥotep III comme mort; il appartient donc au temps du successeur de celui-ci, Neferḥotep Ier. Au tombeau 9, plus récent et inachevé, celui de Ranseneb[3], on cite la mère de sa femme, qui est la fille du prince Neferḥotep, en relation avec la reine Senebsen, l'épouse de Neferḥotep Ier[4]. En

1. Ici aussi la suite régulière des noms est en ordre rétrograde; cf. p. 27, note. On ne peut deviner quel nom il y avait au n° 32, début de la ligne 5; du moins, au point de vue historique, viennent ensuite n° 33 Sebakḥotep IV, puis n° 47 Sebakḥotep V, et enfin n° 46 Sebakḥotep VI.

2. L., *D.*, III, 13 *b*, cf. *Texte*, IV, p. 54. Tylor, *Wall Drawings of El Kab*, the tomb of Sebeknekht, 1896.

3. L., *D.*, III, 62 *a*, cf. *Texte*. IV, p. 55. Peut-être (suivant une suggestion de Pieper) Ranseneb apparait-il comme frère cadet dans le tombeau de Sebeknecht.

4. Mariette, *Mon. divers*, LXX, 3. Borchardt doute à tort qu'elle soit sa femme (*Berichte Sächs. Ges.*, 1905, p. 257); elle peut très bien avoir été sa sœur en même temps, comme c'était l'usage.

outre sa femme[1] est la tante de la princesse Chonsou[2], fille de la reine Noubcha's, épouse elle-même de Sebakemsaf Ier. D'où les synchronismes suivants :

Reine Noubcha's....... Sebakemsaf Ier.
Sa fille Chonsou .... Sebakhotep III.
Princesse Neferhotep.... Reine Senebsen.... Neferhotep Ier.
Ransenebb et sa femme.

En conséquence l'intervalle entre Sebakemsaf Ier et Neferhotep Ier n'a pas besoin de dépasser 30 ans, laps de temps qui trouve sa place tout de suite, si nous l'intercalons dans la colonne VII entre les fragments 72 et 77-80.

On sait que les « Rois qui succèdent à la dynastie d'Amenemhet Ier » ont été énumérés dans le papyrus, — autant que les fragments permettent d'en juger, — en continuant de la colonne VII à la colonne IX, sans totaux ni rubriques ajoutées. Les divisions de Dynasties (au moins cinq) ne sont indiquées ici que par le retour des mots « il régna ». J'ai déjà démontré (p. 83) que la colonne VII, l. 5, (1er roi de la XIIIe dynastie) et les colonnes VIII et IX, donnaient 26 noms, et les colonnes VIII et IX, 31 noms chacune : en tout 88. Comptons un à un les noms : à la colonne IX, l. 4, au 61e roi, Sehebre', nous trouvons la division ordinaire. Il est manifeste que cette division correspond à celle que Manéthon introduit entre la XIIIe et la XIVe dynastie : *les 60 rois précédents correspondent aux 60 rois de sa XIIIe dynastie ; les rois qui suivent le 61e correspondent aux 76 Xoïtes de la XIVe dynastie*. Ce qui est confirmé parfaitement par le fait déjà signalé, que nous possédons un grand nombre de monuments pour les 60 premiers rois (jusqu'au no 58, le roi Nehesi), et pas un seul pour les suivants, dont la colonne IX

1. Cette interprétation du texte me paraît seulement probable, d'après les deux explications que Pieper a fournies à l'appui.

2. C'est la même que Chonsou-chou — de la stèle de Noubcha's (*Louvre*, C 13, ap. Pierret, *Études égyptologiques*, p. 5).

a gardé 23 noms complets ou partiels. Comment expliquer cela, sinon parce que ces rois, de Xoïs exclusivement, étaient limités à une partie du Delta, qui précisément n'a conservé presque aucun monument ?

Mais nous pouvons aller encore beaucoup plus loin. Les rois du dernier groupe de la XIIIe dynastie (n°s 29 (col. VIII, 3) à 60), qu'une coupure sépare des précédents[1], ne sont représentés que par des monuments peu nombreux et sans importance, et plusieurs n'en ont pas du tout. Le dernier dont nous ayons un monument est le n° 58, Nehesi, qui, d'après le papyrus, n'aurait régné que trois jours[2] ; comme prince, il figure sur un bloc de Tanis provenant d'une construction élevée probablement (le début de l'inscription, et avec lui le nom du roi, a disparu) par son père à Seth de Roaḥet ; Nehesi lui-même est qualifié « aimé de Seth de Roaḥet »[3] ; sur une statue royale de lui, trouvée à Tell-Mokdam (Leontopolis), il s'appelle aussi « aimé de Seth d'Avaris »[4]. Or, avant le temps des Hyksos, Seth n'apparaît à Tanis sur aucun monument ; Mermasha et Sebakḥotep IV se qualifient souvent, sur leurs statues de Tanis, « aimé de Phtah de Memphis » — tandis qu'Avaris est la capitale des Hyksos, et Seth d'Avaris leur dieu. De là il apparaît clairement que Nehesi, et son père déjà, étaient devenus vassaux des Hyksos et sacrifiaient au dieu des Hyksos. Ainsi l'invasion des Hyksos se produit avant la fin de la XIIIe dynastie. Ils ont

1. Cela ne veut pas dire qu'il n'y ait pas encore plus loin (après ceux-ci de la col. VIII) une autre séparation de dynastie.

2. Comme il existe une petite lacune avant son nom, il a peut-être occupé le trône une couple de mois ; cependant c'est peu vraisemblable, d'après l'opinion que s'est formée Pieper d'après l'original. Ce règne si éphémère explique qu'il n'ait pas eu de nom « royal », de même, par exemple, que Seḥatḥor, qui lui aussi n'a régné que trois jours.

3. Petrie, *Tanis*, I, pl. 3.

4. Naville, *Rec.*, XV, 97 ; *Ahnas el Medineh*, pl. 4, l. 2 — cf. Devéria, *Revue archéologique*, nouv. série, IV, 259 ; Mariette, *Mon. divers*, 63 ; antérieurement on avait lu faussement ce nom *Salitis*.

introduit tout d'abord le culte de Seth à Tanis; l'ère sacerdotale de Tanis, datée du roi Noubti et qui commence vers 1670 av. J.-C. (voir p. 94), est l'ère des Hyksos[1].

Essayons maintenant de fixer la chronologie de la XIIIe dynastie[2]. Elle commence en 1788/85 av. J.-C. La première sous-dynastie du papyrus comprend 13 rois, dont le premier a régné 4 ans, le second au moins 3 ans. Ensuite apparaissent seulement, sur des monuments tout à fait isolés, le n° 6 Ameni-Antef-Amenemhet, le n° 10 ou 11 Sebakemsaf Ier (cf. p. 33) et le n° 13 Sebakḥotep Ier. Tous furent certainement des souverains éphémères; trois d'entre eux ne sont pas parvenus à prendre le nom royal du couronnement. Nous ne compterons donc pas trop juste en ne leur assignant à tous ensemble que 25 à 28 ans = 1788/85 à 1760. Puis vient une seconde sous-dynastie de 15 souverains (n°s 14-28), à laquelle appartiennent les plus connus des rois de ce temps, les Sebakḥotep II à VI, Mermashaʿ, Neferḥotep Ier; il est vrai qu'ici encore six rois ne sont pas connus par des monuments. Six nombres d'années sont conservés, soit 29 ans 1/2 pour les rois dont les noms ont été confirmés par des monuments; on peut estimer que la durée totale de cette sous-dynastie dépasse difficilement 50 ans, soit de 1760 à 1710. La troisième sous-dynastie avec 32 noms (n°s 29-60)

1. A propos de la donnée de Joseph (*C. Ap.*, I, 83, cf. 91), sur l'ἄλλο ἀντίγραφον de Manéthon qu'il cite (cf. p. 72), je remarque que certainement il s'agit ici d'un exemplaire de Manéthon corrigé dans un sens favorable aux juifs. L'auteur de la correction connaît le mot égyptien YK = *ḥ̦ʒk* αἰχμάλωτος, et il établit l'interprétation αἰχμάλωτοι ποιμένες, pour rendre possible l'assimilation des Hyksos avec Joseph et les frères de celui-ci. Il combat ainsi indirectement l'affirmation de Manéthon que Moïse et les juifs sont identiques à Osarseph et aux lépreux. De même il voit en eux des Ἄραβες, c'est-à-dire des nomades du désert (cf. les Hyksiotes de Wilcken). Pour Manéthon même cette correction n'a donc aucune valeur; à bon droit je l'ai appelée « Pseudomanéthon ». Une autre interprétation est la désignation des Hyksos comme Phéniciens (p. 81).

2. La liste des rois complète, avec l'énumération de tous les monuments de moi connus, paraîtra dans mon « Histoire de l'Antiquité ».

ne comprend de nouveau (cf. p. 89) que des rois très éphémères : douze seulement sont cités dans des mentions isolées ou sur des monuments. Au premier d'entre eux, Mernefere' Ai, le papyrus donne 13 ans 8 mois 28 jours; mais on n'a de lui qu'une paire de scarabées; six autres, dont les chiffres sont conservés, ont ensemble 12 à 13 ans, chacun d'eux pris séparément n'a donc pas gouverné deux ans. Ainsi cette sous-dynastie, malgré qu'elle ait un nombre de rois double, ne peut se voir attribuer un total supérieur à celui de la précédente, soit 50 ans, de 1710 à 1660. C'est dans la dernière année de la dynastie que tombe l'invasion des Hyksos, que nous pouvons par conséquent fixer en gros à 1680/70 av. J.-C., ce qui concorde au mieux avec l'ère de Tanis.

Au début de la XIVe dynastie se trouvent conservés six chiffres d'année, en tout pas plus de neuf à dix ans[1]. Il s'agit donc des souverains très éphémères reconnus par les Hyksos comme Pharaons dans le Delta; aussi devons-nous d'autant moins espérer trouver jamais quelque monument d'eux. Nous ignorons comment leur liste se continuait sur la colonne X; on peut seulement conjecturer avec quelque certitude que le papyrus contenait moins de noms (au maximum 50) que les 76 Xoïtes donnés par les Epitomés de Manéthon.

Maintenant il me faut revenir[2] à l'hypothèse formulée par Lauth (et dont j'ai déjà parlé plus haut p. 83), que la colonne X doit se placer à la suite des colonnes XI et XII[3]. Ici encore un examen sérieux prouve jusqu'à l'évidence l'accord du papyrus et de Manéthon. Le fragment 112 de la co-

1. Le frag. 100 a conservé deux chiffres d'années équivalents : 0 an, 2 mois, 1 + x jours; 0 an, 2 mois, 1 + x jours.

2. Pieper se prononce contre (p. 27) surtout d'après le revers du papyrus. J'avais pour argument que la colonne IX n'est pas écrite de la même main que les autres; mais on sait par les papyrus grecs, que la différence des mains n'est pas une preuve décisive. Peut-être aussi, une troisième main se révèle-t-elle aux colonnes XI et XII.

3. On s'est demandé au contraire si les fragments que Seyffarth a répartis sur ces deux colonnes ont formé réellement une ou deux colonnes. L'examen seul de l'original pourrait en décider.

lonne X donne des restes des noms Hyksos, parmi lesquels vraisemblablement deux Apophis (cf. p. 84, n. 1 et Pieper, p. 27 sq.); les maigres restes des colonnes XI et XII présentent des noms, les uns égyptiens, les autres, au moins pour une part, nettement barbares (fr. 123 et 152). La XVIIe dynastie se présente donc ici, avec le même mélange d'Hyksos et de Thébains que chez Manéthon; elle commence déjà à la colonne X. En effet nous avons au fragment 108[1] ces trois noms :

1. = deux fois dans la liste de Karnak n°s 45 et 46 = Snofer-jeb-re' Senwosret IV, des fouilles de Karnak[2].

2. = Mencha'u-re' 'Anjeb, Mariette, *Abydos*, II, 37 (de Rougé, Inscr. 15).

3. = Karnak n° 49.

Ce sont donc trois rois Thébains, qui d'après le classement du papyrus ne peuvent point appartenir à la XIIIe, mais seulement à la XVIIe dynastie.

La liste de Karnak a d'ailleurs conservé un choix de noms qui appartiennent sûrement à la XVIIe et non à la XIIIe dynastie : en particulier :

4. Le nom qui apparaît deux fois, aux n°s 38 et 57 : ; on le trouve avec Neferkere'[3] et le dynaste A'alimes Binpou sur la base d'une petite figure d'Harpocrate ap. Mariette, *Monuments divers*, pl. 48 *b*.

1. D'après Wilkinson le frag. 112 se place avant le frag. 108.

2. Legrain, *Ann. d. serv.*, II, 272 — cf. Maspero, p. 281.

3. Cf. le scarabée publié par Griffith (*PSBA.*, XIX, p. 293) qui réunit Neferkere' et Ne-ma'at-re'. Ce dernier est peut-être identique à *Chender* : mais au lieu de voir en celui-ci un roi Hyksos (comme Pieper, p. 32), je le place au contraire seulement dans la XIIIe dynastie. A Souaz-n-re' se joint le roi *Ouaz*, (Newberry, *Scarabs*, XXIII, 79, et Kamose.

5. N° 43, ⊙ [hiéroglyphes] [1], peut-être le même que ⊙ [hiéroglyphes], col. XI, fr. 126, l. 4 du papyrus (Pieper).

6. N° 26, ⊙ [hiéroglyphes] [2] = Senecht-en-reʿ sur l'autel à offrandes de la collection Clot-bey à Marseille (Brugsch, *Berichte d. Berl. Ak.*, 1858, p. 69 sq., qui se trouve immédiatement suivi de :

7. N° 25, ⊙ [hiéroglyphes], un des trois rois connus Seqenjen-reʿ, de la fin de la XVIIe dynastie ; sur l'autel de Clot-bey, il est suivi de ⊙ [hiéroglyphes] = Kamose.

8. Enfin il n'est pas douteux que les rois Antef, jusqu'ici attribués à la XIIIe dynastie, appartiennent bien plutôt à la XVIIe dynastie. L'un deux, Noub-che-per-re (n° 28), a été admis dans la table de Karnak. Dans le papyrus, comme Pieper l'a reconnu, se trouvent à la colonne XI, fr. 126, quatre rois dont les noms commencent [3] avec ⊙ [hiéroglyphes], et peut-être trois qui se suivent. A ces rois doivent appartenir les deux Antef connus par leurs sarcophages du Louvre et quelques maigres monuments; leurs noms de couronnement commencent par les mêmes signes. Quelques autres des éphémères souverains qu'on place ordinairement dans la XIIIe dynastie sont encore à attribuer plutôt à la XVIIe.

Quant à la chronologie, on trouve aux fragments 125 et 127, à trois reprises, successivement mention d'un an; au frag. 163, on trouve à la suite : 2 ans (changement de dynastie), 2 ans, 3 ans, 3 ans, 2 ans ; au fr. 126, l. 8, il y a peut-être bien 12 ans. Ces dates montrent que la situation était la même que sous la XIIIe dynastie [4] ; au temps des

1. Lecture incertaine ; d'après Bénédite (ap. Sethe, *Urkunden der 18. dyn.*, p. 609) plutôt [hiéroglyphes].

2. D'après Bénédite, ap. Sethe, *loc. cit.*

3. Un autre de ces rois est peut-être le roi ⊙ [hiéroglyphes], dont le nom de naissance est Amenemhet-Senebf (pour sa titulature complète, cf. le cylindre publié par Newberry, *Scarabs* (pl. VII, 3).

4. Les noms des rois Hyksos assez nombreux qui apparaissent sur les

Hyksos, de suite après les premiers puissants souverains, les choses n'allaient pas beaucoup mieux. Nous ne possédons pas d'autres point d'appui, mais rien n'empêche vraiment de conclure que le temps des Hyksos, d'accord avec les dates fixées précédemment, correspond en gros à un siècle, de 1675 à 1575.

Il est manifeste que les rois de la XVIIe dynastie, comme les contemporains des Hyksos, appartiennent aussi à la XIVe dynastie. Les souverains égyptiens locaux et sans pouvoir de Xoïs et de Thèbes furent d'abord les uns et les autres sous la domination des envahisseurs étrangers, Ceux-ci ont pu faire disparaître la dynastie de Xoïs; les Thébains ont au contraire surgi en libérateurs de l'Égypte.

Le papyrus n'a conservé aucun total de dates[1]. Mais il est très possible que le papyrus ait, tout comme Manéthon, considéré les dynasties simultanées comme se suivant dans le temps; nous pouvons l'admettre quand même les totaux ainsi donnés dussent rester indéfiniment en arrière des chiffres présentés par Manéthon.

Nous savons aujourd'hui, grâce aux documents, rassemblés et excellemment commentés par King[2], que les chroniques

scarabées et ailleurs (en tout nous en connaissons environ deux douzaines), et qui figurent certainement dans les dernières colonnes du papyrus de Turin, ne prouvent rien en faveur d'une durée plus longue de leur souveraineté. Selon toute vraisemblance beaucoup d'entre eux ont régné simultanément dans différentes parties du pays et usurpé le titre royal, tout en reconnaissant probablement un roi supérieur résidant à Avaris (à ces suzerains appartiennent les différents Apophis). Ce sont circonstances semblables à celles qui se sont produites au temps de Piankhi et des Assyriens. La rareté et la pauvreté des monuments montre clairement que nous ne pouvons penser à une domination hyksos séculaire.

1. J'ai déjà attiré l'attention (p. 85) sur les petits fragments qui contiennent certainement des notices historiques, colonne XI, 134 et colonne XII, 159 et 160.

2. L.-V. King, *Chronicles concerning early Babylonian Kings*, 2 vol., 1907. L'hypothèse de Ranke que je ne m'étais pas risqué à adopter dans mon travail sur *Sumériens et Sémites* en Babylonie (*Abhandl. d. Berl. Ak.*, 1906) p. 10, 1, a été complètement confirmée. Chammourabi

babyloniennes ont procédé ainsi et que pour la IIe dynastie, en réalité contemporaine de la fin de la Ire et du début de la IIIe — ils la faisaient rentrer toute dans les totaux, comme si elle était intercalée entre les deux autres.

L'ÈRE DE L'AN 400

Pour terminer ce chapitre, j'ai encore à parler d'un monument, le seul document égyptien sur lequel une ère soit indiquée. C'est la célèbre « Stèle de l'an 400 ». Trouvée par MARIETTE à Tanis[1], cette stèle représente Ramsès II devant le dieu Seth; derrière le roi se tient le vizir, chef des troupes étrangères et de la cavalerie, commandant de la forteresse Zarou, grand-prêtre de Seth, etc., Séthi[2].

L'inscription qui suit donne tout d'abord la nomenclature des titres de Ramsès II (lignes 1-4). Voici la suite :

L. 5 : Sa Majesté a ordonné d'ériger une grande stèle de granit rouge au grand nom de ses pères ([hiéroglyphes]), pour que reste établi (ou « soit érigé » [hiéroglyphes]) le nom du père de ses pères ([hiéroglyphes]).

L. 6 : Roi Séthi Ier, de constante prospérité ([hiéroglyphes]) pour l'éternité comme Re' chaque jour.

L. 7 : An 400, Mesori 4e jour, du roi (Seth-'a-peḥti) | du fils aimé de Re' (Noubti) | , aimé de Re' Harmachis, vivant toujours et éternellement.

L. 8 : Le vizir vint, etc. — Suit la nomenclature des

a régné vers 1958-1916 av. J.-C. ; la Ire dynastie commence vers 2060 ; le royaume de Sumer et Akkad au plus tôt vers 2350 ; Sargon au plus tôt vers 2550 av. J.-C. ; aucun monument historique trouvé en Babylonie ne remonte plus haut que 3000 av. J.-C. Ainsi l'histoire babylonienne serait encore, par rapport à l'histoire d'Égypte, de quelques siècles plus jeune que nous ne le pensions jusqu'ici.

1. Publiée par Mariette, *La Stèle de l'an 400,* dans la *Revue archéologique,* nouv. série, XI, 1865, p. 169 sqq. et pl. IV. Cf. la planche CCCLXXXI de Lanzone, *Dizionario di mitologia egizia.*

2. Les titres sont à la l. 8; son père Phra'meses a revêtu les mêmes charges (l. 10).

titres de Séthi et de ses parents, et ensuite l. 11, et suivantes, une prière à Seth, dont la dernière partie est détruite.

Personne n'est encore arrivé à donner à ces phrases un sens raisonnable. Qui sont « les pères » du roi, qui est « le père de ses pères », qu'est-ce que son père Séthi Ier vient faire là, lui que la ligne 6 intitule comme un souverain vivant et non comme un souverain mort, tout cela n'est pas clair. Que signifie aussi l'arrivée du vizir (à Tanis) ? On pourrait supposer qu'il aurait reçu du roi l'ordre d'ériger ledit monument à Tanis, c'est-à-dire une sorte de table des ancêtres, comme celles d'Abydos et de Karnak ; à cette occasion il aurait adressé au dieu Seth de Tanis une prière éternisée dans cette stèle. Si c'est sa pensée, il l'a exprimée d'une façon bien surprenante, et la mention du roi Séthi Ier n'en reste pas moins une énigme.

Mais la plus grande singularité de la stèle, c'est la manière de dater non d'après les années du roi régnant, mais d'après la 400e année du roi Noubti, qui porte la titulature d'un souverain régnant. On admet communément aujourd'hui que ce roi ne serait pas un souverain terrestre, mais le dieu Seth, qui, sous son surnom Noubti, « celui d'Ombos », avait régné dans la dynastie des dieux[1]. Mais je ne puis tenir cette explication pour exacte. Un contemporain de Ramsès II a-t-il pu croire que le dieu Seth, meurtrier et successeur d'Osiris dans la première dynastie des dieux, avait régné sur terre 400 ans auparavant, au milieu de rois humains, qui, au su de chacun, régnaient depuis des milliers d'années ? Il est impossible d'y penser[2] ; quant à prêter au mot , qui partout ailleurs

1. La façon de dater du texte d'Horus à Edfou « l'an 363 du roi Re[c] Harmachis, éternellement vivant », que l'on ne manque pas de citer en parallèle, ne veut pas dire grand'chose. Car il s'agit là du récit d'une guerre qui s'est passée en réalité au temps des dieux et non pas d'un événement présent.

2. Je ne puis comprendre comment Sethe (*Beitr. zur ältesten Gesch.*

signifie « an », le sens de « période d'année » ou « siècle », cela n'est pas moins impossible, surtout que le mot n'accompagne de la notation du mois et du jour. Il ne peut être non plus question d'une manière de dater précise, comme celle qui utilise les années de règne. Nous avons donc réellement ici une ère, qui a dû être en usage à Tanis, peut-être seulement pour des cas particuliers, tels que le culte de Seth. Et ici je dois faire remarquer de nouveau qu'une ère de Tanis apparaît dans l'Ancien Testament (*Nombres*, ch. XIII, v. 23) dans le récit jahviste de la découverte de la terre promise, où il est dit qu'Hébron fut bâtie sept ans avant Zoʿan (Tanis) en Égypte *(Hebron septem annos ante Tanim urbem Aegypti condita est)*.

Ce Noubti, qui, montant sur le trône, prend un nom formé du nom et de l'épithète ordinaire de Seth, fait songer immédiatement aux Hyksos, adorateurs de Seth. Telle est l'explication la plus ancienne et la plus naturelle. Et je ne sache pas ce qu'on pourrait objecter à ceci : il y aurait eu un roi Hyksos Noubti, lequel inaugura une ère qui a subsisté à Tanis. Mais si le roi doit absolument être le dieu Seth, la même explication peut nous suffire. Le règne de 67 ans de Ramsès II tombe dans la première moitié du XIIIe siècle. En admettant que l'inscription date du milieu de son règne, vers 1270, alors l'ère commencerait en 1670, c'est-à-dire au commencement du temps des Hyksos. Si elle porte le nom du dieu Seth, nous devons admettre que c'est une ère de temple, que l'on pourrait rattacher à l'introduction ou du moins à la fondation du culte de Seth à Tanis par les Hyksos et peut-être à la construction du temple de ce dieu.

Ægyptens (*Unters.*, III), p. 60) a pu émettre cette opinion : « La 400e année de règne de ce dieu... devait, suivant une façon de raisonner qui nous échappe, tomber au temps de Ramsès II. »

CHRONOLOGIE DU NOUVEL EMPIRE

Ce serait dépasser les limites de ce mémoire que de faire des recherches plus approfondies dans la chronologie des époques plus récentes. De multiples investigations particulières seraient nécessaires pour déterminer plus exactement le temps de chaque règne à l'intérieur d'un cadre bien établi, sans pouvoir d'ailleurs changer rien à ce cadre. En général, l'écart possible dans le comput des règnes, spécialement dans les parties plus exactement connues, peut osciller au plus de 10 à 20 ans[1]. Je me contenterai donc, pour la belle époque du Nouvel Empire[2], du schéma provisoire suivant dont les chiffres peuvent être regardés comme justes, — à 10 ans près, au plus :

Amosis	De 1580/75 à 1557/54.
Aménophis Ier Thoutmosis Ier	1557/54 à 1501.
Thouthmosis II,	† dans sa LIVe année, 1501-1447.
Aménophis II Thoutmosis IV	1447 à 1415 environ.
Aménophis III, † dans sa XXXVIe année, environ 1415-1380.	
Rois hérétiques Haremhebi	au moins LX ans[3], environ 1380-1321.

Ère ἀπὸ Μενόφρεως, peut-être à partir de Ramsès Ier, commençant au 19 juillet 1321.

Ramsès Ier, Séthos Ier, environ 1320-1300.

1. La principale difficulté vient du temps de la XXe et de la XXIe dynastie, de la mort de Ramsès III jusqu'à Scheschonq, car nous n'avons pour ce temps que très peu de matériaux. C'est une époque qui ne se laisse déterminer qu'en fixant ses limites inférieure et supérieure. Une autre époque, extraordinairement difficile et plus incertaine encore ; c'est celle des Éthiopiens (XXVe dynastie).

2. Lehmann a donné un aperçu des dates particulières (mais pas toujours également certaines), *Zwei Hauptprobleme*, p. 52, 147, 159.

3. Cf. plus loin, p. 127, n. 2.

Ramsès II, † dans sa LXVIIe année, environ 1300-1234.

Merneptah, période de troubles dynastiques Setnecht[1]	environ 1234-1200.

Ramsès III, † dans sa XXXIIe année[2], environ 1200-1169.

1. Cf. plus loin, p. 131.

2. Cf. Erman, *Zur Erklärung des Pap. Harris*, dans *Sitzungsber. d. Berl. Akad. d. Wiss.*, 1903, p. 457, où il a démontré que le jour de sa mort tombe le 6 Épiphi de la XXXIIe année de son règne.

III. — LES LISTES DE ROIS

LE PROBLÈME POUR L'ANCIEN EMPIRE

Pour les temps antérieurs à la XIIe dynastie, les choses se présentent tout autrement que pour le Moyen Empire et le Nouvel Empire. Nous ne possédons pas ici, jusqu'à maintenant, de dates absolues. Le seul moyen de déterminer la chronologie de l'Ancien Empire et le commencement de l'histoire d'Égypte sous le roi Ménès, est l'examen des listes de rois et des chiffres de règne, et leur comparaison avec les renseignements historiques et chronologiques que nous offrent les monuments.

Ces listes de rois se divisent en deux groupes : 1° les listes en langue grecque[1] de Manéthon et Eratosthène; 2° les listes égyptiennes : le papyrus royal de Turin et les tables royales. Nous allons les considérer dans cet ordre.

COMMENT NOUS SONT PARVENUS LES FRAGMENTS DE MANÉTHON

Abstraction faite des apocryphes, tels que le παλαιὸν χρονογραφεῖον de Panodore que le *Syncelle* nous a conservés (*Sync.*, p. 95, 10 sqq., éd. Bonn), et le *Livre de Sothis* (*Sync.*,

1. Hérodote et les arrangements de son histoire par Hécatée d'Abdère, qui se trouvent par extraits dans Diodore, ne peuvent être regardés comme des sources. La tâche à faire ici est inverse : découvrir de quels faits historiques, de quelles légendes sont nés les récits d'Hérodote et des autres.

p. 32, 72 sqq., 97, l. 16 sqq., 193 sqq.), que le Syncelle tient pour du Manéthon authentique, nous ne possédons, de l'histoire d'Égypte en trois volumes (Τόμοι) de Manéthon[1], que des extraits de deux sortes :

I. Les extraits donnés par Josèphe dans son écrit contre Apion — et qu'Eusèbe lui a empruntés en partie dans sa *Praep. evang.* et dans le premier livre de sa Chronique, et dont Théophile s'était déjà servi (*ad Autolycum*, III, 20 sqq.).

II. L'*Épitomé*, liste complète des dynasties avec les chiffres qui s'y rapportent, mais où les souverains ne sont énumérés un à un que pour les dynasties les plus importantes (Ie-VIe, XIIe, XVe, XVIIIe, XIXe, XXIe-XXXe) ; pour les autres (VIIe-XIe, XIIIe, XIVe, XVIe, XVIIe, XXe), on trouve seulement le total de la dynastie. On y a conservé aussi les sommes des règnes et des années données par les trois Τόμοι.

Pour beaucoup de rois, par exemple, ceux des premières dynasties comme aussi de la XIIe, de la XXIIIe à la XXVIe, et, ailleurs, pour des cas isolés de la XVIIIe, VIIIe, XIXe, VIe, et au commencement de la dynastie des Hyksos (XVe), l'épitomé offre de courtes notices historiques et anecdotiques. Nous avons déjà vu que la notice sur Sésostris (dynastie XIIe, 3) n'est pas de Manéthon, mais qu'elle vient d'un arrangement fait d'après Hérodote par Hécatée d'Abdère ; il y a pu se glisser ainsi plus d'une interpolation. Il faut rapporter aussi à Hérodote l'identification justifiée du Souphis de Manéthon avec Chéops, et ce qui touche à Ménès (du moins dans l'épitomé d'Eusèbe). Il faut également tenir compte pour la XXVIe dynastie, de l'Ancien Testament.

1. Cf., avant tout, Bœckh, *Manetho und die Hundssternperiode*; Unger, *Chronologie des Manetho*, 1867 ; sur les chonographes, le livre fondamental de Gelzer, *Sextus Julius Africanus und die byzantinische Chronographie*, I, 1880 ; II, 1885. Les fragments de Manéthon sont réunis dans l'édition seule complète, mais peu commode pour un examen d'ensemble, de C. Müller, *Fragm. Hist. Gr.*, II, p. 526 sqq.

L'épitomé a passé dans les Chroniques de Julius Africanus (220 ap. J.-C.), et d'Eusèbe, qui use d'une recension parfois différente ; le Syncelle (p. 100-146) l'a pris dans ces deux ouvrages.

La Chronique d'Eusèbe se trouve aussi dans une traduction arménienne (*Chron.*, I, p. 133 sqq., éd. Schoene), qui seule a gardé les dynasties des dieux. Il s'est conservé un extrait de Julius Africanus (jusqu'à la XVIIIe dynastie), dans les *Excerpta Barbara*, p. 38 *a*, *b*, (dans l'*Eusebius* de Schoene, I, p. 215, 214 ; *Chronica minora*, éd. Frick, I, p. 286 sqq.) ; il y a probablement des additions étrangères pour les noms des dynasties XIIe à XVIIIe (cf. p. 120). L'épitomé d'Eusèbe a gardé dans certains cas de meilleures leçons, et parfois des détails uniques, qui ont échappé à l'Africain (par exemple, ce qui concerne l'Éthiopien Ammerès, dynastie XXVIe, 1) ; mais en général, il est beaucoup plus négligé que celui de Julius Africanus ; il omet des règnes ou en confond d'autres (ainsi les dynasties XIIe, 5-7, également les dynasties IIe, IIIe, IVe, V[e]-VIIe, XXII et autres) ; et, là où il les change à dessein (dynastie XVe-XVIIe), c'est le domaine de l'invention pure. D'ailleurs, beaucoup de divergences s'expliquent par des fautes d'écriture. Pour certaines dates particulières (dynasties XXIVe, XXVe), Eusèbe paraît avoir gardé une tradition différente et meilleure. Les deux totaux des dynasties XIIe et XVIIIe, qui ne concordent pas avec les chiffres des règnes pris séparément, sont tout à fait inexplicables ; les dynasties IIIe, XVe, XIXe, XXIIe, XXIIIe, XXIVe, XXVIe-XXXe montrent au contraire que les totaux sont calculés d'après les chiffres des règnes. Il est évident qu'Eusèbe n'a pas lui-même confectionné sa liste, mais qu'il l'a empruntée mécaniquement à une source antérieure (à moins qu'il ne l'ait lui-même abrégée et mutilée en la copiant)[1].

1. Eusèbe ne paraît avoir directement consulté Julius Africanus qu'une

Il en est de même pour l'Africain; car rien ne donne à penser qu'il ait eu en main l'œuvre même de Manéthon. L'épitomé a été confectionné longtemps avant lui, et avait déjà reçu en complément la XXXIe dynastie (Ochos, Arsès, Darius III); il se terminait par une liste des Ptolémées. Dans cet état, il a encore été plusieurs fois retravaillé; l'Africain a pris une de ces rédactions, Eusèbe en a pris une autre.

L'étude suivante nous en apprendra davantage. L'analyse de la XIIe dynastie nous a déjà fait connaître plus d'une chose; mais, pour porter un jugement vrai sur Manéthon lui-même et sur le caractère de la tradition manéthonienne, il faut procéder à une analyse précise des fragments conservés par Josèphe et les comparer avec l'épitomé.

LES FRAGMENTS DE MANÉTHON DANS JOSÈPHE

Josèphe a-t-il eu en sa possession un exemplaire de Manéthon, et en a-t-il extrait lui-même les morceaux qu'il cite? Cette opinion, après un examen attentif, ne peut absolument plus se soutenir.

Les fragments qu'il a conservés sont fort souvent de source très différente. L'histoire en est longue, depuis qu'ils sont entrés dans la copieuse littérature qui traite de l'origine des Juifs, jusqu'à leur incorporation dans l'écrit apologétique de Josèphe : ce qui explique l'état confus dans lequel ils se sont présentés à lui. On y peut distinguer trois morceaux :

I. Le premier consiste dans une citation textuelle de Manéthon (*c. Ap.*, I, 14, § 75-82, éd. Niese), sur l'invasion

fois : c'est dans la remarque sur le *Livre de Chéops* (voir plus loin, à la IVe dynastie).

des Pasteurs[1], la fondation d'Avaris et le règne de Salitis (I *a*) ; puis vient (I *b*) une liste de ses 5 successeurs et ensuite l'explication du nom Hyksos[2], traduit par Βασιλεῖς ποιμένες.

II. Immédiatement après vient le § 83 : τινὲς δὲ λέγουσιν αὐτοὺς Ἄραβας εἶναι, ἐν δ'ἄλλῳ ἀντιγράφῳ οὐ βασιλεῖς σημαίνεσθαι διὰ τῆς υκ προσηγορίας ἀλλὰ τοὐναντίον αἰχμαλώτους δηλοῦσθαι ποιμένας, etc., une opinion que Josèphe tient pour la plus digne de foi. Ainsi : « Certains disent que ce sont des Arabes et prétendent que, dans un autre manuscrit, le nom est rendu par αἰχμαλῶτοι ποιμένες. » Si Josèphe avait lui-même comparé divers *codices* de Manéthon, il se serait exprimé d'une façon tout autre ; mais il ignore complètement ce qu'il faut entendre par cet ἄλλο ἀντίγραφον. Au § 91, où il revient au même sujet[3], il le considère comme « quelque autre livre des Αἰγυπτιακά de Manéthon », — alors lequel des trois livres est-ce ? On le voit, jamais il n'a eu l'ouvrage en main, mais il a trouvé la variante citée dans sa source. Évidemment, l'autre étymologie ne vient pas de Manéthon, mais d'un autre auteur. La source que suit Josèphe l'avait primitivement rattachée comme variante à l'extrait authentique de Manéthon, et Josèphe (ou son auteur) l'a prise pour une variante de Manéthon lui-même, variante qui « aurait été dans un autre manuscrit ». L'opinion que les Hyksos auraient été des Arabes appartient aussi à cette note pseudo-manéthonienne

1. On sait que le début est mutilé dans toutes les leçons Τουτίμαιος ὄνομα· ἐπὶ τούτου, etc. (Cod. λ, que suivent tous les autres, trad. latine Eusèbe, *Præp. evang.*, X, 13, 2 ; *Chronique arménienne* d'Eusèbe, I, 151).

2. Dans les deux passages où le mot apparaît, les lectures sont : Ὑκσώς *L.* ; Sesos et Ycsos *Lat.* ; Ὑκουσσώς, Eusèbe, *Præp. evang.* ; Hikkusin et Hykusôs *Arm.* Cf. Steindorff, dans ses *Kleineren Beiträgen zur Geschichte*, Leipzig, 1894, p. 2 sqq. ; Wilcken, *Archiv für Papyrusforschung*, III, 189, Anm. 3, 4.

3. Ἐν ἄλλῃ δέ τινι βίβλῳ τῶν Αἰγυπτιακῶν Μανεθῶς τοῦτο φησιν τὸ ἔθνος τοὺς καλουμένους ποιμένας αἰχμαλώτους ἐν ταῖς ἱεραῖς αὐτῶν βίβλοις γεγράφθαι, λέγων ὀρθῶς, ce qui est démontré par l'Ancien Testament.

et non pas au texte même de Manéthon : de τινὲς λέγουσιν dépend aussi le σημαίνεσθαι suivant[1].

III. Le troisième extrait, § 81-90, qui suit en discours indirect avec plusieurs φησί, est plus court : les rois pasteurs règnent sur l'Égypte 511 ans ; ensuite les rois de la Thébaïde et du reste de l'Égypte se soulèvent, et il en résulte une longue guerre. Le roi Misphragmouthosis[2] les enferme dans Avaris, qui est encore une fois décrit ici, comme s'il n'en avait pas été question au § 78, et à peu près dans les mêmes termes[3]. Son fils Thoummosis assiège la ville et force la garnison à capituler et à se retirer en Syrie. Par crainte des Assyriens, ils fondent Jérusalem, comme, au § 77, pour la même raison Salitis a fondé Avaris.

IV. Et maintenant, arrive comme une citation textuelle de Manéthon, en vue de la τάξις τῶν χρόνων § 94-102, une longue liste de rois, qui, dès le début, est rattachée en discours indirect à ce qui a été raconté précédemment : μετὰ τὸ ἐξελθεῖν ἐξ Αἰγύπτου τὸν λαὸν τῶν ποιμένων εἰς Ἱεροσόλυμα ὁ ἐκβαλὼν αὐτοὺς ἐξ Αἰγύπτου βασιλεὺς Τέθμωσις ἐβασίλευσεν μετὰ ταῦτα ἔτη εἰκοσιπέντε καὶ μῆνας τέσσαρας καὶ ἐτελεύτησεν. Le premier roi de la liste, Teth-

1. C'est ce qu'a bien vu Gutschmidt, *Kl. Schr.*, IV, p. 431. — Wilcken, *Archiv für Papyrusforschung*, III, p. 188 sqq., a trouvé aussi, dans les restes d'un tarif douanier de l'époque impériale, nommé parmi les articles d'importation arabes, une ἄμμος υκσιωτικ(η), qu'il a correctement traduit par l'aloès, apportée du territoire d'une tribu que les Égyptiens appelaient Hyksiotes. Cette tribu est encore complètement inconnue; mais Wilcken pense à bon droit que les τινές de Josèphe ont rapproché de cette tribu le nom énigmatique des Hyksos chez Manéthon.

2. Ainsi dans Eusèbe, *Præp. evang.* et *Arm.*; cod. *L.* et *Lat.*, Ἀλισφρ. Au § 95, toutes les sources donnent Μηφραγμούθωσις, avec de petites variantes.

3. Ταύτην ἔκτισεν τε καὶ τοῖς τείχεσιν ὀχυροτάτην ἐποίησεν § 78 = τοῦτον τείχει τε μεγάλῳ καὶ ἰσχυρῷ περιβαλεῖν τοὺς ποιμένας § 87. Même le chiffre des émigrants 240.000 au § 89 est le même que celui des guerriers Hyksos au § 78.

mosis[1], est donc identifié avec le Thoummosis[2], précédemment nommé, qui a fait la conquête d'Avaris; cette dernière graphie est simplement une faute d'écriture, ce qui arrive aussi dans le texte de Josèphe, les deux fois où l'on a Touthmosis, comme l'a certainement écrit Manéthon (v. note 2). Mais il y a justement ici une affreuse confusion; car le premier roi de la liste s'appelait en réalité, dans Manéthon, Amosis, comme Jules l'Africain et Eusèbe le disent justement et en conformité avec les monuments, et les rois Misphragmouthosis et Thoutmosis paraissent sur la liste comme 6e et 7e rois[3].

Par conséquent, les nos III et IV furent à l'origine deux extraits parallèles, qu'on a tort de considérer comme se suivant l'un l'autre, et liés par un récit continu.

Une chose qui prouve que la liaison n'est pas due à Josèphe, mais avait été faite avant lui, c'est la transformation du nom Amosis en Tethmosis, et l'introduction de l'extrait qui les concerne, arrangement certainement fait après coup, mais que Josèphe tenait pour l'œuvre authentique de Manéthon. L'extrait III va de pair avec le pseudo-manéthonien extrait II; il n'a peut-être rien à faire avec Manéthon; c'est une très mauvaise version de l'expulsion des Hyksos, qu'on attribue à Misphragmouthosis (= Thoutmosis III, v. plus loin), et à son fils Thoutmosis (c'est en réalité Thoutmosis IV, v. plus loin), mais pour le reste, dans la description d'Avaris et pour ce qui concerne les Assyriens, elle met à profit le vrai Manéthon. Manéthon lui-même est

1. Τέθμωσις *L.;* Themusis *Lat.;* Sethmôsis, Eus., *Arm.*, p. 155; Μῶσης (mais plus tard Τεθμώσις), Théoph., *Ad Autol.*, III, 20; Τέθμωσις, aussi § 231, 241.

2. Θούμμοσιν *L.;* Thumnosim *Lat.;* Θμούθωσιν, Eus., *Præp. evang.*, Thmôsim Eus., *Arm.*

3. Θμώσις *L.*, Etmusis *Lat.*, Τύθμωσης, Théoph., *Ad Autol.*, III, 20; Thmôthôsis Eus., *Arm.* — C'est à lui que répond le Τούθμωσις, de Jules l'Africain (le Syncelle, p. 133 d'Eusèbe), (le Syncelle, p. 135, cf. Eus., *Arm.*, I, 145, Thutmosis), et du *Livre de Sothis* (le Syncelle, p. 278).

tout à fait d'accord avec l'histoire véritable, en faisant d'Amosis le conquérant d'Avaris, — comme l'a fait également Ptolémée de Mendès[1]. Dans Josèphe, § 94, l'opinion que Tethmosis a encore régné 25 ans et 4 mois après l'expulsion des Hyksos, viendra réellement de Manéthon, mais chez celui-ci, naturellement, il s'agit d'Amosis et non pas de ce Tethmosis interpolé.

La liste des rois dans IV peut être considérée, de même que I *b*, comme extraite de Manéthon. Évidemment, celui-ci ne l'a pas écrite ainsi, mais il a donné une histoire des rois, suivie d'une liste des années de règne. L'auteur des extraits s'en est tenu à ces chiffres, à part Séthos et Harmais. Sa liste est à Manéthon ce que sont à Tite Live les fastes consulaires qu'on en a extraits.

L'extrait IV se compose de deux parties : 1° la liste des rois IV *a*, § 94-97, qui ne contient que des noms et des nombres, comme la liste des rois Hyksos ; 2° une histoire du roi Séthos-Ramsès, IV *b*, § 98-102. Nous verrons plus tard que ces deux morceaux à l'origine n'étaient pas réunis. Mais dans Josèphe et dans la source où il a puisé, ils ne forment qu'un tout continu. Les derniers rois sont :

14. Harmais, 4 ans 1 mois ;
15. Ramsès Ier, 1 an 4 mois ;
16. Ramsès II Miamon, 66 ans 2 mois ;
17. Aménophis, 19 ans 6 mois ;
18. τοῦ δὲ Σέθως ὁ καὶ Ῥαμέσσης[2].

1. Apion, *Ægypt.*, livre IV, dans Tatian, *Adv. gent.*, 38 (d'où Clem. d'Alex., *Strom.*, I, 21, 101, et Eus., *Præp. evang.*, X, 11, 13 sqq. ; cf. Jules l'Africain dans Eusèbe, *Præp. evang.*, X, 10, 16 sqq. ; Justin martyr, *Coh. ad Gr.*, 9) : Κατέσκαψε τὴν Αὐαρίαν Ἄμωσις, κατὰ τὸν Ἀργεῖον γενόμενος Ἴναχον, ὡς ἐν τοῖς Χρόνοις ἀνέγραψεν ὁ Μενδήσιος Πτολεμαῖος.

2. Cf. Bœckh, que suit Niese, d'après Eusèbe, *Arm.*, I, 157 : « Hujus vero Sethos qui et Rrameses ; cod. *L.*, *Lat.* : Σέθωσις καὶ Ῥαμέσσης ; Théoph., *Ad Autol.*, III, 21 : Τοῦ δὲ θοίσσος καὶ Ῥαμέσσης. Le cod. *L.* porte la rubrique : Εὑρέθη ἐν ἑτέρῳ ἀντιγράφῳ οὕτως· μεθ' ὃν Σέθωσις καὶ Ῥαμέσσης δύο Ἀδελφοί. Ὁ μὲν ναυτικὴν ἔχων δύναμιν τοὺς κατὰ θάλατταν ἀπαντῶντας καὶ δια-

Il est ensuite parlé plus en détail des expéditions militaires de ce dernier ; puis vient le récit de la rébellion de son frère, Harmais[1], que Séthosis, de retour, réduit à la soumission. L'extrait se termine par ces mots : Ἡ δὲ χώρα ἐκλήθη ἀπὸ τοῦ αὐτοῦ ὀνόματος Αἴγυπτος· λέγει γὰρ ὅτι ὁ μὲν Σέθως ἐκαλεῖτο Αἴγυπτος, Ἅρμαις δὲ ὁ ἀδελφὸς αὐτοῦ Δαναός· ταῦτα μὲν ὁ Μανεθῶς. C'est la raison pour laquelle on a pris non seulement ce récit IV *b*, mais encore toute la liste IV *a* : elle doit établir le synchronisme avec l'histoire grecque, et montrer combien l'Exode des Juifs, identifiés avec les Hyksos, est plus ancien que le début des traditions grecques, — conséquence qu'en a tirée Josèphe.

Maintenant, il est possible que Manéthon ait parlé réellement de Danaos et d'Ægyptos, et les ait reconnus dans les deux frères Séthos (= Ramsès) et Harmais ; mais ce n'est pas très vraisemblable, et Josèphe ne l'affirme pas expressément. La phrase « Manéthon dit cela », exprime seulement que Josèphe a trouvé cette donnée dans le texte rectifié et raccourci par ses prédécesseurs. Je tiens pour beaucoup plus vraisemblable, que l'un des apologistes juifs, pour trouver un repère chronologique qui pût en imposer aux Grecs, ait fait des recherches sur Danaos et Ægyptos dans Manéthon et ait cru les reconnaître dans les frères ennemis[2]. D'où la mention : « Ce sont Ægyptos et Danaos, et, d'après

χειρωμένους ἐπολιόρκει· μετ' οὐ πολὺ δέ καὶ τὸν Ῥαμέσσην ἀνελὼν Ἅρμαιν ἄλλον αὐτοῦ ἀδελφὸν ἐπίτροπον τῆς Αἰγύπτου καταστῆσαι. Ce n'est pas, comme le croit Gutschmidt (*Kl. Schr.*, IV, p. 450 sqq.), une variante tirée par Josèphe lui-même d'un autre manuscrit de Manéthon, mais sûrement une correction du texte de Josèphe, pour adopter la lecture Σέθωσις καὶ Ῥαμέσσης (non ὁ καὶ). Elle a pour but d'expliquer la venue de deux rois et d'écarter Ramsès, dont il n'est plus question par la suite.

1. L'histoire rappelle de loin le récit fait par Hérodote sur Sésostris et son frère (II, 107 ; modernisé par Diodore, I, 57, 6 sqq.) ; cependant, dans le détail, elle en diffère tout à fait et n'en dérive point.

2. Eusèbe et le *Livre de Sothis* les identifient même avec les rois Harmais (n° 14) et Ramsès II (n° 16). Cf. p. 125.

le premier, le pays s'est appelé Égypte » ; on doit croire aussi que Josèphe, qui a trouvé cela dans l'extrait, l'a pris pour du Manéthon authentique, et, par sa conclusion ταῦτα μὲν ὁ Μανεθῶς, a placé sans raison les mots précédents λέγει γὰρ κ.τ.λ, dans la bouche même de Manéthon.

Ce qui suit immédiatement va prouver combien Josèphe est peu conséquent avec lui-même. Les totaux réels du n° 1 Tethmosis (= Amosis) au n° 17 (Aménophis) donnent exactement 333 ans ; Josèphe, au § 103 (= 231), donne ce chiffre pour somme, tandis qu'il assigne 393 ans à l'intervalle entre l'Exode et l'arrivée de Danaos à Argos. Sa source a donc ajouté les 59 ans de Séthos[1] (§ 231), c'est-à-dire placé le départ de Danaos (Harmais) pour Argos à la dernière année du règne de Séthos. Comme l'Exode doit se placer dans l'année qui précéda la première de Tethmosis (qui est dit expressément au § 94), il y a donc eu en réalité entre les deux événements, d'après le comput ordinaire des Grecs, un intervalle de 393 ans. Or Josèphe, afin de trouver l'intervalle entre l'Exode et Osarseph que Manéthon identifie avec Moïse, compte au § 231 (= 280) encore une fois les 59 ans de Séthos ; puis 66 ans de son successeur Rampsès ; au total, avec les 393 ans = 518 ans. Tel serait son comput personnel ; par contre, c'est dans sa source qu'il avait trouvé les 393 ans.

V. Le dernier et le plus important extrait de Manéthon est l'histoire d'Osarseph et des lépreux (*c. Ap.*, 26, § 232-250), que d'après le § 229 = 105, 287, Manéthon a qualifiée lui-même de légende populaire. L'extrait commence au § 231 avec une suite de la liste des rois ; le récit lui-même débute, au § 232, par un résumé, que le § 237 change en citation directe, auquel succède à son tour, § 251 (= 266, 300), un résumé sommaire. Mais ici encore, la conclusion

1. C'est ce qu'a bien vu Lepsius, dont Gutschmidt (*Kl. Schr.*, IV, 459) repousse à tort l'explication ; Unger se trompe aussi certainement dans son interprétation de Manéthon, 170 sq.

n'est pas bien adaptée. Après avoir raconté, au § 238, que les Lépreux soulevés à Avaris avaient pris pour chef un prêtre d'Héliopolis, Osarseph[1], et que ce chef leur avait donné des lois opposées à toutes les institutions sacrées de l'Égypte, il dit : § 250 (= 265), Λέγεται δὲ, ὅτι <ὁ> τὴν πολιτείαν καὶ τοὺς νόμους αὐτοῖς καταβαλόμενος ἱερεὺς τὸ γένος Ἡλιοπολίτης ὄνομα Ὀσαρσήφ ἀπὸ τοῦ ἐν Ἡλιουπόλει θεοῦ Ὀσίρεως, ὡς μετέβη εἰς τοῦτο τὸ γένος, μετετέθη τοὔνομα καὶ προσηγορεύθη Μωυσῆς. Voilà donc Osarseph introduit de nouveau, tout comme au § 78. Avaris est nommée deux fois dans les mêmes termes au § 86 sq. Évidemment le § 250 n'appartient pas au texte primitif, mais c'est un morceau d'un extrait plus court; de sorte qu'on peut se demander si l'identification avec Moïse vient de Manéthon, ou si elle ne serait pas plutôt le fait d'un écrivain antijuif que dément ensuite la source apologétique de Josèphe.

La série des rois, des § 231 sq., 245, 251, qui continue immédiatement la liste précédente (IV *a* et IV *b*), donne comme l'Africain :

18. Séthos = Ramsès III (= Aigyptos), 59 ans;
19. Ramsès, 66 ans;
20. Aménophis;
21. Ramsès ou Séthos Ramsès IV.

Les deux derniers rois n'ont dans l'extrait aucun chiffre d'années de règne, parce que l'extrait s'interrompt[2] avant la fin du règne d'Aménophis; dans Jules l'Africain on trouve naturellement les nombres. Mais Josèphe en conclut que « Manéthon a inventé le roi Aménophis et que, par consé-

1. Οσάρσηφον *L.*, Osarsifam *Lat.*; ailleurs, § 250, Ὀσαρσίφ *L.*, Osarsifas *Lat.*; § 286, Ὀαρσήφ *L.*, Osarsifas *Lat.*

2. On voit par là que, chez Manéthon, les chiffres sont donnés à la fin des règnes : ainsi, le n° 18 Séthos = Ramsès III, n'est pas accompagné de chiffres au § 98 sqq.; ceux-ci sont donnés pour la première fois au § 231; voir aussi après Salitis, § 79.

quent, il n'a pas osé donner un chiffre pour son règne[1] ». On voit qu'il n'a jamais eu en main l'ouvrage de Manéthon, et qu'il n'en connaissait que ce qu'il y avait dans les extraits que ses prédécesseurs avaient faits.

Si l'extrait V par le récit des faits s'enchaîne immédiatement à l'extrait IV [on trouve là aussi le nom de Τέθμωσις, § 241, et l'indication de l'établissement des Pasteurs à Jérusalem, § 241, 248 = 94], il y a cette différence formelle que les frères ennemis s'appellent Σέθως et Ἑρμαῖος[2] (§ 231) contre Σέθως (ou Σέθωσις) ὁ καὶ Ῥαμέσσης et Ἄρμαις dans le IV *b*[3], tandis que le roi, qui s'appelle dans le IV *a* Ὧρος (§ 96), est nommé Ὥρ (lat. *Osorem*) dans le V (§ 232). Il en est de même dans l'intérieur du morceau, où le successeur du susnommé Séthos s'appelle Ῥαμψής[4], tandis qu'au § 245 son petit-fils[5], qui porte le même nom, s'appelle Σέθως ὁ καὶ Ῥαμεσσῆς (également § 300, 301, Ῥαμεσσῆς), et d'un autre côté dans l'extrait sommaire, § 251, également Ῥάμψης. Rampses (*Tac. Ann.*, II, 60, Rhamses) et Ramesses (*Plin.*, 36, 65, Rhamsesis) sont tous deux des transcriptions du nom, tel que le prononçaient à peu près les Égyptiens, Raʿmsêse. Mais les variantes prouvent que l'extrait est l'œuvre de plusieurs mains, et qu'il est difficile de penser qu'il ait été fait par ce même auteur qui en a tiré

1. § 230. Ἀμένωφιν γὰρ βασιλέα προσθεὶς ψευδὲς ὄνομα μαὶ διὰ τοῦτο χρόναν αὐτοῦ τῆς βασιλείας ὁρίσαι μὴ τολμήσας, καιτοί γε ἐπὶ τῶν ἄλλων βασιλέων ἀκριβῶς τὰ ἔτη προστιθείς, cf. § 232 τὸν Ἀμένωφιν εἰσποιήσας ἐμβόλιμον βασιλέα.

2. Ἑρμαίον et Ἑρμᾶν L., Hermetum et Hermeum *Lat.*

3. Je n'attache pas d'importance (d'après le § 231) à ce que le règne de Séthos ait pu être compté d'abord à dater de l'expulsion d'Hermaios (ὃν ἐκβαλλιὸν ὁ Σέθως ἐβασίλευσεν ἔτη νθ); cela peut être quelque abréviation erronée due aux auteurs des résumés.

4. § 231, Ῥαμψής *L.*, Rapsis *Lat.*; au génitif, § 245, Ῥαψηοῦς *L.*, Rapso *Lat.*; au § 251, le petit fils s'appelle Ῥαμψής *L.*, Ramsis *Lat.* Il est visible qu'il faut écrire, dans les trois passages, Ῥαμψής, gén. Ῥαμψηοῦς. Dans Eusèbe, le deuxième roi de la XIXe dynastie s'appelle aussi Ῥαμψής et chez l'Africain Ῥαψάκης.

5. Le roi Aménophis τὸν υἱὸν Σέθω, τὸν καὶ Ῥαμεσσῆ ἀπὸ Ῥαψοῦς τοῦ πατρὸς ὠνομασμένον, πενταετῆ ὄντα ἐξέθετο πρὸς τὸν ἑαυτοῦ φίλον.

la liste de rois IV *a* et l'histoire de Séthos et de Harmais (IV *b*). De ceci nous ne pourrons tirer les conclusions que plus tard (cf. p. 120).

Dans ces fragments parfois défigurés de Manéthon, il n'y a d'authentique, à part la liste des rois, que la relation des Hyksos, I, § 75-82[1]; l'histoire de Séthos et de Harmais, IV *b*, § 98-101; et l'histoire d'Osarseph, V, § 232-251. Tous ils portent si profondément l'empreinte caractéristique des récits égyptiens qu'il ne serait pas le moins du monde étonnant qu'ils réapparaissent au grand jour mot à mot dans un papyrus hiératique. Le manque de précision, la divagation, cette phraséologie qui sort le plus possible des faits réels, — caractéristique malheureuse des témoignages égyptiens tels que les fournissent les inscriptions royales, le papyrus Harris sur Ramsès III, les biographies, comme par exemple celle d'Ouna, et d'autre part les récits populaires, comme ceux des papyrus relatifs à Chéops et aux Hyksos, — tous ces traits apparaissent en relief dans les Extraits[2]. Ainsi l'histoire du sage Aménophis, fils de Paapis, est complètement authentique, on en a la preuve[3]. L'influence

1. Peut-être aussi le noyau du pseudo-manéthonien fragment III, sur la prise d'Avaris (§ 88 sq.) mais en substituant le nom d'Amosis.

2. Renvoyons, en outre, à l'exorde ἐπὶ τούτου οὐκ οἶδ' ὅπως ὁ θεὸς ἀντέπνευσεν etc. (ὁ θεὸς d'après Eusèbe; *L.* ne donne pas d'article avant θεὸς, et Niese imprime ainsi, mais il pourrait bien y avoir θεός τις; d'ailleurs il me semble trouver quelque chose d'égyptien dans cette façon de donner le nom de dieu avec l'article ( ); voir aussi la description des crimes des Hyksos, au § 76, et des Lépreux au § 249; l'expression τὴν ἄνω καὶ κάτω χώραν du § 77; l'explication mythologique du nom Avaris (§ 78=237); les grands chiffres absurdes, et les phrases creuses sur les expéditions militaires de Séthos au § 99; le développement ὡς χρόνος ἱκανὸς διῆλθεν au § 237, et bien d'autres passages.

3. Cf. Wilcken, dans les *Aegyptiaca* (1896) p. 147 sq. Sur Aménophis, cf. Sethe, *ibidem*, p. 107 sq. Dans son mémoire sur Imhotep, (*Untersuch. zur Geschichte und Alterthumskunde Aeg.*, II, 4, 1902) Sethe a placé en son vrai jour le pendant d'Aménophis, le sage Imhotep. Un exemple analogue est fourni par les Prophéties d'Apou, publiées

des Grecs ne se montre que dans la combinaison de l'histoire des Hyksos avec le prétendu grand royaume des Assyriens (le royaume de Ninus et de Sémiramis), dans l'introduction du nom de Jérusalem[1], dans le dénombrement des peuples que Sethos-Ramesses soumet, tels que les Chypriens, les Phéniciens, les Assyriens, les Mèdes (vagues généralités, qui sont de pur style égyptien). Il en est de même pour les récits que font, à Thèbes, les prêtres exposant à Germanicus les hauts faits de Ramses II d'après les monuments[2]. C'est ainsi encore qu'au décret de Canope, on traduit Phénicie par Kaft, et Syrie par Routhenou oriental.

Donc, lorsque Josèphe prétend, § 228 (= 104 sq., 287) que Manéthon a traduit (μεθερμηνεύειν ὑπεσχόμενος) tous ses autres récits ἐκ τῶν ἱερῶν γραμμάτων, c'est complètement juste, s'il s'agit de documents écrits égyptiens, mais c'est absolument faux dans le sens de Josèphe, qui comprend par là des ἀρχαῖαι ἀναγραφαί de teneur authentique, par opposition aux sources incertaines d'où l'on a tiré l'histoire d'Osarseph. Celle-ci contient aussi beaucoup d'histoires qui sont aussi peu exactes que les récits sur les Hyksos, sur Séthos et Harmais, ou même sur le roi Bocchoris et l'agneau[3].

par Lange (*Sitzungsber. d. Berl. Akad. d. Wiss.*, 1903, p. 601 sq.). La « chronique démotique » paraît être de la même famille.

1. On ne sait pas avec certitude, si c'est Manéthon lui-même qui a identifié les Hyksos ou les Lépreux d'Osarseph avec les Juifs, ou si c'est une invention attribuable à ceux qui l'ont utilisée dans le sens antijuif.

2. Tacite, *Ann.*, II, 60 : avec une armée de 700.000 hommes, Ramsès conquiert Libye, Éthiopie, Médie, Perse, Bactriane, Scythie, Syrie, Arménie et Cappadoce et pénètre en Bithynie et Lycie jusqu'à la mer. Suit la mention de tributs et de présents aux dieux.

3. Cette allusion, jusqu'ici tout à fait obscure, a été éclaircie par Krall (*Vom König Bocchoris*, ap. *Festgaben für Büdinger*, 1897, cf. A. Moret, *De Bocchori rege*, 1903), d'après un papyrus démotique où se trouve conservé un fragment de la prophétie. Voir aussi le roman démotique de Petoubastis, publié par Krall, ap. *Wiener Z. für Kunde des Morgenlandes*, XVII, dont on trouverait certainement des traces dans Manéthon.

prophétique. Nous voyons clairement que la source principale de Manéthon a été l'ensemble des légendes populaires ; celles-ci constituaient la littérature « historique » des Égyptiens, en opposition aux Annales, sèches mais authentiques, des Babyloniens, où Bérose a puisé.

Les courtes notices que l'épitomé a conservées ont, pour la plupart, le même caractère. Il est possible que Manéthon ait accidentellement recueilli aussi des documents authentiques, peut-être même des inscriptions, mais il n'en apparaît rien dans les morceaux qui nous sont parvenus. Par contre, une liste de rois, dans le genre du papyrus de Turin, a pu lui fournir un canevas, et il en a tiré sa liste et les années des règnes et des dynasties. Son ouvrage tout entier est pour ainsi dire réduit à cette liste dans l'épitomé que nous ont conservé Jules l'Africain et Eusèbe.

LES LISTES DES ROIS HYKSOS

Pour l'Épitomé aussi, la comparaison avec les fragments de Josèphe en montre l'origine. Dans la période des Hyksos, l'Épitomé est plus explicite que d'ordinaire, parce que ce temps offrait beaucoup plus d'intérêt pour la chronologie juive et pour la chronologie chrétienne, à cause du synchronisme de l'expulsion des Hyksos et de l'Exode. Je rapproche à la page suivante les données de l'Épitomé et celles de Josèphe, et aussi la courte relation historique, dans laquelle l'Africain[1] et Eusèbe[2] sont expressément d'accord, malgré leur manière différente de compter les dynasties, et la faute d'écriture ἀδελφοί pour δέ dans Eusèbe.

La désignation des souverains comme βασιλεῖς ποίμενες (le nom Hyksos a été omis), que Josèphe donne à la fin de la dynastie, se trouve au commencement dans l'épitomé ; immédiatement après Salitis vient son temps de règne.

1. Syncelle, p. 113.

2. Relation également conservée dans les mêmes termes dans le Syncelle, p. 114 ; Eusèbe Arm., I, 143, et *Schol. Plat. Tim.* (Cf. plus haut, p. 49).

MANÉTHON DANS JOSÈPHE	ÉPITOMÉ DANS L'AFRICAIN ET EUSÈBE
ἐκ τῶν πρὸς ἀνατολὴν μερῶν ἄνθρωποι τὸ γένος ἄσημοι s'emparent de l'Égypte.	Πεντεκαιδεκάτη[5] δυναστεία ποιμένων[6]· ἦσαν δὲ[7] φοίνικες ξένοι βασιλεῖς[8] Σ.
Ils se donnent Salitis[1] pour roi. Καὶ οὗτος ἐν τῇ Μέμφιδι κατεγίνετο *manque.*	οἳ καὶ Μέμφιν εἷλον. ὧν πρῶτος Σαίτης ἐβασίλευσεν ἔτη ιθ', ἀφ' οὗ καὶ ὁ Σαίτης νομός (ἐκλήθη[9]).
Εὑρὼν δὲ ἐν νομῷ τῷ Σεθροίτη[2] πόλιν ἐπικαιροτάτην... ταύτην ἔκτισεν, etc.	οἳ καὶ ἐν τῷ Σέθροίτη νομῷ πόλιν ἔκτισαν,
Ἔνθα δὲ κατὰ θέρειαν ἤρχετο[3] τὰ μὲν σιτομετρῶν καὶ μισθοφορίαν παρεχόμενος, etc.	Ἀφ' ἧς ὁρμώμενοι Αἰγυπτίους ἐχειρώσαντο.
Ἄρξας δ' ἐννεακαίδεκα ἔτη τὸν βίον ἐτελεύτησε...	
Ἐκαλεῖτο δὲ τὸ σύμπαν αὐτῶν ἔθνος Ὑκσιώς[4], τοῦτο δὲ ἐστιν βασιλεῖς ποιμένες.	

Le nom, mutilé, est devenu Saites (de même que dans les manuscrits de Josèphe *Σεθροίτης νομός* est déformé en le mot

1. Σαλάτις *L.*, corrigé en Σαλίτις, Sualitis *Lat.;* Silitis, Eus., *Arm.*, I, 151. Σιλίθης est aussi dans le *Livre de Sothis*, ap. le Syncelle, p. 195.
2. Σαίτη *L.*, nomo to suati *Lat.;* per legem Methrajitem *Arm.*, c'est-à-dire ἐν νομῷ τῷ Σεθροίτῃ, ce que Josèphe encore doit avoir écrit exactement. [Niese, avec raison, l'a admis dans le texte.]
3. « Ἤρχετο non satis intellego », dit Niese avec raison.
4. Voir plus haut, p. 104, n. 2.
5. Ἑπτακαιδεκάτη, Eus.
6. Ποιμένες, Eus.
7. A la place de δὲ, Eusèbe [et aussi l'Arménien] mettent ἀδελφοί, ce qui ne peut être qu'un *lapsus calami.*
8. Le chiffre manque dans Eusèbe, qui ne donne que quatre rois à la dynastie.
9. Mot ajouté dans Eusèbe.

Σαίτης plus connu); le fait joint à la donnée sur le Σεθροίτης νομός a permis de dire cette ineptie que le pays de Saïs en a tiré son nom. Tout le reste est simplement un extrait du texte plus complet que Josèphe a conservé : 1° l'arrivée de l'étranger; 2° l'installation de Salitis; 3° la conquête de Memphis — (les n°s 2 et 3 sont intervertis dans l'épitomé); — 4° la fondation de la ville dans le nome Séthroïtique [l'épitomé a laissé de côté le nom d'Avaris]; 5° la domination exercée à partir d'ici sur l'Égypte. Enfin, au § 6, tous deux s'accordent en ceci, qu'après avoir donné un développement historique sur Salitis, ils se bornent pour ses successeurs aux noms et aux chiffres. L'épitomé, cependant, ajoute au texte de Josèphe la désignation de Phéniciens. Manéthon ne l'a pas donnée, manifestement; il s'est contenté, à l'égyptienne, d'une indication vague : « Des gens de race inconnue venus des pays de l'Orient. » A qui voulait une donnée plus exacte, c'était fournir l'occasion de chercher de quelle race ils étaient, — et la question était d'autant plus importante, s'ils étaient les ancêtres des Juifs : l'un a déclaré qu'ils étaient Arabes (ce qui ne vient pas de Manéthon, évidemment), l'autre, l'épitomé, les a pris pour des Phéniciens. Comme à propos de Sésostris (cf. *supra*, p. 75), les Extraits de Manéthon ont été modifiés ici par des additions étrangères. Aucune des deux données n'a de valeur historique, même comme indication de plus anciennes traditions égyptiennes.

Pour tout le reste il n'y a que la liste des rois. Ici, à côté de l'Africain et d'Eusèbe, il faut considérer la liste du *Livre de Sothis* que le *Syncelle* tient pour du Manéthon authentique; il[1] l'a cependant corrigée à l'occasion d'après Josèphe, comme il le dit lui-même (p. 194, l. 20, comp., 232, 15). Mais, dans sa contenance originelle, le *Livre de Sothis* n'est rien autre qu'un extrait modifié de Josèphe. En

1. Lui ou sa source Panodoros, cf. Gelzer, *Africanus*, II, p. 211.

effet la liste du *Livre de Sothis* est une misérable compilation, dans laquelle des noms manéthoniens et d'autres — égyptiens et inventés — sont mêlés comme à plaisir[1], tandis que dans Josèphe (*c. Ap.*, I, 75-102), la liste de rois est celle-là qui ne contient pas les rois du § 231 sqq.[2] De plus le dernier roi de la XXe dynastie Θούωρις y a été ajouté ; il est difficile de dire si c'est hasard, ou parce que l'auteur a jeté un regard sur l'épitomé manéthonien[3]. Ici la liste du *Livre de Sothis* a donc pour le contrôle des noms et des chiffres à peu près la valeur d'un mauvais manuscrit de Josèphe.

L'auteur, on le sait, a connu l'épitomé plus ancien de Manéthon, qu'il a voulu remplacer par une liste meilleure, c'est-à-dire plus facile à mettre en harmonie avec la Bible ;

1. Il s'agit des nos 1-25 (cf. p. 30, 2) et 50-61 de la liste. La fin, à partir du n° 62, est tirée d'Eusèbe, Dyn., XXI sqq., mais non sans beaucoup d'arbitraire. Les noms viennent sûrement, pour une part, d'une source autre que Manéthon, que l'auteur a dépouillée arbitrairement (les nos 8 Sesonchosis et 9 Amenemes sont empruntés à la XIIe dynastie, les nos 59 Athothis, 60 Kenkenes, 61 Uennephes à la Ire dynastie) : avant tout, la longue liste des nos 10-24, où les noms royaux et les noms propres des XVIIIe et XIXe dynasties sont clairement reconnaissables : 10 Ἄμασις = Amosis ; 11 Ἀκεσέφθρης, c'est à-dire ʿAcheprourec (Aménophis II), ou un des noms royaux de ce genre ; 12 Ἀγχορεύς = Οὐχορεύς, Diod., I, 50, c'est-à-dire Uakhkere, le prénom de Bokchoris ; 13 Ἀρμαυσῆς = Harmais ; 14 Χαμοΐς = Chaʿmues, le fils de Ramsès II ; 15 Μιαμοῦς = Miamoun (Ramsès II, etc.) ; 16 Ἀμεσῆσις (?), 17 Οὔσης, abréviation du n° 20 ; Οὐσιμάρης = Usermaré, nom royal de Ramses II et de Ramses III (Οὐωσιμάρης chez Ératosthène) Οὐωσιμάρης (cod. Θυωσιμάρης) et Ὀσυμανδυάς, Diod., I, 47) ; 18 Ραμεσῆς = Ramsès. Ajoutez cinq développements du nom de Ramsès : 19 Ῥαμεσσομενής, 21 Ῥαμεσσήσεως, 22 Ῥαμεσσαμένω, 23 Ῥαμεσσῆ Ἰουβασσῆ, 24 Ῥαμεσσῆ Οὐάφρου, dans lesquels Gutschmidt (*Kl. Schr.*, I, p. 238, 244 sqq.), avec raison, reconnaît difficilement des noms véritables de la XXe dynastie.

2. Eusèbe aussi, dans sa *Chronique* (voir aussi *Præp. evang.*), emprunte à Josèphe le premier morceau (Hyksos et XVIIIe dyn.), mais non l'histoire d'Osarseph. Le *Livre de Sothis* ne connaît-il donc Josèphe que par Eusèbe ?

3. Plus loin ; ce roi revient comme n° 58 ; de même, Amensès comme n° 55 et Rampsis comme n° 54.

à cette liste, il a emprunté le nom d'Amosis qui jouait un si grand rôle dans la littérature chrétienne comme Pharaon de l'Exode. Puis, il s'en aide, en présence des données de Josèphe, pour identifier Amosis et Tethmosis : Ἄμωσις ὁ καὶ Τέθμωσις, formule que le Syncelle a reprise.

Le *Livre de Sothis* a qualifié les rois Hyksos de Tanites ; c'est par eux qu'il a commencé sa XVIIe dynastie[1]. D'ailleurs sur la division des dynasties donnée par le *Livre de Sothis*, nous n'avons que peu de certitude, si ce n'est que lui aussi, comme Manéthon, comptait 30 dynasties en 3 Τόμοι, et 113 γενεαί avec 3555 ans, y compris la dynastie des dieux (*Sync.*, p. 97).

Voici la suite des dynasties dans l'Africain :

XIIIe	Dyn.	60 Diospolites	453 ans
XIVe	»	76 Xoïtes	184 »
XVe	»	6 Pasteurs (la liste de Josèphe)	284 »
XVIe	»	32 autres Pasteurs	518 »
XVIIe	»	43 autres Pasteurs et 43 Thébains	151 »
XVIIIe	»	commence avec Amosis.	

Dans Eusèbe, la XIIIe et la XIVe dynastie concordent[2], mais ensuite viennent :

XVe Dyn. Diospolites (non dénombrés) .... 250 ans

1. Syncelle, p. 193. La XVIe dynastie finit avec le n° 25 Koncharis en l'an 700 de la période Sothiaque (p. 30, 2). P. 194 : Καὶ διεδέξαντο Τανῖται βασιλεῖς δ οἳ καὶ ἐβασίλευσαν Αἰγύπτου ἐπὶ τῆς ιζ δυναστείας ἔτη σνδ. Mais ce ne sont pas les quatre, ce sont les six rois suivants qui donnent ensemble 254 ans, et l'on dit aussi, p. 195, 4, de Silitès : Πρῶτος τῶν ϛ τῆς ιξ δυναστείας παρὰ Μανεθῶ. Le septième roi est Aseth (n° 32) ; le huitième, Ἄμωσις ὁ καὶ Τέθμωσις (p. 33), et le Syncelle désigne celui-ci, p. 117, 18; 127, 5 ; 128, 3, comme deuxième roi de la XVIIIe dynastie (et comme fils d'Aseth, p. 117, 18; 118, 1; 127, 5, 8; 128, 10). Malgré la très surprenante concordance avec Eusèbe, il ne reste donc rien à faire qu'à corriger en 6 le nombre de 4 rois (p. 194, 3).

2. La XIVe dynastie a, d'après lui (Syncelle, p. 114), 184 années dans un manuscrit et 484 dans un autre; le dernier chiffre est aussi celui de la traduction arménienne.

XVIe Dyn. 5 Thébains........................... 190 ans
XVIIe » Pasteurs (4 rois, cf. plus bas)......... 103 »
XVIIIe » commence avec Amosis.

Le déplacement de la dynastie des Hyksos résulte évidemment des efforts faits pour donner aux listes royales de Josèphe une suite continue ; il en est de même dans le *Livre de Sothis*. Celui-ci est donc dépendant de Josèphe (comp., p. 117, n. 2, et lui a emprunté la localisation des Pasteurs à la XVIIe dynastie. La rédaction eusébienne elle-même est un arrangement de l'épitomé de l'Africain qui cherchait une meilleure concordance avec Josèphe. Pour remplir la brèche, on a inséré 2 dynasties, les Diospolites et les Thébains qui sont découpés dans la XVIIe dynastie de l'Africain, composée de 43 Θεβαῖοι Διοσπολῖται. Le fait qu'Eusèbe n'a pas donné de nombre de règnes pour sa XV[e] dynastie en montre clairement le caractère secondaire[1].

La Chronique de Barbarus, qui n'est d'ailleurs qu'un extrait de l'Africain, contient une autre liste de ce temps (p. 38[b])[2]. Là, la XI[e] dynastie a été omise, de sorte que les chiffres des dynasties retardent d'un numéro. Voici quelles dynasties correspondent au 2[e] Tomos de Manéthon :

1. Les chiffres de la XVI[e] dynastie (Thebæi, 190 années) et XVII[e] (Pastores, 103 années) viennent du Canon d'Eusèbe.
2. Ap. Eusèbe, édit. Schœne, I, p. 214 ; Frick, *Chron. min.*, I, 288.

EXCERPTA BARBARA

XI	potestas	Diospolitanorum,	an.	<160>[1]
XII	»	Bubastanorum,	»	153
XIII	»	Tanitorum,	»	184
XIV	»	Sebennitorum,	»	224
XV	»	Memfitorum,	»	318
XVI	»	Iliopolitorum,	»	221
XVII	»	Ermupolitorum,	»	260

Usque ad septimam decimam potestatem secundum scribitur totum (*lege* tomum) ut docet numerum habentem annos[2] .... 1520.

L'AFRICAIN

= XIIe	dyn.,	Diospolites...........	160 ans.
= XIIIe	»	Diospolites...........	453 ans.
= XIVe	»	Xoïten	184 ans.
= XVe	»	Pasteurs.............	284 ans.
= XVIe	»	Pasteurs.............	518 ans.
= XVIIe	»	Pasteurs et Diospolites	151 ans.
= XVIIIe	»	Thébains.............	263 ans.

La différence entre ces nombres et ceux de l'Africain n'est pas plus forte que pour les dynasties I à X. Quant aux divergences sur les noms de dynasties qui diffèrent complètement à partir de potestas XII = dynastie XIII, je n'ai rien à en dire : c'est une des énigmes, comme il s'en pose toujours dans les études sur les chronographes ; elles indiquent des contaminations que nous ne pouvons pas

1. Gelzer (*Afr.*, I, p. 200) a reconnu que LX est à compléter en CLX, en concordance avec l'Africain ; ainsi le total devient correct.

2. Frick a correctement rétabli ainsi l'original grec : Μέχρι τῆς ιζ δυναστείας ὁ δεύτερος γράφεται τόμος, ὡς δηλοῖ ὁ ἀριθμός, ἔχων ἔτη αφκ.

discerner. Ces noms n'ont certainement pas été inventés ; d'autre part, ils ne viennent assurément pas de Manéthon[1]. MARQUART[2] a exprimé la supposition non invraisemblable que les Bubastani répondaient aux Xoïtes de la dynastie XIV, les Tanites, les Sebennytes et les Memphites aux Hyksos, les Iliopolites (c'est-à-dire Héliopolites[3]) aux Diospolites de la dynastie XVII, les Hermopolites à la XVIIIe dynastie, où la prédominance de la dénomination d'après les dieux lunaires (J'oḥ et Thoth) pourrait indiquer qu'ils viennent de Hermopolis, la ville de Thoth. On trouverait peut-être une confirmation dans le *Livre de Sothis* où les Hyksos, nous l'avons vu, apparaissent comme Tanites. Il y aurait là encore une ligne de contact entre les diverses sources, que nous ne sommes pas en état de suivre plus avant.

Je vais maintenant donner les listes des Hyksos dans leur ensemble (v. page suivante). Les différences dans les noms ne sont en général que des mutilations faciles à expliquer (ainsi Σταάν dans l'Africain pour Ἰάννας = Chian des monuments), sauf le remplacement extraordinaire de Aseth (Assis) dans Josèphe par Archles dans l'Africain et dans Eusèbe, où il semble difficile de voir une simple faute d'orthographe. Le *Livre de Sothis* décompose le nom au n° 30 en Σέθως et au n° 32 en Ἀσήθ ; entre les deux on a introduit un Κήρτως, qui revient au n° 53 (Sync., p. 302). Quant à Iannas, il est omis. D'après les monuments, nous ne connaissons de ces rois jusqu'à présent que Chian = Iannas, et au moins trois rois du nom de Apopi = Apophis.

1. Gelzer (*Afr.*, I, p. 203) pense à un tableau emprunté à Ptolémée de Mendès que l'auteur aurait combiné avec les chiffres de l'Africain.

2. *Chronolog. Untersuchungen* (*Philologus, Suppl.*, VII, 1900, p. 663 sqq.). Sur le même point, Gutschmidt, *Kl. Schr.*, I, p. 258 sqq.

3. Marquart (*op. cit.*, p. 660) veut corriger en Διοσπολῖται ; mais le fait que toutes les dynasties précédentes sont dénommées d'après des villes de la Basse Égypte, semble parler en faveur de la correction du texte.

Les listes des Hyksos

MANÉTHON DANS JOSÈPHE —	LIVRE DE SOTHIS *Sync.* p. 194, 3; 195, 4 [plus haut p. 83, 1] —	L'AFRICAIN —	EUSÈBE —
Hyksos, Βασιλεῖς Ποιμένες	XVIIe dynastie, 6 rois de Tanis	XVe dynastie, 6 Pasteurs	XVIIe dynastie, Pasteurs
1. Σάλιτις[1], 19 ans.	26. Σιλίτης, 19 ans.	1. Σαίτης, 19 ans.	1. Σαίτης, 19 ans.
2. Βνών[2], 44 »	27. Βαίων, 44 » (p. 204)	2. Βνῶν, 44 »	2. Βνῶν, 40 »
3. Ἀπαχνάν[3], 36 » 7 m.	28. Ἀπαχνάς, 36 »	3. Παχνάν, 61 »	——
4. Ἄπωφις[4], 61 »	29. Ἄφωφις, 61 »	4. Σταάν, 50 »	——
5. Ἰαννάς[5], 50 » 1 m.	30. Σέθως, 50 » (p. 232)	5. Ἄρχλης, 49 »	3. Ἄρχλης. 30 ans.
6. Ἀσὴθ[6], 49 » 2 m.	31. Κήρτως, 44 »[7]	6. Ἄφοβις, 61 »	4. Ἄφωφις, 14 »[8]
Total... 259 a. 10 m.	Total... 254 ans.	Total... 284 ans.	Total... 103 ans[9].
[Manéthon interpolé, § 84 sqq.]	[p. 194, 4]. [XVIIIe dynastie]. 32. Ἀσήθ, 20 ans[8].	[224 ans, Barb.] XVIe dyn., 32 Pasteurs 518 ans. [318 ans, Barb.] XVIIe dy., 43 Pasteurs et 43 Θηβαῖοι Διοσπολῖται. Ensemble : 151 ans. [221 ans, Barb.]	
Ces rois Pasteurs et les suivants règnent sur l'Égypte 511 ans. Ensuite les rois ἐκ τῆς Θηβαΐδος καὶ τῆς ἄλλης Αἰγύπτου se lèvent contre les Pasteurs. Longue guerre jusqu'à Misphragmouthosis et Thoummosis.			

1. Pour la forme du nom, voir p. 115, n. 1.
2. Βνών *L.*, Banon *Eus. Arm.*, p. 153, [avec 43 ans]. Évidemment Josèphe a aussi écrit Βνών.
3. Ἀπαχνάς *L.*, Apachas *Lat.*, Apakhnan *Eus. Arm.*
4. Aphosis *Eus. Arm.*
5. Samnas *Lat.*, Anan *Eus. Arm.*
6. Ἄσσις *L.*, Ases *Lat.*, Aseth *Eus. Arm.*
7. Ἔτη κθ' κατὰ Ἰώσηππον [celui-ci, par ailleurs, ne connaît pas Kertos;

La différence de la liste de l'Africain avec celle de Josèphe a donné lieu à de nombreuses discussions[1], quoique depuis longtemps on ait discerné le vrai.

Le nombre des ans de règne d'Apophis, 61, se trouve deux fois dans l'Africain, mais le chiffre particulier d'Apachnan manque. Par conséquent, l'Africain a confondu le total d'Apachnan avec le nombre d'années d'Apophis ; il a déplacé Apophis et l'a reporté à la fin, naturellement encore avec le chiffre 61. L'auteur de cette faute n'est pas un écrivain postérieur, mais l'Africain lui-même ou l'un de ses prédécesseurs ; c'est ce que prouve la somme de 284 ans, qui, transposée en 224 dans Barbarus, apparaît comme venant de l'Africain. La liste correcte était donc celle-ci dans l'Épitomé, exactement comme dans Josèphe [je rétablis les noms corrects] :

XVe dynastie,	1.	Salitis..........	19	ans
»	2.	Bnon...........	44	»
»	3.	Apachnan.......	<36>	»
»	<4.	Apophis>.......	61	»
»	<5.>	Iannas..........	50	»
»	<6.>	Archles [Aseth]...	49	»
		Total.........	259	ans.

Eusèbe n'a fait que mutiler le texte de l'Africain, ses

mais le Syncelle a vu que les deux rois Kertos et Aseth répondent dans le *Livre de Sothis* à l'Aseth de Josèphe avec 49 ans ; comme Aseth reçoit 20 ans, il reste pour Kertos, « d'après Josèphe », 29 ans] — κατὰ δὲ τὸν Μανεθῶ (c'est-à-dire le *Livre de Sothis*) ἔτη μδ'.

8. Cf. note 7 et le Syncelle, p. 127. Les manuscrits du Syncelle oscillent toujours entre 'Ασήθ et 'Ασσήθ.

9. Ainsi, *Schol. Plat. Tim.* et la traduction arménienne, p. 143 ; dans le Syncelle, p. 115, Aphophis [Apophis *Arm.*] et Archles ['Αρχάης (*Schol. Plat.*)] ont échangé leurs places.

1. En dernier lieu, chez Marquart (*op. cit.*, p. 660 sqq.), qui est tombé ici dans l'erreur, comme il lui est arrivé si souvent par trop de subtilité, et parce qu'il ne veut pas voir ce qui est simple. Même erreur chez W. Max Müller (*Studien zur Vorder. asiat. Gesch.*, ap. *Mitth. der Vorder. asiat. Gesch.*, 1898, 3), p. 17 sqq.

données n'ont pas de valeur propre; les deux rois du milieu sont mis de côté, et les nombres défigurés. C'est ainsi que le Syncelle (p. 115) en a jugé très justement.

Le *Livre de Sothis* est d'accord avec Josèphe pour les nombres, à l'exception du dernier, et pour les quatre premiers noms. Nous ne savons pas pourquoi Iannas a été laissé de côté, pourquoi Kertos a été intercalé, pourquoi Aseth se dédouble en Sethos et Aseth. En tout cas, Aseth est placé avec intention au commencement de la dynastie suivante — probablement à cause de sa réforme du calendrier (v. plus haut p. 49), — de sorte qu'Amosis (= Tethmosis), le Pharaon de l'Exode d'après l'opinion ordinaire, recule à la seconde place.

Pour les nombres, Josèphe a conservé en partie le total plus complet par ans et par mois (le comput des jours a déjà disparu), tandis que les autres ne donnent que des années pleines. L'Africain seul, en dehors du second Epitomé (qui est en discours indirect dans Josèphe, et non pas du Manéthon pur), nous a conservé l'intervalle qui suit les six premiers rois Hyksos jusqu'à Amosis. Mais Josèphe et l'Africain diffèrent l'un de l'autre pour des détails. D'après Josèphe, les Hyksos règnent en tout 511 ans (est-ce jusqu'à l'avènement ou jusqu'à la victoire des Thébains ?) ; les trois dynasties Hyksos de l'Africain, par contre, donnent 284 + 518 + 151 = 953 ans. Le premier nombre est sans doute une erreur, au lieu de 259 ans[1] ; et à la place du second, il faut poser peut-être le nombre de Barbarus, 318 [ou bien 418, voir plus loin ; à la place de 151, Barbarus donne aussi 221] ; de toute façon, on n'arrive pas à équilibrer les chiffres ; mais nous avons déjà démontré que ces chiffres n'ont historiquement aucune valeur.

1. D'après Josèphe, qui donne pour les six premiers rois 259 ans et 10 mois, il reste pour les autres 251 ans et 2 mois. Mais c'est une question de savoir s'il convient de chercher à coordonner les nombres des deux traditions chez Josèphe.

MANÉTHON D'APRÈS JOSÈPHE	ANS	MOIS	LIVRE DE SOTHIS	ANS	L'AFRICAIN	ANS	EUSÈBE, LIVRE I	ANS	CANON D'EUSÈBE (de même chez le Syncelle, p. 135.)	ANS
					XVIIIe Dyn. 16 Diospolitains.		**XVIIIe Dyn. 14 Diospolitains.**			
1. Τέθμωσις[1], après l'expulsion des Hyksos.	25	4	P. 233. 33. Ἄμωσις ὁ καὶ Τέθμωσις.	26	1. Ἀμώς.	[10]	1. Ἄμωσις.	25	Même liste.	
2. Χέβρων.	13	»	P. 278. 34. Χεβρών.	13	2. Χεβρώς.	13	2. Χεβρών.	13		
3. Ἀμένωφις I.	20	7	35. Ἀμεμφῆς.	15	3. Ἀμενωφθίς.	24[11]	3. Ἀμμενῶφις.	21		
4. Ἀδελφὴ Ἀμεσσῆς[2].	21	9	36. Ἀμενσῆς.	11	4. Ἀμενσίς.	22	4. Μίφρης[14].	12		
5. Μήφρης.	12	9	37. Μισφραγμούθωσις.	16	5. Μίσαφρις.	13	5. Μισφραγμούθωσις.	26		
6. Μηφραγμούθωσις[3].	25	10	38. Μισφρής.	23	6. Μισφραγμούθωσις.	26	6. Τούθμωσις.	9		
7. Τυθμώσης[4].	9	8	39. Τούθμωσις.	39	7. Τούθμωσις.	9	7. Ἀμένωφις[15] (Memnon).	31		
8. Ἀμένωφις II.	30	10	P. 286. 40. Ἀμενῶφθις = Memnon.	34	8. Ἀμενῶφις = Memnon.	31	8. Ὧρος, *Sync.*, 36 ou 38, *Arm.*	28	Orus.	37
9. Ὧρος.	36	5	41. Ὧρος.	48	9. Ὧρος.	37			Achencheres.	12
10. Θυγατὴρ Ἀκεγχερὴς I.	12	1	42. Ἀχενχερής.	25	10. Ἀχερρῆς.	32	9. Ἀχεγχερῆς.	16	Athoris.	9
									Chencheres.	16
11. Ῥάθωτις[5] Ἀδελφός.	9	»	43. Ἀθωρίς.	29	11. Ῥαθῶς.	6				
12. Ἀκεγχήρης II.	12	5	44. Χενχερής.	26	12. Χεβρῆς.	12	10. Ἀχερρῆς.	8	Acheres.	8
13. Ἀκεγχήρης III, ἕτερος.	12	3	P. 293. 45. Ἀχερρῆς.	8 ou 30	13. Ἀχερρῆς.	12	11. Χερρῆς.	15	Cheres.	15
14. Ἅρμαις.	4	1	46. Ἀρμαῖος (= Danaos).	9	14. Ἀρμεσίς.	5	12. Ἀρμαίς (= Danaos).	5	Même liste.	
15. Ῥαμέσσης I[6].	1	4			15. Ῥαμεσσῆς.	1				
16. Ῥαμέσσης II[7] Μιαμοῦν.	66	2	P. 302. 47. Ῥαμεσσῆς (= Aigyptos).	68			13. Ῥαμεσσῆς (= Aigyptos).	68		
17. Ἀμένωφις III.	19	6	48. Ἀμένωφις.	8	16. Ἀμενωφάθ.	19	14. Ἀμένωφις.	40		
	333	»				263[12]		348		
					Les totaux[17] donnent 262 ans.		Les totaux[17] donnent 347-327 ans.			
					XIXe Dyn. 7 (*sic*) Diospolitains.		**XIXe Dyn. 5 Diospolitains.**			
18. Σέθως I ὁ[8] καὶ Ῥαμέσσης III. 59 ans [= Aigyptos et son frère Harmais = Danaos].			—		1. Σέθως.	51	1. Σέθως.	55	Même liste.	
19. Ῥάμψης[9]. 66 ans.			—		2. Ῥαψάκης.	61[13]	2. Ῥαμψής.	66		
20. Ἀμένωφις IV. (Les années manquent.)			—		3. Ἀμενεφθῆς.	20	3. Ἀμμενεφθίς.	40[16]		
21. Σέθως II ὁ καὶ Ῥαμέσσης IV. (Les années manquent.)			—		4. Ῥαμεσσῆς.	60				
			—		5. Ἀμμενεμνῆς.	5	4. Ἀμμενέμης.	26		
Ajoutez petites variantes dans *Eus. arm.*, I, 157, et Théoph., *ad Autol.*, III, 21, en particulier pour les nombres; tous deux n'ont fait qu'abréger Jos., *C. Ap.*, I, 94-102; ils s'interrompent au n° 18.			49. Θοόωρις.	17	6. Θούωρις (= Polybe).	7	5. Θούωρις (= Polybe).	7		
						209		194		
					Les totaux[17] donnent 204 ans. Après le n° 2, Rhapsakes, il faut noter le chiffre 66, donné par Josèphe et Eusèbe.					

1. Cf. *supra*, p. 106, n. 1. — 2. Ἀμέσση, *Theoph.*; Amenses, *arm.*, de même l'Africain et le *Livre de Sothis*; il est difficile de décider quelle est la forme correcte. — 3. Μηφραμμουθώσις, *Theoph.*; Mephrathmuthoses, *arm.* — 4. Cf. p. 106, n. 3. — 5. Athôhyis, *arm.* — 6. Manque, *arm.*; *Theoph.* n'a pas les nos 11 et 12, et place le n° 15 après 16. — 7. Ἀρμέσσης, *L.*; Armesis, *Lat.*; Μέσσης, *Theoph.*; Rrameses, *arm.* — 8. Cf. p. 107, n. 2. — 9. Cf. p. 111, n. 4. — 10. Sync., p. 130, 12. — 11. D'après Sync., p. 130, 12, peut-être 21 ans. Cf. p. 126, n. 1. — 12. Barbarus, 260 ans. — 13. A corriger en 66 ans. — 14. Memphres, *arm.*, *can.* — 15. Amenophthis, *can.* — 16. *Armen.* donne 8; le total montre que c'est un lapsus. — 17. C'est-à-dire les totaux réels des chiffres donnés pour chaque roi.

LES LISTES DE LA XVIIIe ET DE LA XIXe DYNASTIE ET LES LÉGENDES D'OSARSEPH ET DE RAMSÈS III

(voir le tableau)

La liste du *Livre de Sothis* offre encore ici une relation avec Eusèbe ; chez tous deux, Ramesses I et II (Jos., n°s 15 et 16) ne font qu'un seul roi et additionnent leurs ans de règne, à savoir : 1 an, 4 mois + 66 ans, 2 mois, au total 68 ; chez tous deux ce Ramesses et son prédécesseur Harmais passent pour être Aigyptos et Danaos, tandis que Josèphe y reconnaît Ramesses III (n° 18) et son frère qui ne paraît pas dans la liste des rois[1]. D'ailleurs, en ce qui concerne la forme des noms, le *Livre de Sothis* n'a qu'une valeur conditionnelle ; quant aux nombres, ils sont pour la plupart gravement défigurés, et plutôt par hasard qu'avec intention.

Pour le reste, il paraît évident que le même Epitomé sert de base à toutes les listes conservées. Dans l'Africain, Ramesses II (n° 16) manque ; dans Eusèbe (abstraction faite de la fusion de Ramesses I et II), c'est Ramesses IV (n° 21) ; plus loin, c'est Amenses (n° 4), et dans le premier livre, Rathotis (n° 11). Mais, pour chacun de ces cas, la liste parallèle prouve que le nom existait à l'origine dans l'Epitomé. La seule différence importante avec Josèphe, c'est, au n° 1, Amosis à la place de Tethmosis. Et, ici, les listes postérieures gardent la tradition originelle. Dans Josèphe, Tethmosis est, comme nous l'avons vu, une correction pour

1. De même chez Eusèbe, dans le Canon, et chez le Syncelle, la liste tout entière des noms Achencheres (Athoris, Chencheres), Acherres (que suit encore Cherres), se confond avec les noms donnés au *Livre de Sothis*. Le Canon et le *Livre de Sothis* donnent encore au n° 8 'Αμενώφθις contre 'Αμενῶφις de Josèphe et du premier livre d'Eusèbe. L'Africain a la même forme, mais pour le n° 3, et au n° 17 il donne 'Αμενωφάθ ; ce sont des variantes qui ont été fabriquées d'après le n° 3 de la XIXe dynastie 'Αμμενεφθῆς (plus correctement Μενεφθῆς = Merneptah).

rétablir l'accord. Pour les nombres, Josèphe présente la numération ancienne ; chez les chronographes, les mois sont comptés tantôt en plus, tantôt en moins pour faire des années pleines, souvent aussi défigurés par des fautes d'écriture. Tels sont, dans l'Africain : le n° 3 (Aménophis I, 24 ans au lieu de 21[1]) ; le n° 10 (Acherres, 32 ans au lieu de 12), et aussi le n° 11 (Rathos, 6 ans au lieu de 9 ; cf. Eus., *Canon ;* dans le *Livre de Sothis*, 29 ans[2]).

Ajoutons que cette liste semble se moquer complètement des données historiques. Il s'agit de la période la plus florissante du Nouvel Empire, c'est-à-dire, avec la XIIe dynastie, l'époque la mieux connue et la plus glorieuse de l'histoire de l'Égypte. Mais comment l'a-t-on traitée ? Plus mal encore que la XIIe dynastie. C'est à peine si, dans cette liste, on peut repêcher un ou deux noms de rois célèbres. En tête, il est vrai, on a placé correctement Amosis ; mais son fils et successeur Aménophis I est séparé de lui par un Chebron inconnu. La sœur d'Aménophis, la reine Amesses, peut bien être, comme Sethe[3] l'a pensé, la reine Aʿaḥmes, femme de Thoutmosis I ; mais ni celui-ci, ni Thoutmosis II, ni Haʿtšepsout ne sont nommés, tandis que Thoutmosis III apparaît deux fois, comme Misphres = Mencheperreʿ [prononcé à peu près Mešpe-reʿ par Manéthon] et comme Misphragmouthosis = Mencheperraʿ-Thoutmose[4], — tous deux

1. Le Syncelle (p. 130, 12) compte pour les rois 2-6 seulement 69 ans au lieu de 72 ; il paraît aussi n'avoir compté que 21 ans pour Aménophis I comme Josèphe et Eusèbe. Mais le total de la dynastie lui attribue au moins 24 ans.

2. Dans Eusèbe, les nombres sont, d'ordinaire, encore plus défigurés.

3. *Die Thronwirren unter den Nachfolgern des Thutmosis I.* (Unters. zur Gesch. und Alterthumskunde Aegyptens, I, 1896), p. 5. Il résulte de ce que je viens de dire que, pour le reste, je ne puis pas regarder comme juste la façon dont Sethe cherche à conserver le plus possible de Manéthon (au moins l'hypothèse proposée par Lepsius d'une coupure de dynastie après Misphragmouthosis, p. 57).

4. Sethe, p. 19, 71 sq., l'a reconnu avec raison ; il établit aussi que

n'ont ensemble que 38 ans, 7 mois, tandis que Thoutmosis III a régné 53 ans, 10 mois, 26 jours[1]. Ses successeurs furent :

En réalité :	D'après la liste :
Aménophis II	Thoutmosis régna 9 ans, 8 mois
Thoutmosis IV	Aménophis règna 30 ans, 10 m.
Aménophis III régna 36 ans	Horos » 36 » 5 »

Il paraît donc que les deux premiers rois ont échangé leurs places, tandis qu'Aménophis III apparaît sous le nom d'Horos[2]. Son temps de règne est donc à peu près exact; il en est de même peut-être de celui de Thoutmosis IV, tandis que celui d'Aménophis II est trop élevé. Sous les souverains suivants 10-13, se cachent les rois hérétiques, ensuite vient Harmais = Ḥaremḥebi, qui a régné beaucoup plus longtemps que 4 ans, 1 mois[3]. A Ramsès I on attribue, semble-t-il avec raison, 1 an, 4 mois, et à Ramsès II, 66 ans, 4 mois (il est mort dans sa 67e année); mais, entre les deux, manque Séti I.

Et maintenant la confusion augmente. Car dans Josèphe on trouve deux fois un roi Sethos, qui s'appelle aussi Ramesses ; en lui sont combinés Séti I et Ramsès II ; et, la pre-

c'est le même que le Mesphres (de Plin. 36, 64. 69), auquel appartiennent les deux obélisques d'Alexandrie.

1. Ou bien, si l'on ajoute à part les Epagomènes, comme les Egyptiens le font très souvent, 53 ans, 11 mois, 1 jour.

2. Il serait donc le roi Ὦρ, qui, d'après Josèphe (§ 232), a vu les dieux ; cela s'applique très bien, en effet, à Aménophis III.

3. De l'inscription du temps de Ramsès II publiée par Loret, *ÄZ.*, 39, 1 sq. (Inscription du Sud, l. 8), où la 59e année de Ḥaremḥebi a été mentionnée, il résulte, comme Loret l'a reconnu avec raison, que, dans la chronologie, on a compté à Ḥaremḥebi le temps des rois hérétiques. De la fin d'Aménophis III jusqu'à l'avènement de Ramsès I, il s'est écoulé pour le moins 60 ans.

Dans Josèphe, les rois de ce temps ont régné ensemble 49 ans, 9 mois; dans l'Africain, où les 32 ans d'Acherres doivent manifestement être corrigés en 12 ans, ces rois ont régné 67 (plus exactement 47) ans. De Ḥaremḥebi, nous connaissons la 21e année de règne.

mière fois, Ramsès II est encore cité comme son propre successeur sous le nom de Rampses (*var.* : Rapses, Rapsakes). Son fils Merneptaḥ partage son sort : comme Ramesses avec ses 66 ans (la troisième fois arrondis à 60), il n'apparaît lui-même pas moins de trois fois. Sous Thouoris se cachent ensuite les souverains des temps troublés après Merneptaḥ. Le tableau suivant, que je reproduis d'après mon *Histoire*, I, p. 315, met quelque clarté dans cette situation.

RAMSÈS I	15. Ραμέσσης, 1 an. 4 m., *Jos.*, *Afr.*		
SÉTI I — RAMSÈS II	16. Ραμέσσης Μιαμοῦν, 66 ans 2 m., *Jos.*, *Eus.*	18. Σέθως ὁ καὶ Ραμέσσης, 59 a., *Jos.* = Σεθως, 51 (55) a., *Afr.*, *Eus.* 19. Ῥάμψης, 66 ans, *Jos.*, *Afr.*, *Eus.*	21. Σέθωσ ὁ καὶ Ῥαμέσσης, *Jos.* = Ῥαμέσσης, 60 ans, *Afr.*
MERNEPTAḤ	17. Ἀμένωφις, 19 ans 6 mois, *Jos.*, *Afr.*, *Eus.*	20. Ἀμένωφις, *Jos.* = Ἀμμενεφθῆς, 20 ans, *Afr.*; 40 a., *Eus.*	22. Ἀμμενεμνῆς, 5 ans, *Afr.*, 26 a., *Eus.*

Pour éclaircir cette confusion étonnante, on s'aidera de l'observation que le double nom Sethos-Ramesses, dans Josèphe, n'est employé que là où le souverain en question est introduit pour la première fois, §§ 98 et 245. Plus tard, au n° 18, il s'appelle toujours Sethos (Sethosis), §§ 101, 102, 231, — tandis qu'au n° 21, il s'appelle seulement Ramesses (§ 300 sq.)[1], ou Rampses (§ 251) comme il le doit, puisqu'il porte le nom de son grand-père (§ 245). Donc, au § 98 ὁ καὶ Ῥαμέσσης est une interpolation après Σέθως, § 245 Σέθω τὸν καὶ est une interpolation après Ῥαμεσσῆ ; la forme

1. De même dans Chairemon (Jos., *c. Ap.*, I, 298, 292 Ἀμένωφιν καὶ τὸν υἱὸν αὐτοῦ Ῥαμεσσῆν). Son récit n'est malheureusement qu'une mauvaise répétition de celui de Manéthon.

du dernier nom, Ramesses, revient évidemment à l'interpolateur, puisque le texte primitif donnait ici Rampses. En d'autres termes, la suite originelle des noms, dans Josèphe, était :

16. Ramesses Miamoun
17. Amenophis
18. Sethos
19. Rampses I
20. Amenophis
21. Rampses II
22. Ammenemnes

Ce sont les mêmes noms que dans l'Epitomé, si ce n'est que l'Africain, au n° 21 (Ramsès II), donne pareillement la forme Ramesses [Eusèbe l'a omis] ; mais l'interpolateur déclare que le n° 18 (Sethos), comme le n° 21, sont identiques au n° 16, c'est-à-dire à Ramesses Miamoun, le vrai Ramsès II. Il suit de là que chez lui le n° 19 (Ramsès I) disparaît et que trois Aménophis (appelés Ammenemnes) n°s 17, 20, 22 sont identiques. On voit que l'interpolateur a très bien connu l'histoire d'Égypte. Il a, en réalité, appliqué à la liste de Josèphe la même critique que nous-même, si ce n'est qu'il a fait, à tort, de Sethos et de Ramsès un seul personnage. Nous obtenons la véritable liste historique en effaçant le n° 16 et le n° 17 (= dyn. XVIII, 16 dans l'Afr., 13, 14 dans Eus.) et les n°s 21 et 22 (= dyn. XIX, 4, 5 dans l'Afr., 4 dans Eus.) et en ne gardant que les n°s 18, 19, 20 (= dyn. XIX, 1-3 dans l'Afr. et Eus.).

Je crois que nous devons en substance procéder ainsi, si nous voulons reconstituer le vrai Manéthon. En effet, la confusion n'a commencé que parce que les deux Extraits IV et V donnés par Josèphe, qui, comme nous l'avons vu, ne s'enchaînaient pas à l'origine, ont été regardés, dans la source où a puisé Josèphe, comme se faisant suite. Nous voyons maintenant que dans IV aussi la liste IV *a*, qui est complète avec 17 Aménophis, doit être séparée du récit

IV *b*, qui s'y rattache, sur Séthos et Harmais. Ce n'est donc point par hasard que dans ce dernier récit, il n'y a aucun chiffre d'années; il n'appartient même pas à la liste IV *a*, mais c'est un récit historique indépendant de Manéthon. Si nous détachons ces deux morceaux, la liste est correcte à la fin, sauf qu'avant Ramsès II Miamoun, son père Séthos a été omis, soit par hasard, soit par ce qu'on a confondu les deux rois. Également correcte (et même plus correcte encore, puisqu'elle connaît Séthos) se trouve être la liste V, du moment que nous ne la considérons pas comme une suite de IV, mais comme une tradition parallèle. On s'explique, pour la même raison, que V *a*, l'introduction chronologique à l'histoire d'Osarsiph, nomme Hermaios, tandis que IV *b* nomme Harmais.

Les Extraits de Manéthon se groupent donc de la façon suivante :

IV *a*	IV *b*	V *a*	V *b*.
Liste royale IV *a* § 94-95 se termine avec	§§ 98-102	Liste royale § 231	§ 232-251
14 Harmais, 4 ans 1 mois			
15 Ramsès Ier, 1 an 4 mois			
[16 *a* Séthos]	Histoire de Séthos	Séthos, 59 ans	
16 *b* Ramsès II Miamoun, 66 ans 2 mois		Ramsès, 66 ans	
17 Aménophis 19 ans, 6 mois			Histoire d'Osarsiph sous Aménophis et son fils Ramsès.

Ceci ne nous donne pas encore de l'histoire pure. L'histoire du prêtre héliopolitain Osarseph et du sage Aménophis, fils de Paapis — lequel fut un contemporain d'Aménophis III — cette histoire, dis-je, s'est passée sans aucun doute sous Aménophis IV; c'est un récit légendaire sur l'introduction du monothéisme solaire et la persécution des dieux par ce roi[1]; mais Manéthon l'applique sûrement à

1. Voyez mon *Histoire d'Égypte*, I¹, p. 276 sq.; confirmé par Wilcken, dans ses *Ægyptiaca*, p. 147 sq.

Merneptaḥ, le fils de Ramsès II, et c'est pourquoi il change son nom en celui d'Aménophis. Quand ce roi se retire 13 ans en Éthiopie, et n'en revient qu'avec le secours de son fils Ramsès devenu majeur à 18 ans (il l'avait confié à un ami, à l'âge de 5 ans), — quand il revient et chasse les impies — cela fait penser aux temps troublés qui suivirent Merneptaḥ. Quant au fils d'Aménophis = Merneptaḥ, ce fils dont le nom rappelle celui du père de celui-ci, Ramsès II, et qui est évidemment, dans ce bref récit, le vainqueur et le rénovateur de l'ancien culte, c'est bien Ramsès III. Sans doute ce n'est pas là de l'histoire; mais cette légende convient tout à fait au personnage : il s'est montré en tout le successeur et l'imitateur du grand Ramsès, et il a, en fait, rétabli l'Empire sur l'ancien modèle. La légende le rattache à l'ancienne maison royale et son véritable père, Setnech, est supprimé. Le fait qu' « à l'âge de 5 ans il fut placé en tutelle chez un ami, par son prétendu père Aménophis » et qu'ensuite, après 13 années, il réapparut comme un jeune héros libérateur, fait assez clairement apercevoir la réalité historique. Au reste, la fuite du vieux roi en Éthiopie devant les conquérants étrangers et impies, a son équivalent dans la légende de Nectanébo, et de même qu'Aménophis a engendré Ramsès vengeur et sauveur, Nectanébo est le père d'Alexandre.

Nous pouvons faire un pas de plus dans l'analyse de cette légende. D'après elle, les Lépreux au temps d'Osarseph (c'est-à-dire les instigateurs de la réforme venue d'Héliopolis, et quelque temps triomphante sous Aménophis IV = Chouenaten), appelèrent à leur secours les descendants des Pasteurs, qui s'étaient établis à Jérusalem; et ceux-ci, de concert avec eux, dominèrent et ravagèrent l'Égypte durant 13 ans (§§ 241-248 *f*). Au temps de la réforme, il n'est pas question d'une invasion asiatique en Égypte; au contraire, les rois hérétiques ont maintenu eux aussi un reste de suprématie en Syrie. Par contre, dans les temps troublés qui ont précédé Ramsès III, le témoignage du roi lui-même, conservé au papyrus Harris nous apprend qu'un Palestinien, le Chorite Arsou[1], a régné sur l'Égypte et levé des tributs, tandis que ses compagnons se livraient au pillage et traitaient « les Dieux comme les hommes : on n'apportait plus d'offrandes dans les temples » — jusqu'au moment où Setnecht, le père de Ramsès III, le renversera et restaurera les lois et le culte. On voit clairement comment chez Manéthon les deux légendes d'Osarseph et de Ramsès III, qui à l'origine étaient entièrement distinctes, se sont contaminées mutuellement : à la première, appartiennent les Lépreux, à la seconde, les conquérants asiatiques, les « Pasteurs » ou « Solymites », c'est-à-dire Arsou et ses compagnons. La légende permet ici de compléter le récit historique de Ramsès III ; elle prouve qu'avec la royauté d'Arsou, il s'agit d'une domination étrangère — ce dont, moi et d'autres, nous avions douté jusqu'à présent.

On pourrait peut-être avec cela faire la lumière complète sur l'origine et le sens de la légende relatée par Manéthon. Mais Manéthon lui-même ne l'a plus comprise. Il l'a lui-même signalée comme étant un récit populaire[2], et Josèphe (ou plutôt sa source) lui fait un vif reproche de l'avoir ainsi qualifiée. Près d'elle, se conservait dans les listes des rois la tradition qui nommait, comme successeur de Ramsès II, non pas Aménophis, mais Merneptah Μενεφθῆς, puis plusieurs princes éphémères, qui semblent se cacher dans l'Épitomé sous le nom de Θούωρις. Peut-être est-il possible que Manéthon lui-même ait distingué Ramsès, le fils d'Amé-

1. On ne saurait affirmer qu'il fût identique avec un des rois éphémères de ce temps ; mais il est assez vraisemblable qu'il avait pris un nom égyptien.

2. § 105. Ὑπερ ὧν ὁ Μανεθῶς οὐκ ἐκ τῶν παρ' Αἰγυπτίοις πραγμάτων, ἀλλ' ὡς αὐτὸς ὡμολόγηκεν, ἐκ τῶν ἀδεσπότως μυθολογούμενων προςτέθεικεν, ὕστερον ἐξελέγξω κατὰ μέρος ἀποδεικνὺς τὴν ἀπίθανον αὐτοῦ ψευδολογίαν. = 229 Ἔπειτα δὲ δοὺς ἐξουσίαν αὑτῷ διὰ τὸ φάναι γράφειν τὰ μυθευόμενα καὶ λεγόμενα περὶ τῶν Ἰουδαίων, λόγους ἀπιθάνους παρενέβαλεν. Cf. aussi § 287.

nophis, de Ramsès III, et qu'il ait été amené ainsi à commettre le premier de ces doublets, que nous avons reconnus. Si le cas est exact, sa liste de la XIXe dynastie serait composée dans le genre de l'Épitomé de l'Africain. On a déjà soupçonné que, dans certaines formes altérées de noms, où Mernephtaḥ apparaît deux fois Ἀμμενεφθῆς et Ἀμμενεμνῆς, se retrouve l'influence du nom Aménophis[1].

En résumé, un problème insoluble jusqu'à présent trouve une solution complète : je veux dire la place absurde où l'Épitomé fait une coupure de dynastie et commence la XIXe dynastie. On sait qu'une coupure ne se justifie historiquement qu'après les rois hérétiques (ou plutôt après les rois illégitimes, Tout'anchamon et Ai, qui étaient déjà revenus à l'orthodoxie), avant Harmais = Ḥaremḥebi ; de même, on ne peut faire commencer la XXe dynastie qu'avec Setnecht, le père de Ramsès III. La fausse division en question s'explique très simplement en ce qu'elle est identique à celle qui se trouve dans les extraits IV et V de Josèphe. L'Épitomé a placé en bloc dans la XVIIIe dynastie les rois énumérés dans IV[2] de 1 à 17 (de Tethmosis (= Amosis) à Aménophis) ; avec les souverains nommés dans V, qui en réalité sont identiques aux derniers rois du IV, il a formé la XIXe dynastie.

Et maintenant PEUT-ÊTRE y a-t-il quelque signification dans ce fait que la liste du Livre de Sothis passe sous silence tous ces rois de la XIXe dynastie de l'Épitomé, et donne immédiatement Thouoris après le premier couple, Ramesses et Aménophis (= 16, 17 dans Josèphe). Peut-

1. Peut-être retrouverait-on aussi, dans la désignation du roi Aménophis comme Ψευδὲς ὄνομα et ἐμβόλιμος βασιλεύς dans Josèphe, 230, 232, un morceau du Manéthon authentique, qui s'est ensuite corrompu chez Josèphe (v. plus haut p. 111). Il pourrait dans son récit historique avoir dit Μενεφθῆς d'après les Ἀναγραφαί, et dans la légende Ἀμενῶφις, en tenant les deux noms pour identiques.

2. C'est le morceau qu'Eusèbe seul a inséré dans son premier livre et dont le Livre de Sothis s'est aussi servi.

être aussi n'est-ce qu'un hasard ; mais l'on peut penser qu'ici la vérité s'est conservée. Si nous rétablissons Ramsès Ier oublié et Séthos confondu avec Ramsès II, alors la liste du Livre de Sothis, seule entre toutes, devient complètement correcte à cette place.

CONCLUSION. HISTOIRE DE LA TRADITION MANÉTHONIENNE ; LES TOTAUX PAR DYNASTIE ET PAR « TOMOI »

Il est aujourd'hui de toute évidence que Josèphe et l'Épitomé ne présentent que des versions différentes du même extrait de Manéthon ; il en résulte de suite que ce n'est pas du tout par hasard que tous deux, en ce qui concerne les dynasties précédentes, ne comptent les noms de rois que pour la Ire dynastie des Pasteurs. Mais sur la longue histoire de ces Extraits, nous avons aussi pu jeter un regard. Je vais essayer d'en tracer une esquisse, mais je rappelle qu'ici comme dans toutes les autres recherches analogues, les détails et les particularités fortuites ne peuvent jamais se dévoiler entièrement, et que par conséquent il n'est jamais possible de dire qu'il ne reste plus rien à élucider[1].

Les listes des chronographes sont le reste d'un Épitomé, résumé de l'ouvrage complet de Manéthon. Cet Épitomé, dans ses autres divisions, présente exactement le même caractère que pour les dynasties XVe à XIXe ; c'est un extrait chronologique, accompagné parfois de courtes notices, telles que celles qui concernent les Hyksos, telles que les annotations 'Αδελφή, Θυγάτηρ, 'Αδελφός dans Josèphe,

1. Il n'y a donc pas le moindre doute que le premier savant, qui s'occupera de ces questions, commencera par rejeter mon esquisse et par en proposer une autre à sa place. Qu'à cela ne tienne ! Mon esquisse n'est en effet qu'une construction auxiliaire destinée à confirmer les faits découverts par nous et complètement indépendants de celle-ci.

nos 4, 10, 11, — ou d'additions isolées, tirées d'Hérodote et d'autres écrivains grecs ; dans les dynasties les plus importantes, l'Épitomé donne les noms et les nombres des rois, comme aux dynasties XVe, XVIIIe, XIXe ; pour les autres dynasties, il ne fournit que le chiffre total, comme aux dynasties XVe et XVIIe.

Il n'y a donc aucun doute, que les listes des Hyksos et de la XVIIIe et de la XIXe dynastie aient été empruntées à l'Épitomé par la source primitive de Josèphe[1], c'est-à-dire que cette source se trouvait déjà, en substance, telle que nous la possédons, quand un apologiste juif la fit servir à ses desseins. L'intention de celui-ci a été évidemment de démontrer que les Juifs étaient identiques aux Hyksos, et ne pouvaient point, par conséquent, être les Lépreux d'Osarseph. D'où les récits suivants :

1° L'histoire des Hyksos (*Exc.*, I dans Josèphe), et peut-être le récit d'après Manéthon lui-même ; la suite des rois d'après l'Épitomé [il y faut peut-être rattacher le § 84 *f* sur la durée de leur domination et le commencement de la guerre d'indépendance, mais certainement pas le § 86 *ff* sur Misphragmouthosis et Thoummosis]. Comme conclusion venait la liste des rois du Nouvel Empire, commençant avec Amosis, et allant jusqu'à Ramsès Miamoun et son fils Aménophis (no 17), sous lesquels tombait l'histoire d'Osarseph. Dans cette liste (*Exc.*, IV *a*) le nom de Séthos manque.

2° Ensuite venait, indépendamment, l'histoire d'Osarseph (*Exc.*, V *b*) empruntée à Manéthon même ; elle était introduite par les noms des rois Séthos et Ramsès, prédécesseurs immédiats de ces événements d'après l'Épitomé (*Exc.*, V *a*). Aussi cet Extrait fut-il considéré comme la suite du no 1 : c'est ainsi que se dédoublèrent Ramsès II et son fils.

3° En cet état, la liste a servi à un écrivain qui voulait

1. On s'explique pourquoi il n'est pas question d'une division par dynasties dans Josèphe ; cette particularité n'avait aucun intérêt pour un apologiste juif.

trouver combien de temps il y avait entre l'Exode sous Amosis, et l'époque d'Aigyptos identifié avec Séthos (393 ans), pour établir par là combien l'histoire juive était plus ancienne que l'histoire grecque. C'est la raison pour laquelle il a inséré l'histoire de Séthos et de Harmais (*Exc.*, IV *b*) d'après Manéthon dans l'Épitomé.

4° La liste est parvenue ainsi constituée aux chronologistes chrétiens, plus pure pour l'Africain, beaucoup plus remaniée et défigurée pour Eusèbe. Ils tiennent donc (directement ou indirectement) leur Épitomé d'un chronographe juif, lequel a corrigé l'Épitomé originel d'après ce même apologétiste juif qui a gratifié la période, depuis les Hyksos jusqu'à Aménophis, de l'aspect décrit aux n°s 1-3. Celui-ci a admis le redoublement ou plutôt la triplification des rois, et placé une division de dynastie entre 1 et 2. Par contre il ne sait rien du remplacement d'Amosis par Tethmosis. et moins encore de la confusion de Séthos et de Ramesses ; les Hyksos sont pour lui Βασιλεῖς ποιμένες (plus tard déclarés Phéniciens) ; dans la XIXe dynastie, il n'a pas le nom Aménophis, mais Ammenephthes et Ammenemnes. Après ce dernier, il revient avec Thouoris au véritable Épitomé.

5° D'autre part, avant que les Extraits n'arrivent jusqu'à Josèphe, on y a inséré les morceaux II, III prétendus manéthoniens, sur l'origine arabe des Hyksos et l'explication du nom αἰχμάλωτοι ποιμένες, sur Misphragmouthosis et Thoummosis ; c'est pour cela que le nom d'Amosis a été changé en Thetmosis. Enfin un interpolateur tout à fait bien informé a identifié les rois n° 18 (Séthos) et n° 21 (Ramesses) l'un avec l'autre et avec le n° 16 (Ramesses Miamoun) ; en conséquence il a écrit les deux fois Σέθως ὁ καὶ Ῥαμεσσῆς. C'est dans cet état que Josèphe a reçu les morceaux.

Quant à la chronologie, en faveur de laquelle nous avons entrepris cette longue recherche, il résulte que Manéthon, dans sa teneur originelle que nous pouvons définir, n'est point responsable des fautes grossières que l'Épitomé nous présente dans la rédaction actuelle; cependant, par exemple dans la XIIe dynastie, il est resté encore bien loin de la vérité historique. Il faut admettre cela aussi bien pour les noms et la suite des rois que pour les nombres des années de règne, quand bien même nous mettrions autant de ces fautes au compte des copistes postérieurs. Pour les nombres, par exemple pour la XIIe dynastie, si quelques-uns sont tout à fait justes ou à peu près, la plupart sont absolument faux. Manéthon pouvait très bien servir de guide pour le classement des monuments, quand l'Égyptologie en était à ses débuts; actuellement, nous ne devons le suivre qu'avec la plus grande réserve. Si cela est vrai pour les meilleures périodes du Moyen Empire et du Nouvel Empire, dans les temps plus anciens et surtout aux époques obscures cela dépasse toute mesure. Il est impossible de contrôler jusqu'à quel point les nombres de l'Épitomé pour les dynasties XIIIe-XVIIe (excepté pour la XVe) sont ceux de Manéthon; et là ils ne sont assurément pas historiques. Quant à leur somme totale, comme nous l'avons vu page 80, elle est absurde au plus haut degré; il faut par conséquent la rejeter sans scrupule comme tout à fait inutilisable.

Un autre résultat acquis, c'est que les totaux de dynasties tant prisés chez l'Africain[1], n'ont aucune valeur pour Manéthon, et bien moins encore pour l'histoire. En effet le total pour la XVe dynastie = 284 ans, repose sur la répétition erronée du chiffre attribué à Apophis; celui de la XVIIIe dynastie = 263 ans (ou plutôt, d'après le total des règnes, 262 ans), sur l'omission du chiffre attribué à Amosis[2], sur la liste interpolée, sur les nombres mal écrits

1. Il va sans dire que les totaux d'Eusèbe n'ont aussi aucune valeur.

2. Eusèbe, comme Josèphe, lui donne 25 ans (4 mois), comptés à partir de l'expulsion des Hyksos. Unger (*Chron. d. Man.*, 163) croit avoir trouvé le nombre total des années de règne ap. *Barbarus*, p. 38 *a*, dans une notice sur le dieu-roi Anubis, qu'il a reconstituée avec pers-

d'Aménophis Ier, Acherrès, Rathos, et sur l'omission de Ramesses Miamoun ; celui de la XIXe dynastie = 209 ans, repose également sur la liste interpolée.

Ce n'est pas non plus sur les totaux partiels des dynasties que s'établit le chiffre total, que donne l'Africain pour les τόμοι de Manéthon et qu'Eusèbe a pris aveuglément, quelque différent qu'il fût de ses nombres[1] — preuve nouvelle qu'il ne donne qu'une déformation de la liste de l'Africain. La somme du second Tomos (XIIe-XIXe dyn.) est[2] de 92 rois (*Eus.*, 96), 2121 ans. Ici le total des années repose sur les totaux des dynasties de l'Africain. En effet, si pour la XVIIIe dynastie nous attribuons à la somme des règnes 262 au lieu de 263, nous aurons :

XIIe	dynastie,	7 rois		160 ans
XIIIe	»	60 »		453 »
XIVe	»	76 »		184 »
XVe	»	6 »		284 »
XVIe	»	32 »		518 »
XVIIe	»	43 »	(+ 43)	151 »
XVIIIe	»	16 »		262 »
XIXe	»	6 »		209 »
Total......		246 (289) rois ;		2221 ans.

Que le total des ans dépasse juste de 100 le nombre donné plus haut, ce ne peut être par hasard ; évidemment dans une des dynasties XIIIe, XIVe, XVIe, XVIIe, le nombre doit être diminué de 100 ; peut-être est-ce dans la XVIe dynastie, où Barbarus donne 318 ans[3].

picacité (comp. Gelzer, *Afr.*, I, 202) ; d'après lui, Amosis aurait régné 67 ans. Naturellement ce chiffre ne paraît pas avoir une valeur historique.

1. Chez Barbarus au contraire, la somme des Tomoi est corrigée en concordance avec sa liste (v. plus haut, p. 120).

2. *Afr.*, dans *Sync.*, p. 135 ; Eusèbe, *Chron.*, I, p. 145 = *Sync.*, p. 136 (mal écrit ͵αρκα').

3. Gelzer (*Afr.*, I, 199 sq.) admet d'après Barbarus que le tomos II

Comment par contre expliquer l'énorme différence qu'il y a pour le chiffre total des rois? Je ne puis le dire. Du moins est-il évident, que le total des rois et celui des années doivent être d'origine tout à fait différente. A-t-on fait ici ce calcul que parmi ces 246 (289) rois, il en fallait laisser de côté environ 150 (193) comme éphémères, ou comme ayant régné en même temps que d'autres? Et serait-ce une indication que ce temps a été beaucoup plus court en réalité qu'il ne semble d'après les listes?

LA LISTE DE ROIS THÉBAINS D'ERATOSTHÈNE

Pour le Syncelle, l'Épitomé de l'Africain et d'Eusèbe n'avait pas de valeur historique; dans la partie narrative de sa *Chronographie*, il l'a remplacé par le Livre de Sothis. En outre, lui-même (ou plutôt sa source Panodore, avant lui) a adopté encore une liste de rois thébains qu'il fait remonter à Apollodore. Elle se compose de deux parties :

1° Une liste de 38 rois, qu'Apollodore a empruntée à Eratosthène et que le Syncelle cite;

2° Une liste de 53 autres rois, qu'Apollodore a ajoutée et que le Syncelle laisse de côté comme superflue[1].

est clos avec la XVIIIe dynastie et avec un total de 2120 ans (donc 1 an de moins), tandis que pour la XIVe dynastie, il prend le nombre d'Eusèbe (484 ans) et, pour les dynasties XVe, XVIe, XVIIe, XVIIIe, il adopte les nombres de Barbarus (224, 318, 221, 260). Je ne puis tenir cela pour exact.

1. *Sync.*, p. 171 : 'Απολλόδωρος χρονικὸς ἄλλην Αἰγυπτίων τῶν Θηβαίων λεγομένων βασιλείαν ἀνεγράψατο βασιλέων λη', ἐτῶν ͵αος' (1076) [Le Syncelle les place anno mundi 2900-3975], ὧν τὴν γνῶσιν, φησίν, ὁ 'Ερατοσθένης λαβὼν Αἰγυπτιακοῖς ὑπομνήμασι καὶ ὀνόμασι κατὰ πρόσταξιν βασιλικὴν τῇ 'Ελλάδι φωνῇ παρέφρασεν οὕτως — suit la liste. Voir aussi, à la fin, p. 279 : 'Η τῶν λη' βασιλέων τῶν κατ 'Αἴγυπτον λεγομένων Θηβαίων, ὧν τὰ ὀνόματα 'Ερατοσθένης λαβὼν ἐκ τῶν ἐν Διοσπόλει ἱερογραμματέων παρέφρασεν ἐξ Αἰγυπτίας εἰς 'Ελλάδα φωνήν, ἐνταῦθα

Ces 53 derniers rois, comme Von Gutschmidt[1] l'a soupçonné avec beaucoup de vraisemblance, sont identiques à ceux de l'Épitomé d'Eusèbe, depuis le n° 2 de la XXe dynastie, jusqu'à la fin de la XXXe. Mais l'Apollodore auteur de cette liste n'est pas, comme on le croit généralement, le célèbre écrivain de la Chronique iambique qui remonte jusqu'à la destruction de Troie, mais ce même Apollodore ou Pseudo-Appollodore, auquel Eusèbe et le Syncelle ont emprunté la liste des rois chaldéens, et qui avait dressé aussi la liste des rois primitifs de Sicyone et d'Argos[2].

Mais cela ne nous apprend encore rien de décisif sur Eratosthène ni sur la liste des 38 rois thébains. A dire vrai, cette liste, jadis estimée et louée outre mesure, passe aujourd'hui pour une mauvaise et récente compilation ; il n'y a que Frick[3] et Gelzer[4] qui en soutiennent énergiquement l'authenticité.

Une comparaison avec l'Épitomé va montrer que cette liste a été interpolée :

ERATOSTHÈNE	L'AFRICAIN
α 'Εβασίλευσε Μήνης Θεινίτης[5] Θηβαῖος, ὃ ἑρμη-	α Πρῶτος Μήνης Θεινίτης

ἔληξεν ἀρχή ... τῶν δὲ τούτοις ἐφεξῆς ἄλλων νγ' Θηβαίων βασιλέων ὑπὸ τοῦ αὐτοῦ 'Απολλοδώρου παραδεδομένων τὰς προσηγορίας περιττὸν ἡγούμεθα ἐνταῦθα, ὡς μηδὲν συμβαλλομένας ἡμῖν, παραθέσθαι · ἐπεὶ μηδὲ αἱ πρὸ αὐτῶν.

1. *Beitr. zur Gesch. des alten Orients*, p. 4 sq.
2. Voyez F. Jacobi, *Apollodor'schronik* (1902), p. 19 sq.; les fragments qui s'y rapportent sont réunis p. 397 sq.
3. *Rhein. Mus.*, XXIX, 256 sq.
4. Africanus, II, 196 sq.
5. L'édition de Bonn lit Θηβινίτης, ce que Gelzer, (*Rh. Mus.*, XLIV, 268), d'après Dindorf, déclare une faute d'impression. Mais la note Dindorf porte : « [Θεινίτης] legebatur Θηβινίτης. Θηνίτης B. » Donc Dindorf a tenu Θεινιτης pour juste, mais il a oublié de le mettre dans le texte ; une partie des manuscrits paraît offrir au contraire Θηβινίτης.

νεύεται αἰώνιος· ἐβασίλευσεν ἔτη ξϐ′	ἐβασίλευσεν ἔτη ξϐ′.
β Θηβαίων δεύτερος ἐβασίλευσεν Ἀθώθης υἱὸς Μήνεως ἔτη νθ′· οὗτος ἑρμηνεύεται Ἑρμογένης.	β Ἀθωθις υἱὸς ἔτη νι′

Les nombres concordent aussi plusieurs fois ; l'emprunt est particulièrement évident en ce qui concerne Apappus = Phiops (voir plus loin) ; ils n'ont été ni empruntés à l'Épitomé, ni trouvés personnellement ; Θεινίτης à côté de Θηβαῖος est évidemment aussi une interpolation : les rois doivent être des Θηβαίων βασιλεῖς, donc la liste portait originairement Μήνης Θηβαῖος[1]. De même, Μεμφίθης est ajouté après le sixième roi, ce qui permet de l'identifier au deuxième roi de la IIIe dynastie de Manéthon.

Abstraction faite de ces interpolations, il reste une liste de 38 noms (sans nombres) avec une traduction en grec, presque toujours absurde, mais qui laisse assez souvent reconnaître les badinages authentiquement égyptiens dont fourmille l'écriture du temps des Ptolémées[2] ; mais souvent noms et traductions sont tellement défigurés, qu'il n'est plus possible d'en rétablir la forme véritable[3]. Cette liste, je ne vois aucune raison de l'attribuer à Eratosthène. Elle doit, ainsi que le dit la suscription, être d'origine thébaine, et provenir, comme on l'a soupçonné souvent, d'une table

1. La correction de Gutschmidt : Μῆνις Θινίτης Θηβαίδος, *Rh. Mus.*, XLIV, 268 est donc fausse.

2. Par ex. Athothès = Ἑρμογένης ; Σίριος· υἱὸς κόρης, fils de la pupille (ce qui a permis à Gutschmidt de proposer la très jolie correction : 28. Μεύρης· Φιλόσκορος en φίλος κόρης), etc. Les variantes pour les nos 11 et 15 peuvent très bien venir des prêtres eux-mêmes.

3. Gelzer, *Rh. Mus.*, XLIV, 267 sq., a publié un grand nombre de corrections les unes très intéressantes, les autres inacceptables.

de rois semblable à celle de Thoutmosis III à Karnak. Il est très facile de comprendre qu'on ait pu y trouver de l'intérêt au temps des Ptolémées, et qu'Eratosthène se soit fait lire et traduire les noms[1]. Mais il est fort douteux qu'il les ait publiés dans son ouvrage chronographique ; il l'a fait plutôt dans quelque autre écrit. Le titre même Θηβαίων βασιλεῖς contient une réserve critique ; il pose ce problème : ces rois de Thèbes ont-ils régné sur toute l'Égypte ? Comme valeur historique, la liste ne se recommande guère, mais c'est, en regard de Manéthon et des tables royales, un appendice qui n'est pas dénué d'intérêt. Elle compte :

1-5. 5 rois, qui correspondent à la Ire dynastie ;

6-12. 7 noms à peine explicables, que l'interpolateur, peut-être avec raison, a rapprochés de la IIIe dynastie ;

13-17. 5 rois de la IVe dynastie ;

18-22. 5 rois de la VIe dynastie.

Les noms qui suivent sont en très grande partie inexplicables. Ils comprennent un mélange de rois du Moyen Empire et du Nouvel Empire, et de noms qui sont inconnus, de nous tout au moins ; mélange si bizarre, que la liste de Karnak même n'en offre pas de pareil. Plusieurs noms ne sont évidemment pas les noms propres qui se trouvent dans Manéthon, mais de ces noms pris au moment du couronnement, tels qu'on les trouve sur les tables de rois ; le Papyrus de Turin, lui aussi, ne donne presque que ces noms-là. Voici cette partie de la liste :

23. Μυρταῖος ('Αμμωνόδοτος), 22 ans.

24. Οὐωσιμάρης[2], prénom de Ramsès II, expliqué comme Ἥλιος κραταίος[3], 12 ans.

1. Il est douteux que ce fût d'après un ordre réel du roi : c'est là une tradition légendaire récente, aussi bien que celle de la mission confiée à Manéthon (dans le Livre de Sothis), ou aux 72 traducteurs par Philadelphe.

2. Ainsi l'a vu justement Jablonski. Θυοσίμαρής A. Θυωσίμαρης B.

3. Correction de Von Gutschmidt, au lieu de κραταιὸς δ ἐστὶν ἥλιος.

25. Σεθίνιλος[1] (αὐξήσας τὸ πάτριον κράτος), 8 ans.

26. Σεμφρουκράτης (Ἡρακλῆς [c'est-à-dire Šou] Ἁρποκράτης), 18 ans.

27. Χουθήρ (ταῦρος [Ka] τύραννος), 7 ans.

28. Μευρής (φίλος Κόρης)[2], 12 ans.

29. Χωμαεφθά [Merneplitaḥ ?] (κόσμος φιλήφαιστος), 11 ans.

30. Σοικουνιόσοχος (τύραννος)[3], 60 ans.

31. Πετεαθυρῆς [nom fort bien transcrit : Pedou-ḥatḥor, mais qui n'apparaît pas comme nom de roi], 16 ans.

32. [Ἀμμένεμης α', x ans][4]
33. Ἀμμένεμης β'[4], 23 ans } les rois de la XIIe dynastie.

34. Σιστοσιχερμῆς (Ἡρακλῆς [= Šou] κραταιός), 53 ans.

35. Μάρης, 43 ans.

36. Σιφθάς[5] (ὁ καὶ Ἑρμῆς, υἱὸς Ἡφαίστου), 5 ans [roi Siphtah, XIXe dynastie].

37. Φρουορῶ (Νεῖλος), 5 ans — c'est le Nil (p-jeor) comme roi.

38. Ἀμουθαρταῖος, 63 ans.

Pour les n°s 31, 33, 35, 38, la traduction manque.

LES TABLES ROYALES

Les Tables royales sont des listes de rois morts, qui servent dans les édifices royaux au culte des ancêtres, dans les tombeaux particuliers au culte des morts, (puisque les rois résident parmi les dieux, avec lesquels le mort veut revivre). Nous ne nous occuperons pas ici des petites listes qui

1. Texte B. Θιριλλος A. Θινίλλος Dindorf.
2. Φιλόσκορος, cor. Gutschmidt (v. p. 141, note 2).
3. Σοικούνιος Ὀχοτύραννος B. Συκ. A. Σοικούνιος, Σοῦχος τύραννος Gutschmidt. Est-ce un des Sebekḥotep ?
4. Les codd. omettent un nom et donnent : λδ' ἐβασίλευσε Σταμμενέμης B.
5. Corr. de Gutschmidt pour Σιφόας.

ne contiennent que très peu de noms. La grande table de Thoutmosis III à Karnak[1], elle-même, est de peu d'intérêt pour nos recherches. Elle contient au début deux noms de l'Ancien Empire, puis quelques-uns de la XIe dynastie, tous ceux de la XIIe dynastie (en partie détruits) ; mais ces noms mêmes sont les uns présentés dans l'ordre exact, les autres mêlés, en complet désordre. Tous les autres (excepté Seqenenreʿ, de la XVIIe dyn.) appartiennent à la XIIIe dynastie, et ne sont pas sans valeur pour l'étude de celle-ci, quoiqu'il y ait très peu à tirer de l'ordre des noms. Le choix des noms et leur classement restent absolument énigmatiques.

Les deux tables royales d'Abydos et de Sakkara n'en ont que plus d'importance. La première, celle du temple de Séti Ier à Abydos[2], donne une liste royale de 76 noms (ce sont les noms pris au moment du couronnement), depuis Ménès jusqu'à Séti Ier ; ce roi apporte à ses ancêtres les offrandes funèbres, et son fils, le prince royal Ramsès, récite les formules qu'il lit sur un rouleau de papyrus[3]. La table de Sakkara[4], qui nous vient du tombeau de Tounroi [hiéroglyphes], scribe royal et premier officiant (*cherḥeb*), se trouvait sur une paroi détruite du tombeau, et n'a été conservée qu'en partie ; il manque un morceau dans le mi-

1. Conservée seulement en partie ; maintenant à Paris (Bibliothèque nationale) ; publiée par Lepsius, *Auswahl*, pl. I.

2. Découverte par Mariette et publiée en 1864 par Dümichen (*Æ. Z.*, XI, 81), et souvent reproduite (par ex. par De Rougé, *Recherches sur les Monuments des six premières dynasties*, pl. II). La publication de Mariette, *Abydos*, I, pl. 43, a une valeur indépendante. On sait que la table incomplètement conservée de Ramsès II (à Londres, publiée par Lepsius, *Auswahl*, pl. 2), n'est qu'une copie exacte de la table de son père.

3. Sur la photographie, on distingue clairement le rouleau ouvert.

4. Découverte en 1860 par Mariette, publiée dans la *Revue archéologique*, nouvelle série, X, pl. 17 (cf. De Rougé, *loc. cit.*, pl. I), et *Monuments divers*, pl. 58.

lieu. Comme Mariette, dans sa publication, a donné les dimensions de tous les fragments et la longueur totale de la paroi, calculée sur ce qui reste de la construction, on peut se rendre compte de l'étendue de la brèche : elle correspond au nombre des cartouches de la XVIIIe dynastie qui manquent à la ligne placée au-dessus. On peut déterminer ainsi combien de noms ont disparu à la ligne inférieure ; la chose est d'une grande importance historique.

Je donne, à la planche I, les deux tables des rois. Pour la table d'Abydos j'ai supprimé les figures et la ligne d'en bas, qui répète simplement les noms de Séti Ier. J'ai pu utiliser une collation faite par Borchardt, pour le Dictionnaire et une photographie. Sans parler des corrections apportées à quelques erreurs des publications antérieures, je puis prouver qu'il faut bien lire le nom du roi n° 52 Sneferka ʿAnou, comme l'a fait Mariette, (et non pas, comme Dümichen, Neferkereʿ ʿAnou).

L'édition fondamentale de la table de Sakkara se trouve dans Mariette, *Monuments divers*. En outre M. le prof. H. Schäfer m'a très aimablement communiqué une esquisse du tableau et une copie collationnée sur l'original qui permet de lire exactement les noms n° 10 (Ḥouzefa), 15 (Ḥouni), 44 (Amenemḥet III) et 57 (Séti Ier). J'ai introduit sur la planche les cartouches détruits, et j'ai restitué les noms autant que possible, au trait ponctué.

La table de Sakkara contenait 58 noms depuis Miebis jusqu'à Ramsès II ; les dix souverains de la XIe et de la XIIe dynastie (n°s 37-46) sont comptés à rebours, Sebaknofroureʿ (mal écrit Sebakkereʿ) mis en tête, Nebchroureʿ (Mentouḥotep II) mis en queue ; d'où il résulte, que la liste a été extraite d'un premier document, divisé par dynasties, où les derniers rois de la XIe dynastie étaient réunis à ceux de la XIIe. Des fautes d'écriture, qui proviennent sans doute d'une lecture rapide de l'original hiératique, se remarquent plusieurs fois (pour Choufou, pour Dedkere[1]) ; dans les noms de Mentouḥotep II, d'Amosis Ier et de Ramsès Ier, , et [], les signes sont intervertis[2]. Dans la table d'Abydos il n'y a d'autre faute que pour Zoser.

Pour les noms et la suite des rois, les deux tables sont généralement d'accord, mais dans le choix des noms elles s'écartent beaucoup l'une de l'autre. La liste de Sakkara pour la Ire dynastie ne donne que 2 (3) noms ; la liste d'Abydos en donne 8 ; la liste de Sakkara donne plus de noms dans les dynasties IIe et IVe et souvent, dans la IIIe dynastie, et ailleurs, d'autres noms que la liste d'Abydos. Jusqu'à la fin de la VIe dynastie, les deux listes marchent parallèlement ; viennent ensuite, dans la liste d'Abydos, 18 noms (= VIIIe dyn.) qui sont omis dans la liste de Sakkara. Les Hérakléopolitains (IXe et Xe dyn.) manquent dans les deux listes, comme dans la table de Karnak. Viennent ensuite, dans les deux listes, les deux derniers rois de la XIe dynastie (leurs prédécesseurs, que nomme en partie la table de Karnak, sont par contre absents des autres deux listes). Puis vient la XIIe dynastie au complet (sauf Sebaknofroure[c], qui manque dans la liste d'Abydos). Après, les deux tables sautent à la XVIIIe dynastie (roi Amosis), et donnent les rois légitimes jusqu'à Séti Ier = Ramsès II ; Ḥa'tšepsout et les rois hérétiques sont naturellement omis.

Il est clair que les deux tables sont issues de documents différents ; on pourrait admettre que la table d'Abydos donne un choix d'après la liste des rois qui passaient pour légitimes à Abydos, et la table de Sakkara, un choix d'après la liste qui prévalait à Memphis. Nous verrons plus loin que la table de Sakkara touche de près en plusieurs endroits

1. La faute de lecture pour est d'origine plus ancienne, car elle se trouve déjà au Papyrus de Turin.

2. Notons aussi pour .

au Papyrus de Turin; son modèle doit avoir été très semblable à celui-ci.

HISTOIRE ET DESCRIPTION DU PAPYRUS ROYAL DE TURIN

Le Papyrus royal de Turin est de beaucoup le plus important document pour la série des rois et pour la chronologie; s'il nous avait été conservé complet, on pourrait considérer comme superflus tous les autres témoignages que j'ai énumérés jusqu'à présent. Même dans son état actuel, il constitue la base de toutes les recherches sur ce terrain. Il est excessivement étonnant qu'on n'en ait étudié que quelques points très limités. A part quelques très bonnes recherches de Hincks[1] et de de Rougé[2] et un mémoire de Lauth[3], où bien des choses utiles se mêlent à beaucoup de fantaisie, la plupart des Égyptologues semblent s'en éloigner avec une sorte d'angoisse et de crainte. Des fragments qui restent on est loin d'avoir retiré tout ce qu'il y avait à prendre.

D'après une tradition très répandue et souvent même fixée par écrit[4], mais dont je ne puis contrôler la véracité, le Papyrus était, au moment où Drovetti se le procura, pour ainsi dire intact. En tout cas, lorsque le gouvernement sarde acheta la collection de Drovetti, et la donna au Musée de Turin, il était émietté, réduit en d'innombrables petits morceaux, qui se trouvaient dans une caisse, mêlés avec les fragments d'autres papyrus[5]. Champollion a examiné en novembre 1824 le contenu de cette caisse, il a dé-

1. *Transactions R. Soc. of Literature*, II Ser., III, 1850, 128 sq.

2. *Recherches sur les monuments des six premières dynasties*, 1866 (*Mémoires de l'Académie des Inscriptions*, XXV, 2e partie).

3. Lauth, *Manetho und der Turiner Königspapyrus*, 1865.

4. Cf. Wiedmann, *Ægypt. Gesch.*, p. 73. — Maspero, *Hist. ancienne de l'Orient classique*, I, p. 225, 4.

5. Les principales sources pour l'histoire du Papyrus, sont les mé-

couvert qu'un certain nombre de fragments s'assemblaient[1], et il a reconnu la valeur inappréciable du « canon royal », dont on possédait ainsi les restes. Il publia, à cette époque, une courte Notice sur sa découverte dans le *Bulletin universel*[2]; en 1826, il laisse entrevoir la publication[3], d'après ces restes, d'« un tableau chronologique des dynasties égyptiennes », mais il ne l'a jamais donné; ce n'est qu'en 1850 que son frère a publié la copie qu'il en avait faite alors[4]. Elle se compose de 48 fragments, désignés par des lettres de l'alphabet, mais aucun d'eux ne comprend plus de six lignes incomplètes; plusieurs des fragments sont extrêmement petits. La publication est d'une grande valeur, car elle donne de l'état primitif de ces fragments une idée plus précise que ne pourraient le faire des mots. Enfin, cela a mis en pleine lumière tout ce qu'on doit à Seyffarth pour l'étude du Papyrus.

En effet, dans l'intervalle, vers 1826, Seyffarth s'était rendu à Turin, et avait réuni tous les débris, qui tant par leur nature que par la forme de l'écriture, devaient appartenir au Papyrus; il y en avait en tout près de 300. Peut-être les noms de rois, trouvés sur les monuments alors connus, lui ont-ils été de quelque secours pour le classement, mais, en réalité, il ne pouvait pas lire les signes écrits, enfermé qu'il était dans ses absurdes théories sur la nature de l'écriture égyptienne. Pourtant, pour la tâche mécanique,

moires de Champollion-Figeac, dans la *Revue archéologique*, VII, 1851, 2ᵉ partie ; les renseignements émanant de Lepsius, dans Bunsen, *Ægyptens Stellung in der Weltgesch.*, I, 82 sq. (pas toujours justes) et enfin les remarques de Wilkinson pour son édition de Bunsen.

1. Je ne sais à quel point se justifie l'accusation que le Directeur aurait, par jalousie, caché à Champollion un grand nombre de fragments qu'il a montrés plus tard à Seyffarth.

2. Réimprimé et complété par une seconde lettre de son frère, *Rev. archéol.*, *loc. cit.*, p. 398 sq.

3. *Lettres à M. le duc de Blacas relatives au Musée royal égyptien de Turin*, 2ᵉ lettre, 1826, p. 43.

4. *Rev. archéol.*, VII, pl. 149.

qui s'imposait à lui, ce fut plutôt un avantage qu'un désavantage. Grâce à un examen atttentif de la fibre du papyrus, et de l'homogénéité des caractères écrits au recto et au verso des petits fragments, il a pu les assembler autant que possible les uns aux autres, et en a réduit le nombre à 164 — dont 16 grands, formés de 10 à 12 petits fragments, sinon plus. Les grands fragments 71, 81, 97-99, qui s'adaptent immédiatement les uns aux autres, et sont composés d'innombrables petits morceaux, présentent les restes de 13 à 14 lignes formant le haut de trois colonnes homogènes. Ces fragments ainsi reconstitués, il les a classés en 12 colonnes et numérotés. En cet état, le Papyrus parut pour la première fois dans le calque très soigné de Lepsius[1]; ensuite, sur la base du dessin de Lepsius, Wilkinson publia une nouvelle collation, qui ne relevait que deux erreurs[2]; mais il reproduisait les contours-limites des fragments primitifs, autant qu'ils étaient encore reconnaissables, ainsi que la disposition des fibres dans chacun des fragments, et la description du verso[3].

Dans les ouvrages modernes, il est souvent question d'une copie du Papyrus faite par Champollion, sur laquelle il y aurait plus à lire que dans ces publications; depuis, on aurait donc perdu des morceaux du Papyrus. Mais c'est là une légende, que les indications très explicites de Champollion-Figeac ont détruite depuis 60 ans; cela prouve que son mémoire, quoique souvent cité, n'a point été lu. De Champollion, il n'existe que la copie (citée plus haut) de 48 fragments isolés. Quant aux 8 frag-

1. *Auswahl*, Taf. 3-6.

2. « The only corrections I have made in the front, are, the wings of a wasp in No. 88, which give another King of the same dynasty; and also in No. 86, shewing that the top of the reed is not the part of that in No. 87; part of another unit at the end of the numbers in No. 98; and some others of little importance. » (Wilkinson, *Preface*, p. v sq.)

3. *The fragments of the Hieratic Papyrus at Turin*, 1851, avec une livraison de texte.

ments que son frère ne pouvait pas retrouver[1] dans la publication de Lepsius, et que, par conséquent, il tenait pour perdus, il y en a 4 qu'on peut tout de suite indiquer[2]; 3 ne donnent que des parties du titre royal (Dd, Rr, Ss); il n'y en a qu'un, Tt, avec les nombres 3, 20, 4 placés l'un sous l'autre, que je ne puis pas discerner avec certitude[3].

La soi-disant *copie* de Champollion n'est rien autre que la rédaction d'une copie du Papyrus que Seyffarth lui avait remise à la fin de 1827[4]. Des deux premières pages Champollion a laissé une traduction qui contient, en particulier pour les nombres, quelque chose de plus que les fac-simile; c'est pourquoi l'on a pensé que des morceaux, aujourd'hui perdus, étaient conservés là. Mais il est hors de doute que Champollion a plusieurs fois complété le texte par des conjectures et que jamais dans le Papyrus il n'y a eu, par exemple, au fragment 1, l. 11 : « Les rois (du) *roi* (= de la famille) Ménès (a) ont exercé la royauté 200 ... »; l. 12 : « durée de la vie en le *roi Ménès* a *exercé* la royauté 60? »; seuls les mots que j'ai mis en italique se trouvent dans le texte; les restitutions sont en grande

1. *Loc. cit.*, p. 467.

2. Aa = fr. 34 *a*, au commencement (à compléter par le signe d'Horus, au milieu duquel passe la brisure); Bb = fr. 97, morceau du milieu; Cc = fr. 108 à gauche en bas. Les écarts de l'original ne sont pas plus grands que pour les autres fragments. Uu est le verso du fr. 1 en bas — comme le dit Champollion-Figeac lui-même.

3. Les deux dernières lignes sont très semblables au morceau central du fr. 59 à droite.

4. Champollion-Figeac, p. 468. Les deux rivaux ont fait preuve de courtoisie dans leurs rapports personnels et se sont communiqué les matériaux. — Ce qui n'a pas empêché Seyffarth, après la mort de son rival, auquel il n'avait pas osé opposer de sérieux arguments, de faire imprimer contre lui les affirmations les plus extravagantes, par ex. : « Champollion, en l'absence de l'inspecteur, aurait fait jeter à l'égout la moitié (du contenu de la caisse) » (*Les principes de la Mystique et de l'histoire ancienne des religions*, 1843, 265). L'essai d'une réhabilitation partielle de Seyffarth, par Ebers, *ZDMG.*, XLI, p. 193 sq., dépasse le but.

partie tout à fait fautives. Champollion a donc essayé, dans sa traduction, de donner le plus de cohésion possible à ces fragments ; par exemple, le nombre 60, attribué à Ménès, il l'a indubitablement emprunté à Eusèbe, comme aussi le nombre 200 .... pour la dynastie. Ceci posé, je ne doute pas que ce qu'il ajoute au Papyrus[1] ne soit de simples restitutions, pour lesquelles il a peut-être, à titre d'essai, utilisé parfois d'autres fragments. En tout cas, sa « copie », là où elle s'appuie exclusivement sur Seyffarth, n'a, vis-à-vis de l'original rétabli par celui-ci, aucune valeur intrinsèque.

Chez des écrivains, qui ne se sont jamais occupés sérieusement de la question, il n'est pas rare de trouver cette affirmation que la reconstruction du Papyrus par Seyffarth n'a pas de valeur, et qu'on devrait s'en tenir à l'étude des tout petits fragments tels qu'ils ont été trouvés[2]. Le Papyrus deviendrait absolument ainsi inutilisable pour établir la suite des rois et fixer la chronologie[3]. On a même fait à Seyffarth le grave reproche d'avoir osé rapprocher les morceaux les uns des autres de telle façon que les joints ne laissaient que peu et même pas de traces ! Un pareil re-

1. Le plus étonnant c'est qu'il donne, avant le fr. 11, trois lignes, qui ne sont pas dans le Papyrus :

« le roi ... années 300 ...
» le roi ... années 300 ... mois .... jour total 1 ...
» le roi ... années 200 ... »

Pour les deux rois suivants (en réalité Geb et Osiris), il donne à chacun 300 années ; pour Ma'at 3140, pour Horus qui les suit 1400 + x années + x mois ; ensuite vient : « Total des règnes 23, durée en années 5623 ... jours 28 [ceci tiré de la colonne voisine, fr. 20, l. 1] », et à la ligne voisine (= fr. 12) « total des années 13218 ».

2. On peut voir dans Budge, *History of Egypt*, 1902, I, 115 sq., un recueil amusant d'arguments de cette sorte. L'auteur croit très sérieusement en avoir fini avec le Papyrus.

3. C'est le vrai fondement de ces théories. Le Papyrus est très gênant pour beaucoup de savants ; s'il disparaît, on peut s'aventurer tranquillement sur la mer des chiffres manéthoniens.

proche se juge de lui-même; déjà Wilkinson a remarqué avec juste raison, que c'est une preuve évidente du soin avec lequel la reconstitution a été opérée. Quant à moi, depuis que j'ai appris à connaître la copie de Champollion de l'année 1824, mon respect pour le travail exécuté par Seyffarth n'a fait que croître. En effet, jusqu'à lui, on ne savait absolument rien des rois du Moyen et de l'Ancien Empire[1], et sa première confirmation lui a été apportée par cette table de Séti Ier à Abydos, que les monuments découverts depuis ont complétée de plus en plus. Si aujourd'hui la suite régulière des rois dans le Papyrus a été brillamment établie, si les chiffres et la série des rois de la XIIe dynastie et des premiers rois de la XIIIe[2] qui s'y rattachent, ont été reconnus absolument corrects d'après les documents contemporains, c'est tout simplement parce que Seyffarth a observé avec le soin le plus minutieux tous les points de contact qui permettaient d'assembler les morceaux du Papyrus, et parce que nous pouvons considérer sa restauration comme absolument certaine.

En fait, il n'y a que très peu de places où les fragments n'ont pas été rapprochés correctement[3].

1. Seyffarth a, par ex., cherché les rois Othoes et Phios (VIe dyn.) dans le fr. 20 (col. 2, 16, 17), c'est-à-dire parmi les premiers rois de la Ire dynastie : v. son mémoire *Remarks upon an Egyptian History in Egyptian Characters ;* ap. *London Literary Gazette,* 1828 (tirage à part à la Bibliothèque royale de Berlin), où il a lu les noms des dieux du fr. 11, pour la plupart très exactement.

2. De Rougé en 1850 a déclaré la restauration de Seyffarth inadmissible (*Revue archéologique,* VII, 2e partie, p. 561 et suiv.). Dans ce travail, il s'exprime d'une façon très défavorable sur le travail de Seyffarth. Plus tard, il a porté un jugement tout autre : « l'arrangement dû à M. Seyffarth, qui, en ce point comme en beaucoup d'autres, a tenu un compte scrupuleux des indications matérielles », *Six pr. dyn.*, p. 154 ; ce qui n'a pas empêché Budge de ne s'en tenir qu'au jugement suranné de De Rougé en 1850.

3. A la col. VII, le fr. 74 ne peut se raccorder avec les fragments 72 + 73 ; de même, comme l'a reconnu Pieper, le petit morceau qui se trouve entre les fr. 78 et 79. A la col. V, les fr. 45 et 48 sont à séparer

Quant aux fragments isolés qu'on n'a pu assembler à d'autres par contact immédiat, leur classement dans chaque colonne est en général étonnamment heureux[1]. On s'est guidé surtout sur l'écartement des lignes et le caractère de l'écriture. Dans le détail, par suite du progrès des connaissances, il y a beaucoup de changements à faire ; avant tout, on a reconnu, que la col. II doit se placer avant la Col. I, que les fragments attribués aux col. I, III, IV doivent être répartis en deux colonnes. La col. X appartient en toute vraisemblance à la fin, et les fragments épars qu'on a répartis aux col. XI et XII, appartiennent peut-être à une seule colonne. Quant à maints petits fragments qui sont distribués sur toutes les colonnes et desquels on ne peut tirer rien ou si peu que rien, du moins tant qu'ils restent isolés, leur place restera sans doute toujours douteuse.

De nouvelles recherches sur l'original faites par un technicien, au courant de la science aujourd'hui si développée de la reconstitution des papyrus fragmentaires, et qui pousserait plus loin ce travail avec le concours d'un égyptologue initié à toutes les finesses de l'écriture hiératique de cette époque, donneraient sans doute des résultats inappréciables. Il serait grandement à désirer que l'éminent directeur actuel du Musée de Turin, Ernesto Schiaparelli, prêtât la main à une entreprise de ce genre. Le verso du papyrus, que personne jusqu'à présent n'a essayé d'utiliser, laisse encore beaucoup à espérer ; ce serait un grand avantage, si, grâce à lui, on pouvait encore classer et réunir quelques fragments plus grands, et avant tout contrôler l'adaptation et la concordance des morceaux principaux. Pour la lecture du recto, l'excellent fac-simile de Lepsius publié par Wilkinson

des fr. 46 + 47. Ce sont les seuls changements qui me paraissent à faire dans le rapprochement *immédiat* des morceaux raccordés.

1. Par exemple, il est étonnant que Seyffarth ait pu placer correctement un fragment comme les n°s 46 + 47 ; la preuve qu'il est bien à sa place est faite, depuis qu'on y a reconnu le nom d'Achtoes. La reconstruction de la col. VI n'est pas moins admirable.

paraît offrir une base complètement sûre; il n'y a que très peu de places, par exemple dans les noms de rois fr. 20, l. 5 et fr. 47, l. 3, où un spécialiste éminent de l'écriture hiératique pourrait peut-être encore faire de nouvelles trouvailles sur l'original.

Le Livre royal de Turin, d'après Wilcken[1], forme en réalité le *verso* d'un papyrus, sur le recto duquel sont indiqués, dans une écriture extraordinairement négligée, les comptes d'un bureau royal (livraisons de l'Oasis) du temps de Ramsès II[2]. Quoique j'aie conservé la désignation habituelle de *verso* pour ce côté du papyrus, cette désignation même reste douteuse, s'il faut admettre sans restriction la règle posée par Wilcken, à savoir que les lignes horizontales d'un papyrus indiquent le *recto* dont on s'est servi d'abord, et que les lignes verticales indiquent le *verso* et n'ont été écrites que beaucoup plus tard.

En tout cas, il est certain que le Livre royal n'est pas un document privé, ni une copie faite pour un usage domestique. Le Papyrus a bien plutôt, même extérieurement, l'aspect d'un livre manuscrit ; il est beau, d'une écriture exceptionnellement belle, dans les premières colonnes surtout, avec de grands traits, fermes et des lignes largement espacées. Il est donc à présumer qu'il appartenait au bureau désigné ; on y avait besoin d'une liste de rois authentique, puisque tous les documents étaient datés d'après les années de règne. Quand l'exemplaire dont on s'était servi jusque là était hors d'usage et devait être recopié, on prenait sans doute pour cet usage un rouleau d'actes plus vieux, dont le contenu n'avait plus de valeur. — Les anciens, comme on sait, étaient très économes de papier ; n'en sommes-nous pas nous-mêmes quelque peu avares, si bon marché qu'il soit devenu ?

1. *Hermes*, XXII, 492.
2. Fr. 11, verso, l. 5 et 6 ; fr. 30, verso, dernière ligne.

La partie écrite des colonnes avait comme hauteur, vérification faite sur les fragments, 400mm. Le scribe a écrit les cinq premières colonnes (=I-VI des éditions) à grands traits, avec une large interligne (26-29 lignes par colonne). Puis il s'est aperçu que, pour la longue liste de noms, qu'il avait encore à copier, l'espace allait lui manquer : alors il commence, dès la 6e colonne, à écrire plus petit (col. 6 = VII, 30 lignes ; 7 = VIII et 8 = IX, 31 lignes, v. plus haut p. 83). Les colonnes deviennent aussi plus étroites. Les deux colonnes qui suivent se rétrécissent encore et laissent beaucoup plus à désirer pour l'écriture (X, XII = 9 ou 9, 10). Puis un autre scribe a remplacé le premier, écrivant avec des traits plus gros, plus épais ; c'est de lui qu'est la dernière colonne X = 10 ou 11, sur laquelle se trouvent les noms indiqués p. 84, note 1, qui vraisemblablement appartiennent aux Hyksos. Le fait que cette colonne est évidemment d'une autre main que celle qui a écrit les col. XI-XII prouve qu'elle appartient à la fin du Papyrus[1].

La dernière colonne du Livre royal peut d'ailleurs n'avoir été réellement la dernière, car dans les fragments conservés, il n'y a pas un seul nom du Nouvel Empire ; on ne peut vraiment pas supposer qu'une liste de cette sorte ait été interrompue plusieurs siècles avant le temps où elle a été écrite. Il ne reste pas non plus de morceaux se rapportant au total final ni à la subscription du scribe, développée certainement en plusieurs lignes, qui ne pouvaient manquer dans le manuscrit. Et voici une autre preuve que le Papyrus s'étendait encore plus loin ; le fr. 110, qui appartient à la marge gauche de la col. X (il contient la fin des chiffres de règne ; comp. aussi fr. 107, 109, 111, 113), au verso, où il forme le début de ce qui a été conservé, contient la fin de plusieurs lignes. Il a donc été perdu, depuis le début du

1. Déjà Lauth a mis en avant la transposition. On ne pourra d'ailleurs obtenir complète certitude sur le contenu et l'ordre des dernières colonnes que par une étude exacte du verso.

verso, toute une colonne jusqu'à ces signes : au revers de cette colonne, il devait y avoir la fin du Livre royal, environ 25 noms du Nouvel Empire, et la conclusion de tout l'ouvrage.

Il est évident que le Papyrus royal de Turin est la copie d'un document et non pas un travail original; celà confirme ce que nous avons vu plus haut, à savoir que le total de la XIIe dynastie n'a pas été calculé par le scribe du Papyrus d'après les chiffres de chaque roi, mais emprunté à une autre source. De quelle époque date le document, on ne peut le dire. Le seul fait clair, c'est que de telles listes ont dû être rédigées une première fois et continuées par la suite, comme par exemple le Canon ptolémaïque. La façon dont on a incorporé la XIVe dynastie à la XIIIe semble prouver que la rédaction a eu lieu au plus tôt au commencement du Nouvel Empire : en voyant tous ces règnes éphémères énumérés l'un à côté de l'autre, on peut difficilement reconnaître l'œuvre d'un contemporain; le classement n'a dû être fait qu'après la fin de cette période. On l'a vu déjà d'après les rapports du Papyrus avec la table de Sakkara : le Papyrus semble donner là une liste royale telle qu'on la dressait officiellement dans la Basse Égypte.

Le Papyrus commence, comme toutes les listes similaires postérieures, par les Dieux. Ensuite viennent les rois humains, rangés par dynasties, qui parfois s'écartent fort des dynasties manéthoniennes. L'auteur distingue même des groupes plus grands, délimités par des totaux, et des dynasties séparées, qu'on distingue par les mots « il a régné », intercalés entre le nom du roi et les années de son règne; ailleurs ces mots n'apparaissent point, même au commencement d'une colonne (col. 3 = III; 7 = VIII; 8 = IX [1]), à l'exception de la colonne 6 = VII, où, contre la

1. Je désigne les colonnes de Seyffarth, dans les éditions de Lepsius

règle, ils sont écrits derrière Amenemḥet IV. Les chiffres des ans de règne sont donnés en années, en mois, en jours, à très peu d'exceptions près, où les règnes sont comptés par années pleines, sans mois en plus. Pour les rois des trois premières dynasties de Manéthon, on avait aussi indiqué leur âge; plus tard, on ne le fit plus. Les totaux sont annoncés par le signe « total » [hiéroglyphe] écrit en rouge; ils sont également donnés en années, mois et jours, excepté pour la VIe dynastie. En règle générale, qui offre cependant des exceptions (par ex. pour la XIIIe dynastie et pour Ménès), après une division dans les dynasties, le titre de roi est aussi écrit en rouge[1]. Certaines inscriptions particulières désignent la dynastie suivante; telle que « les rois depuis Ménès » (dyn. Ire–V^e), les Hérakléopolitains (dyn. XIe, XIIe, XIIIe); par contre la VIe dynastie n'a pas de subscription, parce que le scribe a commencé la col. 4 une ligne plus haut que les autres.

Entre la dynastie VIe (+VIIIe), c'est-à-dire la fin de l'Ancien Empire, et les Hérakléopolitains, se trouvent plusieurs lignes, qui en plus des totaux avaient contenu des notices. De semblables données se rencontrent à la col. 9 (XI, XII) (v. plus haut p. 85); plus loin on trouve de courtes remarques, pour nous inintelligibles, après les nombres d'années de règne (la col. 3 (III), l. 8 et col. 6 (VII), l. 6). Quelques-uns des fragments 35-39, isolés et absolument incompréhensibles pour nous, peuvent avoir aussi contenu de semblables notices.

Les colonnes suivantes, à partir de la XIIe dynastie, ont été examinées plus haut. Les colonnes précédentes vont être analysées et autant que possible reconstituées dans le

et de Wilkinson, par des chiffres romains, et par des chiffres arabes les colonnes telles que je les reconstitue.

1. Des signes se trouvent aussi écrits en rouge au fr. 100, pour des chiffres d'années (et aussi col. 6 ≠ VII, fr. 72 *a*, à gauche et sur les fragments isolés n°s 4 et 45).

chapitre suivant[1]. Les tables II à V adjointes ci-après sont calquées sur le fac-simile de Wilkinson, et réduites aux 5/6 par la photolithographie. Les lignes sont numérotées d'un bout à l'autre. La longueur des colonnes est mesurée jusqu'à la ligne d'écriture de la ligne la plus basse. Au-dessus de la ligne supérieure, pour avoir un point de départ uniforme, on a compté partout une marge de 15mm. On aurait pu facilement, en resserrant les fragments séparés, diminuer encore la faible différence de longueur que présente la partie écrite des colonnes (qui naturellement, même sur l'original, ne sont pas égales à un millimètre près). Voici ces longueurs : col. 2, 400mm; col. 3, 391mm; col. 4, 398mm; col. 5, 393mm. Pour la lecture des passages les plus difficiles, surtout col. 2, je dois à M. le Dr G. Möller mes plus vifs remerciements.

1. De Rougé a déjà restitué en substance et correctement la 2e et la 3e colonne (*Six premières dynasties*, pl. III). Lauth (*Manetho und der Turiner Königspapyrus*, 1865) a essayé de donner un nouveau classement pour tout le Papyrus. Sa reconstruction est parfois excellente, mais parfois aussi tout à fait inadmissible. Surtout, il a beaucoup trop peu tenu compte de la distance des lignes, du caractère de l'écriture et de la longueur des colonnes.

IV. — SUCCESSION DES ROIS ET CHRONOLOGIE DE L'ANCIEN EMPIRE

PREMIÈRE COLONNE DU PAPYRUS

De la première colonne du Papyrus de Turin on a conservé la liste des Dieux fr. 11 + 10[1] ; au début se trouvait, comme Lauth l'a reconnu, le fr. 141 avec le nom de Reʿ, au-dessus duquel se distingue un trait horizontal de la ligne précédente. A droite, avant les signes d'écriture, on a un morceau de 80^{mm} de largeur sur lequel il n'y a rien d'écrit ; la colonne, à laquelle ce morceau appartenait, était donc la première du Papyrus royal ; elle avait, à droite, une large marge sans écriture.

La partie supérieure de la page est perdue ; car il va de soi qu'il a dû y avoir un titre. La distance entre les lignes est de 15^{mm} ; donc la page, dans le cas où le scribe n'aurait pas commencé la première colonne un peu plus bas, contenait 27 lignes ; si l'on en réserve quelques-unes pour le titre et les totaux, il ne devait pas y avoir plus de 20 noms de Dieux.

Lauth a, en outre, ramené le fr. 40 à cette colonne ; le voici :

« Fils de Ptaḥ »

manque « sʿonch » (reste d'un nom propre ?).

On pourrait en effet le placer au commencement de la liste des Dieux[2] ; mais au-dessus il y a un vide de 24^{mm} ; au-

1. La position du fr. 10 résulte du verso, où l'écriture (et par conséquent la longueur primitive du rouleau) allait encore beaucoup plus loin.

2. Par un hasard étrange, sur lequel H. Schaefer attire mon atten-

dessous un autre presque aussi grand, terminé par deux traits. Aussi ce fragment peut-il difficilement être rapproché du fr. 141 et du commencement du fr. 11 ; il doit appartenir à un autre groupement non encore reconnu.

Les fragments conservés donnent :

Fr. 141

[Roi Ptaḥ][1]
Roi Re'
[Roi Šou][1]

Fr. 11

Roi Geb durée [de sa vie] ...
Roi Osiris ...
Roi Seth ... 200 ans
Roi Horus 300 ans
Roi Thoth 3126 ans[3]
Roi Ma'at ... ans
Roi Ḥar ...
[rouge] Total
Roi
Roi

tion, le « Fils de Ptaḥ » Imḥotep a comme mère une certaine « Chredou'onch », que l'on pourrait chercher à la l. 2; mais ici il y a certainement un déterminatif d'homme et non de femme.

1. Ces deux noms peuvent être insérés avec certitude à ces places.

2. Faute d'écriture |.

3. La lecture des unités de mille et de cent n'est pas du tout certaine.

Pour la Ire dynastie des Dieux, nous obtenons donc au moins 10 noms. Il est très singulier, que Maʿat, l'épouse de Thot, paraisse parmi les souverains, tandis que, par exemple, Nout et Isis n'y figurent point. Le nom qui suit le sien et qui est composé avec Ḥar, est soit un second Horus différent du fils d'Osiris, soit, peut-être, Ḥatḥôr. — En tout cas, la liste montre clairement que l'identification traditionnelle de la Ire dynastie des Dieux avec la première des trois neuvaines de Dieux de la théologie égyptienne (Atoum-Reʿ, Šou et Tefnout, Geb et Nout, Osiris et Isis, Seth et Nephthys[1]) n'est pas soutenable, d'autant plus qu'il n'en existe aucune preuve. Ni dans le Papyrus ni dans Manéthon, la Ire dynastie de dieux (qui contient naturellement les noms des grands Dieux principaux tout comme la première ennéade divine) ne comprend 9 règnes. Aussi l'identification des dynasties suivantes avec la deuxième et troisième ennéade s'évanouit-elle complètement. Les rois n'étaient pas dénombrés ici d'après un système, mais tels qu'ils se suivaient l'un après l'autre dans l'histoire des Dieux; peut-être même n'étaient comptés que ceux-là qui avaient véritablement régné sur l'Égypte.

A la col. 1 appartient sûrement le nombre « 28 jours » (fr. 20, l. 1), qui a été inscrit à la colonne voisine; c'est la fin d'un nombre de règne. Plus loin se place le fr. 12, où apparaissent à la l. 1, un nombre 12818[2], à la l. 2 le nombre 7, à la l. 3 le signe de Horus. D'autres fragments sont incertains[3].

1. Voyez Maspero, *Proc. Soc. Bibl. Arch.*, XII, 419 sq. (= *Études de Mythol. et d'Archéol. égypt.*, II, 279 sq.) Cf. aussi Sethe, *Beiträge zur ältesten Gesch. Ægyptens*, p. 9.

2. C'est ainsi qu'il faut lire le nombre d'après le Dr Möller.

3. Peut-être les fr. 13-17 et 35-39 appartiennent-ils à cette place quoi qu'il n'y ait rien à en faire. Après la col. I, en outre du fr. 41, Lauth ajoute une liste de noms à cartouches parmi lesquels on peut reconnaître, à la ligne 3 [cartouche] Ḥapou, l'Apis. A la ligne 5 se

DEUXIÈME COLONNE

Dans la col. 2 à chaque ligne il y a au moins quelque chose à tirer. Car le fr. 1, qui contient des totaux des dynasties mythiques avant Ménès, ainsi que ce roi et ses deux premiers successeurs, commence avec la première ligne de la colonne, au dessus de laquelle, au recto et au verso, on a un morceau de la marge supérieure sans écriture. A ce fragment se joignent immédiatement les fr. 21+20 et 19, avec les autres rois jusqu'a Sendi et Neferke[reʿ]; le successeur de ce dernier était, d'après la table d'Abydos, Neferkesokar, qui apparaît comme le premier roi de la col. 3. La colonne finissait avec le fr. 19; la preuve, c'est que le verso montre ici un morceau de la marge inférieure sans écriture.

La longueur de la surface écrite est de 400mm. Ce qui manque ne peut pas avoir plus de 3-4mm. Nous pouvons donc fixer en gros à 400mm la longueur de la partie écrite des colonnes du Papyrus.

La colonne contient 26 lignes (la col. 1 était écrite un peu plus serré); l'intervalle moyen entre les lignes est par conséquent de 15mm,4; en fait, cet intervalle oscille entre 14 et 16mm.

Au bord extrême de la l. 2 appartient le fr. 17, car il a la même fibre que le fr. 18 de la col. 3. De plus, d'après Wilkinson, se placent ici les petits fragments 2, 3[1], 6, 7,

trouve clairement 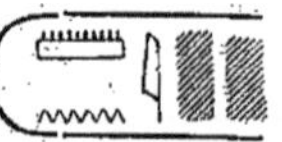 Ménès, que Lauth interprétait à tort comme le taureau Mnevis. Il est toutefois possible qu'il y ait ici un fragment d'une dynastie de Dieux postérieure à laquelle les animaux sacrés appartenaient. Le fr. 150, que Lauth ajoute également ici, appartient sûrement, d'après l'écriture et la distance des lignes, aux colonnes XI-XII.

1. Dans le cas où ces signes étranges et illisibles seraient véritablement à leur place ici, ils ne pourraient se trouver qu'avant la ligne 2, 3. Des fr. 4, 5, 13-16, on ne peut rien faire.

ce dernier avec des nombres qui appartiennent sans doute à la fin des l. 5-8; nous ne pouvons d'eux tous rien tirer. Par contre, le fr. 22, avec les restes de trois titres de rois, et deux noms illisibles, n'appartient pas ici[1], mais soit à la col. 5, soit plutôt, d'après la largeur de l'interligne (12^{mm}), à l'une des dernières colonnes.

Les Rois avant Ménès

La partie supérieure de la col. 2 donne :

L. 1

L. 2

L. 3

L. 4

L. 5

L. 6

L. 7

L. 8

L. 9

1. En dépit de la remarque de Wilkinson « same fibres as No. 20 ».

2. Les signes sont à moitié détruits, mais on ne peut guère les lire autrement.

3. C'est au Dr Möller que je suis redevable de la lecture exacte; précédemment on cherchait ici et à la l. 7 le signe (*hn-ti*).

4. Comp. l. 9.

5. D'après Möller.

6. Sethe (*Beit. zur ältesten Gesch. Ægypt.*, p. 8, veut lire : « Esprits », mais c'est peu vraisemblable. Peut-être y a-t-il .

L. 10

L. 11

Ligne 1. Leurs [années?] 1000...
— 2. 20, leurs années 1110, mois?...
— 3. 10, leur domination s'élève à...
— 4. Leurs [années] 330, [leur] durée [de vie]...
— 5. 10, leur domination ; leurs années de vie : années 1000 + x.
— 6. Ces... de Memphis 19; années 11, mois 4, jours 22.
— 7. vénérables? du Nord 19; années 2100 + x.
— 8. ... sur son père, femmes 7; leurs année et durée [de vie]
— 9. ... vénérables, Šemsou Ḥor, années 13420 + x.
— 10. Règnes jusqu'aux Šemsou Ḥor, ann. 23200 + x.
— 11. ... roi Ménès.

La dernière ligne, ou bien donnait la fin d'un total des chiffres précédents : « [jusqu'au] roi Ménès », ou bien portait le titre de la « dynastie de Ménès », qui suivait. Dans les lignes précédentes, il y a une difficulté : le texte conservé, comme les lignes 12 et 13 le montrent, commence près du bord[2]; de sorte qu'aux l. 6, 7, 8, 9, il y a à peine de place pour compléter le mot, au milieu duquel le morceau conservé commence. Mais, d'autre part, chaque ligne (excepté peut-être les l. 7-8, qui peuvent bien aller ensemble) semble avoir eu un total particulier. Quant à supposer que les onze premières lignes, comme la liste de rois suivante, auraient été déplacées vers la droite, il n'est pas facile d'en juger.

1. Mutilé, mais encore nettement reconnaissable.

2. Le fragment doit être tourné un peu plus vers la gauche que dans l'édition de Wilkinson (ce que prouve aussi le verso), de sorte que les lignes 5 et 6 se tiennent plus loin du bord que les lignes 9 et 10; dans les lignes 1 à 4, il y a un beaucoup plus grand morceau perdu à droite.

S'il n'est pas possible d'après cela de rétablir complètement le texte, le sens général n'est cependant pas douteux. La l. 9 donne comme durée du règne des Šemsou Ḥor, les « serviteurs d'Horus », les νέκυες de Manéthon, plus de 13420 ans; la l. 10 donne une somme de plus de 23200 ans « jusqu'aux Šemsou Ḥor ». La première chose à faire, c'est de regarder la première somme comme incluse dans la seconde, de sorte que la différence de 9000 ans correspondrait aux chiffres de règne partiels qui précèdent[1]. La l. 8 a conservé une remarque finale pour les règnes précédents; tout d'abord ce fait, que régulièrement le fils a succédé au père[2], ensuite qu'il y eut 7 femmes, dont le temps de règne et la durée de vie étaient dénombrés. Cela répond à la donnée connue d'Hérodote (II, 100), que parmi les 230 rois, dont les prêtres lui lurent les noms d'après un rouleau de papyrus, il y avait 18 Éthiopiens, μία δὲ γυνὴ ἐπιχωρίος, οἱ δὲ ἄλλοι ἄνδρες Αἰγύπτιοι[3]. Le Papyrus de Turin a donc une observation de ce genre pour les rois mythiques ou à demi mythiques avant Ménès, pour lesquels il renonçait à faire une énumération des noms (que la Pierre de Palerme encore a connus).

Les 7 premières lignes contiennent un relevé sommaire de ces dynasties qui ont précédé les Šemsou Ḥor. Déjà la première ligne offre une somme, 1000 + x années. Cette dynastie était-elle la première qui suivit les Dieux, ou

1. Naturellement il est possible aussi que l'on ait calculé ainsi :

L. 9, Šemsou Ḥor 13420
L. 10, leurs prédécesseurs 23200 + x
L. 11 [Somme des rois jusqu'à] Ménès [36620 + x]

2. Cf. Hérod., II, 143, où il dit que les prêtres, devant les 341 colosses des grands prêtres de Thèbes, ἐμοι ἀπεδείκνυσαν παῖδα πατρὸς ἑαυτοῦ ἕκαστον ἐόντα.

3. Diodore, I, 44 (c'est-à-dire Hécatée d'Abdère) retouche ce passage : à part les dominations étrangères, Éthiopienne, Perse, Macédonienne τοὺς λοιποὺς χρόνους ἅπαντας διατελέσαι βασιλεύοντας τῆς χώρας ἐγχωρίους, ἄνδρας μὲν ἑβδομήκοντα πρὸς τοῖς τετρακοσίοις, γυναῖκας δὲ πέντε.

d'autres semblables figuraient-elles déjà col. 1, je ne puis le dire. Ensuite viennent :

2. 20 souverains avec plus de 1110 ans.
3. 10 — — — x —
4. x — — — 330 —
5. 10 — — — 1000 —
6. 19 « ceux... de Memphis (*inbw*) » avec 11 ans, 4 mois, 22 jours. » — Ce ne sont donc pas proprement des rois, mais des dynasties éphémères, ou quelque chose d'analogue.
7. 19 « vénérés (souverains) du Nord » avec plus de 2100 ans. »

La somme totale de ces 7 dynasties peut très bien avoir été en chiffres ronds 9000 ans, qui sont ajoutés, à la l. 10, aux années des Šemsou Ḥor. Les Šemsou Ḥor sont donc la VIIIe et dernière dynastie préhistorique.

D'autre part, il est difficile de comprendre les dynasties des Dieux dans ces nombres, car les premiers totaux particuliers sont trop petits pour une somme de dynasties de Dieux et si les Šemsou Ḥor ont régné 13420 ans, on s'attend pour les Dieux à un nombre beaucoup plus élevé (comp. le nombre 12818 dans le fr. 12). Il nous faut donc reconnaître là une suite de dynasties intermédiaires entre les Dieux et les souverains historiques à partir de Ménès.

Comparons maintenant avec la liste donnée par Manéthon, et qui ne se trouve complète que dans Eusèbe[1] :

1. *Chron.*, I, p. 133 sq., éd. Schöne. La liste des Dieux a été prise, aussi, avec quelques erreurs, chez l'Africain, par les *Exc. Barb.*, p. 38 *a* et par Jean d'Antioche fr. 1, 21 (comp. fr. 6, 7 sq. = Malalas, p. 21, 24 sq.); voir Gelzer, *Africanus*, I, p. 122 sq., 192 sq. La liste des Dieux du Livre de Sothis de Panodore (*Sync.*, p. 33) avec laquelle Lepsius voulait reconstituer le vrai Manéthon, est sans aucune valeur (comp. Gelzer, I, 193 sq.; II, 207 sq.). Diodore, I, 13 sq. (comp. 26, 44; Hérod., II, 144) donne comme Θεοί καὶ Ἥρωες (en réalité : Hommes divinisés), la liste suivante : Helios ou selon d'autres prêtres Hephaestos, Kronos Osiris, Typhon, Horos, avec un total de presque 18000 ans; d'après le

I. Dynastie des Dieux[1] :

1. Hephaestos = Ptaḥ,
2. Helios, son fils = Reʿ,
3. Sosis[2] (Ares) = Šou,
4. Keb[3] (Kronos), fils de Helios = Geb,
5. Osiris,
6. Typhon,
7. Horos, le fils d'Isis[4].

II. « Post quos per successionem protractum est regnum usque ad Bidin[5], in spatio annorum 13900. »

Le total d'Eusèbe (p. 135, 15 sq.) nous apprend que ce nombre doit contenir l'ensemble des dynasties divines (I et II).

III. « Post Deos regnavit gens semideorum annis 1255. »

Barbarus a conservé le début de cette dynastie : « Deinceps mitheorum regna sic : 1. prota Anubis... » — Le reste est remplacé par une interpolation qui n'a rien à faire ici. On pourrait d'ailleurs supposer qu'Anubis appartient en réalité au début de la IIe dynastie des Dieux et qu'il a été faussement reculé par Barbarus parmi les demi-dieux.

IV. « Atque rursus alii reges dominati sunt annis 1817. »

V. « Post quos alii 30 reges Memphitæ annis 1790. »

VI. « Post quos alii Thynitæ 10 reges, annis 350, »

ch. xxvi, les Dieux plus anciens régnèrent plus de 1200 ans, les Dieux plus jeunes pas moins de 300 ans.

1. Les nombres qu'on trouve en partie dans les autres sources pour les règnes séparés, je ne les ai pas donnés, parce que toutes les recherches que j'ai faites pour en retrouver l'état original, m'ont prouvé malheureusement qu'ils ont été altérés irrémédiablement ou plutôt corrigés à dessein.

2. Conservé dans *Barb.*; dans Jean d'Ant., Malalas; omis dans Eusèbe.

3. Le nom Κήβ conservé dans Jean d'Antioche.

4. Dans Barbarus, Oros ptoliarchus est placé à tort avant Typhon.

5. On n'a pas encore pu reconnaître quel est le nom égyptien qui correspond à celui-ci.

VII. « ac deinde manium et semideorum[1] regnum annis 5813. »

Comme somme totale pour les dynasties IIIe-VIIe, Eusèbe donne 11000 ans, chiffre arrondi pour le total exact 11025.

Nous trouvons donc encore ici, comme dans le Papyrus, entre les dynasties de Dieux et les Νέκυες ἡμίθεοι = Šemsou Ḥor, un nombre (4) de dynasties, partie de demi-dieux, partie de souverains terrestres de Memphis et de Thinis. La concordance du Papyrus avec Eusèbe est souvent si grande que l'on a essayé de les mettre tous les deux encore plus en harmonie[2] ; mais la chose n'est pas réalisable, surtout dans l'état morcelé du Papyrus qui ne laisse pas reconnaître avec sûreté à qui appartiennent les chiffres partiels. Il n'y a qu'une chose absolument claire aujourd'hui : c'est que toutes les tentatives sans cesse renouvelées[3] de présenter la tradition d'Eusèbe comme altérée et faussée, sont insoutenables. *Entre les Dieux et les Šemsou Ḥor* (dans lesquels Sethe retrouve avec raison les souverains, encore perceptibles pour l'historien, des deux royaumes d'Hiérakonpolis et de Bouto qui ont précédé immédiatement Ménès), *la tradition égyptienne a connu plusieurs dynasties de souverains terrestres ;* et je n'hésite pas à reconnaître ici un souvenir, sans doute affaibli, mais au fond correct, de la préhistoire égyptienne, qui nous ramène loin en arrière des temps qui ont précédé Ménès, et même avant les temps des deux royaumes. Nous reviendrons à ce sujet quand nous en serons à la Pierre de Palerme.

1. C'est ainsi sans aucun doute qu'Eusèbe a écrit (p. 133, 25 ; 135, 11. 15. 31 ; 137, 8 ; μετὰ νέκυας καὶ τοὺς ἡμιθέους, *Sync.*, p. 102, 10) au lieu des mots corrects νέκυες ἡμιθέοι conservés par l'Africain (*Sync.*, p. 100, 16 μετὰ νέκυας τοὺς ἡμιθέους = *Barb.*, p. 38, *a* post hec Ecyniorum reges interpretavit imitheos vocans et ipsos, fortissimos vocans).

2. Par ex., les IIe et IIIe Dyn. du Papyrus = 20 + 10 = 30 rois correspondraient aux 30 Memphites d'Eusèbe (V) ; les 330 ans de la IVe Dyn. du Papyrus aux 350 ans des Thynites d'Eusèbe (VI).

3. Cf. Sethe, *Beitr. zur ältesten Gesch. Ægyptens*, p. 9 sq.

LA PARTIE INFÉRIEURE DE LA DEUXIÈME COLONNE ET LA TROISIÈME COLONNE

La partie inférieure de la deuxième colonne contient les successeurs de Ménès. A elle se rattache sûrement (comme l'a vu de Rougé) le fr. 30 = 10 lignes (la première mutilée), avec mention de l'âge des rois ; sa dernière ligne appartient au bord inférieur d'une colonne ; elle ne peut, par conséquent, dépendre de la col. 3, puisque celle-ci se termine par un total de dynastie ; par contre, elle concorde très bien, pour l'écriture et l'écartement des lignes, avec la col. 2[1].

Le roi Ménès reçoit à la l. 12, comme à la l. 11, le vœu de santé, qui d'ailleurs dans le Papyrus ne se présente encore qu'isolément (par ex., col. 3, l. 8 pour Houni). Les rois sont toujours déterminés par le signe. Il est singulier que pour Ménès il n'y ait pas de rubrique.

La l. 15 (fr. 20, 1) ne contient que le nombre « 28 jours », qui est écrit en marge, du côté de la col. 1, et lui est rattaché par un trait, comme aux fr. 61, 72 a. 97. La comparaison avec les autres listes de rois montre que dans la col. 2 cette ligne était laissée vide, tandis que dans les trois autres cas le nom du roi est inséré.

La col. 3, elle aussi, ne présente point de ligne entièrement perdue. Le morceau de tête fr. 18 se compose de deux lambeaux. Comme Lauth, de Horrack, de Rougé[2] l'ont reconnu, il faut mettre entre les deux le fr. 32, de façon à ce que la première ligne du fr. 32 remplisse la brèche entre les deux moitiés de la cinquième ligne du fr. 18. Au fr. 32 s'adapte le fr. 34, qui certainement appartient à cette co-

1. Longueur totale des neuf lignes entièrement conservées, 131^{mm} ; en moyenne, 14^{mm},5 pour chaque ligne.

2. Les doutes exprimés dans les *VI prem. dyn.* (p. 154 et suiv.) sont injustifiés.

lonne, car les dernières lignes contiennent les noms des trois derniers rois de la Ve dynastie et la somme des souverains de Ménès à Ounas. D'après le verso, cette ligne forme la ligne finale de la page; aussi serait-il très invraisemblable qu'après le total on eût fait suivre encore une ligne avec le titre ou le premier règne de la dynastie suivante.

Dans les éditions, le fr. 34 est ajouté au fr. 32, de façon à ce que la première ligne du fr. 34, qui n'est conservée que sur la moitié de sa hauteur, devienne identique avec la dernière du fr. 32. Cet arrangement est inacceptable, car sur le bord deux traits s'entrechoquent sans suture possible : ils devraient être les deux restes du signe { ; mais il est impossible de les réunir[1]. Par conséquent, la première ligne du fr. 34 doit avoir été au-dessous de la dernière du fr. 32. Si nous la plaçons en respectant l'interligne de 16mm, qui est celui des lignes voisines, nous obtenons alors pour la partie écrite de la colonne une longueur de 391mm, c'est-à-dire un écart insignifiant avec la longueur trouvée pour la col. 2 = 400mm. Aussi peut-on admettre que nous avons reconstruit correctement la colonne.

La colonne a donc eu 27 lignes, séparées en moyenne de 14mm,5[2]. La largeur est d'environ 160mm.

A cette colonne appartient sûrement le fr. 31 avec les noms Ḥouni et Snofrou. Si maintenant, comme Wilkinson le pense (appear to correspond[3]), on doit réunir le fr. 47 au

1. Wilkinson dit à propos du fac simile des deux fragments : « do not join well, No. 34 should be placed a little higher. » Mais cela même ne servirait à rien.

2. Dans le détail, l'intervalle des lignes varie de 16mm à 14mm. La dernière ligne n'est séparée de la précédente que de 11mm, preuve que l'espace était étroit. Le scribe voulait sans doute mettre le total sur cette colonne.

3. Le fr. 45 n'y appartient pas (« not corresponding »). Du fr. 33 (trois lignes avec des lambeaux de titres de rois), il n'y a rien à dire ; aux fr. 35-39, il est difficile de trouver quelque chose ; quant au fr. 40 voyez page 115.

PAPYRUS DE TURIN — NOMS	ANNÉES DE RÈGNE	ANNÉES DE VIE (fr. 30)	TABLE DE SAKKARA	TABLE D'ABYDOS	MANÉTHON — L'AFRICAIN	Ans	MANÉTHON — EUSÈBE	Ans	ÉRATOSTHÈNE	Ans
Col. 2. 1.	—	—	....	1. (Ménès)	Ire dyn. 8 Thinites 1. Μήνης Θεινίτης	62	Ire dyn. 8 Thinites[5] 1. Μήνης Θεινίτης[5]	60	1. Μήνης (Θεινίτης) Θηβαῖος	62
2. (Atôti)	—	—	....	2. (Atôti)	2. Ἄθωθις υἱός	57	2. Ἄθωθις υἱός	27	2. Ἀθώθης (υἱός)	59
3. détruit	—	—	....	3. (Atôti ?)	....		....		3. Ἀθώθης ὁμώνυμος	32
4. (Atôti ?)	—	—	....	4. (Atôti ?)	....		....		....	
....	—	—	....	....	3. Κενκένης υἱός	31	3. Κενκένης υἱός	39	....	
....	—	—	....	....	4. Οὐενέφης υἱός	23	4. Οὐενέφης[7]	42	....	
5. (Ousaphais)	—	illisible	....	5. (Ousaphais)	5. Οὐσαφαΐδος υἱός	20	5. Οὐσαφαΐς	20	....	
6. (Miebis)	—	70+x(73?)	1. (Miebis)	6. (Miebis)	6. Μιεβιδός υἱός	26	6. Νιεβαΐς	26	4. Διαβιῆς (υἱὸς Ἀθώθεως)	19
7. illisible	—	72	....	7. (Semempses ?)	7. Σεμέμψης υἱός	18	7. Σεμέμψης[8]	18	5. Πεμφῶς (υἱὸς Ἀθώθους)	18
8. (Qebḥou)	—	63	2. (Qebḥou)	8. (Qebḥou)	....		....		**Traduction des noms par Ératosthène**	
9. (Beounoter)	—	95	3. (Beounoter)	....	8. Βιηνεχὴς υἱός	26	8. Οὐβιένθης[9]	26	1. Ἀώνιος	
					Total	253	Total	252	2. Ἑρμογένης	
					Les chiffres individuels donnent 263 ans, ce que réclament aussi les totaux du Tomos.		Les chiffres individuels donnent	258	3. (*Idem*) 4. Φιλέταιρος 5. Ἡρακλείδης	
....		....	....	9. (Bazaou)	IIe dyn. 9 Thinites 1. Βοηθός (Bochus Barb.)	38	IIe dyn. 9 rois 1. Βῶχος	Les nombres manquent	BARBARUS donne (p. 38 *a*):	Ann.
10. (Kekaou)	—	vacat	4. (Kekaou)	10. (Kekaou)	2. Καιέχως	39	2. Κεχῶος[10]		II. Mineus et prænepotes ipsius VII regnaverunt	253
11. (Benoteren)	—	95	5. (Benoterou)	11. (Benoteren)	3. Βίνωθρις	47	3. Βιόφις		III. Bochus et aliorum octo	302
12. perdu	—	70	6. (Ouznas)	12. (Ouznas)	4. Τλάς	19	Ἄλλοι τρεῖς		IV. Necherocheus et aliorum VII	214
13. (Send)	—	x+4	7. (Send)	13. (Sendi)	5. Σεθένης	41			(Comme Ire dynastie, Barbarus compte les Ecyniorum reges = Νέκυες.)	
					6. Χαίρης	17				
14. (Neferkereʿ)	—	70	8. (Neferkereʿ)	....	7. Νεφερχέρης	25	7. Ὁ Ἕβδομος			
	ans mois jours									
Col. 3. 15. (Neferkesokar)	8 3 x	20(?)+x	9. (Neferkesokar)	....	8. Σέσωχρις	48	8. Σέσωχρις	48		
16. (Ḥouzefa)	11 8 4	34	10. (Ḥouzefa)	....	9. Χενερής	30	9. Ὁ Ἔνατος	..		
					Total	302	Total	297		
					(Correspond aux chiffres individuels)					
17. (Bebti)	17 2 1	40(+x?)	11. (Bebi)	14. (Zazai)						
18. (Nebka)	19 0 0	0	....	15. (Nebka)	IIIe dyn. 9 Memphites 1. Νεχερωφής[4]	28	IIIe dyn. 8 Memphites 1. Νεχέρωχις	..		
rubrique rouge 19. (Zoser)	19 0 0	perdu	12. (Zoser)	16. (Zoser)	2. Τόσορθρος	29	2. Σέσορθος	..		

1. Faute d'écriture. — 2. ⊙ manque en tête. — 3. Le signe revient col. IV, fr. 32, l. 3; col. V, fr. 44, l. 2; fr. 61, l. 7; col. VII, fr. 72*a in fine*; col. IX, fr. 97, l. 5; fr. 99, l. 2; c'est plutôt [hiéroglyphe], mais il doit rendre le son [hiéroglyphe] *sefa*. — 4. *Cod. B.*, var. Νεχερόφης; *Barbarus*: Necherocheus. — 5. *Sync.* donne 17. — 6. *Arm.*: 30. — 7. *Arm.*: Wavenephis. — 8. *Arm.*: Memphses. — 9. *Arm.*: Wibethis. — 10. *Sync.*: Καὶ δεύτερος Χῶος; *Arm.*: Kekhous.

fr. 46, qui ne contient au bord extrême gauche qu'une couple de commencements de lignes (appartenant à la col. 4), on constate que le côté gauche de la col. 3, du moins dans les 9 à 10 dernières lignes, n'a pas porté d'écriture sur une largeur d'environ 40mm.

Les listes de rois des Ire et IIe dynasties

Le Papyrus de Turin groupe en une division unique les rois de l'Ancien Empire, ceux des cinq premières dynasties de Manéthon. A l'intérieur de cette division, il n'y a que deux sections indiquées par une rubrique rouge et la répétition des mots : « il régna », placée entre le nom et le chiffre d'année : col. 3, l. 5 à Zoser et l. 20[1]. Par conséquent le Papyrus suit une autre division que celle des dynasties manéthoniennes : aux cinq dynasties de Manéthon ne correspondent chez lui que trois dynasties.

Je donne maintenant la liste des 18 rois jusqu'à Zoser, qui correspondent aux deux premières dynasties de Manéthon et au premier roi de la troisième, et je place vis-à-vis les listes des tables d'Abydos et de Sakkara, la liste de Manéthon d'après Jules l'Africain[2] et Eusèbe[3], et la liste d'Ératosthène (voir le tableau). La transcription n'a d'autre but que de permettre une orientation à ceux qui voudraient se servir de ce tableau, sans pouvoir lire les hiéroglyphes ; on ne peut d'ailleurs donner pour plusieurs de ces noms une transcription véritablement correcte.

1. La rubrique rouge a disparu ici, mais *ir nf m śtnjt* est conservé. La col. 3 n'a sûrement pas usé de cette formule pour d'autres rois ; la col. 2 ne présente nulle part de rubrique rouge.

2. Ap. le Syncelle, p. 100, 16-102, 7 ; 104, 3-7. [Ce dernier morceau est faussement attribué à la fin de la IIe dynastie d'Eusèbe, tandis que le morceau d'Eusèbe qui appartient à cette place n'arrive que p. 106, 3 et suivantes.]

3. *Chron.*, I, p. 137 Schœne = Sync., p. 102, 10-104, 2 ; 106, 3-8.

Il apparaît ici très clairement que la liste d'Eusèbe n'est qu'une variante corrompue et superficielle de celle de l'Africain[1]. Pour quelques noms (I, 8; II, 2) Eusèbe a gardé la forme la meilleure; les variantes pour les nombres tiennent généralement à des négligences et à des fautes d'écriture, surtout dans les totaux. Le total du tomos nous apprend que la somme originale pour la Ire dynastie a dû être 263. Les noms Οὐσαφάιδος et Μιεβιδός dans l'Africain, en regard de Οὐσαφάις et Νιεβαίς (lisez Μιεβίς) dans Eusèbe, Διαβιής (lisez Μιαβιής) dans Ératosthène, paraissent montrer que le document où a puisé l'Africain donnait les noms des rois au génitif. Nous avons déjà parlé plus haut des interpolations commises par Ératosthène sur le fond de Manéthon.

Il n'est pas possible de dire jusqu'à quel point la forme la plus ancienne qu'on puisse atteindre de la liste reproduit réellement le Manéthon authentique. D'après ce que nous avons appris des dynasties XIIe-XIXe, nous ne pouvons, à cette époque, nous attendre à trouver des chiffres utilisables pour l'histoire. On a souvent mis en évidence que la somme totale des deux premières dynasties, 565 ans pour 17 rois (en moyenne plus de 33 ans pour chacun), était historiquement inadmissible. L'essai que vient de faire Sethe[2] pour la justifier, trouverait difficilement des approbateurs.

Les quelques dates conservées dans le Papyrus paraissent

1. Dans les courtes notices historiques sur les rois, Eusèbe et l'Africain sont complètement d'accord, jusqu'à l'adoucissement caractéristique de la donnée sur la taille de Sesochris dans Eusèbe (voyez plus haut p. 75, n. 1).

2. *Beit. zur ältesten Gesch. Ægyptens*, p. 46 et suivantes. — Franchement, il serait prodigieux que les trois premiers rois, qui sont expressément indiqués comme père, fils et petit-fils, aient régné ensemble 150 ans. Il aurait fallu alors que Ménès fût monté enfant sur le trône, comme Louis XIV, dont l'arrière-petit-fils n'est mort que 131 ans après son avènement (1643-1774), ou comme Louis XV, dont le plus jeune petit-fils, Charles X, mourut 117 ans après son avènement (1715-1832). Donc même ces rapprochements ne prouvent rien.

beaucoup plus croyables. Les quatre derniers rois règnent ensemble 66 ans, 1 mois, x jours. Les trois premiers d'entre eux n'ont pas atteint un grand âge. Le premier, Nefersokar, si le nombre 20 + x pour son âge est juste, (au besoin on pourrait lire 30), dans l'hypothèse la plus favorable est arrivé sans doute au trône à peine majeur, son successeur Ḥaizefa à l'âge de 22 ans, et Zazai, alors qu'il était encore enfant. Pour les rois qui les ont précédés, on trouve une durée de vie beaucoup plus élevée; mais les nombres sont encore admissibles. Il n'y a que deux rois, dont les noms sont d'ailleurs très semblables, Beounoter et Benoteren, qui auraient atteint le même âge élevé de 95 ans, ce qui est peu vraisemblable. Quand bien même il y aurait sur ces faits une tradition dont on puisse se servir réellement — ce que semble indiquer la Pierre de Palerme où l'année de naissance de Cha'sechmoui est indiquée — on peut supposer qu'il y ait eu parfois des inexactitudes et des exagérations. En faveur de l'existence d'une tradition, citons ce fait que pour l'âge de Kekaou aucun chiffre n'est donné : pour lui il n'y avait pas de tradition connue. Si les données concernant l'âge des rois n'avaient reposé que sur des fictions, on aurait assurément trouvé un nombre pour lui aussi[1].

Il est particulièrement remarquable que Nebka, le dernier roi de la dynastie, ait 19 ans pleins, sans mois, ni jours en plus; on ne donne pas non plus son âge. Comme on ne peut guère en conclure qu'il est mort au dernier jour de sa 19e année, cela veut dire que l'on a ajouté sa 20e année à la première de son successeur Zoser, et qu'on n'a pas compté son temps de règne jusqu'à sa mort. Nebka peut très bien s'être maintenu plus longtemps dans une autre partie de l'Égypte, de même qu'inversement Zoser peut avoir régné précédemment n'importe où. La liste officielle de rois, que le

1. On s'explique que les chiffres d'âge aient pu être donnés en années pleines sans mois ni jours, car cela n'avait aucune importance pour la chronologie.

Papyrus reproduit, ne reconnaissait pas ces règnes, mais datait le changement de règne du 1er jour de l'an de la 20e année de Nebka. Zoser était donc un usurpateur ; ainsi s'explique ce fait que le Papyrus commence avec lui une nouvelle dynastie marquée par la rubrique rouge.

Si maintenant nous comparons les noms et la suite des rois, il apparaît que le Papyrus a compté 18 rois avant Zoser, comme Manéthon, et les tables d'Abydos et de Sakkara contiennent ensemble 19 noms. Dans le détail, à côté de nombreuses concordances, on trouve les écarts les plus extraordinaires. La XIIe dynastie nous a déjà montré combien peu la concordance dans le nombre total des règnes d'une dynastie prouve pour l'identité des noms en particulier; c'est ce que nous apprennent aussi, par exemple, les listes de l'Africain et d'Eusèbe, pour les dynasties XXVIe et XXVIIe.

D'abord, dans Manéthon le 18e roi, le prédécesseur de Tosorthos = Zoser[1], n'est pas le dernier roi de la IIe dynastie, thinite, mais le premier de la IIIe dynastie, memphite. Comme son nom Necherophes ou Necherochis ressemble peu à Nebka, nous n'avons vraisemblablement pas à chercher ce premier roi dans le second; ce premier roi nous semble plutôt un prédécesseur de Zoser, qui s'est rendu indépendant et qui, d'après Manéthon, ici en opposition avec le Papyrus, fut déjà reconnu comme roi légitime à la place de Nebka. C'est peut-être pour cela que la table de Sakkara a passé Nebka. Mais, naturellement, ceci n'est qu'une hypothèse.

Pourquoi la liste de Sakkara a-t-elle laissé de côté les cinq

1. Il n'y a pas de doute sur l'identité des deux noms. Le [hiéroglyphe] *z* égyptien (scientifiquement transcrit *d*) se retrouve par ex. dans le nom de Tanis (égypt. *Z'n*, hébr. צען) transcrit par *t*, (on transcrivait précédemment *t'*). Pour Tosorthros (*Afr.*) Eus. arm. donne Sosorthos [Sesorthos, *Sync.*]; ici l'*s* au début du nom est une faute d'écriture, par contre l'*r* ne doit pas exister dans la syllabe finale, de sorte que la forme correcte est Τόσορθος.

premiers rois? On ne peut le dire. Le Papyrus est d'accord pour leurs noms avec la table d'Abydos; par contre tous les deux, pour le troisième et quatrième nom, s'écartent très fortement de Manéthon. Remarquons que dans ces deux listes, le deuxième, le troisième et le quatrième roi[1] ont des noms tout à fait semblables que nous pouvons bien prononcer tous les trois Athothis — et ici le témoignage d'Ératosthène concorde d'une façon étonnante, puisque le premier et le deuxième roi s'appellent aussi chez lui tous deux Athothis[2]. Dans Manéthon, par contre, ces rois s'appellent : le deuxième Athothis, le troisième Ḳenkenes, le quatrième Ouenephes[3]. On peut affirmer avec certitude que Kenkenes et Ouenephes ne sont pas seulement d'autres noms pour les *Atetj* et , mais vraiment d'autres rois, qui régnèrent dans une autre partie de l'Égypte qu'Athothis II et Athothis III. Nous ne saurions rien dire de plus précis, d'autant que les noms trouvés pour les successeurs de Ménès dans les fouilles d'Abydos ne peuvent nous sortir d'embarras.

Pour les rois 5 et 6, il y a concordance unanime. En effet le nom du cinquième = *ḥspti* devait se prononcer en fait Ousaphais (Ousaphaidos), puisque c'est la lecture correcte, d'ailleurs difficile, du nom ; et le sixième, *Mrbapn*, correspond à Miebis (Miebidos).

Nous ne savons pas comment prononcer dans A[4] [omis dans S], et le nom écrit phonétiquement, qui se trouvait à cette place dans T, est par malheur complètement détruit. Aussi est-il possible que tous deux rendent le même nom,

1. Ou tout au moins dans le Papyrus, le second et le quatrième ; le nom du troisième n'est pas conservé.

2. Le troisième Athothis est omis chez lui, de même que Ousaphais.

3. Les trois noms Ἄθωθις, Κενκένης et Οὐεννέφης (avec les années 28, 39 et 42) sont au *Livre de Sothis* sous les n°s 59-61 (Sync., p. 320).

4. J'userai des initiales : T pour Papyrus de Turin, A pour table d'Abydos, S pour table de Sakkara, M pour Manéthon, E pour Eratosthène.

qui dans Manéthon (et Ératosthène) paraît être Semempses; il est possible aussi qu'ici se trouvent deux ou trois noms différents (cf. p. 179) et que l'omission de ce roi dans S tienne à ce qu'aucun ne passait pour légitime. A la huitième place apparaît dans T, A, S un roi Qebḥou, dont le nom manque dans Manéthon, et à la neuvième place dans T et S, Beounoter,— dans A, Bazaou. Le nom Beounoter est évidemment identique avec celui du huitième roi de Manéthon Οὐϐίενθις (Eusèbe arm. Wibethis; défiguré par l'Africain en Βιηνεχής); le nom de Bazaou est identique au huitième roi de la IIe dynastie, Boethos de Manéthon et de l'Africain (dans Eusèbe et Barb., mal écrit Βῶχος, Bokhus). Nous avons donc ici le même phénomène qu'à la fin de la IIe et au commencement de la IIIe dynastie de Manéthon — un peu plus compliqué seulement : les listes égyptiennes nomment tout d'abord un roi Qebḥou que Manéthon passe; viennent après lui deux rois concurrents, Beounoter, le dernier rejeton de la vieille dynastie que T et S seuls reconnaissent, et Bazaou, le fondateur d'une nouvelle maison régnante, dont A seul fait mention. Manéthon a, cette fois, admis les deux noms, mais à cause de cela il a omis Qebḥou.

Pour les rois suivants, où il y a des divergences, et comme dans le cas présent, T est le plus souvent d'accord avec S[1], et non pas avec A. Les rois qui suivent sont identiques dans toutes les listes :

10. Kekaou = Κεχῶος,
11. Benoteren = Βίνωθρις,
12. Ouznas = Τλάς[2],
13. Sendi = Σεθένης.

1. Ainsi pour les noms 6 et 13. Par contre T et A écrivent Benoteren, S écrit faussement Benoterou = Βίνωθρις.

2. Ouznas signifie, d'après l'explication correcte d'Erman, « un dont la langue est puissante »; *ns* « langue » est devenue λας, comme en copte; τ correspond au *s* comme dans Zoser, et la voyelle qui donne le son est tombée, ce qui arrive souvent.

Ensuite apparaissent de nouvelles divergences. A passe les trois rois suivants de T S, puis il donne un roi [hiéroglyphes] Zazai (A) qui devient par une faute d'écriture ou de lecture, dans S [hiéroglyphes] Bebi, dans T [hiéroglyphes] Bebti. Manéthon, par contre, donne d'abord un roi Χαίρης (II, 6) qu'aucune autre liste ne connaît. Ensuite viennent les deux premiers des trois rois de T S : n° 14 Neferkere' = Νεφερχέρης (II, 7) ; n°15 Neferkesokar = Σέσωχρις (II, 8)[1]. Le dernier roi de Manéthon Χενερής (II, 9) ne concorde ni avec le n° 16 Ḥouzefa (T S)[2], ni avec le n° 17 Zazai. Ici encore se présentent des divergences qui indiquent des rivalités dynastiques et des listes contradictoires de rois légitimes.

Quant au dernier roi Nebka T A (cette fois omis dans S) et à Necherophes (III, 1) de Manéthon, il en a été question plus haut.

LES ROIS DES DEUX PREMIÈRES DYNASTIES, D'APRÈS LES MONUMENTS

Nous allons maintenant comparer avec ces données les faits révélés depuis dix ans par les monuments. Ici se présente une grosse difficulté. Les plus anciens rois de l'Égypte, comme on le sait, n'usent pas encore du protocole en usage aux temps postérieurs, d'après lequel tout roi prend un nom de *Roi* ou nom d'avènement au trône, précédé du titre [hiéroglyphes] « roi de la Haute et Basse Égypte », que suit son nom *personnel* précédé de [hiéroglyphes] « fils de Re' ». Cet usage n'a commencé que sous la Ve dynastie, et il n'est pas encore rigoureusement suivi sous la VIe. Plus tard le nom d'avènement est le nom officiel, qui, la plupart du temps, apparaît seul dans les listes T, S, A, tandis que Manéthon, et nous-

1. Pour Νεφερσέσωχρις ; l'échange de σε = [hiéroglyphe] *ke* est commun.
2. C'est d'après Erman : ḥou + zefa « goût et nourriture ».

même, nous désignons le roi avec son nom personnel, le nom de [hiéroglyphe]. Les premières dynasties ne connaissent pas encore ce système. Mais ici aussi le roi ne donne son nom personnel que rarement; il use plus ordinairement d'un nom précédé du signe [hiéroglyphe] Horus et encadré dans la porte du palais royal [hiéroglyphe][1] ; c'est ce que nous appelons le nom d'*Horus*. Les listes T, S, A, au contraire, de même que Manéthon et Ératosthène, donnent généralement ici le nom personnel[2]. Aussi quand le nom d'Horus d'un roi est donné tout seul sur les monuments, la comparaison avec un nom des listes est toujours incertaine, souvent arbitraire, et sans valeur scientifique.

D'ailleurs en ce qui concerne la Ire dynastie, nous pouvons aller vite, car les explications ingénieuses et fondées sur les faits de Flinders Petrie ont été justifiées et corroborées par Sethe[3]; les conclusions de Sethe peuvent être considérées comme acquises pour le présent. Les voici :

1. Nom d'Horus [hiéroglyphe] (*'ḥ'*). Nom de Roi [hiéroglyphe] (Mni) = [hiéroglyphe] Ménès.
2. Nom d'Horus [hiéroglyphe] (*N'rmr?*). » inconnu.
3. » [hiéroglyphe] (*Chent*). » inconnu.
4. » [hiéroglyphe] (*z*). » inconnu.
5. » [hiéroglyphe] (*Dn*). [hiéroglyphe] (?) = [hiéroglyphe] Ousaphais.

1. C'est ce qu'on appelait d'une façon erronée « la bannière ».

2. Ce nom est désigné souvent par les signes [hiéroglyphe] ou par [hiéroglyphe], ou encore par les deux titres ensemble,

3. *Beiträge zur ältesten Geschichte Ægyptens*, I, 1903 (= ap. Unters. zur Gesch. und Alterthumskunde Ægyptens, III). Dans la 2e édition (1909) de son *Histoire de l'Antiquité*, le prof. Ed. Meyer classe avant Ménès les rois Scorpion et N'rmer (p. 131) (cf. *Nachträge zur äg. Chronologie*, p. 21, n. 1). (Note du trad.)

6. Horus [hiéroglyphes] (*'ndjeb*). Roi [hiéroglyphes] (Mrpba) = [hiéroglyphes] Miébis.

7. Horus [hiéroglyphes] (*śmrḫt?*). Roi [hiéroglyphe] (prononciation inconnue) = [hiéroglyphe] A, peut-être Semempsès M.

8. Horus [hiéroglyphes] (*Q'*). Roi [hiéroglyphes] (*Sn*, selon Sethe *Snmw*).

Nous avons encore ici huit rois. Mais pour chacun d'eux, actuellement, nous ne pouvons pas établir ici une concordance meilleure qu'avec les listes.

Ménès et les nos 5[1] et 6 sont partout identiques. Des nos 2-4, il n'y a rien à dire, puisque nous ne connaissons pas pour chacun leur nom royal; nous ne savons pas davantage si les nos 3 et 4 correspondent aux rois de T et d'A ou à ceux de Manéthon. Plus difficile encore est le no 7 [hiéroglyphe], qui revient dans A, mais qui est omis dans S. Comme on l'a observé, nous ne savons pas si le nom écrit phonétiquement, que contenait le Papyrus, répondait au [hiéroglyphe], ou s'il était identique à Semempsès. Il faut observer en outre, comme Petrie et Sethe l'ont remarqué avec vraisemblance, que la succession en ce temps-là était très disputée : Miebis a mis son nom sur des vases en pierre de Ousaphais, tandis que [hiéroglyphe] effaçait sur beaucoup de vases le nom de la reine Meritneit, femme d'Ousaphais et celui de Miebis; il a reçu le même traitement de son successeur. D'où il semble résulter qu'à Ousaphais succéda Miebis, le fils qu'il avait eu de Meritneit (laquelle en obtint un tombeau

1. Il n'y a aucun doute que les graphies postérieures ne viennent de [hiéroglyphe] déformé; mais la transcription conventionnelle *Stoui* (Sethe : *Ḥaśhtj*) ne rend certainement pas la prononciation exacte. — Sethe a prouvé que Meritneit n'était pas un roi, comme Petrie le supposait, mais la femme d'Ousaphais.

magnifique), mais que Miebis fut renversé par [1]. Le successeur de celui-ci, Senmou (?), aurait été un roi légitime, qui aurait voulu détruire tout souvenir de l'usurpateur.

Dans ces circonstances, il y a lieu de penser que le Semempsès de Manéthon et d'Eratosthène, et peut-être aussi le nom détruit dans T ne correspondent pas au roi d'A [2], mais plutôt à ce Senmou [3]. En tout cas, il est certain que ce dernier ne peut pas être identique à Qebḥou le suivant prochain dans T, S, A. Les deux noms n'ont vraiment rien de commun [4]. Nous avons vu que Manéthon ne connaît pas davantage Qebḥou, mais qu'il fait suivre immédiatement comme successeur Oubienthès, aussi bien d'ailleurs que T et S.

Les rois 3-8 des monuments forment un groupe compact. Ils sont enterrés à Abydos l'un près de l'autre, entourés de leur cour ; leurs tombeaux montrent un développement continu de progrès. Avant eux, on trouve une série de tombeaux plus simples, qui peuvent appartenir en partie à des dynasties locales plus anciennes [5]. Par contre, les deux premiers rois de la dynastie ne sont pas enterrés à Aby-

1. Cela expliquerait ce fait que d'après Petrie, *Royal Tombs*, I, p. 12, le tombeau de Miebis a été mal construit, et que sa sépulture « seems to have been more carelessly conducted than that of any of the other Kings here ».

2. A celui-ci appartient aussi le bas-relief commémoratif d'une victoire au Sinaï, publié par Weill, *Rev. arch.*, 4, Série II, 1903, 230 sq.

3. S aurait alors omis deux noms de rois.

4. L'idée de Petrie, que est une corruption de , et celle de Sethe, que c'est une altération du nom d'Horus , ne s'expliquent que par les efforts faits pour placer à tout prix dans les listes les noms trouvés sur les monuments.

5. Ici on pourrait placer le roi *Ka* (Petrie, *Tombs*, II, 13 ; *Abydos*, I, 1-3), si toutefois c'est vraiment un nom de roi ; cf. Sethe, *l. c.*, p. 32 sq. Au temps qui précède Ménès appartient sûrement le roi d'Hiérakonpolis dont le nom s'écrit avec le scorpion . Ou bien, faut-il les identifier avec Kenkénès et Ounephès, les rivaux d'Athothis II et Athothis III ?

dos[1] : Ménès est enseveli à Negade, en face de Koptos[2] ; pour N'rmr, sa tombe n'a pas encore été trouvée. En tout cas, ce roi a résidé avant tout à Hiérakonpolis, emplacement de ses monuments les plus importants. Nous ne serons pas enclins à douter que cette dynastie soit originaire du nome thinite, qui est celui d'Abydos, mais les deux premiers rois ne paraissent pas avoir eu leur capitale en cette ville ; au contraire, celle de Ménès était peut-être Koptos et celle de son successeur peut-être la vieille capitale du royaume de la Haute Égypte, Hiérakonpolis. Ce n'est que le troisième roi qui est revenu dans le pays de sa race.

Avec Senmou se termine la série ininterrompue des tombeaux d'Abydos. Deux seuls des rois suivants ont ici leurs tombeaux ; or, ces deux rois nous apparaissent comme étroitement unis par ce fait que, seuls de tous les rois égyptiens que nous connaissions, ils portent le titre royal « Horus et Seth[3] » ; et même le premier le fait de telle façon

1. Petrie veut leur assigner quelques-uns des modestes tombeaux d'Abydos. Mais nous avons le grand tombeau de Negade, qui est du temps de Ménès, et on ne peut admettre avec Petrie, qu'il l'ait bâti pour sa femme Neitḥotep (*Royal Tombs*, II, p. 4 sq.), et qu'il se serait contenté d'un tombeau en miniature pour lui-même. On a trouvé un assez grand nombre d'objets de Ménès (et aussi de Neitḥotep (*Royal Tombs*, II, 2, 11, 12 ; *Abydos*, I, 4, 6), et quelques-uns de N'rmr dans les tombeaux d'Abydos ; cela ne saurait surprendre, puisque les chefs d'Abydos devaient se trouver certainement sous leur suprématie.

2. Le tombeau de Negade est encore particulièrement instructif, en ce qu'il nous avertit de ne pas nous exagérer l'importance des monuments purement archéologiques et spécialement architectoniques. S'il n'était pas sûr, d'après les objets trouvés, que ce tombeau date du temps de Ménès, nous le placerions certes plus tard, au commencement de la IIIe dynastie. Également à Abydos, il n'y a que le 5e roi, Ousaphais, qui ait un pavement de granit ; ses successeurs n'usent à nouveau, par malheur, que de briques et de bois.

3. Je dois ici, comme jadis (v. mon *Set-Typhon*, 1875, p. 31 sq.), soutenir avec Chabas, que le titre Horus et Seth désigne le roi comme possesseur de la puissance des deux Dieux, mais n'a aucun rapport d'origine avec les deux royaumes ; par analogie avec [hiéroglyphes], [hiéroglyphes], une signification secondaire du titre est : « possesseur de la portion

qu'il joint les noms des deux divinités à ses deux noms de roi : Horus [hiéroglyphes] (*Shemjeb*) Seth, [hiéroglyphes] (*Perjebsen*)[1], tandis que l'autre inscrit ses deux noms à l'intérieur du plan et place par-dessus le groupe de Horus et Seth (la fin peut se lire [hiéroglyphes] ou [hiéroglyphes])[2]. Au début est le nom d'Horus Cha'sechemoui, qui très fréquemment apparaît seul. Ensuite vient le nom personnel dont la première partie

(*pšš t*) d'Horus et de Seth » et ensuite, tantôt Horus, tantôt Seth, comme roi du royaume du Sud. Cette désignation du roi très ancienne, n'est en usage que dans le titre habituel des reines sous la Ire dynastie [hiéroglyphes] (*Royal Tombs*, II, 27, 26 sous Zer, 30, 128 sq. sous Ousaphais, et plusieurs fois sous la IVe dynastie) ; cela ne signifie pas : « celle qui voit le roi de la Haute et de la Basse Égypte », « mais celle qui voit le Dieu Horus + Seth ». Comme tel, comme incarnation des deux frères ennemis, dont la puissance réunie forme la Toute-puissance, le Roi trône dans son palais ; et c'est ainsi qu'il est dit dans les textes de la pyramide d'Ounas, l. 214 : « tu vois les deux qui se trouvent dans le palais, c'est-à-dire Horus et Seth » [hiéroglyphes]. De même l. 68 sq., il n'est pas dit que le Sud obéit à Horus, et le Nord à Seth (ou inversement), mais : « les deux pays sont habitués à se courber devant Horus », et « les deux pays sont accoutumés à trembler devant Seth », c'est-à-dire, chacun des deux Dieux est maître de l'Empire entier et non pas seulement d'une moitié. Ceci résulte encore du fait que les deux noms de ces Dieux sont employés dans le protocole royal, sous Perjebsen et Cha'sechmoui, tandis qu'ailleurs le nom d'Horus apparaît toujours seul. Sur les sceaux de Cha'sechmoui, Seth porte tantôt la couronne rouge (*Royal Tombs*, II, XXIII, 193, 198), tantôt la couronne blanche (*ibid.*, XXII, 179) ; mais d'autres fois chacun des deux Dieux a les deux couronnes (*ibid.*, XXIII, 197 ; *Hierakonp.*, pl. II, III) ; et quand Perjebsen se désigne sur les deux stèles de sa tombe comme « Seth », cela ne veut pas dire qu'il n'aurait été que le roi de l'un des deux royaumes, mais tout aussi bien qu'il a été roi de l'Empire entier, comme s'il n'avait porté que le titre d'« Horus ».

1. Parfois aussi [hiéroglyphes]. En réalité, ces deux noms désignent deux rois distincts, cf. p. 186, n. 3.

2. Quibell, *Hierakonpolis*, pl. 2.

(les deux faucons) n'est pas compréhensible[1]. Le nom se prononçait : « ..... ḥotep wonf » ou « ..... wonf-ḥotep ». De ce roi date aussi un encadrement de porte en granit, à Hiérakonpolis[2] ; la table de Palerme mentionne sa naissance. Comme Petrie l'a reconnu, ce roi doit avoir été le prédécesseur de Zoser, car sa femme, « la mère des enfants royaux [hiéroglyphes] Nema'athapi, celle dont chaque parole s'accomplit » ([hiéroglyphes][3]), est désignée comme « mère du roi » sous Zoser, à Bet-Khallâf sur huit cachets d'amphores à vin[4].

D'après un renseignement que donne un texte de la tombe de Mten, qui vivait au temps de Snofrou (L., *D*, II, 6), le service funéraire de la reine paraît s'être exercé sur le territoire de Memphis, vraisemblablement près de la pyramide à degrés de Zoser ; aussi a-t-on considéré avec raison cette reine comme l'ancêtre de la IIIe dynastie. Son mari serait alors vraisemblablement le Necherophes (Necherochis) de Manéthon (III, 1), le fondateur de la nouvelle dynastie ; pourtant on ne pourrait pas non plus se refuser à un rapprochement avec le Nebka des listes, ou

1. Sethe lit Neboui ; Schæfer préfère Rḥoui. Il est possible qu'il y ait là deux noms de dieu. Les signes constituent bien un nom propre, cela ressort des noms formés de même façon ; [hiéroglyphes] au Moyen Empire (Lange et Schæfer, *Grab- und Denksteine*, Kairo, n° 20273 ; comp. Schæfer, *Æ. Z.*, XL, p. 122) sur « Sebek-Dḥoutiwonf, fils de Sebek-Anoupwonf » (je dois cette remarque à Schæfer). On trouve là aussi un [hiéroglyphes] Sebek-Anoup-ḥotep.

2. *Hierakonpolis*, I, pl. 2, et II, pl. 23. 59, 8.

3. *Royal Tombs*, II, pl. 24, 210, indiqué comme [hiéroglyphes]. Cf. L., *D.*, II, 6.

4. Garstang, *Mahasna and Bet Khallaf*, pl. 10, 7 (comp. p. 11) comme [hiéroglyphes], avec la même addition.

le Cheneres de Manéthon (II, 9) : d'où il suit que toute identification entre son nom ou ces noms (ou ceux des rois voisins) est véritablement impossible. A la place approximative assignée à ce roi, correspond le passage de la Pierre de Palerme où mention est faite de sa naissance. Un grand abîme le sépare de la Ire dynastie ; c'est ce que démontrent la situation et la disposition de son tombeau à Abydos, et surtout le fait que sa grande chambre funéraire est construite en pierres.

Quant à Perjebsen, dont le tombeau assez petit se trouve à côté du groupe de tombes de la Ire dynastie, mais qui s'en distingue notablement par un caveau construit en briques (et non pas en bois) et muni d'un couloir, il ne se trouvera pas chronologiquement trop loin de.... ḥotepwonef. Dans les listes, son nom n'apparaît pas[1]. Par contre, son culte funéraire (sous le nom [cartouche]) est associé à celui du roi Sendi [cartouche] dans le mastaba de Scheri à Sakkara[2]. Sendi, qui est nommé dans toutes les listes, par contre n'a pas encore réapparu à Abydos, ni sur aucun autre champ de fouilles de la Haute Égypte. On ne peut pas conclure avec certitude que Perjebsen ait été son prédécesseur, de ce que sur l'inscription de Šcheri, Perjebsen est nommé avant lui[3].

1. La supposition que le nom correct [hiéroglyphes] Ouznas = Tlas (II, 4), qui paraît correspondre à la place de Perjebsen, serait une altération de [hiéroglyphes], est encore une preuve des efforts malheureux faits pour retrouver à tout prix dans les listes les noms donnés par les monuments.

2. Mariette, *Mastabas*, p. 92 sq. ; Lepsius, *Auswahl*, 9. Le nom de Sendi (écrit [hiéroglyphe], comme dans TS) se retrouve aussi, on le sait, au Papyrus médical, publié par Brugsch, *Recueil*, 99, comme un successeur d'Ousaphaïs.

3. Un sceau de Perjebsen, encore avec le titre « Seth », a été trouvé dans le tombeau de Zoser à Betchallaf (pl. 10, 8, comp. p. 11).

Du moins, cette inscription montre que Perjebsen, qui se construisit un tombeau à Abydos, a régné aussi sur le territoire de Memphis, qu'il y a eu un culte funéraire et un tombeau[1]. A Memphis, d'ailleurs, nous trouvons aussi les traces de la IIe dynastie. La statuette agenouillée de Dedet-dhouti (?) au Musée du Caire[2], une des plus anciennes statues qu'on ait conservées, porte sur l'épaule les noms d'Horus des trois rois , et , Ḥotepsechemoui, Nebre' et Ntrn. Les deux premiers d'entre eux ont eu un tombeau à Sakkara, à l'est de la pyramide d'Ounas, dans lequel on a trouvé plusieurs sceaux de cruches à vin avec leurs noms[3]. Le premier s'appelle, de son nom complet, « Horus Ḥotepsechemoui, Roi Ḥotep » ; du second, on n'a retrouvé que le nom d'Horus Nebre'. Des morceaux de vases en pierre des deux rois se trouvent aussi dans le tombeau de Perjebsen, à Abydos[4]. Sur le vase de Nebre' on a ajouté après coup le nom du troisième de ces rois, Ntrn ; un fragment appartenant à ce dernier s'est trouvé aussi dans le tombeau de Perjebsen[5], avec le nom écrit Roi Neteren-oua, où d'ailleurs il n'est pas tout à fait certain que le dernier signe, la barque *oua*, appartienne au nom royal ; dans l'autre cas, son nom d'Horus serait identique à son nom personnel, ce qui ne se présente jamais. Le roi « Horus Ntrn » se trouve aussi sur la Pierre de Palerme, et, en dépit de la pensée que c'est un nom d'Horus,

1. Il n'est pas douteux que plusieurs des anciens rois ont eu deux tombeaux. Pour Snofrou, il est certain qu'il s'est bâti deux pyramides (celle de Medoum et la pyramide en pierre (du Sud) à Daḥsour). Pour Zoser, il semble qu'il en a été de même. Ce fait peut s'expliquer par l'existence de la double royauté du Sud et du Nord.

2. Grébaut, *Le Musée égyptien*, pl. 13 ; De Morgan, *Rech.*, II, pl. IV, p. 253, etc.

3. Maspero, dans le *Bulletin de l'Institut égyptien*, 4e Série, n° 3, 1902, v. 107 et suiv.

4. *Royal Tombs*, II, pl. 8, 8-10. 12.

5. *Ibid.*, II, 8, 13.

on ne peut résister au désir tentant de l'identifier avec Binothris (II, 3) des Listes. — Outre cela, d'après une aimable communication de Borchardt, Reissner, il y a peu de temps, sur une inscription récente trouvée sur le site de Memphis, a pu rattacher le nom de Bazaou, donné seulement par A comme le premier roi de la IIe dynastie (= Boethos M.), aux noms des rois de la IVe dynastie enterrés à Gizeh, ce qui prouve que son tombeau s'est aussi trouvé là.

Tels sont tous les rois de la IIe dynastie que nous avons pu reconnaître jusqu'à présent[1]. Comme on le voit, il n'y en a qu'un seul, Sendi, qu'on puisse identifier avec certitude, et de ce Sendi on n'a pas encore pu trouver un seul monument contemporain. En outre, Binothis est probablement retrouvé. Les autres noms, au contraire, ne concordent absolument pas et nulle part avec ceux des Listes[2]. Voici ce que donnent les monuments :

1.	Horus	Hotepsechemoui,	roi Hotep ;
2.	»	Nebre',	roi inconnu ;
3.	»	Neteren,	roi Neteren-oua (?) = Binothris II, 3 (?)
4.	»	Sechemjeb,	roi Perenma'at[3] ;
5.			Seth Perjebsen
6.	(?)		roi Sendi = Sethenes II, 5 ;
7.	Cha'sechemoui,		roi... hotep wonef (sa femme : Nema'at hapi).

1. Il est douteux que le cylindre d'Elkab (Quibel, *Elkab*, pl. 20, 28), qui porte un nom peu clairement écrit dans un cartouche (ce qui ne se présente jamais sous la IIe dynastie), puisse être lu Kere' et identifié avec le n° 6 Χαίρης (Manéthon, II) ; cf. Steindorff, *Æ. Z.*, XXXV, 7 et suiv.

2. Nous ne connaissons de Nebre' que son nom d'Horus ; il pourrait donc avoir eu comme nom personnel Kechoos (II, 2).

3. Dans la 2e édition de son *Histoire* (p. 133), le prof. Ed. Meyer admet, d'après les travaux de Weill (*Recueil*, XXIX, p. 5 sq.) que Sechemjeb est le prédécesseur de Perjebsen, avec Sechemjeb comme nom d'Horus, et Perenma'at comme nom personnel. (Note du trad.)

Vient ensuite le roi Zoser.

Comme on le voit, ici domine une tendance encore inconnue au temps de la Ire dynastie, et toujours suivie plus tard, d'employer un élément du nom personnel pour le nom d'Horus (Ex. : n° 1. ḥotep, 3. neteren, 4. jeb) ; d'ailleurs, les rois 1. 4. 6. sont apparentés par l'emploi de l'élément *sechem*, et le nom du sixième roi est très semblable à celui du premier. Cela nous entraîne, en conformité de vue avec Petrie et d'autres, et malgré l'opinion opposée de Sethe, à insérer encore un septième roi dans cette dynastie : « l'Horus Chaʿsechem » connu par de nombreux monuments d'Hiérakonpolis. Sur les vases de granit et d'albâtre du roi, qui commémorent[1] sa victoire sur le pays du Nord, la déesse-vautour d'Eileithyia tient un sceau rond, qui entoure le signe Beš. Sethe, avec Quibell, croit reconnaître là le nom personnel du roi, et voit dans l'anneau la forme primitive de ce que l'on a appelé plus tard « cartouche » (nous verrons plus loin que ce signe ne se présente pas encore sous la IIe dynastie)[2]. Mais assurément cet argument n'est pas décisif, ni l'opinion, que *Beš* est un nom propre, et dans tous les cas on se décidera difficilement à distinguer le roi Chaʿsechem de Chaʿsechmoui ; quoi qu'il en soit, ce dernier appartient à la fin de la dynastie[3].

Le monument commémoratif de la victoire de Chaʿsechem nous apprend que l'unité de l'Égypte n'a pas été constituée de tout temps ; mais ce serait aller trop vite que vouloir déterminer avec plus de précision, d'après le petit nombre de monuments conservés, l'état de puissance de chaque roi en particulier. D'autre part, expliquer la diver-

1. Quibell, *Hierakonpolis*, pl. 36-38.

2. Sur les monuments de Zoser, on ne le trouve pas non plus.

3. Il faut ajouter que, sur les monuments de Hiérakonpolis, on n'a rien trouvé des autres rois des deux premières dynasties, à l'exception de Naʿrmer.

gence générale entre les Listes et les monuments ; savoir si les rois, en dehors des noms qui apparaissent sur les monuments, n'en ont pas porté d'autres inconnus de nous jusqu'à présent, et s'il faut admettre une division du pays en plusieurs Etats, — voilà autant de questions auxquelles, avec nos moyens actuels, nous ne pouvons nullement répondre ; mais cela ne doit pas nous inciter à voir par delà les différences, ni à créer une concordance artificielle pour laquelle tout fondement nous manque jusqu'à présent. La liste suivante pourra mettre sous les yeux le résultat de notre recherche. Les chiffres placés avant les noms sont ceux du Papyrus, les chiffres de Manéthon sont entre parenthèses :

MONUMENTS	LISTES DE ROIS		
Menes (Negade, Abydos)		1. Menes (I, 1)	
Horus Na'rmer (Hierakonpolis, Abydos)		2. Athothis Ier (I, 2)	
» Chent (Abydos)	3. Athothis II		Kenkenes (I, 3
» Z (Abydos)	4. Athothis III		Ouenephes (I,
Ousaphais (Abydos)		5. Ousaphais (I, 5)	
Miebis (Abydos)		6. Miebis (I, 6)	
(Abydos) / Sen(-mou ?) (Abydos) } de ces deux rois	7.		Semempses (I,
	8. Qebḥou		Bazaou (Gizeh = Boethos (II,
Horus Hotepsechemoui roi Ḥotep (Sakkara)	9. Baouneter = Oubienthes (I, 8)		
» Nebre' (Sakkara)		10. Kechoos (II, 2)	
» Neteren (Sakkara, Abydos)		11. Binothris (II, 3)	
Horus Sechemjeb roi Perenma'at		12. Tlas (II, 4)	
Roi Perjebsen (Abydos, Sakkara)[1]....	....	....	....
Roi Sendi (Sakkara)		13. Sendi, Sethenes (II, 5)	
			Chaires (II, 6)
Horus Cha'sechem [Beš ?] (Hierakon-polis)		14. Neferkere' Ier (II, 7)	
		15. Neferkesokar (II, 8)	
	16. Ḥouzefa		Cheneres (II,
	17. Zazai		
Horus Cha'sechemoui roi .... hotep-wonf (Abydos, Hierak., Sakk.?)	18. Nebka		Necherophes III, 1)
Roi Zoser		19. Zoser (III, 2)	

On peut difficilement calculer quelle a été la durée des deux premières dynasties, avec les matériaux actuels. Il n'y a de nombres en T que pour les quatre derniers règnes, ensemble 66 ans, 1 mois, x jours; cela donne la même moyenne de 16 ans 1/2 que nous trouverons plus tard dans la IVe et dans la Ve dynastie. D'après cela, les 18 rois de Ménès à Nebka auraient régné ensemble 18 × 16 1/2 = 297 ans. C'est cette durée (300 ans) que j'ai prise pour base de mes dates minima (*Histoire*, I, § 79 A). Mais on comprend combien un tel calcul reste incertain. D'après les dates relatives à l'âge des rois données au Papyrus, trois des quatre derniers rois sont morts jeunes, tandis que leurs prédécesseurs ont atteint un âge assez avancé. D'ailleurs, quelques-uns d'entre eux pourraient très bien avoir été frères; mais il n'est pas invraisemblable que la durée moyenne des règnes dans la belle période des dynasties ait été plus élevée qu'à la fin. D'après les inscriptions trouvées à Abydos, Ousaphais[1], [2] et Q'Sen[3] ont fêté la fête *Sed*; ils ont donc régné peut-être plus de 30 ans, et il en est vraisemblablement de même pour Miebis (v. le chap. sur la Pierre de Palerme). Comme nous avons à attribuer aussi à Ménès et à ses premiers successeurs des règnes assez longs, la Ire dynastie peut facilement avoir régné plus de 200 ans[4]. D'autre part, ce chiffre pourrait paraître faible, si nous comparions chaque règne à une génération, trois pour un siècle — c'est-à-dire pour dix-huit rois 600 ans; mais avec cette donnée, les quatre derniers rois obtiendraient 133 ans 1/3 au lieu de 66 ans, ce qui serait trop fort du double. Entre

1. *Royal Tombs*, I, 14, 12 (= 11, 5).
2. *Ibid.*, 7, 5-8. Le signe lui-même, par lequel le nom du roi est écrit, représente le roi revêtu du costume de la fête de Sed.
3. *Ibid.*, 8, 6-8.
4. Dans la deuxième édition de son *Histoire* (p. 129), le prof. Meyer s'en tient au chiffre de 200 ans. (Note du trad.)

ce maximum et le minimum de 300 ans, la vérité pourrait se trouver dans le juste milieu.

RECONSTITUTION DE LA 3e COLONNE DU PAPYRUS

Voici les quatre premiers chiffres individuels de la IIe dynastie du Papyrus, commençant avec le roi Zoser :

Col. III, 5. (rouge) [La fin est perdue]

6. vacat

7. [.....]

8. [.....]

1. roi Zoser... régna 19 ans. Mois (omis) sa durée de vie [manque].

2. roi Zoser-Ti régna 6 ans. Mois O j. O vacat.

3. .....] zefa[1] régna 6 ans. Mois 1 + × O.

4. ..... [fin du cartouche]... 24 ans [lacune] ? ? [le reste manque].

Dans Zoser, l'omission du nombre des mois et des jours semble due à une négligence du scribe, puisque le mot mois a été écrit. Pour son successeur, par contre, il avait aussi peu de donnée que pour Nebka ; peut-être pourrait-on avoir quelque éclaircissement par l'hypothèse d'une association au trône (comp. p. 152). Pour le troisième roi, ...zefa, les mois (et les jours) étaient donnés ; de même en ce qui concerne les rois suivants ; mais pour nous tout est perdu. La colonne réservée à la durée de la vie, indiquée pour Zoser, mais perdue, n'a pas été remplie pour ses successeurs ; pour le

1. Pour le signe *Zefa*, voyez la remarque sur le tableau annexé, note 3.

quatrième roi, on trouve à la place une note qui malheureusement ne signifie rien[1]. Quant aux 8-9 derniers rois de la colonne, un grand morceau du bord gauche a été conservé au fr. 46, mais il ne porte pas d'écriture (cf. p. 124) ; le Papyrus n'a pas non plus en cet endroit les années d'âge. C'est ce qui explique que dans les autres colonnes suivantes cette place est complètement supprimée ; les lignes se terminent avec les années de règne. Il paraît donc que Zoser fut le dernier roi pour lequel le Papyrus ait indiqué la durée de vie. La chose n'avait évidemment d'intérêt que pour les plus anciens rois, auréolés du nimbe romantique d'une antiquité reculée.

Comme pour le quatrième roi de cette dynastie, nous n'avons plus pour les quinze suivants que le nombre des années (dans cinq cas, ce nombre est détruit), et aussi, plusieurs fois, les traits derrière les noms, qui indiquent le cartouche et le déterminatif 𓀭 (c.-à-d. 𓋹𓍑𓋴). La ligne 20 contient aussi la notice indiquant un changement de dynastie « *ir'ṇf m śtnjt* ». Après, nous retrouvons des noms pour les trois derniers rois : ce sont les trois derniers rois de la Ve dynastie de Manéthon. En outre, le fr. 31 conserve le commencement des deux noms Ḥouni et Snofrou. qui, d'après S et le Papyrus Prisse, se suivaient immédiatement. Cela peut nous servir pour trouver les noms des rois qui se rapportent aux nombres d'années. Il ne suffirait pas de remonter de bas en haut le long de la colonne, car le nombre et la succession des rois de la Ve dynastie ne sont pas établis avec certitude par d'autres sources ; il y a encore plus d'incertitude pour le commencement, où sont les rois de la IIIe dynastie. Voici quels sont les faits les plus certains :

1. Pour la IVe dynastie, la suite est bien établie : Choufou (Cheops), Dedefreʿ, Chaʿfreʿ (Chephren), Menkeoureʿ (Myke-

1. Si notre reconstruction de la col. 4 est exacte, cette remarque s'applique à la colonne voisine (voy. plus loin).

rinos). Ensuite venait (vraisemblablement après un interrègne) Šepseskaf. De plus, d'après les monuments comme d'après le Papyrus Westcar, il est au moins très vraisemblable que Snofrou fut le prédécesseur immédiat de Cheops.

2. Les grands bâtisseurs de pyramides, Snofrou, Cheops, Chephren, Mykerinos, doivent avoir régné assez longtemps ; tandis qu'aux autres rois nous ne pouvons attribuer que des règnes plus courts.

3. Les fragments du Papyrus laissent reconnaître la longueur approximative des noms de rois perdus. De tous les noms de la IVe dynastie, le nom de Cheops est de beaucoup le plus court. Il appartient donc à une place, où le Papyrus laisse reconnaître un nom court.

4. Les trois premiers rois de la Ve dynastie furent Ouserkaf, Saḥoureʿ et Nefererkereʿ Kakai[1] (v. Papyrus Westcar). On pourrait supposer que la place d'Ouserkaf est dans la rubrique du changement de dynastie, à la ligne 20 du Papyrus ; mais alors Newoserreʿ-Ini, comme quatrième et dernier roi de la dynastie, suivrait immédiatement Nefererkereʿ, tandis que nous avons à intercaler entre eux au moins deux autres rois. Il faut donc que la rubrique du changement de dynastie ait été mise à une autre place du Papyrus, et Ouserkaf doit reculer au moins deux places plus loin, vers la ligne 18, où il y a bien réellement un nom finissant par [hiéroglyphe][2]. Le nom de Sahoureʿ qui tient peu de place, vient ensuite à la ligne 19, où se trouvait un nom court, puis Nefererkereʿ à la ligne 20, où était écrit un nom assez long. Ce serait là que le Papyrus indiquerait le changement

1. L'identité de Nefererkereʿ avec Kakai est démontrée par l'identité des noms de leur pyramide : cf. Borchardt, ap. *Ægyptiaca* (1896), p. 13, I. C'est le premier roi à qui l'on connaisse un double nom ([hiéroglyphes] et [hiéroglyphes]).

2. L'*f* final [hiéroglyphe], que le Papyrus écrit très court, aurait alors été écrit au-dessous : [hiéroglyphes].

par la rubrique. Pour les chiffres, nous trouvons : Ouserkaf 7 ans, Sahoure' 12 ans, Nefererkere' x ans. Les reculer encore plus loin est impossible, puisque les chiffres des règnes précédents sont trop courts pour ces souverains.

Voici donc quelle restitution théorique on pourrait donner *(Voir p. 194, le tableau)*.

Dans le système A, Cheops arrive à une place où se trouvait un nom assez long; Mykerinos et Šepseskaf ont des règnes beaucoup trop courts (4 et 2 ans). En B, Cheops a l'un des noms les plus longs de toute la colonne. En C, Cheops, le bâtisseur de la plus grande pyramide, n'obtient que 8 ans de règne. Reste donc comme seul admissible le système D; Cheops s'y trouve à la place où il y avait un des noms les plus courts de la colonne. Dedefre' obtient alors 8 ans, ce qui convient très bien, et Chephren vient à une place où les signes conservés dans le Papyrus peuvent très bien être complétés ainsi ⊙] [...] [...]. Alors Houni et Snofrou se placent aux lignes 8 et 9, chacun avec 24 ans, et, en fait, les commencements de leurs noms au fr. 31 se relient très bien avec les traits finaux du fr. 32 :

C'est ainsi que de Rougé a complété cette partie de la colonne[2], quoique avec grande hésitation, et je l'ai suivi dans mon Histoire, I, p. 79. Je croyais alors, en suivant de Rougé (p. 75), devoir repousser le début des rois de la Ve dynastie jusqu'à la ligne 15 (n° 11)[3] ; mais alors Sahoure'

1. Le commencement du cartouche a été omis par le scribe.
2. *Mon. des six prem. dyn.*, p. 156.
3. J'avais alors cette idée fausse qu'entre les fr. 32 et 34 il manquait une ligne entière.

Col. IIII Papyrus		A	B	C	D
L.8 4. [hiéroglyphes]	Années 24		Deux	Un nom	Ḥouni
	»	Trois	noms	inconnu,	
5. [hiéroglyphes]	» 24	noms	inconnus	Houni, Snofrou	Snofrou
L.10 6. vacat	» 23	inconnus,	Ḥouni,		Cheops
7. [hiéroglyphes]	» 8	Ḥouni,	Snofrou	Cheops	Dedefreʿ
8. réstes de signes [hiéroglyphes]	» [manque]	Snofrou	Cheops	Dedefreʿ	Chephren
9. [hiéroglyphes]	» [manque]	Cheops	Dedefreʿ	Chephren	Mykerinos
10. [hiéroglyphes]	» [manque]	Dedefreʿ	Chephren	Mykerinos	Šepseskaf
L.15 11. rien de conservé	» 18 ou 28	Chephren	Mykerinos	Šepseskaf	et
12. [hiéroglyphes]	» 4	Mykerinos	Šepseskaf	Deux rois	trois rois
14. rien de conservé	» 2	Šepseskaf	inconnu	inconnus	inconnus
15. [hiéroglyphes]	» 7	Ouserkaf	id.	id.	id.
16. vacat	» 12	Sahoureʿ	id.	id.	id.
L.20 17. [hiéroglyphes] « régna »		Neferkereʿ	id.	id.	id.

n'obtient que 4 ans et Neferkere' 2 ans, ce qui est impossible. Il ne reste plus que cette hypothèse : aux lignes 14-17 (nos 10-14) il y avait, outre Šepseskaf, encore trois rois, dont on ne trouve aucune trace dans les monuments, et ces trois rois se trouvent à la fin de la IVe dynastie, non seulement dans Manéthon, mais aussi dans la table de Sakkara ! Aussi le système de restitution D peut-il être regardé comme assuré.

Comme je l'ai noté p. 144, l'étendue de la partie détruite de la table de Sakkara se laisse délimiter exactement. Le morceau en question a la forme suivante :

	conservé		détruit					partie inférieure conservée		
haut	Amosis	Amenophis Ier	Thoutmosis Ier	Thoutmosis II	Thoutmosis III	Amenophis II	Thoutmosis IV	Amenophis III.	Harem-habi	Ramses Ier.
bas	Dedefre'	Cha'-oufre'	1	2	3	4	5	Ouser-kaf	Sahoure'	Neferkere'
	conservé		détruit					conservé		

Il manque donc, entre Chephren et Ouserkaf, cinq rois : le premier était naturellement Mykerinos, et, un des suivants, Šepseskaf ; en outre, il y avait ici trois noms inconnus, exactement comme dans le Papyrus et chez Manéthon.

La liste d'Eratosthène immédiatement après le n° 5 Πεμφῶς donne sept rois ; le rédacteur les place dans la IIIe dynastie memphitique de Manéthon, comme le prouve l'épithète Μεμφίτης ajoutée au premier d'entre eux, ce qui doit être exact. Le premier nom Τοιγαράμαχος Μομχειρί [Μεμφίτης], est peut-être une mutilation de Zoser Τόσορθος (d'où la correction de Gutschmidt : Τοισαράμ. Ἄχος[1] Μοσχειρί), de même que le n° 8 Γοσορμίης (Gutschmidt le change en Τοσορμίης) pourrait correspondre au deuxième Zoser ; le n° 10 Ἀνωυφίς est bien le Σώυφις de Manéthon (III, 5). Il n'y a rien à tirer des quatre autres noms de la

1. Il a aussi peut-être pensé à Ἄχης (Manéthon, III, 7).

série des n°s 6-12. Mais ensuite viennent, n°s 13 à 17, les rois de la IVe dynastie de Manéthon, à condition d'admettre que les rois n°s 5 et 6 doivent être placés avant les n°s 2-4 :

Erat. 13. Ῥαύωσις		Man.	IV.	5. Ῥατοίσης[1]
14. Βιύρης	=	Man.	IV.	6. Βίχερις
15. Σαωφίς	=	»	IV.	2. Σοῦφις
16. Σαωφίς II	=	»	IV.	3. Σοῦφις II
17. Μοσχερῆς	=	»	IV.	4. Μενχέρης

Il est clair que les noms de Manéthon viennent d'une tradition indépendante et parfois meilleure ; par ex. Σαωφίς est une excellente transcription de Choufou (prononcez quelque chose comme *Chaoufou*), qui donne une moyenne entre le Χέοψ d'Hérodote et le Σοῦφις de Manéthon. Ainsi, Eratosthène confirme deux des trois noms de Manéthon qui, jusqu'à présent, n'ont pas été retrouvés sur les monuments. La Pierre de Palerme nous donnera une confirmation de plus.

Comme la IIe dynastie, la Ve est omise par Eratosthène ; viennent ensuite les rois de la VIe dynastie.

Pour la tradition manéthonienne, Eusèbe montre ici encore moins d'intérêt qu'à propos de la IIe dynastie. S'il a omis le dernier roi de la IIIe dynastie, pour les dynasties IV et V, il se contente d'un seul total. Pour la IIIe dynastie, il forme le total avec la somme des chiffres individuels des huit premiers rois ; tandis que pour la dynastie IV (+ V), son chiffre total, 448 ans, provient du total que l'Africain assigne à la Ve dynastie = 248 ans. Ce nombre est de 30 ans plus élevé que la somme des chiffres individuels, mais il est justifié par le total du Tomos ; il en faut conclure que ce sont les chiffres individuels qui sont faux. Au contraire, dans la IVe dynastie, le total 277 est conforme à celui du Tomos, tandis que les chiffres individuels donnent 284.

1. La supposition que le Rayosis d'Eratosthène correspond au roi Hycsos Ra'ʿo ouser Apopi, est donc insoutenable.

PAPYRUS DE TURIN Le premier chiffre désigne le nᵉ dans la liste continue des rois, le deuxième chiffre le nᵉ dans la dynastie qui commence avec Zoser.	ANNÉES DE RÈGNE Ans Mois Jours	ANNÉES DE VIE	TABLE DE SAKKARA	TABLE D'ABYDOS	MANÉTHON L'AFRICAIN	Ans	MANÉTHON EUSÈBE	ÉRATOSTHÈNE
19. 1. (Zoser) régna	19	perdu	12. (Zoser)	16. (Zoser)	IIIᵉ dyn. 9 Memphites 1. Νεχερωφής	28	IIIᵉ dyn. 8 Memphites 1. Νεχέρωχις	
					2. Τόσορθος	29	2. Σέσορθος[6]	6. Τοιγαράμαχος Μομχειρὶ Μεμφίτης 79
....					3. Τύρεις	7	3.	7. Στοῖχος ὑίος αὐτοῦ 6
....					4. Μέσωχρις	17	4.	8. Γοσορμίης 30
					5. Σιώυφις	16	5.	9. Μάρης ὑίος αὐτοῦ 26
20. 2. (Zoserti)	6 o o	manque	13. (Zoser Atôti)	17. (Atôti IV)	6. Τοσέρτασις	19	6. Οἱ λοιποὶ ἕξ	10. Ἀνωυφίς 22
			14. (Nebkere')		.... 7. Ἄχης	42	7.	11. Σίριος
21. 3. (.... zefa)	6 1 x	o		18. (Sezes)	8. Σήφουρις	30	8.	12. Χνοῦβος Γνευρός 20
22. 4. (Houni)	24 perdu perdu		15. (Houni)				Total 198 *Arm.* 197	Sur la transposition des noms suivants, cf. p. 196
				19. (Neferkereᶜ II)	.... 9. Κερφέρης	26		
					Total correct	214		
23. 5. (Snofrou)	24 » »		16. (Snofrou)	20. (Snofrou)	IVᵉ dyn. 8 Memphites 1. Σῶρις	29	IVᵉ dyn. 17 Memphites 1. Pas de 2. noms	15. Σαωφίς 29
24. 6. [Cheops]	23 » »		17. (Cheops)[2]	21. (Cheops)	2. Σοῦφις	63		
25. 7. [Dedefreᶜ]	8 » »		18. (Dedefreᶜ)	22. (Dedefreᶜ)				
26. 8. [...]	x » »		19. (Chephren)	23. (Chephren)	3. Σοῦφις	66	3. Σοῦφις	16. Σαωφίς β 27
27. 9. [Mykerinos]	x » »		20.	24. (Mykerinos)	4. Μενχέρης	63		17. Μοσχερῆς 31
28. 10. X.	x » »		21.		5. Ῥατοίσης	25		13. Ῥαύωσις 13
29. 11. X.	18 ou 28 »		22. détruits		6. Βίχερις	22		14. Βιύρης 10
30. 12. [Šepseskaf]	4 » »		23.	25. (Šepseskaf)	7. Σεβερχέρης	7		
31. 13. X.	2 » »		24.		8. Θαμφθίς	9		
					Total	277[4]		Traduction des noms
					Les chiffres partiels donnent	284		
32. 14. [...] Ouserkaf]	7 » »		25. (Ouserkaf)	26. (Ouserkaf)	Vᵉ dyn. 8 (*sic !*) rois d'Éléphantine 1. Οὐσερχέρης	28	Τῶν δὲ λοιπῶν οὐδὲν ἀξιομνημόνευτον ἀνεγράφη	6. Τῆς (ἔτης Gutschmidt) ἀνδρὸς περισσομελής
33. 15. [Sahoureᶜ]	12 » »		26. (Sahoureᶜ)	27. (Sahoureᶜ)	2. Σεφρής	13		7. Ἄρης ἀναίσητος
34. 16. [Neferkereᶜ] régna	x » »		27. (Neferkereᶜ)	28. (Kakai)	3. Νεφερχερής	20		8. Ἐτησιπαντὸς (ἔτης παντός Gutschmidt)
35. 17. [Šepseskereᶜ]	7 » »		28. (Šepseskereᶜ)	29. (Neferfreᶜ)	4. Σισίρης	7		9. Ἡλιόδωρος
36. 18. [Akeouḥor]	x » »		29. (Chaᶜneferreᶜ)		5. Χέρης	20		10. Ἐπίκωμος
37. 19. [Newoserreᶜ]	30+x[1]			30. (Newoserreᶜ)	6. Ῥαθούρης	44		11. Υἱός κόρης, ὡς δὲ ἕτεροι ἀβάσκαντος
38. 20. (Menkeḥor)	8 » »		30. (Menkeḥor)	31. (Menkeouḥor)	7. Μενχερής	9		12. Χρύσης Χρύσου υἱός
39. 21. (Dedkereᶜ)	28 » »		31. (Dedkereᶜ)[3]	32. (Dedkereᶜ Ier)	8. [illegible]	[illegible]		15. Κωμαστής, κατὰ δὲ ἐνίους χρηματιστής
40. 22. (Ounas)	30 » »		32. (Ounas)	33. (Ounas)	9. Ὄννος	33		16. *Ibid.*
… « Total des Rois de Ménès à .... »					Total	248[5]	Total 448	17. Ἡλιόδοτος
					Les chiffres partiels donnent seulement 218 ans; Sync. (p. 107. 19) compte 248 ans, chiffre que demande aussi le Tomos.			13. Ἀρχικράτωρ
								14. manque
								BARBARUS, p. 38 *a*
								IV. Necherocheus et aliorum VII — Ann. 214
								V. Similiter aliorum XVII — 277
								VI. Similiter aliorum XXI — 258

1. Cf. p. 203. — 2. Écriture abrégée. — 3. Faute d'écriture. — 4. *Sic Cod. B* et *Barb.*; même compte chez le Syncelle, p. 106, 2. D'autres mss. ont 274. — 5. *Barb.*, 258 ans. — 6. Sosorthus, *Arm.*

Tout ceci prouve qu'Eusèbe s'est servi de l'Africain. Car l'Africain affirme qu'il a lui-même profité du livre saint de Souphis I (que l'Épitomé identifie avec raison, avec le Cheops d'Hérodote) : οὗτος δὲ καὶ ὑπερόπτης εἰς θεοὺς ἐγένετο[1] καὶ τὴν ἱερὰν συνέγραψε βίβλον, ἣν ὡς μέγα χρῆμα ἐν Αἰγύπτῳ γενόμενος ἐκτησάμεν — donnée sur laquelle a projeté une vive lumière le nouveau fragment des Κεστοί de l'Africain, dans les Oxyrynchospapyri. Eusèbe (qui transporte la notice de Souphis I = Cheops à Souphis II = Chephren) ajoute : ὃς καὶ ὑπερόπτης εἰς θεοὺς γέγονεν, ἕως[2] μετανοήσαντα αὐτὸν τὴν ἱερὰν συγγράψαι βίβλον, ἣν ὡς μέγα χρῆμα Αἰγύπτιοι περιέπουσι.

Pour terminer, je mentionne encore que la table de Karnak a fait la bizarre sélection que voici des rois de l'Ancien Empire :

1. détruit
2. [hiéroglyphes] Snofrou
3. [hiéroglyphes] Saḥoure'
4. [hiéroglyphes] Ini = Newoserre'
5. [hiéroglyphes] Asosi[3] = Dedkere'

La table de Karnak donne plus loin Merenre' et Pepi (nos 9 et 10 dans Lepsius)[4]; le nom Newoserre' se trouve vraisemblablement encore une fois démembré sous la forme du n° 28 [hiéroglyphes] Ouserenre'.

1. Ceci provient aussi d'Hérodote.

2. Correction de v. Gutschmid pour ὡς d'après la traduction arménienne (*usque dum*).

3. C'est ainsi que par son analogie il faudra prononcer aussi le nom de Atoti, Apopi et autres (Erman).

4. Le numérotage des noms dans Lepsius ne répond pas évidemment aux intentions de l'auteur ; les l. 1 et 3 devraient être lues de gauche à droite ; les l. 2 et 4 de droite à gauche. Les nos 6 et 7 (dans Lepsius 3 et 2) sont détruits, n° 8 (Lepsius 1) Ra'sechem smentaoui appartient à la XIIIe dynastie.

La comparaison des listes, pour les dynasties IIIe-V^{e}, se trouve au tableau annexé.

IVe et V^{e} dynastie

La comparaison des listes révèle un contraste violent entre la IIIe dynastie et les dynasties IV et V. Là, elles se séparent et différencient extrêmement ; ici, il y a une concordance presque complète. T et S, autant qu'on peut le voir, s'accordent ici à nouveau et complètement ; mais S a laissé de côté, on ne comprend pas pourquoi, le roi Newoserre' si vénéré. — Est-ce à dessein ou négligence ? — Par conséquent S compte un roi de moins que T. Dans M (et E), le troisième roi des autres listes, Dedefre', de la IVe dynastie, est omis [1]. Ce ne peut pas être par hasard; l'explication vient peut-être de ce que Dedefre', qui s'est bâti sa pyramide à Abou-Roasch, présente de ce fait, parmi les rois constructeurs des pyramides de Gizeh, une singularité encore inexpliquée. C'est pourquoi Manéthon a un numéro en moins que le Papyrus, c'est-à-dire 17 rois, de Soris jusqu'à Onnos, tandis que le Papyrus en a énuméré 18 de Snofrou à Ounas (S, pour la même raison, en donne 17 seulement). Pour tous ces motifs et après examen impartial des monuments, il n'est pas douteux, à mon avis, que Snofrou corresponde à Soris, le premier roi de la IVe dynastie [2]. Avec lui com-

1. L'ancienne opinion qui l'identifiait avec le Ῥατοίσης de Manéthon trouve, chose curieuse, des défenseurs, quoique les deux noms n'aient vraiment rien de commun, et qu'il est tout à fait impossible que Dedefre' puisse avoir régné après Mykerinos.

2. Sethe, *Beitr.*, p. 51, a voulu le remettre à la IIIe dynastie, mais comme prédécesseur immédiat de Cheops ; alors il pourrait être encore Soris. Lepsius par contre l'identifiait avec Sephouris, le dernier roi de la IIIe dynastie manéthonienne ; ce serait évidemment admissible, mais je tiens pour impossible de le séparer de Cheops. Le nom ...zefa (T, n° 21) se retrouverait-il dans Σήφουρις ?

mence la liste ininterrompue des grands pharaons Memphites.

D'ailleurs, les premiers rois de la dynastie concordent partout dans les listes et sur les monuments :

Snofrou = IV. 1. Σῶρις.

Choufou = 2. Σοῦφις (Σαωφίς E) ; Herod. II, 124 Χέοψ ; Diod. I, 63 Χέμμις[1].

Dedefre' manque.

Cha'fre' = 3. Σοῦφις II. Herod. II, 127 Χεφρῆν ; Diod. I, 64 Κεφρήν[2].

Menkaoure' = 4. Μενχέρης ; Herod. II, 129 Μυκερῖνος ; Diod. I, 64 Μυκερῖνος, ὅν τινες Μεγχερῖνον ὀνομάζουσιν, avec une excellente transcription.

Des rois suivants, Šepseskaf = IV 7 Σεδερχέρης (mal écrit pour Σεδεσχέρης)[3], seul est connu par les monuments. Nous avons cependant déjà vu que les trois autres rois que Manéthon nomme, et dont deux sont également connus d'Eratosthène, se sont trouvés aussi dans le Papyrus et dans la table de Sakkara — malheureusement leurs noms ne sont conservés nulle part. D'après Manéthon, Šepseskaf était le troisième successeur de Mykerinos. il aurait donc dans le Papyrus reçu 4 ans. C'est tout à fait admissible[3], et même démontré, comme nous le verrons plus tard, par la chronique de la Pierre de Palerme. Ainsi, entre lui et Mykerinos il y aurait deux règnes, dont le deuxième comprend 18 ans (ou même 28) et n'a pourtant laissé aucun monument, tandis que d'après les biographies de Sechemkere' et de Ptaḥšepses nous pourrions croire que

1. On sait que l'égyptien ḫ devient š plus tard dans la prononciation ; par conséquent il est rendu généralement par Σ dans Manéthon.

2. Šepseskaf « vénérable est son esprit » est interprété très justement par Manéthon, d'après la forme du nom, comme : « vénérable est l'esprit de Re' ». De même, il rend Ouserkaf « fort est son esprit » par Ouserchères.

3. Chez Manéthon aussi, il n'a que 7 ans, tandis que ses deux prédécesseurs règnent 23 et 22 ans.

Šepseskaf a succédé immédiatement à Mykerinos. Cette difficulté, nous ne pouvons pas la résoudre avec nos moyens actuels ; peut-être devons nous supposer ici des règnes parallèles et admettre que le total du Papyrus, comme pour la XIIe dynastie, n'est pas calculé d'après les chiffres partiels et se trouve plus faible que la somme de ceux-ci. En tout cas, les contemporains des successeurs de Mykerinos n'ont considéré que Šepseskaf comme légitime ; aussi son culte funéraire est-il souvent cité sous la Ve dynastie, tandis que Ratoises, Bicheris et Thamphthis ne sont jamais mentionnés, ni eux ni leurs tombeaux[1] ; la table d'Abydos, elle aussi, ne nomme que Šepseskaf.

Avec cette concordance des noms contraste violemment la discordance des chiffres. De bonne heure la légende a cru devoir attribuer aux constructeurs des grandes pyramides des règnes extraordinairement longs : ainsi dans Hérodote (et dans Diodore, dont la source, Hékatée d'Abdère, a simplement remanié Hérodote), Chéops reçoit 50 ans, et Chephren jusqu'à 56 ans, mais Mykerinos, en raison de la petitesse de sa pyramide, ne compte que 6 ans, — ajoutez que Cheops et Chephren ont dû être frères[2] et Mykerinos, le fils de Cheops !... Manéthon les gratifie des chiffres absurdes de 63, 66, 63 ans. Au contraire, le Papyrus donne à Cheops 23 ans[3] — (à son prédécesseur Snofrou, qui a bâti deux grandes pyramides, un an de plus). Les six durées de règnes conservées (rois 23, 24, 25 ; 29, 30, 31) forment au total 79 ou 89 ans (plus x mois) ; si nous comptons

1. Tout au plus pourrait-on, comme Bouriant et E. Brugsch, *Livre des Rois*, p. 6, le proposent, identifier le roi Imḥotep (L., *D.*, II, 115 *h*, Wadi Hammamat), avec Θάμφθις, qui alors serait mal écrit (le nom correct devrait être Ἰμούθης). Même opinion chez Petrie, *History*, I, 66.

2. Nous savons par le Papyrus Westcar, que Chephren était le fils de Cheops.

3. Il est très digne d'attention que la liste d'Eratosthène se rapproche ici beaucoup, quand elle donne 29 ans à Saophis Ier. De même, Saophis II ne reçoit que 27 ans, Moscheres 31.

pour Chephren, Mykerinos et son successeur inconnu (rois 26, 27, 28) en chiffres ronds 70 ans, nous aurions, pour toute la durée de la dynastie, environ 160 ans, au lieu des 277 ans de Manéthon. On a souvent attiré l'attention sur ce fait que les monuments ne permettent pas d'attribuer une durée plus longue à la dynastie. En effet, la favorite de Snofrou, Merit-atefes, qui passa ensuite au harem de Cheops (à l'avènement duquel elle devait donc avoir de 16 à 18 ans), vivait encore sous Chephren[1], — et le prince Sechemkere', peut-être un fils de Chephren, vécut sous celui-ci, et sous Mykerinos, Šepseskaf, Ouserkaf et Sahoure'[2]. Ainsi, la dynastie ne s'étend pas au delà de deux vies d'hommes, peut-être très longues[3], c'est-à-dire, environ 160 ans. A cela répond bien qu'elle n'ait compris que cinq générations, représentées par Snofrou, Cheops, Chephren, Mykerinos et Šepseskaf. La Ve dynastie commence chez Manéthon par Ouserkaf, avec lequel, en réalité, une nouvelle race parvenait au trône. Le Papyrus, par contre, ne fait la coupure qu'à l'avènement de son second successeur, Nefererkere' Kakai. D'après la légende du Papyrus Westcar, Ouserkaf, Sahoure' et Kakai étaient trois jumeaux, que Re' avait engendrés pour en faire des rois, et on admet généralement qu'ils ont été trois frères. Mais il est douteux que ce soit historiquement vrai : car il serait très bizarre que les deux premiers n'aient pas fait leurs fils héritiers du trône. Peut-être étaient-ils tous les trois des usurpateurs, qui s'étaient alliés contre l'ancienne dynastie de façon à occuper le trône l'un après l'autre. Ainsi Nefererkere' Kakai peut avoir été en réalité le père et le fondateur de la nouvelle dynastie; il semble avoir fait triompher une tradition nouvelle, puis-

1. L'inscription de son tombeau ne parle pas du règne intermédiaire de Dedefre'.

2. De Rougé, VI, *Prem. Dyn.*, p. 37, 77.

3. Meritatefes peut être décédée dans l'année où est né Sechemkere', et les années que celui-ci a vécues sous les deux premiers rois de la

que le premier, il a pris un nom de Roi à son avènement. (Cf. p. 192, n. 1).

Les trois derniers noms, comme les trois premiers, concordent dans toutes les sources. A la place du roi Newoserreʿ Ini, que S a omis, apparait dans Manéthon Ῥαθούρης, qui pourrait être une graphie singulière pour Newoserreʿ[1], car il est impossible d'admettre qu'on ait omis ce puissant roi. Des difficultés plus grandes se présentent pour les nᵒˢ 4 et 5 de la dynastie. Les listes portent :

S 28 Šepseskereʿ A 29 Neferfreʿ M V 4. Σισίρης
29 Chaʿneferreʿ 5. Χέρης

Sur les monuments on trouve les noms royaux Neferfreʿ et Akeouḥor, ce dernier avec nom d'Horus [hiéroglyphes] *Sechemchaʿou*[2], puis le nom d'Horus [hiéroglyphes] *Neferchaʿou*[3]. C'est à Šepseskereʿ qu'appartient peut-être un scarabée avec la légende [hiéroglyphes][4]. Comme le remarque H. Schæfer, après Borchardt, il faut grouper les noms, en tenant compte de la consonnance entre les noms d'Horus et les noms d'avènement, de la manière suivante :

4. [hiéroglyphes] = [hiéroglyphes] = [hiéroglyphes] Šepseskereʿ = Σισίρης M.

5. [hiéroglyphes] = [hiéroglyphes] = [hiéroglyphes] Akeouḥor = Χέρης M.

Manéthon, s'écartant du procédé suivi pour Neferkereʿ, Newoserreʿ et Dedkereʿ, donne le nom personnel des rois[5],

Vᵉ dynastie, peuvent correspondre à celle de Snofrou, avant la naissance de Meritatefes.

1. Comme Erman le remarque, le nom pourrait se rendre correctement par Λαυσίρης ; comp. Λαμάρης = Nemaʿ atreʿ (Amenemḥet III).

2. Sceau de terre argileuse du Musée de Berlin, nᵒ 16277.

3. C'est à lui qu'appartient le décret mutilé publié dans Fraser, *Bersheh*, II, p. 57 (cf. Griffith ap. Petrie, *Abydos*, II, p. 42).

4. Petrie, *History*, I, 74.

5. Σισίρης = Šepses[ke]reʿ ; Χέρης = [A]keouḥor, dans lequel Ḥor est devenu ρης, comme dans Μεγχέρης, V, 7 = Menkeouḥor.

tandis que S donne pour le premier le nom personnel, pour le second le nom d'avènement et A seulement le premier roi avec son nom d'avènement.

Quant aux années de règne du Papyrus, il est à remarquer que le nombre qui revient à Newoserre' (n° 37), nombre dont il ne reste que la moitié inférieure du chiffre des dizaines, peut aussi bien être 10, que 20 ou 30. Mais comme ce roi en tout cas a régné très longtemps et a célébré la fête Sed, le nombre vrai doit être 30. Dedkere' aussi, à qui le Papyrus donne 28 ans[1], a eu sa fête Sed[2]; ici encore il n'y a pas de raison de contester le nombre, vu que cette fête était sûrement un Jubilé de la 30e année; toutefois il est arrivé souvent, qu'on l'ait célébré avant la 30e année de règne d'un roi[3]. Pour le reste, un des chiffres du Papyrus concorde complètement avec Manéthon :

T 35 (Šepseskere') 7 ans = M V, 4. Σισίρης 7 ans;

et deux autres à peu près :

T 33 (Sahoure') 12 ans = M V, 2. Σεφρής 13 ans;
T 38 (Menkeouḥor) 8 ans = M V, 7. Μενχερής 9 ans.

Tous les autres chiffres ont d'extrêmes divergences. Dans le Papyrus, 7 des chiffres d'années de règne sont conservés, mais ceux de Newoserre' incomplètement; leur somme est 122 ans + x mois. Des deux qui manquent, ceux de Neferkere' et d'Akeouḥor, aucun ne peut avoir été

1. Nous avons de lui des dates de « l'année après la 4e fois du compte (recensement) des bœufs et de tout le petit bétail », de « l'année de la 9e fois du compte des bœufs » et de « l'année de la 15e fois » (v. Sethe, *Beitr.*, p. 79). Il a donc régné jusque dans sa 29e année. Sur cette façon de dater, v. plus bas, la Pierre de Palerme.

2. Inscription sur un vase ap. Sethe, *Urkunden des alten Reiches*, I, p. 57, n° 38.

3. Sethe n'a pas encore publié le mémoire promis, dans lequel il démontrera que c'est le Jubilé de la 30e année où l'on proclame la succession au trône (*Unters.*, I, p. 9). Cette explication n'est pas sans mériter réflexion; mais nous ne comprenons pas davantage les cérémonies de cette fête antique, ni leur signification.

particulièrement long; cela ressort non seulement du petit nombre des monuments, mais surtout d'un fait positif: Ptahšepses, né sous Mykerinos et gendre de Šepseskaf, put être encore prêtre du temple solaire *Šopoujebre'*, bâti par Newoserre' Ini[1]; sa vie s'étend donc, depuis la fin de la IVe dynastie, sous toute la première moitié de la Ve dynastie jusqu'au règne du sixième roi. Si nous admettons qu'il avait environ 30 ans à la fin de la IVe dynastie et qu'il est arrivé à l'âge de 90 ans, nous réservons au plus 50 ans pour les cinq premiers rois de la dynastie. Mais il est vraisemblable qu'ils ont régné moins, au maximum 40 ans[2].

Somme toute, nous voyons que de Snofrou à Newoserre' il n'y a qu'une durée de trois vies d'homme l'une dans l'autre. Des dates mentionnées, résulte le synchronisme suivant :

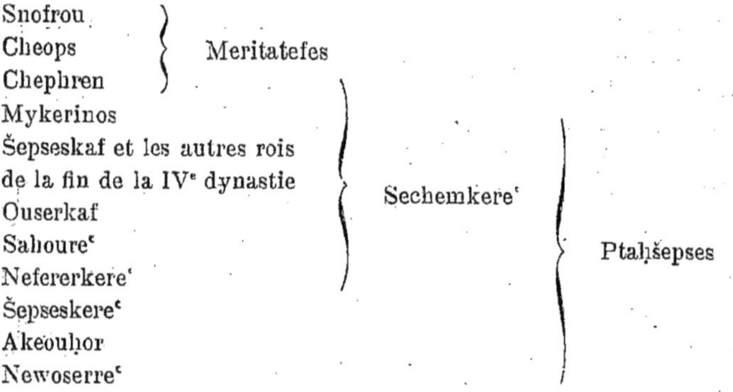

Il y a donc, de l'avènement de Snofrou à l'avènement de

1. Mariette, *Mastabas*, p. 112 = 451 sqq. et suiv. Sethe, ap. *Urkunden des alten Reiches*, I, 51 sq., a essayé de reconstituer sa biographie incomplètement conservée. — L'« année de la 14e fois du compte des bœufs et du petit bétail » dans un papyrus de Naville, ap. *Recueil*, XXV, 8 appartient, comme le remarque Sethe, *Beitr.*, p. 79, non pas à Nefererkere', mais à un de ses successeurs, peut-être Dedkere' Asosi. La 10e année de Nefererkere' est la dernière conservée sur la Pierre de Palerme; cf. plus loin.

2. Répartis à peu près ainsi : [Voir ci-contre.]

Newoserre', au maximum 200 ans. C'est ce que confirment les chiffres du Papyrus pour les quatre derniers rois de la Ve dynastie (de Newoserre' à Ounas) : en chiffres ronds 100 ans.

Nous devons donc fixer la durée de la Ve dynastie à 140 ans au plus, en opposition avec les 248 ans de Manéthon, et la durée de l'époque la plus florissante de l'Ancien Empire, de l'avènement de Snofrou à la fin d'Ounas, à 300 ans au plus, au lieu des 525 ans de Manéthon. Et nous voyons en même temps que les données du Papyrus concordent fort bien avec les monuments.

Comme moyenne, pour les 18 rois des deux dynasties, nous trouvons 16,6 ans, nombre nullement trop faible, si l'on considère que six règnes (nos 25, 30, 31, 32, 35, 38) n'ont eu ensemble que 36 ans (+ x mois), c'est-à-dire en moyenne 6 ans; deux règnes encore (nos 28, 36) n'ont pas dû être plus longs. Pour les dix autres, il reste environ 250 ans, ce qui donne une moyenne fort élevée de 25 ans. Ce résultat reste complètement inattaquable, quand même on n'admettrait pas la répartition proposée plus haut des noms royaux sur les dates du Papyrus.

IIIe dynastie

En opposition avec la IVe et la Ve dynastie, et avec la concordance approximative des listes pour les deux premières dynasties, la IIIe dynastie accuse les plus fortes divergences. Aux huit rois de Manéthon (il ne peut plus être question du premier, Necherophes, v. p. 174) et aux

Ouserkaf......	7 ans
Sahoure.......	12 »
Nefererkere...	[10] »
Šepseskere....	7 »
Akeouhor......	[4] »
Total....	40 ans.

sept rois d'Eratosthène, dans toutes les listes égyptiennes correspondent seulement quatre rois.

Encore n'y a-t-il concordance que pour les deux premiers noms, Zoser et Zoser-Atoti (A ne donne qu'Atoti), que l'on a reconnu avec raison dans le Τόσορθος de Manéthon (III, 2; pour la forme du nom, v. p. 174), ou Τοσέρτασις (III, 6) et qu'on peut, au besoin, retrouver aussi dans Eratosthène. Les listes égyptiennes donnent aux deux places suivantes :

3. T [hiéroglyphe] (*zefa*, comp. p. 198, n. 2). S Nebkereʿ. A *Sẕs*.
4. T et S Ḥouni. A Neferkere[1]ʿ.

On pourrait supposer que le Nebkereʿ de S serait le Nebka, omis par S, et mal placé par T et A avant Zoser, si le Papyrus Westcar ne donnait pas la suite de rois Zoser, Nebka[2], Snofrou, Cheops.

A cette époque, comme sous la Ve dynastie, il n'y a pas encore à penser aux doubles noms. Aussi faut-il admettre que l'unité de l'empire était en grande partie dissoute, excepté sous Zoser et Zoser-Atoti, et que chaque liste considère comme légitimes des rois différents. Ainsi s'expliquerait ce fait que M et E donnent beaucoup plus de noms ; précisément à certains moments de cette époque ont régné plus de rois éphémères qu'à aucune autre. Peut-être trouvera-t-on aussi une explication dans le fait que le Papyrus, par exemple pour le no 18, Nebka, et aussi pour le no 19, Zoser et le no 20, Zoser-Atoti, donne la durée du règne en années pleines, sans compter les mois, ni les jours ; c'est que ces chiffres reposent sur un compromis entre des computs différents. Quant à la liste du Papyrus, il n'y a pas à douter

1. On pourrait identifier ces noms avec Κερφέρης (M., III, 9) qui serait une altération de Νεφερχέρης.

2. Il est difficile d'attribuer de l'importance au fait que le Papyrus écrit le nom [hiéroglyphes] sans *reʿ*, au lieu de [hiéroglyphes] (S).

qu'elle ne soit complètement chronologique. Le total n'est que de 55 ans (+ x mois), ce qui donne une moyenne d'environ 14 ans. La Pierre de Palerme nous donnera une preuve certaine qu'en fait l'intervalle entre le dernier Thinite de la IIe dynastie et l'avènement de Snofrou ne peut pas avoir été plus grand et que les 214 ans attribués par Manéthon à la IIIe dynastie nous induisent complètement en erreur.

Des rois de la IIIe dynastie, le premier seul jusqu'ici est connu par les monuments : c'est Zoser, avec le nom d'Horus [hiéroglyphes], Ntrcht, et nous savons déjà qu'il est le fils de Nemaʿathapi (p. 183). C'est à lui qu'appartient la grande pyramide à degrés de Sakkara[1] ; comme ses prédécesseurs, il a résidé dans la région de Memphis. Son nom se trouve, de plus, sur de nombreux sceaux du grand tombeau de Betchallâf, au nord-ouest d'Abydos[2] ; il semble qu'il s'est donc, lui aussi, élevé deux tombeaux, l'un conforme au vieux style, l'autre d'un style nouveau créé par lui. Sethe a prouvé[3] que l'inscription de Sehêl qui lui attribue une donation du Dodekaschoinos aux dieux des cataractes et qui fait vivre sous son règne le sage médecin et architecte Imhotep, contient réellement des données authentiques. C'est de lui que provient aussi une inscription commémorant une victoire dans la péninsule du Sinaï[4]. Sur

1. Brugsch et Steindorff, *Æ. Z.*, XXVIII, 110 sq. (cf. Borchardt, *Æ. Z.*, XXX, 83). *Ægypt. Inschr. der Kgl. Museen*, I, p. 1.

2. Garstang, *Mahâsna and Bet Khallâf*, pl. 8-10. Garstang voudrait bien le déposséder de la pyramide à degrés (p. 3 sq.), mais il n'a pas dit les raisons qui pourraient infirmer le témoignage des inscriptions gravées sur la porte. Pour le culte de Zoser dans le domaine de Memphis à une époque ultérieure, cf. Erman, *Æ. Z.*, XXXVIII, p. 119 sq.

3. *Dodekaschoinos* (ap. *Beitr. zur Gesch. Ægyptens*, II, 3), p. 75 sqq. *Imhotep* (*Beitr.*, II, 4), p. 11, 14, 18 sqq. Il admet avec raison, que dans la notice correspondante de Manéthon le nom de Imhotep (Imouthes) a été omis.

4. Bénédite, *Recueil*, XVI, p. 104 ; plus complètement dans Weill, *Revue archéol.*, 4e série, II, p. 235.

tous ces monuments il porte seulement le nom d'Horus ; par contre, le nom Zoser a été trouvé sur un fragment provenant des tombeaux royaux à Abydos[1]. Les inscriptions des temps postérieurs démontrent que les deux noms désignent un seul et même roi. Et la preuve que le souverain memphite a été plus tard en haute considération, c'est que Sésostris II lui a fait élever une statue[2].

Le successeur de Zoser, Zoser II Atoti, n'est pas connu jusqu'à présent par des monuments contemporains ; mais un prêtre memphite du temps des Perses était prêtre de Zoser et de Zoser-Atoti[3] ; ainsi il aurait eu, lui aussi, son tombeau à Sakkara. A Betchallaf, non loin du tombeau de Neterḫet-Zoser, s'en élève un autre, où les sceaux donnent le nom de Horus [hiéroglyphes], c'est-à-dire vraisemblablement Sa nḫt (d'après Sethe)[4] ; sur un fragment[5], il porte, ceint d'un cartouche, un nom composé en [hiéroglyphe], que Sethe, avec raison sans doute, complète en [hiéroglyphes] (c'est-à-dire [hiéroglyphes]) Nebka. Ce serait alors le roi que la table de Sakkara nomme à la troisième place et que le papyrus Westcar intercale entre Zoser et Snofrou. Sur des pierres d'un très vieux mastaba à Abousir[6], on trouve le nom d'un prêtre du temple funé-

1. *Royal Tombs*, I, 4, 3 (comp. Sethe, *Beitr. zur ältesten Gesch.*, p. 31). Une empreinte du nom de Ntrḫt a été trouvée à Hierakonpolis (Quibell, p. 70, 3).

2. Berlin, *Mus.*, 7702.

3. Et aussi du roi Atoti Ier [cartouche] et d'Amasis, v. Erman, *Æ. Z.*, 38, 115 sqq.

4. Garstang, *loc. cit.*, pl. 19.

5. *Ibid.*, 19, 7 ; cf. Sethe, ap. Garstang, p. 25.

6. L., *D.*, II, 39 *a*, *b* = *Ægypt. Inschr. des Berl. Mus.*, I, p. 30. Des scarabées avec [cartouche] sont cités dans Petrie, *Historical Scarabs*, pl. 1 = Fraser, *A catalog of scarabs*, n° 6 (cf. Petrie, *History*, I, 25 sq.). Mais on peut douter qu'ils soient réellement du temps. Plus problématique encore est le [cartouche] de Petrie.

raire de (hieroglyphes); c'était donc bien là qu'était le tombeau du roi. — Quant au roi Ḥouni (à la quatrième place dans T et S), nous ne le connaissons encore que par le Papyrus Prisse, qui le nomme comme le prédécesseur direct de Snofrou. Il n'est pas possible, jusqu'à présent, d'indiquer quels étaient les autres noms des listes.

Par contre, le nom d'Hornefersa (cartouche)[1] apparaît sur une plaque d'albâtre et se retrouve écrit semblablement au très vieux papyrus nº 8 de Boulaq, trouvé dans le sable, près de la pyramide à degrés de Sakkara[2]. Comme l'Horus se trouve ici inclus dans le cartouche, il est difficile d'y voir un nom d'Horus; c'est plutôt un nom personnel Nefersaḥor, lequel n'apparaît pas dans nos listes; mais, puisqu'il est dans un cartouche, il doit appartenir à la IIIe dynastie (ou à la fin de la IVe?). Un autre roi de cette dynastie, ou de la IIe dynastie, est (cartouche) Sḥtn (??); d'après la pierre de Palerme, (le) roi Nefererkerê, de la Ve dynastie, lui a fait une fondation, et Amten était préposé à sa « maison »[3].

Enfin, on a trouvé encore à Hierakonpolis un sceau avec le nom d'Horus (hieroglyphes)[4], sous lequel un des rois de ce temps semble caché.

Et c'est tout ce qu'on peut savoir sur le temps de la IIIe dynastie.

LES FRAGMENTS DE LA 4e ET DE LA 5e COLONNE

La 4e colonne du Papyrus est à la fois la plus importante et la plus difficile à reconstituer; de cette colonne et de la

1. Petrie, *History*, I, p. 106.
2. Mariette, *Pap. de Boulaq*, I, pl. 39.
3. L., *D.*, II, 3 = *Ægypt. Inschr. aus dem Berl. Mus.*, p. 79 (*Æ. Z.*, 17), cf. Schæffer, *Bruchstück altägypt. Annalen*, p. 40.
4. Quibell, *Hierakonpolis*, II, pl. 70, 1. — Je mentionne encore le scarabée (hieroglyphes), de Petrie, *History*, I, 106.

5e, on n'a conservé que des morceaux en piteux état. Par bonheur, nous possédons deux fragments plus grands (59 et 61+62+63), qui ont conservé les fins de lignes d'une colonne et les commencements de ligne de l'autre, de telle façon que les deux colonnes se complètent réciproquement. Le fr. 59 appartient à la col. 4, c'est-à-dire à la VIe dynastie, car, à la ligne 5, mention est faite d'un règne de plus de 90 ans, et à la ligne 6, d'un règne de 1 an 1 mois; comme Hincks l'a déjà reconnu, ces règnes ne peuvent être que ceux de Phiops (Apappous) et de Menthesouphis de Manéthon. Le morceau du fr. 61 qui appartient à la col. 5 contient à la ligne 1 les mots : [hiéroglyphes] (rouge) [hiéroglyphes] « total 18 rois »; à la ligne 2, également en rouge, la rubrique de la dynastie suivante : [hiéroglyphes] « rois ». Immédiatement au-dessous, quatre commencements de ligne avec des titres de rois; les deux lignes suivantes ont gardé encore les noms. Ce sont les rois, bien connus par leurs monuments, Nebchroureʿ et Sʿanchkereʿ, qui apparaissent dans les tables d'Abydos et de Sakkara (et ailleurs aussi) immédiatement avant Amenemḥet Ier. Ils appartiennent donc à la fin de la XIe dynastie. Immédiatement après le fr. 61, vient le fr. 64+67, qui contient les règnes de la XIIe dynastie et termine la colonne. Seyffarth (quoiqu'il n'eût aucun pressentiment de la dynastie à laquelle ils appartenaient) a donc ici parfaitement bien coordonné les fragments, en observant surtout le verso où ils se joignent très bien les uns aux autres.

Sur le fr. 64 se trouve, ligne 2, la rubrique de la XIIe dynastie (« [rois de la] cour d'Ithtaoui ») avec, au-dessus, ligne 1, le nombre 160[1], qui doit être la somme des années de la XIe dynastie. Dans les éditions, la dernière ligne, qui est sous Sʿanchkereʿ au fr. 61, est mise sur le même

1. On serait tenté de lire 260. Mais en outre que ce nombre serait historiquement trop élevé, le trait, qui devrait marquer la deuxième centaine, ne dépend pas du signe 100, mais appartient clairement au signe 60.

plan que la première du fr. 64; donc, dans cette hypothèse, le commencement du total devait se trouver ici. Mais on voit distinctement deux traits noirs, qui ne peuvent être que les ailes de l'abeille du titre « roi de la Basse Égypte », et celui-ci ne peut pas se trouver dans une formule de total.

Si, malgré cela, l'on regarde généralement comme juste l'assemblage proposé par Seyffarth du fr. 61 et du fr. 64, c'est qu'on voit en S'anchkere' le dernier roi de la XIe dynastie. Or, Breasted a soutenu que cette hypothèse ne s'impose pas absolument; il croit possible, au contraire, d'admettre après ce roi un autre, Nebtaouire' Mentouhotep IV. A ma prière, Breasted a bien voulu donner la conclusion de ses recherches dans le mémoire suivant, ce dont je lui exprime tous mes remerciements[1].

La XIe dynastie, par James Henry Breasted[2]

« Depuis que Steindorff[3] a montré que les 'Intf n'appartiennent pas à la XIe dynastie, la plus grande incertitude a prévalu quant à la durée de cette dynastie, et à l'ordre des rois qui lui appartiennent. Un examen attentif permet toutefois, à mon avis, de rétablir le véritable ordre de ces rois et de déterminer aussi combien de temps la famille a régné.

Il est évident, d'après les monuments par eux laissés, qu'ils ont conquis le Nord, et renversé les Héracléopolitains.

1. Comme on le verra plus loin (p. 225), M. le prof. Ed. Meyer n'accepte plus aujourd'hui la reconstruction de la XIe dynastie proposée par Breasted. Cependant pour comprendre *les corrections* exposées plus loin, il est nécessaire de connaître et la théorie de Breasted et les premières reconstructions proposées par M. Meyer. Aussi ai-je cru devoir conserver à cette partie de la *Chronologie* sa forme primitive, en priant le lecteur de se reporter ensuite aux *corrections*. (N. du traducteur.)

2. En anglais, dans l'original.

3. *Die Könige Mentuhotep und Antef*, ap. *Æ. Z.*, XXXIII, 77 sqq.

Or cette conquête peut fournir des indications pour un nouveau classement de la famille qui l'a accomplie. Il est possible d'après les monuments contemporains de déterminer si le règne d'un roi donné tombe avant ou après la conquête du Nord. Soumettons à cette épreuve les quatre Mentouhotep connus de nous[1]. Ce sont Nb-ḥtp (Nebḥetep), Nb-ḫrw-Rʿ (Neb-kherou-Reʿ), Sʿnḫ-k'-Rʿ (Sânkh-ka-re) et Nb-t'wy-Rʿ (Neb-taou-ireʿ). Le Papyrus de Turin place Nb-ḫrw-Rʿ et Sʿnḫ-k'-Rʿ ensemble à la fin de la dynastie, et dans l'ordre où je les ai nommés. Dans les listes de Sakkara et d'Abydos, ce sont les seuls rois de la XIe dynastie qui soient nommés ; ajoutez que le prestige de Nb-ḫrw-Rʿ fut tel, que dans la tradition du Nouvel Empire, on le regardait comme le fondateur et l'organisateur de la monarchie thébaine (L., *D.*, III, 2 *a*, *d*). Il est nommé au Ramesséum, côte à côte avec Ménès et Ahmose Ier, et reçoit les mêmes honneurs qu'eux. Il est évident qu'il doit avoir gouverné tout le pays ; de son temps la conquête du Nord était chose ancienne. Les monuments de son successeur, Sʿnḫ-k'-Rʿ, montrent clairement qu'il a régné lui aussi dans la période après la conquête. A Hammamat ses inscriptions (L., *D.*, II, 150 *a* = Golenischeff, *Hamm.*, XV-XVII, 9-10) spécifient qu'il leva des hommes, pour le travail des carrières, dans le territoire entre Oxyrhynchus et Gebelên, montrant que toute la Haute-Égypte était de fait en son pouvoir. De même pour ce Henou, qui avait charge du travail à Hammamat, le fait qu'il se vante d'avoir « dompté les H'-nbw » (l. 8) montre qu'il a dû gouverner le Delta.

Dans le cas de Nb-ḥtp, nous trouvons une preuve évidente et jusqu'ici non remarquée, de sa position dans la famille. Des fragments[2] de son temple, aujourd'hui disparu,

1. Il est à peine besoin de dire, à quiconque l'a examinée, que la liste de Karnak ne peut servir à une telle reconstruction, puisque son ordre n'est pas chronologique.

2. Actuellement au Caire ; publiés (très négligemment) par Daressy

ont survécu à Gebelên, utilisés pour le puits d'un temple ptolémaïque sur le même emplacement. Un des blocs représente Nb-ḥtp assommant un ennemi, que désigne l'inscription : « Prince de Teḥenou et ..... (?) ». Il aurait pu difficilement battre les Libyens, s'il n'avait été maître du Delta. Une autre scène remarquable, donnée par un autre bloc, est tout à fait décisive ; ici Nb-ḥtp abat quatre ennemis ; trois d'entre eux sont désignés comme Nubiens, Asiatiques (Sttyw), Libyens, tandis que le quatrième, qui n'a pas d'inscription, est un Égyptien ! Au-dessus court l'inscription suivante, qui est significative : « Enchaînant les chefs des Deux Pays, capturant le pays du Sud et le pays du Nord, les contrées étrangères (ḫ'sḫwt) et les deux régions (ydbwy), les Neuf Arcs et les Deux Pays ». Nb-ḥtp fut donc le roi qui acheva la conquête du Nord. Pour la première fois depuis les guerres des rois des premières dynasties avec le Nord, nous avons ici un Pharaon qui se glorifie ouvertement de ses victoires sur les Égyptiens, et qui n'hésite pas à représenter ses compatriotes défaits, parmi les barbares méprisés qu'il avait conquis. Il est donc parfaitement certain, que Nb-ḥtp doit être placé avant Nb-ḫrw-Rʿ. Nous ne pouvons pas cependant lui donner la place de prédécesseur immédiat de ce roi ; car dans un bas-relief contemporain, à Shatt-er-Regâl[1], Nb-ḫrw-Rʿ est figuré recevant l'hommage d'un roi vassal de sa propre famille, un 'Intf inconnu par ailleurs. Ce corégent 'Intf ne peut pas avoir été le successeur de Nb-ḫrw-Rʿ, pour cette raison que le Papyrus de Turin indique Sʿnḫ-k'-Rʿ comme successeur de Nb-ḫrw-Rʿ. Cet 'Intf inconnu fut donc le prédécesseur de Nb-ḫrw-Rʿ, qui a pris sa place, mais lui a

(*Rec.*, XIV, 26, XVI, 42), beaucoup mieux par Frazer (*PSBA.*, XV, 494, n° XV). — J'ai eu le bonheur d'utiliser une copie faite pour le Dictionnaire par Erman.

1. *PSBA.*, 1881, 99-100 ; Petrie, *Season*, XVI, 489 ; Maspero, *Hist.*, I, 463.

permis de régner pour un temps comme vassal. Nous pouvons donc regarder comme certain l'ordre des rois qui suit :

Nb-ḥtp
le vassal 'Intf
Nb-ḫrw-Rʿ
Sʿnḫ-k'-Rʿ

Mais il est toujours douteux qu'il n'y ait pas eu un règne ou deux entre Nb-ḥtp et le vassal 'Intf; nous reviendrons plus loin sur cette question.

Avant de discuter la position de Nb-t'w-Rʿ, le seul Mentouḥotep qui reste des quatre, examinons les positions qu'il faut assigner aux 'Intf qui restent. Comme Steindorff l'a montré dans ses conclusions, nous n'avons à côté du vassal 'Intf, que deux autres 'Intf, appartenant à la XIe dynastie d'après les monuments : ce sont le nomarque 'Intf, et Horus W'ḥ-nḫ-'Intf. Pour le premier, son titre indique évidemment qu'il devait être le chef de la famille avant qu'elle assumât le pouvoir ; la liste erronée de Karnak elle-même place comme nomarque cet 'Intf au commencement de la XIe dynastie. Quant à Horus W'ḥ-ʿnḫ, il a régné avant la conquête du Nord ; et il a commencé lui-même cette conquête. Sa stèle funéraire[1], érigée dans la cinquantième année de son règne à Thèbes, constate ce qui suit : « ... Sa frontière Nord s'étend aussi loin que le nom d'Aphroditopolis[2]. J'ai enfoncé le poteau d'amarrage (c'est-à-dire, j'abordai[3])

1. Mariette, *Mon. div.*, pl. 49, cf. p. 15 ; De Rougé, *Inscr. hiér.*, pl. 161-162.

2. Lisez « le Serpent et la Plume » : les faits relatés rendent certaine cette lecture. W'ḥ-ʿnḫ parle ici de l'établissement de sa frontière nord. L'inscription de 'Intf-ykr (voyez *infra*, p. 217) montre que W'ḥ-ʿnḫ régnait au nord jusqu'à Akhmin, qui est juste de l'autre côté de la rivière, par rapport au nome d'Aphroditopolis ; ce dernier nome est juste au nord du nome Thinite.

3. Comp. Sharpe, *Inscr.*, I, 79, I, 14 ; *Pap. Ebers*, 58, 9, et Sethe, *Verbum*, I, 259.

dans la vallée sacrée, je pris le nome Thinite tout entier, j'ouvris toutes ses forteresses (ou prisons). Je fis là[1] la porte du Nord ». Cette porte du Nord est naturellement sa frontière Nord, correspondant à la « porte du Sud » d'Éléphantine, qui est connue depuis la VIe dynastie. La « porte du Nord » d'W'ḥ-ʿnḫ dans le nome d'Aphroditopolis, n'a pas été sans doute autre chose que la « forteresse de la porte du Sud », qui, pour Tefibi de Siout[2], était la frontière du Sud, à peu près à la même période, c'est-à-dire vers le terme de la suprématie héracléopolitaine. Mais W'ḥ-ʿnḫ, évidemment, ne poussa pas la conquête plus loin durant sa vie, si ce point était sa frontière au moment de l'érection de sa stèle funéraire dans sa cinquantième année. Du fait que la conquête du Nord était incomplète en son règne, il faut le placer avant Nb-ḥtp, qui acheva cette conquête, et après le nomarque 'Intf.

Nous avons maintenant déterminé les positions relatives de six rois de la dynastie. Celle de Nb-t'wy-Rʿ reste encore incertaine. On a admis ordinairement que le Papyrus de Turin assigne six rois à la XIe dynastie; en ce cas, nous n'aurions pas de place pour le Mentouḥotep qui reste. Mais en fait le Papyrus laisse voir sous le sixième nom de fortes traces d'un septième; les restes de . dans le titre précédant le nom, sont particulièrement nets. Or les monuments de Nb-t'wy-Rʿ indiquent clairement qu'il régna sur tout le pays. Pour ses opérations dans les carrières d'Hammamat, il n'employa pas moins de dix mille hommes, dont trois mille venaient du Delta: et ses artisans d'élite étaient tirés de « tout le pays ». Il nous faut donc le placer après la conquête du Nord, c'est-à-dire après Nb-ḥtp. Nous avons laissé une lacune possible entre Nb-ḥtp et le vassal 'Intf. Mais l'extension des opérations de Nb-t'wy-Rʿ à Hammamat est

1. Le nome Thinite est masculin; donc la phrase *ir n s* se rapporte sûrement au nome Aphroditopolite.

2. Griffith, *Siut; Tomb*, III, pl. 11, l. 18.

tout à fait contre l'hypothèse qu'il aurait suivi immédiatement la réunion de toute l'Égypte sous Nb-ḥtp. De plus, si nous insérons son règne après Nb-ḥtp, nous n'avons plus de roi de la dynastie, pour remplir la place du nom perdu à la fin de la dynastie dans le Papyrus de Turin. Enfin Nb-t'wy-Rʿ a célébré son *Ḥb-śd* dès la seconde année de son règne[1]. Il avait ainsi attendu vingt-huit ans comme prince royal, avant que la mort de son père ne lui apportât la couronne. Il est donc vraisemblable qu'à son avènement il était déjà vieux. Son puissant vizir, Amenemhet, qui commandait dix mille hommes pour les opérations à Hammamat, et qui se vante d'un pouvoir inaccoutumé, était donc, comme on l'a déjà supposé, probablement très capable de mettre de côté un vieux roi affaibli et de devenir le fondateur d'une dynastie nouvelle. Quoi qu'il en soit de cette dernière supposition, je ne crois pas qu'on puisse proposer aucun autre arrangement des rois de la XIe dynastie, d'après les documents contemporains et les listes. Le fait que les listes des temples ont omis Nb-t'wy-Rʿ après Sʿnḫ-k'-Rʿ et avant la XIIe dynastie, ne peut être une objection contre notre système; en effet, tout système doit compter avec pareille omission du nom perdu à cette place dans le Papyrus de Turin. Or ces listes des temples omettent communément les règnes éphémères à la fin d'une dynastie.

Nous pouvons par conséquent rétablir les sept rois du Papyrus de Turin, comme suit :

Nomarque 'Intef Ier	x	ans
Horus W'ḥ-ʿnḫ 'Intf II	50+x	»
Nb-ḥtp Mentouḥotep Ier	x	»
Vassal 'Intf III	x	»
Nb-ḫrw-Rʿ Mentouḥotep II	46+x	»

1. Golenischeff, *Hammamat*, pl. X, 1 (= L., *D.*, 149 c).

S'nḫ-k'-R' Mentouḥotep[1] III 28 + x ans
Nb-t'wy-R' Mentouḥotep IV 2 + x »

Au point de vue de la chronologie, cette reconstitution répond à toutes les exigences : d'après la stèle[2] de 'Intf-yḳr à Leyde, nous savons que le bisaïeul de cet homme avait été nommé à un poste de scribe dans le nome Thinite par W'h-'nḥ. En estimant une génération à trente ou trente-cinq ans, nous pouvons dater en gros la nomination du bisaïeul d''Intf-yḳr, de 120 à 140 ans avant l'érection de la stèle d''Intf-yḳr à Abydos, qui eut lieu pendant la 33e année de Sésostris Ier, c'est-à-dire 53 ans après l'avènement de la XIIe dynastie. Sa nomination tomba donc, en gros, dans la période de 67 à 87 ans avant la chute de la XIe dynastie ; si l'événement s'est passé vers la fin du règne de W'ḥ-'nḫ, l'avènement de ce dernier peut avoir eu lieu au plus tôt 137 ans avant la chute de la XIe dynastie. Ceci est confirmé par les dates subsistantes des règnes de ses successeurs, qui montrent que sa mort ne pouvait pas avoir eu lieu plus tard que 80 ans (au minimum 76) avant l'avènement de la XIIe dynastie. Or le Papyrus de Turin donne au moins 160[3] ans de durée à la dynastie ; les 23 ans nécessaires pour arriver au total, peuvent appartenir au règne du nomarque 'Intf qui précéda W'ḥ-'nḫ. On pourrait noter que la guerre pour la conquête du Nord peut avoir été achevée quatre-vingts ans avant la fin de la XIe dynastie. »

Je n'ai qu'un mot à ajouter à l'exposé de Breasted, c'est

1. Gardiner a démontré (*PSBA.*, XXVI, 1904, 75) que S'anchkere' portait le nom personnel de Mentouhotep.

2. Leemans, *Description des Mon. à Leyde*, p. 264-266 ; De Rougé, *Rev. arch.*, 1re série, VI, 560 ; Piehl, *Inscr.*, III, XXI-XXII.

3. Il est certain que ce total se rapporte à la XIe dynastie. Il précède immédiatement la XIIe dynastie, et comme un autre total précède immédiatement la XIe dynastie, la somme 160 (+ x) se rapporte nécessairement aux règnes de la XIe dynastie.

que je ne suis pas convaincu que le nomarque Antef ait figuré au Papyrus de Turin. Son titre à une place dans le Papyrus repose uniquement sur ceci, que dans la table de Karnak, après les rois de la VIe dynastie le[1] [hieroglyphs] « prince (rp'ti) Antef » apparaît, avec le cartouche, mais sans le titre de roi. En lui je verrai, suivant l'opinion courante, l'ancêtre de la XIe dynastie, un prince du district thébain, qui a posé les fondements de la dynastie. Il peut très bien avoir été un des deux princes Antef[2] connus par leurs inscriptions tombales. Mais officiellement tous deux ne sont que les vasseaux d'un suzerain[3], quelque indépendants qu'ils aient pu être en réalité; par conséquent ils n'avaient aucune place à revendiquer dans une liste chronologique des rois d'Égypte. Sur la liste de Karnak, qui paraît garder ici passablement l'ordre chronologique[4], les princes Antef sont suivis de trois souverains portant le titre d'Horus (n°s 13, 14, 15), un Mentouḥotep[5] et deux Antef; ils n'ont

1. N° 9, Merenre'; n° 10, Pepi; n° 11, un nom détruit; n° 12, le *rp'ti* Antef.

2. Steindorff, *Æ. Z.*, 33, 81. Le premier est celui mentionné par Breasted, p. 158.

3. Le premier s'appelle : « *rp'ti ḥati'a,* prince ([hieroglyphs]) du district de Thèbes, qui emplit le cœur du roi, défenseur de la porte du Sud, grand pilier qui fait vivre ses deux terres ([hieroglyphs]) qui l'aiment, le grand prêtre Antef » (Mariette, *Mon. div.*, 50 *b*) — titres qui ne sont pas supérieurs à ceux d'Amenemḥet sous Nebtawire' ni à ceux d'autres vizirs, etc. Le second porte exclusivement le titre habituel de nomarque.

4. Sur la ligne voisine se trouvent les rois de la XIIe dynastie, depuis Amenemhet Ier, mais d'une façon toute confuse. Nebchroure' (Mentouḥotep II, n° 26) est comme Sesostris Ier (n° 31) égaré à la quatrième ligne, et le [hieroglyphs] Antef de la l. 3 (n° 17 Lepsius, plus correctement n° 22) après la dyn. XIIe, sera un souverain de la XIIIe dynastie aussi bien que Noubcheperre' (n° 27 à la ligne 4). Cf. Mariette, *Mon. div.*, 50 *a*; Pap. Abbott et le décret de Koptos (Steindorff, *l. cit.*, p. 83).

5. Il n'est pas douteux que le nom, dont le commencement seul a été conservé [hieroglyphs], doive être complété ainsi, quoi qu'en dise Steindorff, *l. cit.*, p. 79.

donc pas, du moins pour le rédacteur de la table, la titulature royale régulière, mais, sortis des dynasties locales, ils sont en voie d'acquérir la royauté de tout le pays avec des noms royaux réguliers. L'un d'eux sera [hiéroglyphes] Horus Waḥ'anch, l'Antef II de BREASTED. L'autre aurait, d'après mon appréciation, tous les droits à être compté à la place de nomarque, comme Antef Ier[1]. Il est très vraisemblable que les premiers Thébains, qui osèrent usurper la royauté, ont été précédés de beaucoup d'autres, qui étaient indépendants en réalité des Hérakléopolitains, et qui peut-être leur firent plusieurs fois la guerre, sans oser toutefois franchir le pas décisif, c'est-à-dire prendre au moins la moitié du titre de roi. Ce qui le ferait croire, c'est que Manéthon attribue 16 rois à la XIe dynastie, si toutefois on peut attacher quelque certitude à ce nombre.

D'ailleurs ceci n'intéresse pas notre démonstration ; l'important pour nous c'est l'hypothèse présentée par Breasted, d'après laquelle Nebtaouire' Mentouḥotep IV a régné après S'anchkere' ; que, par conséquent, la dynastie comprenait sept rois dans le Papyrus et que la fin du fr. 61 (+63) est à remonter une ligne plus haut que le commencement du fr. 64.

PREMIER ESSAI DE RECONSTRUCTION DES COL. 4 ET 5

Dans cette hypothèse, voici comment se présenterait la reconstruction de la col. 5. Si nous plaçons le fr. 61 de la façon indiquée au-dessus du fr. 64, il restera entre le fr. 59, qui contient un morceau du bord supérieur[2], et le fr. 61 trois lignes perdues d'une largeur moyenne de 15^{mm}, dont

1. L'Antef de Šatt-er-Regal porte le titre royal « Fils de Re' » hors du cartouche, mais n'a pas de nom d'avènement : [hiéroglyphes]

2. Le petit fr. 60, qui ne contient que la fin d'un titre de roi (le verso

la première, à la fin du fr. 59, conserve encore un reste minime du signe de roi. Le total du fr. 61, ligne 1, vient donc à la ligne 10 de la colonne, et des 18 rois de cette dynastie, il y en avait neuf indiqués sur cette colonne.

Or, à la fin de la col. 4, appartient sans aucun doute le fr. 46+47[1], commencement de dix lignes, dont la première contient les restes d'une rubrique rouge[2], par conséquent la suscription de la dynastie; donc, il y avait là également neuf noms de rois. La dynastie est celle des Hérakléopolitains, ce qu'indique le nom Achthoes au fr. 47, l. 2.

La partie supérieure de la 4ᵉ colonne est assurée par les fr. 59 et 61. Le fr. 59 contient six lignes, dont la seconde n'est pas écrite; entre lui et la première ligne du fr. 61 manquent trois lignes, de 14^{mm} de largeur. Les morceaux conservés des deux fragments montrent que la colonne était d'une écriture un peu plus serrée que la col. 5. Au fr. 61, la partie inférieure, dans la col. 4, n'est pas écrite; le raccordement avec le fr. 46 montre que la fin du morceau sans écriture correspond avec la première ligne du fr. 46, où était le titre de la dynastie; entre celui-ci et la dernière ligne écrite, il y avait place pour deux lignes de 15^{mm} de largeur. — D'après cela, la col. 4 a donc eu 28 lignes, la col. 5 seulement 26, car elle présente, comme je l'ai déjà mentionné, des intervalles de lignes plus larges; d'ailleurs, dans le milieu du fr. 61, où l'écriture de la col. 4 empiète sur la colonne voisine, il y a presque une ligne entière perdue.

n'est pas écrit), n'a pas besoin d'appartenir à cette colonne. Wilkinson n'indique pas qu'il est de la même fibre que le fr. 59, dont Seyffarth l'a rapproché.

1. L'examen du verso établit aussi que c'est le morceau terminal.

2. Dans un exemplaire de l'édition de Wilkinson, qu'Erman possède, la rubrique rouge n'est pas venue à cette place. — Mais sur l'exemplaire de la Bibliothèque royale (de Berlin), elle est très fortement indiquée. Le cas se représente d'ailleurs assez souvent.

Des autres fragments, que Seyffarth a placés à la col. V (= 4), le fr. 41 (cf. p. 161, n. 3) et le fr. 42 n'y appartiennent pas assurément[1], mais bien, d'après la teneur des noms, les fr. 43 et 48 (qu'on avait, à contre-sens, réuni au fr. 47). Ce dernier contient à la ligne 1 l'indication d'un changement de dynastie; à la ligne 2, on trouve, loin vers la gauche, de sorte que l'écriture de la colonne précédente doit avoir empiété sur la suivante, le nom, caractéristique pour les VIe et VIIIe dynasties, Neferkere'; et aux lignes 3, 4 et 5, on a les restes de trois autres noms. Quant à la ligne 2, elle ne se laisse placer nulle part sur la colonne 5, ni à côté du fr. 46; l'unique place où elle pourrait se rapporter, c'est un peu après la fin de la VIe dynastie. Si nous la plaçons après la ligne 7, alors dans le Papyrus, à la suite de Menthesouphis (qui régna 1 an 1 mois), le successeur du centenaire Pepi II, vient un changement de dynastie, et la ligne s'insère à côté de la remarque qui se rapporte à Ḥouni (à la col. 3, ligne 8), qui peut très bien avoir empiété sur la col. 4. Concluons : nous n'avons qu'une médiocre certitude sur la position du fragment.

Quant au fr. 43, il contient quatre noms de rois, et parmi eux, à la première place, Nt-'aqert, qui est certainement[2] la reine Nitocris, l'Ἀθηνᾶ νικηφόρος d'Eratosthène. D'après Manéthon et Eratosthène (les seuls auteurs qui la mentionnent), elle succéda à Menthesouphis et fut le dernier souverain de la VIe dynastie; aussi a-t-on généralement placé ce fragment immédiatement après le

1. Tout aussi peu que les fr. 35-40. Quant aux nombres (de jours) en partie écrits, en partie non écrits des fr. 49-58, il n'y a qu'une chose à dire, c'est qu'ils n'appartiennent pas à la place que les éditeurs leur ont donnée. De même, c'est à faux qu'on a rapproché le morceau non écrit 45 (qui porte des restes de signe rouge), du fr. 46 (plus haut, p. 170, n. 3).

2. Quoique la première partie du nom ne soit pas écrite avec le signe ordinaire de la déesse Neit, mais par des signes phonétiques.

fr. 59. Aujourd'hui la place est occupée par le fr. 48, et sur la col. 4, il ne reste ni pour le fr. 43, ni pour Nitocris aucune place[1]. Que le fragment ne peut appartenir à cette colonne, c'est ce que prouve le verso, qui contient la fin de quatre lignes et ensuite un grand espace vide, tandis que pour le reste le verso de la col. 4 forme la première moitié d'une colonne large, à écriture serrée[2]. Par contre, le verso va très bien avec la col. 5, et la seule place où on puisse le mettre, c'est à la fin du fr. 59[3]. Les quatre noms qu'il contient sont donc les quatre derniers de la dynastie hérakléopolitaine du Papyrus. Si cela est exact, alors Nitocris a été mise à une fausse place dans Manéthon, peut-être sous l'influence du nom de Neterkere', qui, dans la Table d'Abydos, suit Menthesouphis[4].

La partie supérieure de la col. 4 dans le Papyrus contient 13 noms de rois, qui correspondent aux dynasties manéthoniennes VI et VIII. Ensuite vient, ligne 14, fr. 61, le nombre 181, qui ne peut que représenter la somme des années de ces 13 rois (en fait, il reste une trace de la fin du mot année). Puis, suivent deux lignes avec des annotations, qui empiètent sur la colonne voisine, et encore deux lignes

1. On pourrait donc admettre qu'il y a eu deux reines de ce nom, et pour faire une place à la première (que n'a pas conservée le Papyrus), abaisser le fr. 48 d'une ligne.

2. Le verso du fr. 48, au contraire, va bien à la place indiquée, au-dessus du fr. 44.

3. En supposant que le petit fr. 60 (plus haut, p. 219, n. 2) n'est pas à sa place ici. On pourrait naturellement toujours, en désespoir de cause, renvoyer le fragment à la XIIIe dynastie; mais à cause des noms (l. 2 Neferka, l. 3 Nefer-es), ce n'est pas vraisemblable.

4. Il est impossible de dire si la légendaire reine Nitocris d'Hérodote a quelque chose de commun avec l'ancienne souveraine (le nom se présente encore, comme on sait, sous la XXVIe dynastie). Quant à cette donnée de l'Epitomé manéthonien, qu'elle aurait bâti la troisième pyramide, c'est une légende tardive et peut-être une interpolation qui vient d'autres sources (l'Africain dit que c'est un fait; Eusèbe croit la chose problématique et se sert du mot λέγεται).

dont la fin reste en blanc ; et, seulement après, le titre de la dynastie suivante. C'est donc là la plus importante division du Papyrus ; pour le total des dynasties VI (+ VIII), il n'y a pas moins de quatre lignes qui suivent avec de longues remarques, jusqu'à ce que vienne le titre de la nouvelle dynastie.

Seyffarth a placé encore ici le fr. 44, qui contient quatre lignes avec les totaux et les remarques attenantes ; et ces totaux nous font revenir en arrière jusqu'à Ménès. D'après l'intervalle des lignes et l'écriture, ce fragment ne peut appartenir à l'une des colonnes suivantes, ni à une place antérieure. Car le total des plus anciennes dynasties, jusqu'à Ménès, se trouve col. 2, l. 10, 11, et celui des cinq premières dynasties manéthoniennes, à la fin de la col. 3. La place adoptée par Seyffarth est donc la seule possible ; c'est aussi la seule, comme le montre le fr. 61, où une somme de cette sorte comporte plusieurs lignes. Le verso aussi concorde très bien pour les fr. 61 et 46 + 47, bien que la restauration d'un ensemble ne puisse pas plus se faire ici qu'ailleurs. Je considère donc la place du fragment comme absolument certaine.

A la ligne 4 du fragment se trouve nettement[1] le nombre « 955 — ce ne peut être que des années — 10 + x jours ». Il est clair que ce chiffre ne peut être que la somme de toutes les dynasties précédentes depuis Ménès. Ici se trouve donc conservée une date d'une valeur inestimable.

Naturellement, on ne peut pas dire avec certitude comment le fr. 44 se réunit au fr. 61 ; il y a deux possibilités, et je tiens pour la plus vraisemblable la combinaison proposée à la planche V. Viennent ensuite les l. 14 à 18 (les rubriques rouges sont soulignées) :

1. Il n'y a aucun doute, d'après Erman et Möller, que le premier signe soit 900.

L. 14.
L. 15. .....
L. 16.
L. 17. .... vacat
L. 18. .... petits restes de signes vacat

L. 14. somme des rois.... ans 181
L. 15. ..... somme...... des rois
L. 16. depuis le roi Ménès, leurs règnes et ans....
L. 17. .... ans 955, jours 10 + x

La ligne suivante 18 donnait peut-être un titre général pour la deuxième partie du Papyrus.

CORRECTIONS A LA RECONSTRUCTION DES COLONNES 4 ET 5

Depuis la publication de la première édition de cette Chronologie (1904), de nouveaux monuments ou des recherches nouvelles, ont prouvé que la reconstruction proposée ci-dessus pour ces pages complètement déchiquetées du Papyrus, encore qu'elle soit justifiée dans ses grandes lignes, doit cependant subir des corrections de détail.

1. Pour le signe *sefa*, voyez la remarque sur le tableau des dyn. 1, 2. La combinaison rare, où il se présente ici deux fois avec le nombre 6, se trouve encore une fois dans l'annotation à Sechemkere' (dyn. XIII, 2), à la colonne 6 (VII), l. 6 (rouge). Le sens est tout à fait obscur. On attend quelque chose comme six ans « en excédent », c'est-à-dire « à ne pas compter avec » (ou « à déduire » ??).

2. Ici encore, un long trait recourbé.

3. Comp. col. 3 (IV), à la dernière ligne.

Le fait décisif est la démonstration faite par Sethe (*Æ. Z.*, XLII, p. 132) que, dans la col. 5, les fragments 61 et 64 (l. 18 et 19 de mon édition) doivent bien être assemblés comme l'ont proposé Seyffarth et Lepsius : c'est-à-dire, que la dernière ligne du fr. 61 doit se rencontrer sur un même plan avec la première du fr. 64. Dans ces misérables débris, Sethe a reconnu, avec sa sagacité ordinaire, qu'il y avait [hiéroglyphes] .... [hiéroglyphes] .... « total 6 rois .... 160+x ans ». C'est le total de la XIe dynastie, pour laquelle le Papyrus compte donc 6 rois. Il suit de là que la reconstruction de la dynastie proposée par Breasted, et que j'avais adoptée, et l'attribution de Neb-taoui-re' Mentouhotep à la fin de la dynastie, sont erronées. Il faut voir bien plutôt en [hiéroglyphes] Neb-chrou-re'[1] et en [hiéroglyphes] S'anch-ke-re', (tous deux avec le nom personnel Mentouhotep), les derniers rois de la dynastie. Des quatre premiers, le Papyrus n'a conservé que les signes des titres royaux ; avant se trouve le titre de la dynastie, qui suit la ligne où on lit « total des 18 rois » (il s'agit des Hérakléopolitains).

Voici la conséquence du fait que le fr. 61 doit être abaissé une ligne plus loin que je ne l'avais admis : dans la col. 5, dix lignes (et non neuf) et, selon toute apparence, 10 noms de rois précèdent le total en question de 18 rois ; donc, à la fin de la col. 4, il n'y a que 8 rois de la même dynastie. Cependant, ceci est contredit par le fait que les fr. 46+47 (col. 4, l. 20-28) ont conservé les débuts de 9 titres royaux écrits en noir. Nous devons alors admettre qu'ici, ou à la col. 5, une ligne avait été réservée à une note d'un autre genre, peut-être concernant une division intérieure dans la dynastie[2].

1. Je conserve cette lecture du nom, bien que le nom doive peut-être se lire, ainsi que Naville le propose, Neb-hetep-re', comme le nom royal de Mentouhotep III, qui s'écrit cependant avec d'autres signes (cf. *infra*, p. 230).

2. En effet, la restitution du nombre mutilé du fr. 61, l. 1 (col. 5, l. 10,

La ligne 19 de la col. 4 (=fr. 46, l. 1) donne le titre de la dynastie Héracléopolitaine. Les grands totaux de 4 lignes, donnés par les fr. 61 et 44[1], reculent donc d'une ligne, si bien qu'ils sont maintenant précédés de 14 lignes, auxquelles correspondent les 14 (et non 13) rois des VIe et VIIIe dynasties. Il devient possible de replacer le fr. 43 (avec les noms de Nitokris et de trois autres rois) dans la col. 4, immédiatement à la suite de Merenre' II Methesouphis, avec 1 an et 1 mois. En retour, nous devons placer, maintenant, le fr. 48 dans la col. 5, l. 6-10, c'est-à-dire à la fin des Hérakléopolitains. La coupure dynastique, reconnaissable ici, correspond peut-être à la coupure qu'on trouve chez Manéthon entre la IXe et la Xe dynastie. Pour le reste voici ce que je note encore : le nom du roi éphémère Ouserkere' de la VIe dynastie, entre Teti et Pepi, qui n'était connu que par la table d'Abydos, mais que l'on pouvait placer avec certitude à la col. 5, l. 2, du Papyrus de Turin, ce nom a été retrouvé sur des empreintes de sceaux provenant des fouilles d'Abousir, que G. Möller doit publier. C'est une confirmation de l'exactitude de notre tradition en cet endroit.

Voici donc comment on peut reconstruire les deux colonnes :

Col. 4. L. 1-6. Les 6 premiers rois de la VIe dynastie (seuls sont conservés les chiffres d'années de règne);
» L. 7-10. Nitokris et ses trois successeurs;
» L. 11-14. 4 autres rois, dont les chiffres d'années de règne sont conservés;

laquelle devient maintenant l. 11) n'est pas absolument impossible, tout en restant invraisemblable à un haut degré.

1. La liaison de ces deux fragments reste vraisemblablement celle que j'ai adoptée; mais la dernière ligne du fr. 44, avec le chiffre 955 (ans) 10+x jours, devient maintenant la 18e (et non la 17e) de la colonne, et précède immédiatement la ligne qui contient le titre de la dynastie Hérakléopolitaine.

Col. 4. L. 19. Titre de la dynastie Hérakléopolitaine ;
» L. 20-28. } 18 Hérakléopolitains, peut-être avec une division intérieure au fr. 48, et une ligne remplie par une remarque d'un
» L. 1-10. } caractère historique ;
» L. 11. Total des 18 rois ;
» L. 12. Titre de la XIe dynastie ;
» L. 13-18. 6 rois Thébains ;
» L. 19. Total des 6 rois .... 160 + x ans ;
» L. 20. Titre de la « dynastie de Ithtaoui » = XIIe dynastie.

CORRECTIONS A LA RECONSTRUCTION DE LA XIe DYNASTIE

La reconstruction de la XIe dynastie n'en reste pas moins, comme auparavant, un des plus difficiles problèmes de l'histoire égyptienne. La liste proposée à la p. 211 n'est plus soutenable. Breasted et moi, nous avions omis l'Horus *Necht-neb-tep-nefer Antef* (V)[1] ; cependant, — nous le savons aujourd'hui par une stèle récemment découverte de son chancelier Ṯeti[2]), — il est le fils et le successeur de l'Horus *Ouaḥ-aʿnch Antef* (IV). D'autre part, d'après une inscription publiée par Sethe[3] et Gauthier[4], il est le père d'un Horus Sʿanch ...., identifié par Sethe avec l'Horus Sʿanch-taoui-f, nom qui désigne le dernier roi de la dynastie Sʿanch-ke-reʿ Mentouḥotep VI. Cependant, on a élevé, depuis longtemps, des doutes très sérieux à ce sujet, parce que de nombreux témoignages établissent que Sʿanch-ke-reʿ Mentouḥotep VI fut en réalité le successeur de Neb-chrou-

1. Mariette, *Catalogue d'Abydos*, 544 (Caire, n° 20502). Cf. Steindorff, *Æ. Z.*, XXXIII, p. 88, qui l'a compté exactement.
2. *Pier* et *Breasted*, ap. *American Journal of Semitic languages*, XXI, 1905, p. 195 sq.
3. *Æ. Z.*, XLII, p. 132 sq.
4. *Bulletin de l'Institut français d'archéologie orientale*, V, p. 39.

re' Mentouḥotep V. Sethe a cherché à s'appuyer sur l'hypothèse que les Antef seraient devenus vassaux de ce roi, tel que l'Antef bien connu du bas-relief de Shatt er-Rigâl, qui, dans tous les cas, vivait sous Mentouḥotep V; alors, le fils d'Antef V, S'anch-ke-re', aurait succédé à ce dernier comme roi suzerain[1]. Mais cette hypothèse est absolument inadmissible. En effet, Ouaḥ-'anch Antef IV a régné au moins 50 ans, et, pendant qu'il résidait à Thèbes et qu'il faisait sa sépulture à Drahaboulnegga, attestant par ces monuments sa souveraineté et celle de son fils sur la Haute-Égypte d'Abydos (Thinis) à Eléphantine, — dans le même temps, le roi de la Haute-Égypte Mentouḥotep V aurait résidé également à Thèbes et construit là le grand temple que Naville a découvert à Der el-Bahari. Ouaḥ-'anch Antef IV se vante, dans sa stèle funéraire, « d'avoir établi sa frontière Nord dans le Xe nome (Aphroditopolis) et d'avoir conquis tout le VIIIe nome (Thinite) »[2]. Ce succès ne peut pas avoir été obtenu contre Mentouḥotep V, qui était au contraire sûrement roi de l'Égypte entière, mais, comme Breasted l'a montré, contre les derniers Héracléopolitains, ce qui concorde avec le témoignage des

1. Je n'admets pas l'hypothèse de Gauthier, qui intercale encore un éphémère roi Sneferkere' après le dernier. Le roi qui porte ce nom sur la table de Karnak (n° 30) appartient probablement à la VIIIe dynastie.

2. Cf. Breasted, *supra*, p. 214. Une confirmation est donnée par la nouvelle stèle de Teti, d'après laquelle la puissance d'Antef IV s'étendait au Nord jusqu'au nome Thinite. Dans une remarquable inscription, trouvée par Petrie (*Denderah*, pl. XV, Caire, n° 20543), le territoire que l'épouse royale (sans cartouche) Neferkait tenait de sa mère « la comtesse des gens d'Eléphantine à Aphroditopolis », avait la même étendue. Le trésorier de Neferkait à Denderah, Chnoumerda, adresse à sa maîtresse une prière « pour son double sur son grand trône, en vue de millions d'années de vie comme Re' » en des termes qui ne peuvent s'appliquer qu'à une reine. Elle était donc devenue la véritable héritière du royaume. On pourrait présumer qu'elle avait peut-être épousé Antef IV (qui pouvait être en même temps son frère cadet, comme cela se passa pour Ḥa'tšepsout); mais, à la vérité, le détail de ces faits reste obscur.

inscriptions de Siout, qui décrivent ces luttes vues du camp opposé. Ainsi est-il certain qu'il faut placer les Antef avant les Mentouḥotep, et que, comme le remarque Gauthier, l'Horus S'anch-. . . . , fils d'Antef V, n'est pas identique avec S'anch-ke-re'. Une nouvelle preuve en est cette inscription du British Museum citée par Naville[1], où ce roi a gardé son nom complet « Horus S'anch-jeb-taoui, fils de Re', Mentouḥotep (II) » ; dans ce texte « Horus Ouaḥ-'anch, fils de Re', Antef le grand (VI) » et « Horus Necht-neb-tep-nefer, fils de Re', Antef (V) », apparaissent aussi comme ses prédécesseurs.

Quelques nouveaux éclaircissements nous sont venus de la publication de Naville sur les fouilles de Der el-Bahari. Le grand temple funéraire, qu'il y a découvert, a été bâti par Neb-chrou-re' Mentouḥotep V. Mais, derrière ce temple, au pied de la falaise rocheuse, se trouve une salle à colonnes qui contient un tombeau royal (cénotaphe ?) et plusieurs tombes et six chapelles pour le culte funéraire de femmes du harem, qui étaient aussi des prêtresses d'Ḥatḥor, la déesse de ces lieux. Ces chapelles étaient construites à l'intérieur du mur d'enceinte du temple pyramidal de Neb-chrou-re'. Sur leurs murs est gravé le nom de Roi ⊙ ⌣ ⩓ (sans le cartouche) *Neb-ḥepet-re'*, avec le nom personnel (dans le cartouche) Mentouḥotep, et celui de son épouse 'Ašait (pl. XVIIe). Au début, Naville avait identifié ce nom avec celui de Neb-chrou-re', dont il lisait alors le nom Neb-ḥepet-re' (cf. *supra* p. 225, n. 1) ; aujourd'hui, il y voit le successeur de ce dernier et Hall suppose qu'il avait changé le plan primitif de construction du temple. Mais il ressort de la description des fouilles, que la partie de derrière du grand édifice est aussi la plus ancienne, et qu'à l'origine elle avait un plan complètement indépendant du

1. Naville and Hall, *The XIth Dynasty Temple at Deir el-Bahari*, I, 1907, p. 1.

reste. Nous ne savons pas quel développement extérieur on avait conçu pour cette construction, puisque Neb-chrou-reʿ a masqué l'édifice de Neb-ḥepet-reʿ, en élevant par devant son grand temple funéraire, mais il a épargné autant que possible la vieille annexe et les chapelles des femmes. Cela ressort de la façon dont elles sont encastrées dans le grand mur d'enceinte de la cour à colonnes de la pyramide, (la porte du mur n'a pas été placée à sa place symétrique pour épargner les chapelles, cf. p. 34), — et aussi de ce fait très probant que plusieurs piliers de la colonnade ont comme base des tombeaux appartenant aux chapelles (p. 34). En conséquence, le roi Neb-ḥepet-reʿ est donc bien un prédécesseur de Neb-chrou-reʿ.

Neb-ḥetep-reʿ Mentouḥotep est connu par ailleurs. Naville publie à la p. 7 un fragment trouvé par Daressy à Thèbes où son nom est écrit (le même nom d'Horus se retrouve pl. XII[k], mais Naville croit, à tort, y reconnaître le nom de la reine ʿAšaït). Ce roi est aussi identique avec le souverain qui figure sur un bas-relief de Konosso (L., *D.*, II, 150[b]) portant le même nom d'Horus, et un nom de Roi que Lepsius a lu . Naville remarque avec raison que cette lecture doit être erronée et qu'il y a là bien plutôt Neb-ḥepet-reʿ, ce que confirme une photographie prise par Petrie en 1887 (Musée de Berlin nº Ph. 1544) où l'on voit clairement[1] que le nom du roi se lit là aussi (). Ce roi est encore le même qui apparait sur les fragments de Gebelên, où il est représenté triomphant des Libyens, Nubiens, Asiatiques et habitants de Pount[2]. Sur

1. La photographie montre que l'original a conservé une plus grande partie des discours des dieux (debout de chaque côté du relief) que Lepsius n'en a donné. La publication par de Morgan (*Catalogue*, I, p. 73) est tout à fait insuffisante et superficielle.

2. Daressy, *Recueil de Travaux*, XIV, p. 26; XVI, p. 42. Fraser, *PSBA.*, XV, p. 494, nº 15. Von Bissing-Bruckmann, *Denkmälern aeg. Sculpturen*, Taf. 33a. Cf. Breasted, *supra* p. 213 et *Ancient Records*, I,

ce monument son nom d'Horus est plutôt un nom de Roi; mais sans le cartouche : [hiéroglyphes] ; dans le cartouche il y a au contraire : « le fils d'Ḥathor de Dendera Mentouḥotep » [hiéroglyphes]. Toujours au même personnage se rapportent sans doute les monuments de Konosso (L., *D.*, II, 150[c]) et de Hammamât (L., *D.*, II, 150[d]) qui portent simplement « fils de Reʿ Mentouḥotep » avec le cartouche (comme à Der el-Bahari, pl. XII[a]), et la statue du roi en costume de fête *Sed* trouvée dans la tombe (cénotaphe ?) de Bâb el-Ḥosân à Der el-Bahari; son nom est donné (sur le coffre en bois qui en vient) avec la forme [hiéroglyphes] sans le cartouche[1].

Ainsi, sous Neb-ḥetep-reʿ la titulature royale ne présente donc pas encore la forme complète qu'elle aura plus tard ; elle reste indécise dans l'écriture ; notons surtout que le nom du roi n'est encore jamais inscrit dans le cartouche. Cela permet d'établir que ce roi est antérieur à Neb-chrou-reʿ et aux autres souverains qui usent d'une titulature stéréotypée et complètement développée. Parmi ceux-ci, en dehors de Sʿanch-ke-reʿ, nous avons Neb-taoui-reʿ Mentouḥotep, connu jusqu'à présent par les seules inscriptions de Hammamât[2] ; cependant, d'après Naville (p. 8), son

p. 423 H. Comme H. Schæfer le remarque, cette représentation de la puissance royale est un véritable cliché, et Breasted en tire une conclusion exagérée s'il attribue au bas-relief le sens d'un événement historique. Le personnage, que Breasted prend pour un Egyptien, est bien plutôt un habitant de Pount, comme dans le monument de Newoserreʿ (ap. Borchardt, *Grabdenkmal des Königs Ne-user-reʿ*, p. 47, et pl. 12, 3 et 5); les deux types étaient représentés avec des traits pareils. Toujours est-il que ces bas-reliefs montrent que le roi émet la prétention de posséder la puissance pharaonique intégrale et la suzeraineté même sur les Barbares voisins de l'Égypte ; en réalité il commandait bien à toute l'Égypte.

1. Carter, *Annales du Service*, II, p. 203. Nash, *PSBA.*, XXIII, p. 292 ; Maspero, *Le Musée égyptien*, II, p. 25 sq. et pl. 9, 10.

2. L., *D.*, II, 149 *c-h*. Golenischeff, *Hammamât*, pl. 10-14.

nom se trouve aussi sur un fragment de Der el-Bahari. Il paraît n'avoir régné que peu de temps. Or le Papyrus de Turin (cf. plus haut p. 225) et tous les autres témoignages établissent que Neb-chrou-reʿ et Sʿanch-ke-reʿ ont été les derniers rois de la XIe dynastie ; nous avons donc la liste royale suivante :

Neb-ḥepet-reʿ Mentouḥotep III.
Neb-taoui-reʿ Mentouḥotep IV.
Neb-chrou-reʿ Mentouḥotep V.
Sʿanch-ke-reʿ Mentouḥotep VI.

Les trois derniers rois ont la titulature royale complète. Au contraire, les Antef cités plus haut et Mentouḥotep II ne possèdent pas le nom de Roi complet ; à sa place, on trouve régulièrement cité, même dans les inscriptions de leurs fonctionnaires, le nom d'Horus ; enfin, leurs noms personnels ne sont pas régulièrement inscrits dans le cartouche, et comprennent la désignation « fils de Reʿ ». Entre ces deux groupes se trouve Neb-ḥepet-reʿ Mentouḥotep III.

Avant le premier groupe, il y a encore les souverains classés sous le n° 13-10 dans la table de Karnak[1]. Le pre-

1. Je cite la table de Karnak d'après les n[os] de l'édition de Lepsius *Zwölfte Dynastie,* t. I ; si celle-ci semble s'accorder avec la liste de Sethe (*Urk. der 18 Dynastie,* p. 608 sq.), c'est que Sethe n'a pas numéroté les lignes. Dans son *Auswahl der wichtigsten Urkunden*, pl. I, Lepsius avait compté les noms des lignes à rebours. La confusion aussi extraordinaire de la table ne s'explique que par une faute d'un copiste transcrivant machinalement un modèle, où le classement était généralement correct, et intervertissant l'ordre des noms. Car pour des groupes isolés, la suite redevient régulière, à condition qu'on lise tantôt de droite à gauche et tantôt de gauche à droite ; mais, à la traverse, des noms égarés arrivent soudain. Ainsi, au début, les n°s 1-5 donnent une suite de rois choisis très correctement dans l'ancien empire ; les n°s 6-7 sont détruits ; le n° 8 est le roi Thouti de la XIIIe dynastie placé ici d'une façon absurde. A la ligne 2, les n°s 14-16 sont les premiers rois de la VIe dynastie tandis que les n°s 13-10 (9 est détruit) donnent les premiers rois thébains de la XIe dynastie en ordre renversé ; l'Antef qui est ici (n° 23) vient après, l. 3 ; Neb-chrou-reʿ, après, l. 4 (n° 29) et peut-être aussi le n° 30 Snefer-

mier est le n° 13 *rpa'ti hatt'a* Antef (sans le cartouche). Ce nomarque est sans nul doute identique avec le personnage auquel Sesostris I a élevé une statue, comme à « son père, le prince (*rpa'ti*) Antef le grand (c'est-à-dire probablement « l'aîné »), fils de l'homme ou de la dame Ikwj » (Legrain, ap. *Recueil*, XXII, 64) ; Sesostris I l'a donc considéré comme l'ancêtre des rois thébains. C'est probablement à lui qu'appartient la stèle funéraire du nomarque Antef (Mariette, *Monuments divers*, pl. 50[b] ; cf. Lange et Schæfer, *Grabsteine des M. R.* Caire, n° 20009). Cet Antef reconnaît encore comme suzerain un Pharaon qu'il ne nomme pas, car il dit de lui-même « qu'il remplit le cœur du roi » ; cependant les titres qu'il porte « directeur de la porte ... du Sud (c'est-à-dire Eléphantine) » et « le grand pilier qui fait vivre ses deux terres[1] » montrent qu'il avait acquis une situation très particulière[2]. Nous l'appellerons Antef Ier. Vient ensuite un « Horus tep'a Men[touhotep] », avec le nom personnel dans le cartouche ; c'est donc Mentouhotep Ier, dont on n'a pas conservé de monuments, pas plus d'ailleurs que de son successeur « Horus ⊓ ▮ Antef » (avec cartouche) = Antef II. L'Antef suivant, dont le nom d'Horus est détruit, pourrait être naturellement Ouah-'anch ; cependant il semble plus prudent de le qualifier Antef III et de regarder comme Antef IV l'Horus Ouah-'anch puisque nous ne

ke-re' de la VIIIe dynastie (cf. p. 228, n. 1). De la XIIe dynastie, il y a un choix de rois correct à la l. 3, n°s 17-22, mais Sesostris I (le n° 21) est renvoyé au début de la l. 4. Il en est de même pour la XIIIe et XVIIe dynastie (cf. *supra*, p. 87, 92 sq.). — Sethe a corrigé plusieurs lectures d'après une collation du texte par G. Bénédite.

1. H. Schæfer m'a démontré que c'était la seule traduction possible ; cf. les stèles du Caire n°s 20001 b, l. 1 sq. « j'étais la grande colonne dans le nome Thébain » ; n° 20538, I, 8 ; n° 20539, II, 3.

2. Le prince (*rpa'ti*) et comte (*hatia'*) d'Hermonthis Antef, dont le tombeau a fourni deux stèles publiées par Lange (*Æ. Z.*, XXXIV, p. 25 sq., cf. Steindorff, *Æ. Z.*, XXXIII, p. 81), n'a de commun avec les rois de la XIe dynastie que le nom (très en usage à cette époque).

possédons pas encore au complet tous les Thébains de la XIe dynastie (la donnée de Manéthon qu'il y a 16 rois, peut être correcte en substance). Ouaḥ-ʿanch doit donc être reculé le plus possible vers la fin de la dynastie.

Que faut-il faire maintenant de l'Antef de Šatt el-Rigâl[1], qui porte l'uræus et le nom de Roi « le père du dieu, aimé (du dieu), fils de Reʿ, Antef », mais qui rend l'hommage au roi Neb-chrou-reʿ? Ce point reste pour moi aussi obscur qu'auparavant. Ce roi n'a sûrement pas été un souverain indépendant; est-ce un roi vassal local? Cela n'est pas facile à admettre pour ce temps. Naville a supposé qu'il pourrait être le prince héritier, auquel son père aurait donné la corégence, mais qui serait mort avant celui-ci; Borchardt[2] a repris l'hypothèse peu vraisemblable qu'il serait le beau-père du roi. D'autres combinaisons sont encore possibles, mais aucune n'emporte la conviction.

Enfin, Breasted[3] a découvert récemment sur un bas-relief rupestre à Molokab (Basse Nubie), au milieu de *graffiti* de la

1. Petrie, *Season*, pl. 16, 489.
2. *Berichte sächsisch. Gesellsch. Phil. Cl.*, LVII, 1905, p. 255.
3. [Dans les *Nachträge*, p. 29, n. 1, Ed. Meyer avait tout d'abord parlé ainsi de cette découverte] : Breasted (*The temples of Lower Nubia*, ap. *American Journal of Semitic Languages*, XXIII, 1906, p. 57) a découvert un nom royal sur un bas-relief rupestre à Molokab (Basse Nubie), au milieu de *graffiti* de la XIIe dynastie. Il lit le nom d'Horus : ; le nom de Roi, qui vient ensuite, est tout à fait étrange (le nom personnel n'est pas écrit). L'assertion de Breasted que ce nom *gerg taoui f* est analogue à *sʿanch taoui f*, nom de Sʿanchkereʿ, et qu'il appartient à la XIe dynastie, serait fort vraisemblable; mais Steindorff, qui a copié le nom avec H. Schæfer et Borchardt, me communique qu'il n'y a nullement sur le monument, mais peut-être *gerg taoui*, qui est le nom d'Horus de Neferḥotep I de la XIIIe dynastie. Le nom de Roi est incertain aussi, d'après Steindorff. En attendant, on ne peut tirer aucune déduction historique de ce nom. — [Le texte donné ici, qui confirme au contraire la découverte de Breasted, est tiré des *Neue Nachträge zur ägyptischen Chronologie* (ap. *Aeg. Zeitschrift*, XLIV, 1907, p. 115).]

XIIe dynastie, un nom royal nouveau, dont la lecture d'abord mise en doute, fut reconnue absolument correcte après la publication photographique due à Weigall[1]. Ce roi s'appelle : [hiéroglyphes]. Le même nom se rencontre plus loin à Abou-Hor, au sud de Kalabše (Weigall, pl. 32, 1 et p. 76); le nom de Roi s'y trouve écrit un peu autrement, mais d'une façon non moins incompréhensible ; en outre, son nom d'Horus, *gerg taoui f*, apparaît à Toškeh (Weigall, pl. 65, 1).

Là on trouve encore un deuxième nom royal : [hiéroglyphes]. C'est donc un autre « Antef » ; son nom serait ici abrégé en [hiéroglyphe], comme cela arrive fréquemment ailleurs (p. ex. au Papyrus Abbott); le titre *se Rē*ᶜ est inclus dans le cartouche ; le nom de Roi est *Kekere*ᶜ[2]; le nom d'Horus *Snefer-taoui-f*. Ce même nom se trouve à Tomâs (pl. 54, 3, 4, 6) et à Ibrîm (pl. 64, 4, 8) et, sans le nom de Roi, à Amâda (pl. 52, 2 phot.=54, 1) et enfin, le nom de Roi seul, à Gerf-Ḥusên (pl. 34).

Il ressort de leurs noms, et spécialement de leurs noms d'Horus (formés comme celui de Sᶜanch-ke-reᶜ = Sᶜanch-taoui-f) que ces deux rois appartiennent certainement à la XIe dynastie ; l'emploi de [hiéroglyphe], sans nom développé, se retrouve aussi pour Nebchroureᶜ et Sᶜanchkereᶜ. On ne peut donc les placer qu'avant *Nebtaouireᶜ Mentouḥotep IV*, et peut-être avant *Nebḥepetreᶜ Mentouḥotep III*. Le nombre des rois de la XIe dynastie, connus de nous, s'élève donc maintenant à 13 noms : la situation historique de ces rois s'élargit aussi, par le fait de leur marche conquérante en Basse Nubie, jusqu'à la deuxième cataracte.

Nous ne connaissons pas jusqu'ici d'autres rois de la

1. Weigall, *Antiquities of Lower Nubia;* il appelle la localité Meelik. Il donne le monument en photographie pl. 49, 1, en dessin pl. 50, 1 (cf. *text*, p. 96).

2. C'est ce qu'a reconnu de son côté Weigall ; mais il fait, de ce seul roi, deux souverains *Kakareᶜ* et *Seanreᶜ*.

XIe dynastie[1]. Voici la liste de ces rois, d'ailleurs incomplète et telle que nous pouvons la dresser jusqu'à ce jour :

Karnak, n° 13, nomarque Antef Ier.

Karnak, n° 12, Mentouhotep Ier.

Karnak, n° 11, Antef II.

Karnak, n° 10, Antef III.

Horus Ouah-ʿanch Antef IV, le plus souvent avec l'épithète « le grand », c'est-à-dire l'« aîné » (elle manque sur la stèle de Teti).

Horus Necht-neb-tep-nofer Antef V (Abydos lui donne aussi l'épithète « aîné »).

Horus Sʿanch-jeb-taoui Mentouhotep II.

Horus Gerg-taouif I(?)jebchen-treʿ[2].

1. Dans les décombres de Der el-Bahari on a trouvé encore : un bloc avec le nom de S-cha-....reʿ (pl. XII*f*), un autre (pl. XII*e*) avec le nom de S....ʿ-reʿ Mentouhotep, que Naville identifie avec le premier; ce serait alors un roi Mentouhotep VII; un troisième bloc (p. 3) avec le nom du roi Ded-nefer-reʿ Dadames, connu déjà par une stèle de Gebelên (Daressy, *Recueil*, XIV, p. 26=Caire, n° 20533), une inscription rupestre d'El-Kab (Fraser, *PSBA*., XV, p. 494, n° 2; Sayce, *PSBA*., XXI, p. 111, pl. 2, n° 16) et par un scarabée (Newberry, *Scarabs*, p. 10, 29). Ces rois appartiennent sans doute à la XIIIe ou à la XVIIe dynastie, comme le Mer-ʿanch-reʿ Mentouhotep VIII retrouvé à Karnak dans la *favissa* (Legrain, *Recueil*, XXVI, p. 218 sq.) et comme les Antef postérieurs. Dadames est peut-être, comme l'a dit Pieper, le roi ....mes du fr. 94 au Papyrus de Turin.

2. J'ai intercalé ce roi et le suivant à cette place, d'après ce qui a été dit p. 234, n. 1, *in fine*. (Note du trad.)

Horus Snofer-taouif Ḳekere', fils de Re' An(tef).

Neb-ḥepet-re' Mentouḥotep III (voir les variantes, *supra* p. 230 sq.).

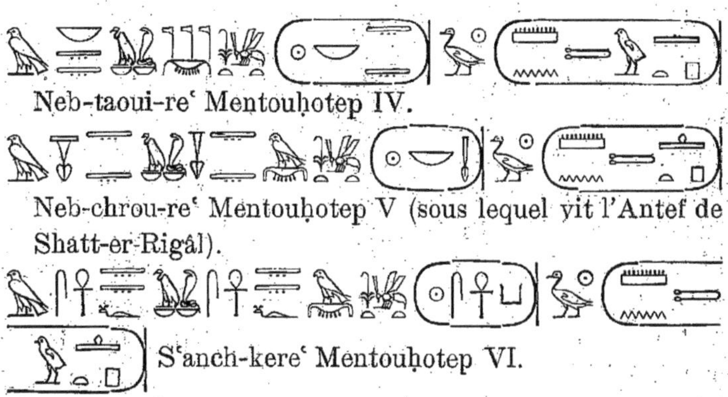

Neb-taoui-re' Mentouḥotep IV.

Neb-chrou-re' Mentouḥotep V (sous lequel vit l'Antef de Shatt-er-Rigâl).

S'anch-kere' Mentouḥotep VI.

Mais toutes les difficultés sont loin d'être résolues. Pour Mentouḥotep V, on connaît la mention de sa 46e année (Tombeau de Merou, Turin nº 1447); pour Mentouḥotep VI, celle de sa 8e année (L., *D.*, II, 150a); pour Mentouḥotep IV, seulement celle de sa 2e année (cf. *supra* p. 26), où il a célébré la fête Sed; il n'a, dans tous les cas, régné que peu de temps. Comme la dynastie finit vers l'an 2000-1997, il pourrait avoir régné vers 2060-55 av. J.-C., et Neb-ḥepet-re' Mentouḥotep VI, au plus tard vers 2070 environ. D'un autre côté, un certain Antef-ager (stèle de Leyde — ap. De Rougé, *Rev. archéologique*, Ire série, VII, 560), qui est mort l'an 33 de Sésostris I (vers 1948-45 av. J.-C.), nous rapporte que son aïeul avait été installé dans le nome Thinite par l'Horus Ouaḥ-'anch Antef IV. Cela doit s'être passé au plus tôt vers 2090-2080 (si l'on compte 30 à 35 ans pour chacune des 4 générations). Même si l'installation tombe à la fin du règne d'Antef IV, il ne reste que l'espace de courts règnes pour ses deux successeurs Antef V et Mentouḥotep II ; du moins rien ne s'oppose à ceci à cause de la rareté du cas. Les 50 années au minimum d'Antef IV tomberaient alors vers 2130-2080 av. J.-C., et le début de la dynastie remonterait jusque vers 2200.

D'autre part, le Papyrus de Turin a nommé dans la dynastie 6 rois avec 160 années ; nous sommes actuellement sûrs qu'il n'a pas compté tous les souverains, et la donnée de l'Epitomé de Manéthon, qui assigne à la dynastie 16 rois, mais 43 ans seulement, reprend une importante signification. Il n'est pas douteux que ces 6 rois du Papyrus doivent représenter une série continue. Mais quels sont ceux-là, parmi les rois dont nous avons dressé le tableau, et sur quoi le choix repose-t-il, nous ne le savons en aucune façon. Peut-être est-il possible, par exemple, que certains d'entre eux, comme Antef IV et Mentouḥotep II, passaient pour illégitimes, ou que Neb-ḥepet-reʿ Mentouḥotep III était un usurpateur qui comptait ses années depuis la fin d'Ouaḥ-ʿanch Antef IV ? En tout cas, avant le dernier, il doit y avoir eu place, dans le Papyrus, au moins pour un souverain, dont les débuts remonteraient jusqu'au delà de 2160 av. J.-C. De nouvelles fouilles peuvent nous donner encore des éclaircissements et des certitudes, qui corrigeront certainement sur bien des points les hypothèses présentées ici.

COMPARAISON DES LISTES DE ROIS.
VIe DYNASTIE

Nous pouvons maintenant placer les listes les unes à côté des autres (v. le tableau).

Comme on le voit, Eusèbe ici n'a aucune valeur. La variante de Barbarus pour la Xe dynastie, 204 ans au lieu de

PAPYRUS DE TURIN	Ans Mois Jours	TABLE DE SAKKARA	TABLE D'ABYDOS	MANÉTHON — L'AFRICAIN (Ans)	MANÉTHON — EXC. BARBARA (Ans)	MANÉTHON — EUSÈBE (Ans)	ÉRATOSTHÈNE (Ans)
Col. 5. 41. 1. [Atoti]	x 6 21	33. (Atoti)	34. (Atoti V)	VIe dyn. 6 Memphites 1. Ὀθόης 30	VII. Othoi et aliorum VII 203	Ve dyn. 31 rois d'Éléphantine 1. Ὀθόης	18. Μοσθῆς 33
42. 2. X............	manque	....	35. (Ouserkere')	....			....
43. 3. [Pepi]	20	34. (Pepi)	36. (Merire')	..........2. Φιός 53			19. Παμμῆς 35
44. 4. [Merenre']	4 (?)	35. (Merenre')	37. (Merenre' Ier)	..........3. Μεθουσουφίς 7			....
45. 5. [Neferkere' Pepi II]	90+x	36. (Neferkere')	38. (Neferkere' III)	..........4. Φίωψ 94[1]		4. Φίωψ 94	20. Ἀπάππους 100
46. 6. X.	1 1	....	39. (Merenre' II Zafemsaf)	..........5. Μενθεσοῦφις 1		....	21. Ἐχεσκοσοκάρας 1
47. 7. Changement de dynastie		....	40. (Neferkere')	..........6. Νίτωκρις 12 Total 203		VIe dyn. Γυνὴ Νίτωκρις Total 203[2]	22. Νίτωκρις γυνὴ ἀντὶ τοῦ ἀνδρός 6 Traduction des noms
48. 8. (Neferkere')	....	....	41. (Menkere')	(Total correct = 197, ce que demande le total du Tomos.)			18. Manque
49. 9. ..... (...hdti)	....	....	42. (Neferkere' IV)				
50. 10. ..... (....i)	2 1 1	....	43. (Neferkare' V Nebi)	VIIe dyn. 70 Memphites 70 jours		VIIe dyn. 5 Memphites 75 jours[3]	19. Ἀρχονδῆς (ἀρχοειδής Gutschmid)
51. 11. X.	4 2 1	....	44. (Dedkere' II Sema)	VIIIe dyn. 27 Memphites 146 ans	VIII. Similiter et aliorum XIV 140	VIIIe dyn. 5 Memphites 100 ans	20. Μέγιστος
52. 12. X.	2 1 1	....	45. (Neferkere' VI Chendou)	(D'après le total p. 108, 17 avec chiffre erroné 142 ans.)			21. Manque
53. 13. X.	1 0 0	....	46. (Merenhor)	Les chiffres corrects sont vraisemblablement 18 rois avec 146 ans.			22. Ἀθηνᾶ νικηφόρος
Total : 181 Total depuis Ménès : 955 a. 10 j. + x			47. (Sneferka Ier)				
			48. (Nekere')				
			49. (Neferkere' VII Tererel)[1]				
			50. (Neferkehor)				
			51. (Neferkere' VIII Pepisenib)				
			52. (Sneferka II 'Anou)				
			53. (....keoure')				
			54. (Neferkeoure')				
			55. (Neferkeouhor)				
			56. (Neferer-kere' II)				
DYNASTIE DE 18 ROIS		....	....	IXe dyn. 19 Hérakléopolitains 409 ans 1. Ἀχθόης	IX. Similiter et aliorum XX 409	IXe dyn. 9 Hérakléopolitains 100 ans 1. Ἀχθόης (Arm. Okhtovis)	
54. 1. } Perdus 55. 2. }				Xe dyn. 19 Hérakléopolitains 185 ans	X. Similiter et aliorum VII 204	Xe dyn. 19 Hérakléopolitains 185 ans	
[illegible] 3. (Neferkere' IX)							
57. 4. (Chetí = Achthoes)							
58. 5. (S...h..)							
59. 6. Perdu							
60. 7. ?							
61. 8. (Senti ....?)							
62. 9. (Ḫ....)							
Col. 6. 63. 10. à 67. 14. Perdu							
68. 15. (Neitaqert)							
69. 16. (Neferka, avec l'épithète [illegible] hounou « le jeune »)							
70. 17. (Neferes)							
71. 18. (Jeb)							
NOUVELLE DYNASTIE				XIe dyn. 16 Diospolitains 43 ans		XIe dyn. 16 Diospolitains 43 ans	
72. 1. [Antef Ier ?]				Μεθ' οὓς Ἀμμενέμης 16 ans		Μεθ' οὓς Ἀμμενέμης 16 ans	
73. 2. [Ouaḥ'anch Antef II ?]				Μέχρι τοῦδε τὸν πρῶτον τόμον κατάγει ὁ Μανεθῶ	Hec finis de primo tomo Manethoni habens tempora annorum 2100	Μέχρι τοῦδε τὸν πρῶτον τόμον κατάγει ὁ Μανεθῶ	
74. 3. [Nebḥotep Mentouḥotep Ier ?]				Ὁμοῦ βασιλεῖς 192, ἔτη 2300, ἡμέραι 70		Ὁμοῦ βασιλεῖς 192, ἔτη 2300, ἡμέραι 79[4]	
75. 4. [Antef III ?]							
76. 5. (Nebchroure' Mentouḥotep II)		37. (Nebchroure')	57. (Nebchroure')				
77. 6. S'anchkere' Mentouḥotep III)		38. (S'anchkere')	58. (S'anchkere')				
78. 7. [Nebtaouire' Mentouḥotep IV ?] Total : ans 160+x							

A la suite, vient partout Shotepjebre' Amenemḥet Ier

1. Ce roi apparait peut-être dans le texte (de la XXIIe dyn.), publié par Erman, *Æ. Z.*, XXXII, p. 127. — 2. Compté faussement comme 100. — 3. *Sync.* donne la var. 8. — 4. *Arm.* « Ans ». — 5. Faute pour 75 ; *Arm.* manque.

185 ans, n'a pas, non plus, de sens. En effet, si dans la Ire dynastie (v. plus haut, p. 171) et la VIe dynastie nous insérons le total des chiffres individuels, soit 263 et 197 (au lieu de 253 et 203), il en résulte la somme des Tomoi : 2300 ans 70 jours, qui a été conservée également par l'Africain et par Eusèbe[1]. L'addition des rois, par contre, donne 201 rois[2] au lieu de 192. Ici, la faute peut bien se trouver à la VIIIe dynastie, où l'Africain donne 27 rois et Barbarus 14 ; si nous corrigeons XIIII en XVIII, nous obtenons 192[3].

La faute pour la VIe dynastie s'explique très simplement. L'Africain (ou sa source) a mal compris la donnée sur Phiops ἑξαέτης ἀρξάμενος βασιλεύειν διεγένετο μέχρις ἐτῶν ἑκατόν, c'est-à-dire « il arriva au trône à six ans et régna jusqu'à la centième année de sa vie ». Se méprenant, il a écrit : « il régna 100 ans » ; d'où une augmentation de 6 ans pour la somme de la dynastie. Même méprise chez le rédacteur de la liste d'Eratosthène, lui qui reconnaissait justement (surtout pour Nitokris) que les rois ici nommés correspondaient à la VIe dynastie de Manéthon. A propos d'Apappus (transcription beaucoup plus proche de la véritable prononciation, probablement Apopi, que le Phios de Manéthon), il remarque : οὗτος ὥς φασι παρὰ ὥραν μίαν ἐβασίλευσεν ἔτη ἑκατόν, ce qui est encore plus curieux.

Il résulte de là que les totaux des dynasties dans l'Africain sont (ou doivent être) comptés d'après les chiffres individuels, mais qu'il a emprunté à sa source les totaux des Tomoi, qui reposent eux-mêmes sur des totaux de dynasties un peu plus anciens, mais également sans valeur historique. — Nous sommes déjà arrivés à cette conclusion (p. 139) pour le

1. 263 + 302 + 214 + 277 + 248 + 197 + 146 + 409 + 185 + 43 + 16 = 2300, plus les 70 jours de la VIIe dyn. — Dans les dyn. IV et V, c'est donc le total général 277 et 248 et non pas la somme des chiffres individuels 284 et 218, qui est correct.

2. Si nous comptons pour la Ve dynastie neuf rois, d'après les chiffres individuels.

3. 8 + 9 + 9 + 8 + 9 + 6 + 70 + 18 + 19 + 19 + 16 + 1 = 192.

2e Tomos. Naturellement, et comme le Papyrus, Manéthon aura donné aussi des totaux d'ensemble à la fin de ses principales divisions; seulement nous n'avons aucune garantie que les totaux transmis soient vraiment les siens, car, pour le deuxième Tomos, c'est plutôt le contraire qui est prouvé. Le fait que Manéthon ait séparé Amenemḥet Ier de son successeur et l'ait encore attribué, à son premier Tomos, dans une place intermédiaire entre la XIe et la XIIe dynastie, ne laisse pas d'être singulier; mais il est à considérer qu'il a fait le récit de la restauration de l'Égypte sous ce roi dès le premier volume.

Comme on l'avait fait d'Apappus avec Phiops, l'auteur qui a remanié Eratosthène a identifié le nom énigmatique d'Echeskosokaras avec celui de Menthesouphis II, et lui a donné par conséquent un an. Ce nom aussi, dans sa partie initiale, est obscur; la graphie de la table d'Abydos [hiéroglyphes] *Zefaemsaf* est une altération de [hiéroglyphes] *...emsaf*, forme adoptée pour le nom de Merenreʿ Ier (le Methousouphis Ier de Manéthon) dans sa pyramide; mais, ici, nous ne connaissons pas la prononciation du premier signe. Μοσθῆς dans Eratosthène est, en fait, une altération de Ὀθόης[1], et Pammès répondra à Pepi Ier. Pour la continuation de la liste, v. p. 142.

La table de Sakkara ne nomme que les quatre plus importants rois de la VIe dynastie[2]. Ensuite viennent, comme on l'a déjà soupçonné, les dynasties XI et XII, mais en ordre renversé[3].

La table d'Abydos nomme avant Neferkereʿ = Pepi II,

1. Gutschmidt corrige ce mot en Ὀθοῆς; le changement est petit.
2. Pour la table de Karnak, v. plus haut p. 197 et 232.
3. Il est étonnant que plus d'un savant moderne ait pris pour un roi de la VIIIe dynastie le nom [hiéroglyphes], qui arrive immédiatement après la VIe dynastie; cependant il saute aux yeux que ce n'est qu'une faute graphique pour [hiéroglyphes] *Sebaknofrourè*ʿ, la dernière souveraine de la XIIe dynastie.

quatre noms au lieu des trois qu'on trouve en S et M. Le roi Ouserkere', qui dans cette table suit Atoti, ne se présente nulle part ailleurs. Mais le Papyrus aussi, avant le règne de 90 ans, a nommé quatre souverains, dont, à partir du deuxième, le nombre d'années était écrit à droite, en dehors de la colonne d'années, ou manquait tout à fait. Le Papyrus a donc eu aussi certainement Ouserkere'. Peut-être doit-on conjecturer que ce roi est identique avec le roi éphémère [hiéroglyphes] Ati[1], pour la pyramide duquel, « l'année de la première fois (du recensement) »[2], on a extrait des pierres à Hammamât.

Les années de règne du premier roi, Atoti V (Teti), ne sont pas conservées dans le Papyrus et ne sont pas connues par ailleurs. Pour le troisième, Merire' Pepi Ier, il donne 20 ans; pour Merenre' I, 4 ans[3]; pour Neferkere' III = Pepi II, plus de 90 ans (le chiffre des unités est perdu, sans doute 94 ans); Merenre' II, Menthesouphis II, enfin, reçoit 1 an, 1 mois. Les derniers nombres concordent avec ceux de Manéthon; ceux qui précèdent, non. Pour Nitocris, cf. plus haut, p. 221. Nous avons donc pour la dynastie :

PAPYRUS		MANÉTHON	
1. Atoti V.............	x ans 6 mois 21 jours	1. Othoes..	30 ans
2. Ouserkere' (= Ati ?) ..		—	
3. Pepi Ier...	20 »	2. Phios.........	53 »
4. Merenre Ier ...emsaf I..	4 »	3. Methousouphis	7 »
5. Neferkere' Pepi II.....	9(4) »	4. Phios.........	94 »
6. Merenre' II ...emsaf II.	1 » 1 mois	5. Menthesouphis	1 »
		6. Nitocris..	12 »

1. On a identifié ce nom avec Othoes, qui rappelle fortement sa consonance. Mais [hiéroglyphes] Atoti ne peut pas avoir manqué dans Manéthon, et doit correspondre à Othoes.

2. L., *D.*, II, 115 sq.; Sethe, *Urk. des alten Reichs*, p. 148.

3. La démonstration de Sethe (*Beitr.*, p. 86, n. 1) ne m'a pas complètement convaincu que le point (reste d'un signe ?), qui est reconnaissable

Pour le total, si nous comptions les deux premiers règnes comme l'Othoès de Manéthon, à 30 ans — chiffre vraisemblablement trop élevé — nous aurions de 149 à 150 ans, en face des 197 ans de Manéthon (ou 185 sans Nitocris). Mais il est très étonnant que les trois rois du milieu, dans le Papyrus, n'aient que des années pleines. Nous avons vu cela pour Nebka (p. 173) et pour les deux premiers rois de la IIIe dynastie (p. 190 et 206). Une hypothèse séduisante serait qu'au temps de la VIe dynastie on ne comptait pas par années de règne, mais par années civiles pleines ; c'est ce que pense Sethe, mais il est difficile de le soutenir, puisque pour Atoti V et pour Merenreʿ II, comme pour les rois du fr. 61, on indique les mois et les jours. Aussi faut-il peut-être expliquer les nombres en chiffres ronds plutôt par des règnes associés. D'ailleurs le total n'est donné qu'en années (181)[1], quoiqu'on n'ait pu arriver que difficilement à ce nombre exact. L'état si fragmentaire du Papyrus ne permet pas d'arriver ici à une pleine clarté.

Le nombre de 20 ans pour Pepi se trouve vraisemblablement contredit par les données des monuments[2], d'après lesquels ce roi a célébré la fête de Sed pour la première fois (et autant que nous le savons, pour l'unique fois) « l'année après la 18e fois » du recensement ; ce serait (dans le cas où, sous ce roi, le recensement n'aurait eu lieu que tous les deux ans, v. plus bas) dans sa 36e ou 37e année. Mais, comme la fête de Sed ne se célébrait jamais plus tard

dans le Papyrus entre « An » et les débris de « 4 », soit vraiment sans importance. Il est difficile cependant d'y voir un reste de 10 ; la lecture « 4 ans » semble donc certaine.

1. On pourrait supposer que les mois et les jours pourraient être cherchés dans le ⊙|||⊙ de la ligne suivante ; mais c'est peu vraisemblable.

2. Rassemblées, par Sethe, *Urk. des alten Reichs*, p. 91 sqq. ; *Beitr.*, p. 79 sq., 84 sq. Cf. la remarque de Schæfer, ap. *Æ. Z.*, XL, p. 75.

que la 30e année, et assez souvent plus tôt, Sethe suppose que les inscriptions ne dataient pas de l'année de la fête, mais faisaient seulement mention de la fête précédente, devenue en quelque sorte une sorte d'épithète du roi. Ce n'est pas impossible ; mais il me paraît plus vraisemblable cependant que, sous lui, le recensement était irrégulier et a pu se faire plusieurs fois consécutives en deux ans, comme sous Snofrou[1]. Pour Merenre' Ier, « l'année de la cinquième fois » du recensement, est mentionnée dans deux inscriptions[2]; cela ne pourrait pas s'accorder avec le nombre donné au Papyrus si, sous ce roi, le recensement s'opérait chaque année [comme le dit Sethe] ; alors il serait mort dans cette année et le Papyrus aurait omis ses mois et jours en surplus. Qu'il soit mort jeune, c'est ce que prouve l'examen de son cadavre, et, si son frère Neferkere' Pepi II est monté réellement sur le trône à l'âge de six ans[3], lui ne peut avoir régné plus de 5 ans.

Le nombre d'années donné par le Papyrus est donc histo-

1. L'inscription des carrières d'albâtre de Ḥat-noub (Blackden-Fraser, *Hieratic graffiti*, p. 15, 1 ; puis Sethe, *Urk. d. A. R.*, p. 95) qui mentionne également la « première fois de la fête Sed », est datée de [hiéroglyphes] ⊗∩∩||||| « l'année de la 25e fois » ; ce serait suivant l'alternance régulière des années de recensement, la 49e ou 50e année. Mais alors, d'après les analogies connues du Nouvel Empire, on aurait dû attendre longtemps la répétition de la fête de Sed — ; or, que cette fête était attendue à court délai, c'est ce que nous apprend la formule régulière ⊗ [hiéroglyphes] « *première* fois de la fête de Sed » —. Je croirais donc qu'il y a ici une faute dans le nombre [pour une opinion contraire, cf. Sethe, *Beitr.*, p. 84 sq.].

2. Sayce, *Recueil*, XV, p. 147 = Sethe, *Urk. d. A. R.*, p. 110 ; Blackden-Fraser, *loc. cit.*, 15, 2 ; comp. Sethe, *Beitr.*, p. 80, 85 sq.

3. Que Pepi II soit monté sur le trône enfant mineur, c'est ce que démontre clairement l'inscription (L., *D.*, II, 116 *a* = Sethe, *Urk.*, p. 112) de l'Wadi Maghâra, d'après laquelle, dans l'« année de la 2e fois du recensement des bœufs et de tout le petit bétail dans le Nord et le Sud », il était sous la régence de sa mère. Cf. aussi Erman, *Æ. Z.*, XXXI, p. 72.

riquement faux, pour Merenre' Ier peut-être, et pour Pepi Ier certainement. La biographie d'Ouna témoigne d'un règne plus long de Pepi Ier, puisque ce personnage arriva à l'âge d'homme et reçut sa première charge sous Atoti V, puis, parcourut, sous Pepi Ier[1], une longue et brillante carrière, et enfin mourut (du moins on rédigea son inscription funéraire) sous Merenre', arrivé aux emplois les plus élevés. Nous ne pouvons cependant pas donner à Pepi Ier les 53 années que lui octroie Manéthon, car alors Ouna aurait été revêtu de la charge de gouverneur du Sud et il aurait conduit les grands travaux des carrières devenu tout à fait vieux, à plus de 70 ans.

Quant aux 94 ans de règne de Pepi II, nous ne pouvons pas décider s'ils sont historiquement vrais (le fait d'avoir célébré deux fois la fête de Sed ne prouve rien à ce sujet); ce n'est pas matériellement impossible; mais ce serait un exemple unique dans l'histoire du monde.

De la VIIe à la Xe dynastie

Après Pepi II, les monuments s'interrompent autant dire complètement, et ce qui a été conservé des siècles suivants ne porte que rarement un nom de roi. A cela correspond le fait que la table de Sakkara (comme celle de Karnak) passe sous silence complètement tout le temps qui suit, jusqu'à la XIe dynastie; de même l'Epitomé de Manéthon qui, dans sa forme originale, donnait une image très correcte de l'œuvre complète, ne rapporte plus les noms des rois à partir des dynasties VII à XI, mais se contente des chiffres totaux. L'Etat de l'ancien Empire, profondément transformé depuis la Ve dynastie, arrive à sa fin sous Pepi II;

1. Le court règne d'Ouserkere' a certainement été omis à dessein.

l'hypothèse que, sous les dynasties suivantes, l'Égypte est démembrée en plusieurs États et déchirée de guerres intestines, est aujourd'hui confirmée par les sources pour le temps des Hérakléopolitains.

Dans Manéthon, après la VIe dynastie qui se termine avec Nitocris, suit l'étonnante VIIe dynastie, qui comprend 70 rois Memphites avec 70 jours (Eus. 75). S'il y a dans ceci quelque chose d'historique, on ne peut regarder cette dynastie que comme un interrègne, pendant lequel les plus hauts dignitaires de l'Empire exercèrent le pouvoir chacun un jour; règnes comparables aux cinq jours des sénateurs romains au temps de l'Interrègne. En tout cas, cette « dynastie » ne figure dans les listes des rois que par une conception semblable à celle des chronographes grecs postérieurs, quand ils ont introduit le vizir Artabanos, meurtrier de Xerxès, dans la liste des rois de Perse[1] : on voulait, en quelque sorte, que mention fût faite dans les tables qu'il y avait eu un interrègne.

Ensuite vient la VIIIe dynastie, qui, comme nous l'avons vu d'après l'Epitomé, se composait vraisemblablement de 18 rois Memphites avec 146 années. A cette dynastie correspond évidemment la longue liste de 17 rois, que la table d'Abydos énumère après Merenreʿ II et avant les rois de la XIe dynastie. Leurs noms, qui, sans exception, se rattachent à ceux de la VIe (et V[e]) dynastie, démontrent clairement qu'ici les vieilles traditions survivaient. Il est significatif que, pour six d'entre eux, les noms personnels sont réunis dans un même cartouche avec les noms de Rois [il en était ainsi déjà pour Merenreʿ...emsaf]; phénomène qui se reproduit sous la XIIIe dynastie. Pour ce qui est de monuments à leurs noms, nous n'en possédons pas, à part quelques scarabées[2]. D'autre part, il existe à Berlin un dé-

1. *Forsch.*, II, 494.
2. Rassemblés dans Petrie, *Hist.*, I, 113. Le roi Sneferka (n°s 47 et

bris de papyrus provenant d'une trouvaille « de la fin de la VIe dynastie » et dont je dois la connaissance au Dr Möller ; sur ce débris de papyrus, il y a le nom royal *Sechemkere*ʿ ; on pourra le reporter à la VIIIe dynastie.

Dans le Papyrus, où vraisemblablement il y avait aussi une division après Merenreʿ II, 7 seulement de tous ces souverains étaient cités ; trois noms (Neferkereʿ, ... ndti[1], ... i) ont été conservés, et aussi les chiffres des quatre derniers, qui n'ont régné ensemble que 9 ans, 4 mois, 3 jours. Ensuite vient le total, pour les deux dynasties réunies (VIIe et VIIIe) ; le papyrus les considérait donc comme une unité, ainsi que les dynasties IIIe-V[e] ; le chiffre s'élève à 181 ans[2]. Il est clair que le Papyrus n'a pas donné ici une liste complète de la VIIIe dynastie, mais que plutôt il l'interrompt, lorsque dans Hérakléopolis une nouvelle famille de rois s'élève. Les autres rois postérieurs de la VIIIe dynastie, que la table d'Abydos considère comme seuls légitimes, peuvent s'être maintenus à côté des Hérakléopolitains encore un siècle ou plus, à Memphis ou dans le Delta. Des conditions toutes semblables se présentent souvent, par exemple au temps des dynasties XXIIe à XXVIe. Mais pour cette époque, le Papyrus, dans une conception différente de celle qui a prévalu pour les dynasties XIIIe et XIVe, n'a évidemment pas eu

52 de la liste) est bien identique avec Sneferkere, n° 25 de la table de Karnak.

1. ... ou ... ou ... . On est tenté de l'identifier au n° 45 de A, Neferkereʿ chendou, et de voir dans .. i le n° 43 Neferkereʿ Nebi. Alors l'ordre des noms serait différent. — Souvent on a lu le nom ... Achthoes, comme à la ligne 23. Au point de vue paléographique, ce ne serait pas impossible, mais l'obstacle vient de ce que le fr. 48 ne peut rester à la place que lui a assignée Seyffarth, pas plus qu'on ne peut le placer quelque part ailleurs dans la dynastie des Hérakléopolitains.

2. Pour les sept rois de la VIIIe dynastie on peut donc compter environ 31 ans.

en vue de nommer tous les souverains, qui ont çà et là porté une fois le titre de Roi; il n'a voulu donner qu'une suite chronologique continue.

Quant à la dynastie suivante de 18 rois, il n'est pas douteux qu'elle ne corresponde aux Hérakléopolitains de Manéthon. D'après Manéthon, son premier souverain s'appelle Achthoes (Ochthovis dans l'Arménien) : « il fut plus terrible que tous les autres avant lui, et fit le plus grand mal à tous les habitants de l'Égypte; plus tard, il tomba en démence et périt par un crocodile ». Son nom égyptien est *Chti* (prononcez : Achtoï) et nous connaissons même deux souverains de ce nom, 1° Jebmerire' Chti ; 2° Ouahkere' Chti[1]. L'un d'eux, sous la forme apparaît dans le Papyrus comme quatrième roi de la dynastie ; le premier, dont le nom est perdu, peut très bien s'être lui-même appelé ainsi. Nous connaissons un autre Hérakléopolitain postérieur : c'est Kamerire'[2] de la grande inscription du nomarque de Siout, publiée par Griffith, d'après laquelle il mourut dans une guerre avec le royaume thébain du Sud ; c'est peut-être le même que Merkère, du sarcophage d'Apa'anchou, de Sakkara[3]. Enfin, il faut rattacher ici le roi Nebkaoure', connu par le Conte du paysan, dont l'action se passe à Hérakléopolis[4].

1. Maspero, *Proc. Soc. Bibl. Arch.*, XIII, 1891, 429 ; Lacau, *Recueil*, XXIV (1902), p. 90 sq. Le nom se trouve aussi dans le Papyrus Golenischeff, *Æ. Z.*, XIV, p. 109.

2. Aussi sur une palette du Louvre, Petrie, *Hist.*, I, p. 115.

3. *Ægypt. Inschr. des Kgl. Museen zu Berlin*, II, p. 132. Il était aussi prêtre de la pyramide d'Atoti V (*ibid.*, p. 131).

4. Petrie ajoute ici, avec raison, quelques autres noms provenant de scarabées (*Hist.*, I, 116 sq.), par ex. : Ma'ajebre'. Par contre, on admet aujourd'hui généralement que le roi Chian n'appartient pas à ce temps, mais à l'époque des Hyksos.

Dans le Papyrus ne sont conservés que peu de restes d'autres noms, la plupart évidemment des noms personnels, et non pas de noms de Rois. Le troisième roi s'appelait Neferkere', ce qui prouve encore que cette dynastie cherchait à se rattacher aux anciennes traditions. Le nom revient au fr. 43, lequel, si notre arrangement est correct, contient les derniers quatre noms de la dynastie : Nitocris, Neferke[re'][1] avec l'épithète « *ḥounou* le jeune », Neferes et Jeb.

Dans Manéthon, les Hérakléopolitains se partagent en deux dynasties de 19 rois chacune. Les 18 rois du Papyrus correspondent à la première. Comme on le voit, ici encore on ne s'est pas proposé de compter tous les souverains de cette époque ; au contraire, dès que la dynastie de Thèbes arrive à l'indépendance, le Papyrus passe aux Thébains. Nous avons vu que les premiers rois de Thèbes ont été pendant de longues années en guerre avec les Hérakléopolitains ; les rois de ce temps-là peuvent correspondre à la deuxième dynastie hérakléopolitaine de Manéthon, que le Papyrus a omise[2].

Inversement, dans Manéthon, on peut avoir essayé de compenser les nombres, comme cela s'est passé sûrement pour les dynasties XXIIe à XXVIe ; c'est la seule explication possible du chiffre de 43 ans attribué aux 16 rois thébains de la XIe dynastie — ce nombre de 16 rois est certainement trop élevé, même en y comprenant tous les nomarques du temps antérieur à la royauté thébaine. En fait, on pourrait penser que les derniers Hérakléopolitains ont continué à végéter comme des rois fantômes jusqu'au temps de Nebchroure'

1. ⊙ a été omis par erreur comme à la col. 2, 26.

2. Il est possible naturellement, qu'il y eût dans le Papyrus une subdivision et que les nombres de rois de Manéthon (19 pour les deux dynasties) aient été erronés. Mais je considère comme certain, que les Hérakléopolitains de Manéthon se sont étendus beaucoup plus loin que les 18 rois du Papyrus.

Mentouḥotep II; comparez les « Fils de rois » avec cartouche tels que (Aʿḥmose se Paʿar, Binpou et autres) qui apparaissent, au commencement du Nouvel Empire, à côté des premiers rois de la XVIIIe dynastie.

Par contre, il est indubitable que nous ne pouvons pas accepter le chiffre de l'Épitomé de Manéthon, qui fixe à 783 ans[1] la durée du temps des dynasties VIIIe à Xe et de la XIe dynastie, où les monuments manquent; nous devons réduire ce nombre dans la même proportion que l'intervalle entre la XIIe dynastie et le Nouvel Empire. Pour l'évaluation de chiffres possibles, les restes du Papyrus de Turin nous donnent une base suffisante.

RÉSULTATS

Les dates des neuf premières dynasties

Nous pouvons maintenant considérer, dans son ensemble, la construction de la liste royale du Papyrus. Il partage l'histoire de l'Égypte, de Ménès aux Hycsos — on n'a rien conservé du temps suivant — en deux grandes sections, qui correspondent exactement aux époques de l'Ancien Empire et du Moyen Empire telles que les travaux modernes les ont établies.

La coupure se trouve avant l'avènement des Hérakléopolitains. Des totaux délimitent dans l'Ancien Empire deux périodes, dont le point de séparation est la fin de la Ve dynastie. Chacune d'elles se partage de nouveau en plusieurs subdivisions (=dynasties), dont les unes sont désignées par une rubrique rouge (pour Zoser), les autres peut-être seulement par les mots « il régna ».

Le Moyen Empire se compose de quatre périodes,

1. 146+409+185+43=783.

délimitées par des totaux : Hérakléopolitains, — XIe dynastie, — dynastie de Ithtaoui (= XIIe dynastie), — XIIIe (+XIVe) dynastie ; la dernière seulement de ces dynasties se partage en plusieurs (au moins 6 à 7) sous-dynasties. De la somme totale, qui ne pouvait manquer de se trouver à la fin, on n'a plus rien conservé.

D'où le schéma suivant : j'y ai marqué les dynasties du Papyrus en chiffres arabes, et celles de Manéthon en chiffres romains.

I. — Ancien Empire.

1re période, de Ménès à Ounas

1re dynastie : 18 Thinites (= I. II).
2e » 15 Memphites (= III. IV. jusqu'à Sahoure').
3e » 7 rois (Elephantites ?) de Neferèrkere' jusqu'à Ounas (= V).

2e période, depuis Atoti, jusqu'à la fin de l'Ancien Empire

4e dynastie : 6 Memphites (VI) } 181 ans.
5e » 7 Memphites (VIII) }
Total : 53 rois avec 955 ans, 10 + x jours.

II. — Moyen Empire.

3e période

6e dynastie : 18 Hérakléopolitains (IX. X).

4e période

7e dynastie : 7 Thébains (XI) 160 + x ans.

5e période, les « rois de la cour de Ithtaoui »

8e dynastie : 8 Thébains (XII) 213 ans, 1 mois, 17 jours.

6e période, « rois après la dynastie d'Amenemhet Ier »

9e-14e (ou plus) dynasties (XIII. XIV), qui ne sont pas conservées complètement.

Ensuite venaient les Hyksos, dont quelques noms peut-être sont conservés dans le Papyrus. Jusqu'à la fin de la

XIIe dynastie, le Papyrus a énuméré 86 rois, au lieu des 129[1] de Manéthon, des 65 de la table d'Abydos et des 46 de la table de Sakkara.

Comme on le voit, depuis la 4e (= VIe) dynastie, les dynasties correspondent effectivement à celles de Manéthon, si ce n'est que la dynastie VIIe manque naturellement et que les Hérakléopolitains sont réunis en une seule ; les Thinites et les dynasties IIIe et IVe sont partout réduits à une unité, mais la coupure de dynastie, après les dynasties IIIe et Ve, est placée autrement. Nous avons dit précédemment comment cela peut s'expliquer.

Toutefois, le résultat le plus important vise la chronologie. La somme de 955 ans pour le temps depuis Ménès jusqu'à la fin de l'Ancien Empire, nous donne une base solide. Comme le total de 181 ans pour les dynasties 4. 5 = VI. VIII. est conservée, il reste 774 ans pour les trois premières dynasties du Papyrus (I.-V. de Manéthon) — au lieu des 1304 ans de Manéthon. Nous avons aussi le total de la 7e dynastie thébaine = XI de Manéthon, un peu plus de 160 ans. Elle a donc régné environ de 2165/60 jusqu'à 2001/1998 av. J.-C., soit en chiffres ronds de 2160 à 2001 av. J.-C., avec une erreur possible de 10 ans.

Je ne pourrais pas affirmer que les nombres du Papyrus sont d'une exactitude historique absolue ; nous avons vu que les nombres pour Pepi Ier et pour Merenre' Ier sont réellement problématiques[2], et qu'il existe certainement des fautes d'écriture et de calcul. Mais il n'est question ici que d'années ou de dizaine d'années et non pas de siècles ; et point n'est besoin d'aucun développement pour prouver que l'Épitomé de Manéthon, qui ne nous arrive que de troisième ou de quatrième main, en mettant les choses au mieux,

1. Si des 192 rois du premier Tomos nous retirons les 70 Memphites de la dynastie VIIe, et si nous ajoutons les 7 rois de sa XIIe dynastie.

2. Il n'est nullement certain cependant que le nombre du total en soit affecté.

ne peut prévaloir contre les données d'un document officiel (ou du moins semi-officiel), plus ancien, d'un millier d'années, que Manéthon.

Les chiffres du Papyrus pour l'Ancien Empire se tiennent absolument dans les limites de la vraisemblance, que dépassent de beaucoup les nombres de Manéthon. 40 rois (Ire-Ve dyn.) avec 774 années donnent une moyenne de 19 années 1/3; 53 rois (Ire-VIIIe dyn.) avec 955 années donnent une moyenne de 18 années[1]. Si l'on réfléchit que dans cette dernière somme ne sont compris pas moins de 15 règnes de durée inférieure à 10 ans[2], et dont le total n'est que de 70 ans (+ x mois), on voit que la moyenne, pour les autres, monte à plus de 23 ans. Comme parmi ceux-ci il y eut encore des règnes fort courts, il est clair qu'une moyenne plus élevée serait difficilement admissible.

Les chiffres du Papyrus concordent au mieux avec ce que nous avons trouvé par ailleurs. Nous avons vu que les IVe et Ve dynasties réunies doivent avoir régné assez exactement 300 ans. Les quatre rois de la IIIe dynastie, d'après le Papyrus, régnèrent ensemble 55 ans. Pour les deux premières dynasties, il faut compter plus de 300 ans et moins de 600 ans; d'après le Papyrus il reste pour elles 420 ans.

Nous verrons bientôt comment ces résultats seront confirmés complètement par la chronique de la Pierre de Palerme, un document plus ancien d'environ 1400 ans.

Le seul chiffre partiel qui nous manque dans le Papyrus est le chiffre des 18 Héracléopolitains. Ce temps, auquel appartiennent aussi les derniers Memphites de Manéthon et de la table d'Abydos, n'est pas facile à évaluer avec certi-

1. D'après Manéthon les dynastie Ie-Ve embrassent 43 rois avec 1304 années; moyenne : un peu plus de 30 années; les dynastie Ie-VIe 49 rois avec 1501 années; moyenne 306 années. Si nous comptons encore, pour procéder tout à fait correctement, la VIIIe dynastie, 18 rois avec 146 années, nous avons pour moyenne toujours plus de 24 1/2 ans.

2. Nos 15, 20, 21, 25, 30, 31, 32, 35, 38, 44, 46, 50, 51, 52, 53.

tude, car nous n'avons actuellement aucun moyen pour cela. Nous ne pouvons dire qu'une chose, c'est que d'après le caractère des monuments de la fin de la VIe dynastie et du commencement du Moyen Empire, — et spécialement, comme l'observe le Dr Möller, d'après l'écriture des papyrus, — nous hésiterons à l'évaluer très haut. La moyenne obtenue plus haut de 18 ans — (cela ferait pour 18 rois 324 ans) — est assurément trop élevée ; plus d'un de ces rois peuvent n'avoir pas régné plus longtemps que les derniers de l'Ancien Empire dans le Papyrus et que ceux des XIIIe et XIVe dynasties ; leur exemple nous montre combien il faut peu se risquer dans l'évaluation des temps de cette sorte.

Si maintenant je propose de fixer le temps des Héracléopolitains à 200 ans (11 ans par règne), j'ai parfaitement conscience que ce chiffre est absolument arbitraire[1]. Le nombre proposé pourrait bien être d'un siècle trop grand ou trop faible. Mais c'est en dedans de ces limites qu'il y a erreur possible. Comme tous les autres chiffres partiels sont donnés, désormais, pour le temps de l'Ancien Empire et le commencement des temps historiques de l'Egypte (au sens restreint : depuis l'avènement de Ménès), il n'y a dans les dates qu'un jeu possible de 200 ans. Aussi ces résultats permettent-ils d'avoir l'esprit en repos, surtout quand il s'agit d'un temps si reculé.

Nous obtenons donc les dates suivantes :

Avènement de Ménès	env. 3315	av. J.-C.
18 Thinites (Ire, IIe dyn.), env. 420 ans	env. 3315-2895	»
Zoser et ses trois successeurs (IIIe dyn.), 55 ans	» 2895-2840	»
Avènement de Snofrou	env. 2840	»
IVe dynastie (env. 160 ans)	» 2840-2680	»

1. Il ne faut pas oublier, que pour l'intervalle entre la fin des dynasties VIe + VIIIe et le commencement de la XIIe dynastie, les 160 années des Thébains viennent s'ajouter. La durée totale monterait donc, après cette addition, à 360 années. Dans mes dates minima, j'avais estimé le temps — du commencement de la VIe dynastie jusqu'au commencement de la XIIe — à 400 ans, par conséquent 140 ans trop bas.

Ve dynastie (env. 140 ans)............	»	2680-2540 av. J.-C.
VIe (et VIIIe) dynastie, 181 ans............	»	2540-2360 »
18 Hérakléopolitains (IXe-Xe dyn.) env. 200 ans	»	2360-2160 »
7 Thébains (XIe dyn.) 160 ans............	»	2160-2000 »
Amenemḥet (XIIe dyn.) commence en.....	»	2000/1997 »

A partir des Hérakléopolitains et en remontant, toutes les dates peuvent s'élever ou s'abaisser en chiffres ronds de 100 ans, c'est-à-dire que l'avènement de Ménès tombe entre 3400 et 3200 av. J.-C.

L'établissement et l'introduction du calendrier égyptien dans la Basse-Égypte au 19 juillet 4241 av. J.-C., n'en remontent pas moins à encore mille ans environ avant Ménès. Telle est l'antiquité réelle de l'histoire d'Égypte.

Les dates données par les carrières de pierres

Nous ne possédons pas de confirmation de nos résultats par une date absolue ; mais nous pouvons nous aider de nombreuses inscriptions, qui fournissent un certain appui pour établir les rapports, à une époque donnée, du calendrier avec les saisons. Parmi elles, il faut citer avant tout le passage bien connu de l'inscription d'Ouna, d'après laquelle, sous le roi Merenreʿ, au mois d'Epiphi (le 11e de l'année), il s'en fut chercher pour la pyramide du roi une table d'offrande aux carrières d'albâtre de Ḥatnoub (dans le voisinage de Tell-el-Amarna) et l'amena à son lieu de destination (près de Memphis), « bien qu'il n'y eût pas d'eau sur les *ṯsou* ». L'inscription d'Ichernofret nous apprend que ces *ṯsou*[1] sont des canaux ou de grandes nappes d'eau au temps de l'inondation[2] ; il est clair qu'Ouna se glorifie d'avoir effectué heureusement le transport, malgré le

1. Cf. *Nachträge zur aeg. Chronol.*, p. 20, n. 1.

2. Cf. Schæfer, *Mysterien des Osiris*, p. 30, l. 21 de l'inscription ; l'expression s'emploie certainement dans le même sens au Papyrus Westcar, IX, 16 (Sethe, *l. c.*, p. 113).

bas étiage des eaux qui domine dans le mois Epiphi. Petrie[1] a expliqué le passage, en disant qu'à ce moment l'eau de l'inondation est censée décroître ; aussi place-t-il Epiphi en octobre, peu de temps après la plus grande hauteur de l'eau. Il arrive ainsi à fixer pour Merenreʿ Ier une date autour de 3350 av. J.-C. En effet, le mois d'Epiphi allait à ce moment du 5 octobre au 3 novembre, mais en calculant selon le calendrier julien ; d'après l'état réel des saisons, on devrait encore remonter la date d'un siècle pour le moins ; mais il tombe sous le sens que son interprétation est très invraisemblable. D'après nos dates, Merenreʿ Ier régnait vers 2500 av. J.-C. Cette année-là, le mois d'Épiphi va du 6 mars au 4 avril jul. = 13 février au 14 mars grég. ; c'est donc un moment où l'inondation est passée depuis longtemps, et où le Nil commence à baisser fortement, pour atteindre son niveau le plus bas dans les mois suivants. Cela s'applique donc au texte excellemment.

Plusieurs inscriptions montrent que, sous la VIe dynastie, les travaux dans les carrières et dans les mines se faisaient régulièrement, en ce temps-là, fin Epiphi, Mesori, commencement de Thot[2]. Je réduis les dates à l'année 2500 av. J.-C., puisqu'il est impossible ici de préciser une année déterminée.

Pepi au Wadi Hammamat[3] ; 27 Epiphi = 1er avril jul., 11 mars grég.

Pepi à Hatnoub[4] ; 1er Thot = 10 mai jul., 19 avril grég.

» au Wadi Maghara[5] ; 6 Mesori = 10 avril jul., 20 mars grég.

Il y a également une inscription commémorative d'une

1. *A Season in Egypt*, 1888, p. 29 sq.

2. Les deux inscriptions de carrières dans Sethe, *Urk. des A. R.*, p. 10, d'un temps très reculé, nomment aussi les mois Épiphi et Mesori.

3. L., *D.*, II, Sethe, *Urk. des A. R.*, p. 93.

4. Sethe, p. 95.

5. L., *D.*, II, 116 *a*; Sethe, p. 91.

victoire de Merenre' I au Wadi Maghara[1], datée du 28 Payni = 3 mars jul., 10 février[2] grég.

Ce qui confirme ceci, c'est que les dates de la XIe et de la XIIe dynastie, pour des expéditions semblables, tombent plusieurs mois égyptiens plus tard :

Nebtaouire' Mentouhotep IV fait travailler le 3 Paophi de sa deuxième année[3], ce qui, en l'an 2001, tombe le 7 février jul. = 20 janvier grég.

Sous Sésostris III, on travaille à Hammamat le 16 Choiak an 14 = 22 mars (6 mars grég.) 1873[4] ; sous Amenemhet III, l'an 2, le 1er Athyr = 27 janvier (11 janvier grég.) 1847 ; l'an 3, le 3 Athyr = 29 janvier (13 janvier grég.) 1846 ; l'an 19, le 15 Tybi = 6 avril (21 mars) 1829[5].

En général, les travaux dans les carrières, sous les dynasties XI et XII, viennent donc à une époque un peu moins avancée que sous la VIe dynastie[6].

Enfin, je dois à l'obligeance de M. Breasted de connaître une inscription du Sinaï de la XIIe dynastie (malheureusement sans date exacte), d'après laquelle un fonctionnaire venu pour le travail des mines en temps inopportun, en plein été ( ), dans les mois de Phamenoth à Pachon, se

1. Sethe, p. 110.

2. C'est d'autant plus remarquable que les pierres pour la pyramide d'Ati à Hammamat furent taillées le 2 Choiak = 9 août jul., 19 juillet grég. [je réduis aussi pour l'année 2500] de sa 1re année : L., *D.*, II ; Sethe, p. 148. On voit avec quelle précipitation se hâtait ce souverain éphémère.

3. L., *D.*, II, 149 *c-e* = Golenischeff, *Hammamat*, pl. X-XII. L'inscription de Hanou relative à son expédition maritime sous S'anchkere' est rédigée le 3 Pachon = 9 septembre 2020 (22 août grég.), ce qui convient très bien.

4. L., *D.*, II, 136 *a*. J'ai naturellement omis l'année avant J.-C. pour les quatre années considérées.

5. L., *L.*, II, 138 *a-c*.

6. Tout à fait hors série, une inscription isolée du temps de Amenemhet Ier donne à Hammamat la date du 3 Mesoris = 3 décembre (15 novembre grég.) 2000 (Golenischeff, *Hammamat*, pl. II, 4).

plaint de la grande chaleur. En l'an 1900 av. J.-C., Phamenoth tomba du 9 juin au 8 juillet, Pachon du 8 août au 6 septembre (grég. 17 jours plus tôt).

D'autre part[1], Spiegelberg a publié, dans son mémoire *Zwei Beiträge zur Geschichte der thebanischen Necropolis* (1898), un grand nombre de *graffiti* hiératiques, relevés sur les rochers qui dominent le temple de Der el-Bahari, dans le voisinage des tombes royales. Six d'entre eux renferment des données sur des crues du Nil, en particulier sur deux crues datées de l'an 1 et de l'an 2 du roi , graphie abrégée du nom Merneptah[2] qu'on retrouve aussi sur l'enveloppe de la momie de ce roi[3]. Quatre autres sont datés de l'an 7 (n° XV, vraisemblablement de Merneptah, cf. note 1), de l'an 10 (n°s XVII et XVIII)[4], et de l'an 22 (n° XX)[5] sans donner le nom de Roi. Ce dernier texte, tout au moins, est difficilement attribuable au règne de Merneptah, car, à notre connaissance, celui-ci n'a pas régné aussi longtemps ; le roi en question pourrait être Ramsès III (cf. note 3). Tous ces textes emploient, avec de petites variantes, la même formule ; après la date, on a :

1. Ce qui suit, jusqu'à la fin du chapitre, est tiré des *Nachträge zur ägyptischen Chronologie*, p. 39-42.

2. D'ailleurs au n° XV, un scribe nommé *Qn-ḥr-ḫpš-f* a voulu perpétuer son nom l'an I (2, II) du règne de (l' est omis.) Nous avons ici le prénom du roi sous sa forme complète ; il est bizarre que dans tous ces cas la syllabe *ba* soit écrite par le signe , tandis que partout ailleurs cette syllabe est écrite avec . — Après, on trouve une donnée sur la crue de l'an 7 (5, III), sans doute sous le même règne.

3. Écrit en hiératique (*Rec.*, XXII, 126 ; XXIII, 32).

4. Le n° XVII est de l'an 10 (13, II) ; le n° XVIII, de l'an 10 (7 (?), II). Ces deux graffiti semblant désigner le même fait, ils doivent être (si les dates sont exactes) de deux règnes différents.

5. On y lit que « le grand Nil descendit le 17 (?) », II, puis « qu'il vint le 15, II de l'an 22 » ; peut-être les deux textes ne sont-ils pas contemporains ; à moins que la première date ne soit mal lue ou mal écrite.

XVI : *hrw pn n ha'ji ir n* [hieroglyphs] *n ḥ'pi â* suit le nom royal.
XVII : *hrw pn ha'ji n ḥ'pi â*
XIX : *hrw pn n ha'ji ir n pa* [hieroglyphs] *n ḥ'pi â* suit le nom royal.
XX *a* : *hrw pn ha'ji n ḥ'pi â*

c'est-à-dire : « en ce jour *ha'ji* (ou = XVII, XIX : *de ha'ji*) [fait par l'eau] du grand Nil ». Le n° XX *b* a une formule abrégée : [hieroglyphs] ?.

Le mot [hieroglyphs] *ha'ji* signifie « descendre », par exemple dans un bateau, dans l'eau ; descendre du désert au Nil ; descendre dans le tombeau », et aussi « tomber » et « couler ». Spiegelberg a donc cru qu'il s'agissait de la fin de la haute crue ; il imagina que des Égyptiens, qui stationnaient en un castel au-dessus de Der el-Bahari, avaient inscrit sur les rochers la date du jour où « ils pouvaient observer de là-haut le commencement de la décrue ». Cependant, même abstraction faite de l'impossibilité du fait au point de vue du calendrier, cette explication est insoutenable. Les moments de la crue perceptibles aux sens et importants sont le début et l'apogée, qui souvent sont notés ; mais il n'en est pas de même pour le commencement de la décrue. Inadmissible aussi est cette hypothèse de Lieblein que *ha'ji* désigne la « chute » d'une larme d'Isis dans le Nil pendant la « nuit de la goutte » au mois de juin[1] ; car c'est là un jour de fête, qu'on célèbre sans se demander si réellement ce jour-là se produit une crue, qui serait encore très faible de toute façon. Au contraire, nos textes désignent clairement un fait d'observation naturelle, et probablement, puisqu'il s'agit expressément de l' « eau du grand Nil », l'arrivée du flot de la crue.

D'ailleurs, les deux textes non encore cités apportent une

1. Cf. *supra*, p. 53, où il eût fallu citer le passage classique de Pausanias, X, 32, 18.

complète clarté : XV « l'an 7, le 5, III, « au jour de la descente que fait l'eau du Nil dans[1] le bassin » — XVIII : « l'an 10, le 7 (?) II, ? « l'eau de l'inondation[2], que le Nil fait, descend ». Ainsi, auprès des rochers (ou dans un endroit visible de ceux-ci, par exemple en bas de Der el-Bahari et de l'Assasif septentrional), il y avait un bassin ; au jour indiqué, qui est celui où commence la grande crue, on ouvrait les écluses et l'eau descendait en vague puissante dans ce bassin. C'est pourquoi les autres textes disent : « en ce jour (l'eau) du grand Nil descendit ». Les dates se rapportent donc au début de l'inondation effective et tombent au temps de la grande crue du fleuve, qui, actuellement, commence d'ordinaire du 15 au 20 juillet. Naturellement, il y a des différences au cours de chaque année, et le jour auquel on ouvre les écluses peut encore, pour d'autres causes, varier chaque fois. Voici les dates :

XVI : an I de Merneptah, 3, III.
XIX : an II » 3, II.
XV : an 7 » ? 5, III.
XVII : an 10, 13, II.
XVIII : an 10, 7 (?) II.
XX : 17 (?), II, et an 22, 15, II.

Les jours tombent donc surtout dans la première moitié du IIe mois ; deux seulement un mois entier plus tard, au début du IIIe mois, si bien qu'on peut se demander s'il n'y a pas ici une erreur ; toutefois, comme on l'a dit plus haut, on

1. La proposition *dans* est omise, comme il arrive souvent dans les textes de cette époque.
2. Pour cette interprétation de *hjt*, le *Dictionnaire* de Berlin donne de nombreuses preuves.

peut très bien admettre un déplacement d'un mois dans la fixation du jour de fête pour les deux années qui se suivent (XVI et XIX).

Merneptah, le fils de Ramsès II, est monté sur le trône au plus tard vers 1234 av. J.-C.[1] Si nous prenons l'année 1230 pour la réduction des dates, nous trouvons :

3, II (XIX) = 29 juillet jul. = 17 juillet grég.
13, II (XVII) = 8 août » = 27 juillet »
3, III (XVI) = 28 août » = 16 août »

Si l'hypothèse que le n° XX appartient à l'an 22 de Ramsès III (cf. p. 257) devait se justifier, on aurait l'an 1179 av. J.-C. et l'équation :

15, II = 28 juillet jul. = 17 juillet grég.

On devrait interpréter de la même façon la date de l'hymne de Louxor, publié par Daressy[2], sur une inondation en l'an 3 d'Osorkon II (vers 860 av. J.-C.), an 12, V = 4 août jul. = 26 juillet grég. ; mais, ici, le contexte prouve qu'il est nettement question de l'apogée de la crue. Il y a toute vraisemblance pour que la date ait été mal écrite ou mal lue (Breasted, *Ancient Records*, IV, 743). Si nous admettons qu'on avait écrit ou observé « le 12, VII », on aurait comme date le 3 octobre jul. 860 = 24 septembre grég., ce qui conviendrait très bien[3].

1. D'après les généalogies des rois Chetas contemporains, je tiens maintenant pour très vraisemblable que Ramsès II (contrairement à ce que j'ai dit p. 68) doit être reculé de 10 ans, et placé à peu près de 1310 à 1244. Séti Ier, qui est mort dans la force de l'âge, aurait régné au plus 10 ans. Si, au contraire, Merneptah est bien monté sur le trône seulement vers 1244, les dates de jour données ici devraient être avancées de 2 ou 3 jours.

2. *Recueil*, XVIII, p. 181. Cf. XX, p. 80, n° CLIX. C'est une transcription hiéroglyphique d'un texte hiératique.

3. Cette hypothèse a été entièrement confirmée, depuis 1908, à la suite d'un nouvel examen de la pierre par MM. Borchardt et Legrain. Le texte est réellement conforme à la lecture proposée ici par M. Meyer. Cf. *Neue Nachträge*, ap. *Æ. Z.*, XLIV, p. 116. (Note du trad.)

Dans les inscriptions des quais de Louxor, du temps des dynasties XXIIe et suivantes, qui se rapportent à la hauteur maxima de la crue, la seule date de jour qui soit donnée concorde d'une façon excellente : l'an 3 de Sabataka[1], c'est-à-dire environ 700 ans av. J.-C., le 5, IX = 16 octobre jul. = 8 octobre grég.[2].

De telles dates n'apportent pas, naturellement, des preuves certaines ; mais on voit qu'elles concordent très bien avec notre système chronologique ; aussi devons-nous les accueillir à titre de confirmation.

1. Legrain, *Æ. Z.*, 1896, p. 115, n° 33.
2. Cf. *Æ. Z.*, XL, p. 124 et les corrections, XLI, p. 93.

V. — LA CHRONIQUE DE LA PIERRE DE PALERME

DESCRIPTION ET CARACTÈRE DU DOCUMENT

Pour vérifier les résultats obtenus pour l'Ancien Empire, nous possédons un instrument de contrôle tout à fait précieux dans la « Pierre de Palerme ». Ce texte, d'une valeur inestimable, a été publié pour la première fois par Pellegrini [1], et commenté à plusieurs reprises, notamment par Naville [2] ; mais son véritable caractère n'a été vraiment reconnu que depuis l'excellente édition donnée par H. Schæfer [3]. Ce n'est rien moins qu'un fragment d'une ancienne chronique égyptienne ; nous pouvons dire, pour nous servir d'une expression familière aux sciences historiques, que ce sont des Annales de l'Ancien Empire ; d'après l'écriture et le contenu, ce document a été composé sous la Vᵉ dynastie, vraisemblablement sous Newoserre'.

Malheureusement, de la grande plaque de diorite noire sur laquelle le texte était écrit, on ne possède qu'un fragment relativement petit [4] ; il est suffisant, néanmoins, pour faire connaître la disposition de l'ensemble.

La table est écrite, sur le recto et sur le verso, en lignes horizontales, qui, à partir de la ligne 2 du recto, sont divi-

1. *Archivio storico Siciliano*, nuova Serie, ann. XX, 1896.

2. *Recueil de Travaux*, XXI, p. 112 ; un autre mémoire, présenté au Congrès des Orientalistes de Hambourg, d'après une nouvelle comparaison avec l'original, a été publié dans le *Recueil*, XXV (1903).

3. *Ein Bruchstück altägyp. Annalen*, ap. Abh. d. Berl. Akad. d. Wiss., 1902 ; le texte y est publié d'après une photographie de Salinas et après une collation faite par L. Borchardt.

4. La reproduction sur les tables VI et VII est faite conforme à l'esquisse donnée par Sethe d'après les photographies de Salinas. Je n'ai pris du texte que ce qui avait de l'importance pour mon but.

sées en nombreuses sections annuelles, par le signe { « année ». Au-dessus de ces lignes verticales d'années à écriture serrée, courent des lignes horizontales plus étroites, qui contiennent les noms des rois et de leurs mères, et même, comme on peut le voir clairement vers le milieu, la série d'années qui appartiennent à chacun. Quand il y a changement de règne, un trait de séparation traverse ces lignes horizontales. Dans les deux dernières lignes du verso seulement, cette ligne est omise, sans doute pour gagner de l'espace ; car, ici, elle était superflue, les règnes s'étendant sur plusieurs lignes. La ligne supérieure du recto ne contient pas non plus de sections annuelles, mais elle est divisée par des traits verticaux, entre lesquels sont logés les noms des rois de la Basse Égypte. Par-dessus courait encore une ligne incomplète, dont la partie conservée n'est pas écrite, mais qui doit avoir contenu le titre dans la portion perdue. Au-dessus, il reste encore une petite partie d'une ligne vide ; il semble, comme le remarque Schæfer, p. 14, que rien n'avait été écrit là, mais que cette bande formait le bord supérieur de la table. S'il en est ainsi, la ligne 1 du recto constitue la première ligne du document.

Aux lignes 2-5, les sections par années sont d'une largeur qui est égale dans chaque ligne, quoique différente de ligne en ligne. L'auteur a donc eu le dessein de mettre dans chaque ligne un nombre déterminé d'années et, pour cela, les a divisées en sections annuelles égales ; c'est seulement après qu'il y a inscrit les notices historiques, toujours dans une seule ligne verticale.

En y comprenant les années incomplètement conservées du début et de la fin[1], les morceaux conservés sont : pour la ligne 2, 12 ans ; pour la ligne 3, 14 ans ; pour la ligne 4, 16 ans ; pour la ligne 5, 11 ans. Au-dessous des années, il y a

1. Il faut remarquer ici que les morceaux conservés des lignes ne sont pas d'égale longueur.

ici, comme par la suite, généralement des indications sur la hauteur du Nil, données en coudées, mains et doigts ; mais au début de la ligne 2, elles manquent trois fois. Ce qui est conservé des lignes 2-5 appartient aux deux premières dynasties ; en effet, au-dessus de la ligne 4, se trouve le nom d'Horus du roi Neteren, qui est vraisemblablement Binothris, le 3e de la IIe dynastie ; à la ligne 5, année 4, on mentionne la « naissance de Chaʿsechemoui », le roi de la IIe dynastie (ou du commencement de la IIIe) dont il a été parlé plus haut (p. 182).

Les lignes 1-5, qui sont disposées de façon uniforme, sont aussi presque exactement de hauteur égale. Par contre, avec la ligne 6, dont les trois années conservées[1] appartiennent au roi Snofrou, l'arrangement se modifie ; elle est presque une fois et demie plus haute que les lignes précédentes, et les sections annuelles embrassent plusieurs lignes verticales et sont inégales[2]. Ici l'auteur n'a plus tracé d'avance un cadre d'année pour le remplir ensuite, mais, au contraire, il a d'abord inscrit pour chaque année les événements, et il a tracé ensuite la nouvelle division d'année. Au verso, les années sont encore beaucoup plus détaillées ; elles appartiennent à la fin de la IVe dynastie (ligne 1, Šepseskaf) et au commencement de la Ve (ligne 2, Ouserkaf ; ligne 3, Sahoureʿ ; ligne 4, Sahoureʿ et Neferkereʿ ; ligne 5, Nefererkereʿ). Ici, les lignes sont aussi plus hautes que pour Snofrou, et chaque année prend un si grand espace que nous n'avons jamais dans les 5 lignes qu'une année entière ou des parties de deux années[3]. Il est dans la nature

1. Il y a aussi de petits restes de deux autres années.

2. Comme l'auteur utilise pour la 2e et la 3e année trois lignes verticales, ces deux années sont d'égale largeur ; mais la première année comprend 4 lignes verticales.

3. A ce qu'il paraît, l'année de Šepseskaf, conservée en partie, n'avait pas encore pris autant d'espace que celle de ses successeurs ; cependant, elle était déjà du double plus large que la première et la plus large des trois années de Snofrou.

des choses que l'espace rempli par les années soit de dimension à peu près égale ; mais on ne peut plus admettre qu'il y ait eu, comme aux lignes 2-5 du recto, une volonté arrêtée d'égaliser les sections annuelles ; ici, cela s'est produit par hasard.

A la fin du recto, il manque les règnes de Cheops jusqu'à Mykerinos, qui devaient remplir 2 ou peut-être 3 lignes[1]. Cela permet d'ailleurs d'estimer, au moins d'une manière approximative, la hauteur du monument ; l'on voit qu'à la fin du verso (qui est rompu dans le milieu de la lig. 5) il n'y a pas, au maximum, plus de deux lignes perdues. Donc, c'est à peine si l'inscription peut avoir dépassé le règne de Newoserre' Ini ; elle peut, au contraire, avoir été composée sous ce roi.

Sethe[2] a reconnu que les mentions d'années aux lignes 2-5 sont, en substance, identiques avec les dénominations officielles usitées pour les années dans la plus vieille Égypte, comme à Babylone, d'après les événements, les fêtes, etc. (v. plus bas); ces dénominations, on les a conservées telles quelles fréquemment sur les tablettes d'années de la Ire dynastie et aussi dans le formulaire des dates, aux temps postérieurs. Il est facile aussi de reconnaître ces noms d'années partout sur la Pierre de Palerme, pour les règnes qui suivent celui de Snofrou, mais ils sont accompagnés de nombreuses notices particulières. Cependant, on ne s'est pas proposé de réunir ces noms d'années pour des buts pratiques, comme le font, par exemple, les tables babyloniennes portant des listes de la Ire dynastie. Telle n'est point la caractéristique de notre document; c'est

1. Un petit fragment avec le reste du nom de la mère s'est conservé dans le titre, au-dessus de la ligne 7.

2. D'après Schæfer, p. 8 sqq. Schæfer lui-même (*Æ. Z.*, XXXIX, p. 153) note que Maspero (*Rev. crit.*, 1901, 381) avait fait la même remarque. Depuis, Sethe a poussé plus loin ses recherches et réuni tous les matériaux sur ces dénominations d'années (*Beiträge zur ältesten Geschichte Ægyptens*).

bien plutôt une véritable chronique d'un caractère analogue à celui des autres chroniques de l'antiquité et du moyen âge. Au début, pour les origines, il y a uniquement une liste de rois, sans aucune mention d'années. A partir du roi Ménès, — car personne ne pourra douter que la ligne 2 ne commence par lui, — on commence à désigner chaque année, d'abord exclusivement sous le nom officiel, comme pour les archontes et les consuls des Atthides, des annales de Rome, des chroniques du moyen âge, sous lesquelles, au cours de dizaines et de centaines d'années, on trouve à peine quelque mention d'événement particulier. Plus le chroniqueur se rapproche de son propre temps, plus augmentent les matériaux et l'intérêt qui s'y attache ; alors il développe tellement les détails, qu'à la fin, tout événement récent, même sans intérêt, y sera décrit. C'est exactement ainsi que l'annaliste égyptien a procédé. Il s'intéresse, dans les temps présents pacifiques, presque uniquement aux fondations du roi en faveur des Dieux du pays et à ses constructions ; s'il survient des événements plus importants, comme il arrive sous Snofrou (ou tels que l'arrivée des produits de Pount, ou de la presqu'île de Sinaï, sous Sahoure'), il les décrit également. Ensuite vient le nom officiel de l'année. La spécification des hauteurs du Nil indique l'intérêt fondamental de l'annaliste pour les événements de la vie de tous les jours. Voilà ce qui correspond au *quotiens annona cara (quotiens lunæ aut solis lumine caligo aut quid obstiterit)* de la *tabula apud pontificem maximum ;* c'est ce que Caton ne voulait pas relever dans ses *Origines*.

Il est très significatif que ces informations plus précises commencent avec le roi Snofrou. De même qu'il a été pour nous, avant ces quinze dernières années, le premier roi égyptien dont nous savions quelque chose, et que les découvertes les plus récentes n'ont en rien diminué, il était déjà, pour les Égyptiens de la Ve dynastie, le souverain, avec qui commençait l'intérêt de la vivante histoire.

D'autre part, la Pierre de Palerme est un témoignage de l'antiquité et de la continuité de la civilisation de la vieille Égypte, qui a dépassé de bien loin nos prévisions les plus hardies. Elle prouve, qu'au moins depuis Ménès, il y a eu non seulement une organisation d'État absolument réglée, mais aussi une documentation continue, d'année en année, dont la chronique sur pierre est un extrait[1]. L'empire de Ménès est déjà un État de forte civilisation, développé en tout sens. Mais, les connaissances historiques, basées sur une documentation contemporaine, remontaient encore plus loin; car il est évident que c'est beaucoup moins le manque de connaissances que le manque de curiosité qui a déterminé l'annaliste à ne donner exclusivement qu'une liste des rois avant Ménès. La composition du calendrier égyptien nous avait obligés d'en faire remonter l'origine jusqu'au 5e millénaire av. J.-C. ; nous trouvons ici de nos inductions la confirmation la meilleure et la plus complète.

Il serait maintenant du plus grand intérêt de pouvoir déterminer, d'après le fragment conservé de la Pierre, quelles étaient les proportions en largeur du monument entier. En effet, puisque dans les lignes 2-5 du recto les espaces d'année sont d'égale grandeur, nous pourrions déterminer, approximativement, combien il y avait d'années dans ces lignes, c'est-à-dire combien d'années se sont écoulées de Ménès à Snofrou. C'est Sethe le premier qui, de la façon la plus pénétrante et la plus savante, a commencé les recherches à ce sujet[2], et nous n'avons qu'à l'approuver. Il a débuté par le verso et avec raison ; c'est là aussi qu'il y a lieu de rechercher si les données du papyrus de Turin

1. Dans quelques cas particuliers, les renseignements manquaient ; ainsi, comme on l'a déjà remarqué, les hauteurs de la crue du Nil, au début, ne sont pas régulièrement indiquées.

2. *Beitr. zur ältesten Gesch. Ægyptens*, 1903 (Unters. zur Gesch. Ægyptens, III), p. 42 sqq.

s'accordent avec celles de la Pierre de Palerme, qui est plus vieille de plus d'un millénaire[1].

Mais tout d'abord il est nécessaire de tirer au clair le procédé employé ici pour compter les années.

ANNÉES CIVILES, ANNÉES DE ROI, ANNÉES DE RECENSEMENT

Les années civiles se suivent sans se distinguer l'une de l'autre. Quelle est l'année présente ou l'année passée? le contemporain le sait; mais, après quelques années, il lui est impossible de les différencier l'une de l'autre. Et pourtant le besoin d'une distinction et d'une indication exacte de chaque année particulière se fait sentir toujours plus impérieusement dans l'administration publique comme dans la vie civile — par exemple, en ce qui concerne les crus annuels des vins, pour lesquels nous voyons dans les tombeaux royaux de la Ire dynastie qu'on employait les noms d'années. Comme on n'est arrivé partout que très tard et difficilement à l'idée d'une ère, c'est-à-dire d'un compte d'années continu, il ne reste pas d'autre moyen à employer que de donner à chaque année un nom particulier. Pour cela, là où il n'y a pas de fonctionnaire public qui change annuellement, on se sert, comme désignation, d'un événement qui est arrivé cette année-là. C'est ainsi qu'ont procédé les Égyptiens sous l'Ancien Empire, et que les Babyloniens ont fait pendant des milliers d'années. Des exemples nombreux se trouvent sur les monuments; Sethe les a récemment réunis et commentés[2].

On peut prendre un événement de l'histoire extérieure, par ex. « l'année de la victoire sur la Basse Égypte » ou « sur les Nubiens ». Cela s'imprime facilement dans la mémoire. Mais il y a un inconvénient : c'est que de tels faits

1. Plus exactement de 1400 ans environ.
2. *Beiträge*, p. 60 sq.

arrivent dans le cours de l'année, donc cette année ne peut recevoir son nom que plus tard. Chez les Babyloniens, où de telles appellations sont très fréquentes, ce sont plutôt de petites ères qui s'y rattachent : alors, les années suivantes sont désignées comme seconde année, troisième année après tel événement, et ainsi de suite, jusqu'à ce qu'un événement nouveau permette de créer une appellation nouvelle. Il est plus commode de désigner l'année d'après un événement dont on connaît d'avance l'arrivée, tel qu'une fête des Dieux, une fête royale, une construction, etc. C'est ce que les Égyptiens ont fait régulièrement.

Sous les deux premières dynasties, l'événement d'après lequel on datait le plus ordinairement c'est la fête du « Service d'Horus » (*Šemsou Ḥor*), qui date beaucoup de tablettes ; sur la Pierre de Palerme, elle se rencontre régulièrement, aux lignes 2, 4, 5, tous les deux ans ; le fait ne se présente pas sous le roi seul, auquel appartient la ligne 3, et à partir de Snofrou, l'usage disparaît. Cependant on n'a pas eu l'idée, qui en dérive naturellement, de compter les fêtes. Aussi est-il nécessaire, pour l'indication des années, d'avoir encore recours à une autre fête, ou à un autre moyen. Ces fêtes (naissance d'Anubis, de Min, et autres) se suivent et reviennent toujours irrégulièrement ; pour quelques-unes, comme la fête de Zet, la fête d'Apis, la fête de Sokar, on compte aussi les répétitions : première fois, deuxième fois, troisième fois. D'autre part, apparaissent, à partir de la ligne 4 du recto de la pierre, les « comptes » *tnwt*, c'est-à-dire « les recensements des biens des sujets »[1], et ces opé-

1. A l'occasion, ces recensements sont spécialisés ; sous Binothris (dyn. IIe) on les désigne sous le nom de « compte de l'or et des champs » ; sous la Ve dynastie, « compte des bœufs » ou « des bœufs et de tout le petit bétail » (v. Sethe, p. 75 sqq.). Il doit y avoir, à la base de cela, un déplacement économique, qui est très significatif : sous la IIe dynastie, l'impôt est levé d'après la propriété foncière, et (probablement pour les habitants des villes) d'après les biens meubles, dont la valeur est estimée en métal noble ; sous la Ve dynastie, c'est

rations sont généralement accompagnées d'une mention qui note combien de fois elles ont eu lieu sous le règne en question. Sous Binothris (recto, ligne 4), elles se renouvellent régulièrement tous les deux ans, conjointement avec le service d'Horus, et il en est de même sous le premier roi de la ligne 5 ; par contre, elles manquent sous son successeur. Sous Snofrou, deux années qui se suivent sont désignées comme les 7e et 8e fois ; l'année précédente, il n'y a pas de mention. Sous la Ve dynastie, elle paraît avoir lieu régulièrement chaque deuxième année ; et l'année suivante est indiquée comme « année après la xme fois du recensement ». A cela correspondent les formules de dates réunies par Sethe pour la Ve et la VIe dynastie. On a donc adopté une façon de compter continue pour chaque règne, d'après laquelle on ne comptait que chaque seconde année. Sethe a parfaitement raison de supposer que le signe pour ⊗ « fois », qui, dans les dates, est si souvent le déterminatif de *ronpet* « année » ([hiéroglyphes], [hiéroglyphes]), doit dériver de cet usage originel de compter les années d'après les années de recensement.

Mais l'année civile n'est nulle part l'unique en usage. A côté, il y a des années cultuelles, qui se rattachent à une fête des Dieux, et d'après lesquelles, comme en Grèce, on peut dater les comptes des temples ; et surtout, il y a les années royales, qui commencent avec l'avènement au trône, et dont le renouvellement est chaque année l'objet d'une fête. Il est naturel que, dans les monarchies, l'état et la cour, et par conséquent les actes officiels, et enfin les sujets, comptent d'après ces années du roi. De là, plus tard, et ailleurs comme en Égypte, l'habitude de compter les années

d'après le bétail. Nous nous serions attendus au développement contraire ; mais en Égypte, la forme, en apparence évoluée, de l'impôt est beaucoup plus ancienne que celle que nous regarderions comme la plus primitive.

d'après les années du roi ; depuis le Moyen Empire, ce procédé a remplacé les manières de compter antérieures[1].

L'année du roi n'a pas seulement l'inconvénient de faire double emploi avec l'année civile ; mais elle a un autre désavantage, c'est que son début se déplace à chaque changement de règne. Cela amène l'idée d'établir une compensation entre les deux années. Plus tard, il en est résulté, comme on le sait, ce fait que l'année, dans laquelle un roi monte sur le trône, est comptée comme étant sa première année ; mais au prochain 1er Thot, sa seconde année commence. Son année est donc antidatée (contrairement à l'usage des Babyloniens qui post-datent) et la dernière année, incomplète, d'un roi est absorbée par la première année de son successeur. Nous avons vu que l'on comptait déjà ainsi sous la XIIe dynastie. Si cependant les rois du Nouvel Empire, au lieu de cela, comptent d'après leurs années de règne réelles, à partir de leur avènement au trône, je ne regarde pas comme impossible qu'à côté, dans la vie civile, l'autre manière de compter se maintenait encore. Et il n'y avait pas de confusion possible, car tout le monde savait que les différents débuts d'année revenaient l'un à côté de l'autre, chacun dans son cours[2].

Sur la pierre de Palerme[3] l'usage n'est pas encore fixé. A la ligne 2, un règne finit avec une division d'année, où l'on n'indique que « 6 mois, 7 jours » ; l'année suivante, la première du nouveau règne, contient la notice : « 4 mois, 13 jours, réunion des deux pays, procession autour des

1. Il en arriva de même à Babylone, un peu plus tard, sous les Cosséens. — Dans le Moyen Empire en Égypte, on trouve aussi le compte des dates d'après les années des princes de nomes ; ce qui correspond au caractère féodal de cette époque.

2. Je rappellerai les commencements d'année différents, qui dans le moyen âge chrétien, et en Angleterre jusqu'en 1752, subsistaient l'un à côté de l'autre ; d'où il résultait que, pendant les premiers mois de l'année, il y avait en usage deux numérations d'années.

3. Cf. mes *Bemerkungen*, ap. Sethe, *Beiträge*, p. 73 sq.

murs » — cérémonies qui sont de règle à l'avènement d'un roi. Ici donc on a compté d'après les années du roi ; la dernière année, incomplète de 6 mois, 7 jours, occupe l'espace d'une année entière[1]. Le nouveau roi est monté sur le trône le 13 Choiak ; donc son prédécesseur, suivant que l'on compte ou non les épagomènes, est monté sur le trône le 11 ou le 16 Payni. — A la ligne 5 par contre, sous la IIe dynastie, le trait de séparation entre deux règnes partage une seule division d'année, et même de telle façon que la moitié la plus petite est attribuée par les mots « 2 mois, 23 jours » au prédécesseur, tandis que la plus grande avec la mention de la fête d'avènement (et de la hauteur du Nil) revient au successeur. On a donc ici compté d'après l'année civile ; aussi était-il inutile d'indiquer le jour de l'avènement au trône : le prédécesseur est mort le 23 Athyr ; et le jour suivant, le successeur est monté sur le trône. Sur le verso, aux dynasties IVe et Ve, nous retrouvons par contre le même usage que sous la Ire dynastie. Le prédécesseur de Šepseskaf a pour finir : x mois, 24 jours ; Šepseskaf monte sur le trône le 11e jour du 4e + x mois. Saḥoure a (ligne 4) 9 mois, 6 jours[2] d'excédent ; son successeur arrive le 7 Paophi (mois 2, jours 7) — donc Saḥoureʿ est monté sur le trône le 1er ou le 6 Tybi.

Puisque, sous la IIe dynastie, les années civiles et les années du roi marchent ensemble, il est naturel que le « service d'Horus » apparaisse régulièrement à chaque deuxième année, sans souci du changement de règne[3]. Sous

1. Il manque ici naturellement la hauteur du Nil, comme également dans le passage correspondant du verso, ligne 1.

2. La lecture, que Schæfer p. 38 emprunte à Borchardt, n'est pas certaine ; Pellegrini et Naville donnent 5 mois (avec une lacune) et 12 jours [ceci en écriture inadmissible, avec 12 traits].

3. Le service d'Horus manque sans doute dans l'année d'avènement du nouveau roi à la ligne 5, mais cela ne s'explique que par cet avènement même ; ici l'espace disponible avait été rempli d'une autre façon et on devait, selon la règle, indiquer officiellement la première année

la Ire dynastie, à la ligne 2, par contre la dernière année pleine du prédécesseur est une année de service d'Horus. Ensuite viennent les 6 mois en excédent; puis la première année du nouveau roi; et c'est seulement alors, dans la deuxième année, (et ensuite dans les 4e, 6e et 8e) de ce roi, que le service d'Horus est célébré de nouveau. Il semble donc y avoir ici un intervalle de 2 années. Mais ce n'est qu'une apparence. Il est impossible que la fête d'Horus ait changé de date avec chaque changement de règne; elle a dû être célébrée à un jour fixe du calendrier, comme toute autre grande fête des Dieux et les autres qui sont nommées aussi sur la pierre. Si sa position se déplace, c'est exclusivement dans l'année royale, à cause du changement de règne, mais, dans chaque deuxième année civile, elle reste une fête régulière. Nous apprenons qu'elle se célébrait entre le 13 Choiak et le 15 Payni : alors elle ne pouvait tomber que dans la seconde année du nouveau souverain[1].

après le *samtaoui* « réunion des deux pays » (Sethe, p. 66). Par contre, le service d'Horus apparaît dans l'avant-dernière année du prédécesseur [sans qu'on ait eu égard aux mois excédants] et dans la 3e et la 5e année du successeur; l'intervalle correct est donc exactement conservé.

1. Les années courent de la façon suivante :

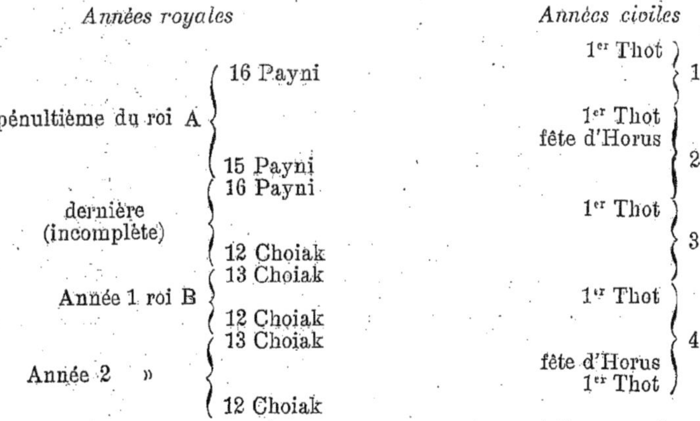

Années royales		*Années civiles*	
		1er Thot	1
pénultième du roi A	16 Payni		
		1er Thot fête d'Horus	2
	15 Payni		
dernière (incomplète)	16 Payni	1er Thot	3
	12 Choiak		
Année 1 roi B	13 Choiak	1er Thot	4
	12 Choiak		
Année 2 »	13 Choiak	fête d'Horus 1er Thot	
	12 Choiak		

Pour un autre calcul, à mon avis incorrect, cf. Sethe, *loc. cit.*, p. 72.

C'est de même qu'on en a usé avec les années de recensement. En effet, il est évident que, si elles donnent aussi leur nom aux années royales, leur durée ne peut cependant pas avoir changé avec la nouvelle année royale, de façon à risquer de tomber, pendant un règne, au moment de l'inondation, et, sous un autre règne, pendant la moisson ; au contraire, elles étaient liées aux saisons naturelles de l'année. Il est vraisemblable que le recensement tombait dans les mois d'hiver (janvier-février), entre les semailles et la moisson, ou bien entre la moisson et l'inondation (mai-juin). Quand une année est indiquée comme « année de recensement », cela signifie que, dans cette année, au terme fixé, il doit y avoir un recensement, et qu'il a dû être proclamé au commencement de l'année.

Sous la IIe dynastie (lignes 4 et 5 du recto), où les années civiles et les années de règne tombaient ensemble, le recensement, à chaque deuxième année, n'offrait pas de difficulté. Il en est autrement sur le verso, au temps de la Ve dynastie, et peut-être aussi sous Snofrou, chez qui nous n'avons aucune indication sur le recensement annuel. Il peut être arrivé ici, que, par suite d'un changement de règne, les recensements se trouvent apparemment à deux ans l'un de l'autre, parce que la dernière année royale incomplète est inscrite sur la pierre comme une année pleine et entière, tandis que l'intervalle réel ne comporte qu'une année civile, exactement comme pour le « service d'Horus » sous la Ire dynastie.

Sur les rapports entre l'année de règne et l'année de recensement, voici une autre indication : la note sur le recensement (comme aussi les différentes indications éponymes de l'année) se trouve généralement à la fin de l'année intéressée, après les fondations du roi et les événements divers ; au verso, c'est dans une colonne verticale spéciale, séparée des précédentes par un trait. Il en est ainsi déjà pour Snofrou. Ici, de la première année, on n'a conservé que la fin : « Naissance des deux enfants du roi de la Basse Égypte », ce qui est une désignation de l'année d'après une fête, que peut avoir suivie une note sur le recensement. L'année d'après ne contient que des indications sur une guerre contre les Nègres, sur les constructions et sur les barques, mais dans les deux années suivantes, on trouve à la fin : « 7e (ou 8e) fois du recensement ». Le verso[1] présente plus de détails. A la ligne 2, sous Ouserkaf, le reste de la première année mentionne « troisième fois de la trouvaille (?) », que devait suivre une donnée sur le recensement. A l'année suivante, après les fondations du roi, vient une colonne spéciale : « année de la 3e fois du recensement du gros bétail ». De même, à la ligne 3 sous Saḥoureʿ : « 3e fois de la trouvaille (?) ..... l'année après la 2e fois du recensement » ; et à la ligne 5, sous Nefererkereʿ : « année de la 5e fois », c'est-à-dire « du recensement ». Par contre, dans l'année où eut lieu l'avènement au trône, se trouvent en tête, l. 1 (Šepseskaf) et l. 4 (Nefererkereʿ), les indications d'après lesquelles l'année est nommée officiellement « réunion des deux pays, procession autour des murs » — et c'est à bon droit, car elles se rapportent au jour du nouvel an de l'année du règne. Ainsi exprime-t-on, aussi clairement que possible, que la « trouvaille » et le « recensement » ont lieu dans le cours de l'année intéressée, mais que l'année royale existe également à côté de cette année du recensement.

D'après ces analogies, nous pourrons comprendre aussi les données relatives à la dernière année de Saḥoureʿ (ligne 4 du verso). Ici, nous trouvons, dans le morceau conservé, d'abord les dates sur les fondations du roi et les produits apportés du pays de Mafkat (la presqu'île de Sinaï) et de Pount. Ensuite, vient, dans une ligne spéciale : « année après

1. Dans ce qui reste de la ligne 1, les indications correspondantes ne se présentent pas.

la 6e (ou 7e) fois du recensement ; 9 mois, 6 jours »[1]. Avec raison, Sethe fait ressortir que ces deux données concordent ensemble et avec les précédentes, qu'on n'a point intercalé ici une sorte d'année incomplète dans un espace étroit. Car alors on n'aurait pas fait mention de ces 9 mois et, de plus, il aurait manqué à l'année précédente (qui alors serait complète), contrairement à la règle constante, la désignation « d'après le recensement ». Par conséquent, il n'est pas douteux que la dernière année de Saḥoure', dans les 10 mois de laquelle il est mort, le 6 Paophi (cf. *supra*), a été l'année après le 6e (7e) recensement et que la précédente, non conservée, a été celle de ce recensement même. Ses années de règne commencèrent le 6 Tybi (ce serait, pour l'an 2670, le 25 octobre jul.; le jour de sa mort, le 6 Paophi, serait le 27 juillet) ; le recensement a dû tomber dans l'hiver ou dans le printemps suivant.

Au Papyrus de Turin, on ne peut discerner un comput d'après des années civiles ; au contraire, les règnes y sont comptés, comme dans Manéthon[2], en années, mois et jours et le total donné en résulte par addition. Nous avons déjà parlé des quelques passages où l'on trouve exclusivement des

1. Le nombre du recensement n'est malheureusement pas certain. Sans doute, les trois copies donnent toutes des restes des signes *ḫt sep* « après la fois », et aussi des restes de *ṯenout* « recensement », mais, comme nombre, Pellegrini donne ''|| / |'|, Naville donne ||| / |||, deux groupes qui correspondent plutôt à 6. Schæfer, d'après Borchardt, donne dans le texte '||| / |||, mais il a lui-même lu et traduit 6. V. plus loin p. 279 — quant au nombre des mois et des jours, v. plus haut p. 272, n. 2. Si à côté de ces chiffres, comme le porte la copie de Borchardt, il y a le signe {, cela signifie simplement que cette année ne s'est composée que de 9 mois.

2. C'est ce que montre Josèphe, qui a le plus souvent encore conservé les mois, tandis que l'Épitomé les a presque partout laissés de côté ou a compté les années en chiffres ronds.

années pleines : d'abord, pour des rois qui se suivent l'un l'autre, Nebka, Zoser et Zoser-Atoti, aux dynasties IIe-VIe; ensuite, pour trois rois de la VIe dynastie ; et ici le total n'est donné lui aussi qu'en années pleines. Mais comme les autres rois de ces dynasties ont des mois et des jours, ces cas exceptionnels doivent s'expliquer par des circonstances historiques, telles qu'usurpations, règnes parallèles, etc., ou, parfois, par une erreur dans la tradition[1]. Dans beaucoup d'autres cas, les matériaux ne permettent pas de prononcer un jugement, pas même pour la XIIe dynastie. Pourtant les derniers rois et le total donnent ici des mois et des jours, et le fait se représente partout où les nombres sont entièrement conservés. Aussi, pouvons-nous affirmer avec certitude que le Papyrus et les listes officielles de rois n'ont généralement compté que par années royales, avec les mois et les jours en excédent, même si, dans des cas particuliers, ils ont été peut-être influencés par un calcul basé sur les années civiles.

LE VERSO DE LA PIERRE DE PALERME

(Dynasties IV-V).

Nous allons essayer maintenant de reconstituer le verso de la pierre. Nous devons, aussi bien que Sethe, partir d'une hypothèse absolument indémontrable (abstraction faite de la supposition que les espaces d'années dans chaque ligne étaient *environ* d'égale grandeur), c'est que le recensement a eu lieu tous les deux ans. Les résultats ne peuvent donc prétendre à plus qu'une certaine vraisemblance ; toujours est-il qu'ils donnent un maximum, au delà duquel

1. Exceptionnellement, il a pu arriver aussi qu'un roi soit mort juste le jour anniversaire de son avènement au trône.

on ne peut guère aller dans la reconstruction du contenu de la pierre.

D'après ce qui a été dit plus haut, il est clair que nous ne pouvons pas, comme Sethe l'a fait, faire concorder la « 5e fois du recensement » sans plus, avec la 10e[1] ou 9e année du roi donné, mais nous devons rechercher si on ne pourrait pas faire revenir un rythme régulier de 2 ans, sans se soucier du changement de règne. Les dates qui se présentent à l'observation, dans le Papyrus de Turin, sont :

[Ouserkaf] 7 ans, x mois.
[Saḥoureʿ] 12 ans, x mois.
[Nefererkereʿ] non conservé.

Puisque les mois en excédent, sur la pierre, sont indiqués ici comme année distincte, nous avons donc à retrancher pour Ouserkaf 8 sections d'années et pour Saḥoureʿ 13. Inversement, il y aurait à compléter dans le Papyrus pour Saḥoureʿ : 12 ans, 9 mois, 6 jours.

A la ligne 4 se trouve le reste de la dernière année, incomplète, de Saḥoureʿ : 9 (?) mois, 6 jours (v. p. 272, n. 2), — du 6./5. jusqu'au 6./2. de l'année égyptienne, — comme « année après la 6e ou 7e fois du recensement ». L'année de l'avènement au trône de Nefererkereʿ, dont le commencement seul est conservé et qui courait du 7./2. jusqu'au 6./2., serait donc la première fois du recensement sous ce roi. A la ligne 5, est conservée la fin de l' « année de la 5e fois » de ce roi. Entre deux, il y avait donc 7 années (1 ap.[2], 2, 2 ap., 3, 3 ap., 4, 4 ap.), et l' « année de la 5e fois » serait la 9e année de règne de Nefererkereʿ. Comme les traits de séparation entre les deux années, aux l. 4 et l. 5 (avant l'an 1 et après l'an 5 du recensement), tombent presque exactement à la même place, la largeur complète de la

1. Sethe tient pour vraisemblable, que la première année d'un roi indiquée par la « réunion des deux pays », n'a jamais été une année de recensement.

2. Lisez 1 *ap.* : 1re fois après le recensement, etc.

pierre comprendrait 9 années de Neferetkere', et il nous en serait conservé à cette place environ le $\frac{1}{9}$ (les moitiés de deux années).

A la ligne 3, l' « année après la 2ᵉ fois du recensement » sous Saḥoure', nous est conservée en très grande partie. Pour sa dernière année, à la ligne 4, comme je l'ai dit déjà (p. 276, n. 1), la lecture n'est pas certaine : l'année est celle après la 6ᵉ fois ou celle après la 7ᵉ fois. Entre deux lignes il manque ainsi soit 7 ans (3, 3 ap., 4, 4 ap., 5, 5 ap., 6), soit 9 ans (3-7 du recensement). Dans le premier cas, les lignes d'années ont été un peu plus grandes ; dans le second cas, un peu plus petites qu'entre les lignes 4 et 5.

La dernière année de Saḥoure' était, d'après le Papyrus, sa 13ᵉ année de règne. Si nous lisons : « l'année après la 6ᵉ fois », alors l' « année après la 2ᵉ fois » (ligne 3) est la 5ᵉ année du roi ; la 1ʳᵉ fois, sa seconde année, et son année d'avènement était une année après le recensement. Si nous lisons « après la 7ᵉ fois », alors l' « année après la 2ᵉ fois » serait la 3ᵉ du roi et son avènement au trône répondrait à l'année après le 1ᵉʳ recensement. A la rigueur, on pourrait encore l'expliquer, en supposant que Saḥoure' aurait organisé lui-même le dernier recensement sous Ouserkaf, peut-être comme régent à la place de son frère malade, et qu'ensuite il aurait continué à compter à partir de ce moment. Mais ce n'est pas vraisemblable ; et alors, il ne reste qu'une des trois hypothèses : ou bien, il y a 6 sur la pierre ; ou bien, il y a eu une perturbation dans la suite régulière des recensements ; ou bien enfin, ce à quoi on ne se résoudra pas volontiers, le nombre du règne dans le Papyrus est faux.

Si nous en restons à la lecture « 6 », qui est la plus vraisemblable, il manque alors entre la l. 3 et la l. 4 : 7 années 1/2. De plus, l'année de l'avènement au trône de Saḥoure' est alors une année après le recensement. Mais il ne s'ensuit pas nécessairement que la 8ᵉ année en excédent d'Ouserkaf ait été une année de recensement. Nous ne connaissons pas la date de son avènement. Si nous admettons qu'il soit arrivé au trône après le terme usuel du recensement, alors sa 8e année pourrait être tout aussi bien une année après le recensement, comme la première de son successeur. Nous aurions alors :

					conservé								
Ouserkaf	an 1	2	3	4	5	6	7	8	Saḥoureᶜ	an 1	2	3	4
	1er rec.	ap. 1er rec.	2e rec.	ap. 2e rec.	3e rec.	ap. 3e rec.	4e rec.	ap. 4e rec.		ap. rec.	1er rec.	ap. 1er rec.	2e rec

La 3e fois du recensement, qui est conservée à la l. 2, serait donc sa 5e année[1] et l'intervalle entre les l. 2 et 3 comprendrait 7 divisions d'années (quoiqu'il y ait seulement 6 années et 2-3 mois).

Dans l'autre cas, nous aurions :

						conservé							
Ouserkaf	an 1	2	3	4	5	6	7	8	Saḥoureᶜ	an 1	2	3	4
	ap. rec.	1er rec.	ap. 1er rec.	2e rec.	ap. 2e rec.	3e rec.	ap. 3e rec.	4e rec.		ap. rec.	1er rec.	ap. 1er rec.	2e rec

et l'intervalle ne comprendrait que 6 intervalles d'année (= à peu près 6 ans). Les deux espaces d'années aux l. 2 et 3 s'équivalent complètement ; la largeur de la pierre comprendrait dans le premier cas, à cette place, 8 espaces d'année, dans le second cas 7 espaces, dont $\frac{1}{8}$ ou $\frac{1}{7}$ nous serait conservé. Comme le morceau conservé est ici plus large, dans la proportion de $\frac{5}{4}$, qu'aux l. 4-5, et que les deux années de Saḥoureᶜ ont été évidemment plus larges que celles de Nefererkereᶜ[2], les deux suppositions pourraient être possibles ; cependant la première (ligne complète en 8 espaces d'année) est bien la plus vraisemblable.

Avant Ouserkaf se trouve la fin de la IVe dynastie et ici la pierre nous donne les indications les plus précieuses.

1. Auparavant il y a trois fois de la « trouvaille ». De même, pour Saḥoureᶜ (l. 4) la 3e fois de la « trouvaille » est « l'année après le 2e recensement ».

2. Le scribe a pour Nefererkereᶜ disposé les signes beaucoup plus étroitement ; il voyait évidemment que sans cela il ne ferait pas tout tenir dans sa place.

A la l. 1, un morceau important de la première année de Šepseskaf est conservé. Ici, les espaces réservés à chaque année auront été plus petits que dans les lignes suivantes; malgré cela, il est clair qu'il n'a pu régner que peu d'années et que, dans l'intervalle qui va jusqu'au morceau conservé à la l. 2, il y a encore place pour 4 (ou 5) années d'Ouserkaf. Si nous considérons (avec Manéthon) Šepseskaf comme l'avant-dernier roi de la dynastie et si nous lui donnons les 4 années du Papyrus, alors Tamphthis le suit encore avec 2 années, au total 6 ans, plus des mois en excédent à deux reprises[1]; dans l'intervalle jusqu'à la l. 2 se trouvaient donc (si nous défalquons comme déjà retenue la 1re année de Šepseskaf) 4+2?+4 ou 5=10 à 12 sections annuelles. En fait, on ne peut pas en placer davantage.

Maintenant, il y a, avant la 1re année de Šepseskaf, une place d'année non remplie, sauf la mention finale [x mois][2] 24 jours. Je ne vois qu'une explication : le règne, auquel ces chiffres appartiennent, passait pour illégitime. Chronologiquement, il devait entrer en ligne de compte et, par conséquent, ses années sont dénombrées dans la table; mais elles restent vides; les fondations et les faits historiques ne sont pas décrits. C'est donc au roi Bicheris qu'appartient cet espace vacant. Cela correspond parfaitement au silence absolu des monuments sur ce roi; d'autre part, les conclusions que nous avons tirées plus haut du Papyrus de Turin, de la table de Sakkara, de Manéthon et d'Eratosthène, reçoivent ici la confirmation la plus désirée, celle d'un monument presque contemporain.

Nous pouvons bien admettre que la IVe dynastie était achevée avec la première ligne, et que la seconde ligne commençait avec la première année d'Ouserkaf. Il en résulterait la répartition suivante des années : (je garde la

1. On pourrait penser que ces mois, par ex. pour Thamphthis, n'étaient pas comptés à part.

2. La moitié supérieure de la ligne est détruite.

direction de l'original, de droite à gauche ; ce qui reste conservé est souligné) :

Thamphthis Šepseskaf Bicheris
L. 1, ... | 2 1 | (5) 4 3 2 1 | manque . . . .

Ouserkaf
L. 2, conservée $\frac{1}{8}$ . . | 8 7 6 5 4 3 2 1

Sahoure'
L. 3, » $\frac{1}{8}$ . . 8 7 6 5 4 3 2 1

Nefererkere' Sahoure'
L. 4, » $\frac{1}{8}$ . . 4 3 2 1 | 13 12 11 10 9

Nefererkere'
L. 5, (» $\frac{1}{9}$?). . . • • • 10 9 8 7 6 5

Les espaces réservés aux années ne peuvent être complètement égaux en longueur, ni avec cette division, ni avec aucune autre[1]. Toujours est-il cependant qu'il s'ensuit, avec assez de certitude, que le morceau conservé prenait de $\frac{1}{8}$ à $\frac{1}{9}$ de la largeur de la pierre et que Sethe, en l'évaluant à $\frac{2}{21}$, le fait en tout cas trop petit. Quand je prends pour base dans ce qui suit $\frac{1}{9}$, comme mesure de la ligne 4 (et 5 ?), ce qui me détermine, en dehors des indices empruntés au recto, c'est que, en évaluant à $\frac{1}{8}$, nous devrions resserrer fortement les espaces de chaque année aux lignes 4 et 5 ; c'est aussi que la ligne 1 paraît demander un espace plus grand. La

1. Chacun peut s'en convaincre facilement, en mettant l'une sous l'autre les divisions d'année de chaque ligne particulière ; par un tel procédé purement mécanique, on n'obtiendra jamais le même commencement pour toutes les lignes. Ce qui est conservé de la ligne 4 paraît correspondre d'une manière passablement exacte au commencement d'une année, et ce morceau du bord supérieur (108^{mm} sur le dessin de Sethe) est un peu plus petit que le bord supérieur de la ligne 3 (116^{mm}), qui embrasse un peu plus d'une année (une année, ici et à la ligne 2, = 111^{mm}).

supposition que les sections annuelles perdues aux lignes 2 et 3, notamment dans le morceau de gauche, au bout de la ligne, étaient un peu plus grandes que l'année conservée dans chaque ligne, est celle qui paraît se rapprocher le plus de la vérité.

Du reste, la répartition des années, telle que nous l'avons admise, parle d'elle-même. Avec cette disposition, le milieu de la pierre s'est trouvé placé, sur le verso, à peu près sur la marge droite du morceau conservé. Ceci est absolument confirmé par les indications du recto.

LES TROIS PREMIÈRES DYNASTIES

Au-dessus de la 4e ligne du recto se trouve le nom d'Horus de Neteren=Binothris; à la ligne 5, est mentionnée la naissance de Chaʿsechemoui; ces deux lignes appartiennent donc à la IIe dynastie[1]. Nous aurons donc à chercher la Ire dynastie dans les lignes 2 et 3. Sans doute on ne peut démontrer positivement que les Annales de la pierre aient commencé avec Ménès, mais cela est au plus haut point vraisemblable. En même temps, cette supposition de Sethe devient très probable, que les deux premières dynasties de Manéthon embrassaient ici deux lignes. Si le Papyrus de Turin ne connaît pas cette division de dynasties, nous avons vu, cependant, que la coupure entre la Ire et la IIe dynastie est parfaitement reconnaissable, d'après les indices que nous offrent les listes de rois; elle est donc véritablement historique.

Dans les lignes 2-5, comme on l'a dit plus haut (p. 263), les espaces réservés aux années sont chaque fois d'égale grandeur. Afin de découvrir, d'une manière approximative, le nombre des années que chaque ligne contenait, nous n'avons qu'à constater, avec Sethe, que le rebord supérieur de la ligne 4 du recto est presque exactement aussi grand

1. Quand bien même Chaʿsechemoui serait le premier roi de la IIIe dynastie, sa naissance tombe naturellement encore sous la IIe dynastie.

que le rebord supérieur de la ligne 3 du verso[1]; il y aurait là environ $\frac{1}{9}$ de la largeur totale de la pierre. Nous pouvons maintenant prendre ce morceau comme étalon pour le recto et mesurer combien d'espaces d'années, dans chaque ligne, correspondent à cette mesure; nous aurions ensuite à les multiplier par 9.

Il en résulte :

à la l. 2	le morceau type	contient	$10\frac{1}{3}$	cases;	longueur	totale	$10\frac{1}{3}\times 9 = 93$ cases
à la l. 3	»	»	13	»	»		$13 \times 9 = 117$ »
à la l. 4	»	»	15	»	»		$15 \times 9 = 135$ »
à la l. 5	»	»	12	»	»		$12 \times 9 = 108$ »
	Total des années pour les l. 2-5.....						453 cases

A la ligne 6, les trois années de Snofrou complètement conservées, forment les $\frac{2}{3}$ à peu près du morceau type; il y aurait donc ici environ 40 ans. Cependant, comme les espaces d'années sont d'inégale grandeur, et qu'en particulier au commencement, avant Snofrou, ils auront été notablement plus petits, il peut y avoir eu facilement 50 années, ou plus encore, à la ligne.

A la ligne 1, le morceau type a gardé environ $13\frac{1}{2}$ rois; il peut donc y avoir eu ici plus de 120 noms de rois.

A la ligne 2, la seconde case conservée contient également les mois en excédent d'un règne. S'ils appartiennent à Ménès même, nous serons enclins à lui attribuer un règne passablement long; si ce sont les dernières années de son successeur, alors le nombre des années perdues à droite serait encore plus grand. La ligne 3 conduit au même résultat. Ici se trouve dans le titre, au début, la dernière partie du nom de la mère du roi en question; comme les noms des rois étaient inscrits au-dessus des cases du milieu des règnes

1. « Il est à remarquer ici, que les deux tables, ap. Schæfer et ici aussi, ne sont pas exactement réduites d'après la même proportion. Le verso dans la photographie de Salinas est un peu plus réduit que le recto » (Sethe, p. 43, 1).

(voir l. 4), il devait y avoir au moins 18 ans de passés. Maintenant, dans la 3e année conservée, on trouve la célébration de la fête Sed ; au cas — d'ailleurs incertain — où cette fête serait tombée dans la 30e année, il y aurait donc 27 ans de passés ; le roi aurait régné environ 50 ans, dont on aurait conservé les années de 28 à 41 (cette dernière en partie seulement). A ces 27 ans correspondraient, à la ligne 2, environ 22 ans, soit, avec les deux conservés ici, 24 ; ce serait pour Ménès peut-être encore assez peu, de sorte qu'il pourrait bien y avoir eu encore un règne à la ligne 3. Répartissons ceci, d'après le schéma adopté pour le verso (en renversant l'ordre, naturellement) ; alors, des années qui manquent, la plus petite moitié, env. $\frac{7}{16}$, serait à droite, et la plus grande env. $\frac{9}{16}$, à gauche : nous obtenons donc (en lisant de droite à gauche) :

	à gauche	conservé	à droite		
L. 2	46	11	36	=	93
L. 3	59	13 $(+\frac{1}{2})$	45	=	117
L. 4	68	15[1]	52	=	135
L. 5	55	11	42	=	108.

Le règne précédent, conservé à la ligne 3, aurait donc embrassé env. 18 ans, et à la ligne 2, Ménès, soit seul, soit avec son successeur, aurait régné en tout 37 ans, 6 mois, 7 jours. Le roi suivant (à qui il faudrait attribuer au moins 23 ans, vu que, au-dessus des 9 ans conservés, rien n'a été gravé de son nom) serait le second ou le troisième de la dynastie ; à la fin, pour un ou pour deux successeurs, il resterait encore au plus 32 ans. — A la ligne 3, le roi conservé serait le second, et, pour son prédécesseur, il resterait 18 ans ; pour son successeur environ 49 ans. Si peu certain que soit tout ceci dans le détail, il en résulte cependant une idée approximative de la façon dont nous devons imaginer la répartition des règnes.

1. Plus exactement $\frac{1}{2}+14+\frac{1}{2}$.

Sethe[1] a supposé que le roi conservé à la ligne 3 était Miebis. Il complète la partie conservée du nom de la mère = [ ] Meritneit, ce qui est le nom de la mère de Miebis (cf. p. 179), et il fait remarquer que, de même que sur la pierre, le « service d'Horus » ne se présente pas sous ce règne ; on ne le mentionne pas non plus dans les inscriptions de Miebis, tandis qu'il se trouve chez son prédécesseur Ousaphais et chez ses successeurs = Semempses (?) et Qaʿ-Sem, sur leurs tablettes votives. Nous ne connaissons d'ailleurs aucune fête Sed pour Miebis — (l'argument *a silentio* ne prouverait cependant rien) — mais elle existe pour les trois rois nommés ci-dessus. Or, d'après notre reconstitution, il est impossible que le prédécesseur et les deux successeurs du roi de la ligne 3 aient régné plus de 30 ans chacun. En attendant, il n'est pas absolument certain que cette fête Sed tombait toujours à la 30e année ; si la supposition de Sethe, que les années d'un roi se comptaient à partir de son association comme prince de la couronne, était confirmée, cela permettrait de lever cette difficulté. Pour finir, je remarquerai encore que les années de vie pour Miebis dans le Papyrus de Turin (73 ans), et pour ses successeurs (72 et 63 ans, le dernier s'appelle ici Qebḥou), concorderaient tout à fait bien avec les données énoncées ci-dessus.

Nous pouvons donc, avec vraisemblance, admettre que les 4 premiers rois de la Ire dynastie se trouvaient à la ligne 2, et les 4 derniers rois à la ligne 3[2], et en cet endroit, où les listes divergent l'une de l'autre, ces rois se suivraient dans l'ordre qui résulte des fouilles d'Abydos.

A la ligne 4, l'auteur de l'inscription a placé un très grand nombre d'années. Les 15 années conservées vont de la 3e jusqu'a la 10e fois du recensement, qui revenait régu-

1. *Beitr.*, p. 47.

2. Cette répartition explique la largeur différente des espaces réservés aux années dans chacune des deux lignes.

lièrement tous les deux ans; il y avait donc auparavant 4 ou 5 années, et les années complètement conservées arrivent jusqu'à la 19e ou 20e. Au-dessus de la 16e ou 17e (après le 8e recensement), commence, dans le titre, le nom de Neteren = Binotris [hiéroglyphes] « Horus Neteren, fils[1] de Noub... »; ainsi, son règne embrasse environ 38 ans (suivant le Papyrus de Turin, il aurait vécu 95 ans). Il fut, d'après les listes, le 3e roi de la IIe dynastie; avant lui, il y avait environ 47 ou 48 ans pour les deux premiers rois; après, il reste 50 ans pour, probablement, deux successeurs.

La ligne 5 embrassait moins d'années que la précédente. Restent conservés des morceaux de deux règnes. Le premier comprend (en outre de 2 mois, 23 jours, en excédent) 6 années, parmi lesquelles les années 1, 3, 5 sont celles de la 6e, 7e et 8e fois du recensement. Avant, il y avait donc 10 ou 11 années; le roi a régné 16 ou 17 ans, 2 mois, 23 jours, comptés d'après l'année civile[2]. Pour son ou ses prédécesseurs, il reste 31 ou 32 ans. De son successeur, 5 années sont conservées, au cours desquelles il n'y a pas de recensement; en tout il reste, depuis lui, 60 ans.

Quant à faire une hypothèse plus large et à nous demander de quels rois il s'agit ici, nous ne sommes guères en état de le faire, faute de documents, d'autant plus que les listes de rois, dans la IIe dynastie, non seulement s'écartent les unes des autres, mais encore ne s'accordent d'aucune façon avec les monuments. La Pierre de Palerme s'écarte ici du Papyrus de Turin, et concorde avec les monuments; c'est ce que montre la mention de la « naissance de Chaʿsechemoui », pour l'antépénultième année du premier des deux rois conservés[3]. Les monuments nous ont appris que Chaʿsechemoui

1. C'est ainsi que Sethe explique le mot inconnu *rn*.

2. Voir plus haut p. 272.

3. C'est en même temps une preuve que la Pierre de Palerme n'est pas seulement une liste des noms d'années officiels, mais une véritable chronique (malgré ce que dit Sethe, p. 70 sq.). Puisque de telles

devait être reconnu comme le dernier roi de la IIe dynastie (ou le premier de la IIIe) et le prédécesseur immédiat de Zoser. S'il était le dernier roi mentionné à la ligne 5, alors il est arrivé jusqu'à l'âge d'environ 63 ans. Naturellement, il peut être mort plus jeune, comme les derniers rois de la IIe dynastie d'après le Papyrus (20 + x ans, 34 ans, 40 + x ans, — pour le dernier l'âge n'est pas indiqué). A la ligne 5, il pourrait y avoir encore son successeur, Zoser, qui, d'après le Papyrus, régna 19 ans ; Chaʿsechemoui n'aurait alors vécu que 44 ans.

La mention sur la naissance de Chaʿsechemoui prouve en même temps que nous ne devons, en aucun cas, reculer plus loin vers la gauche le fragment conservé. Car, à la ligne prochaine, apparaît déjà Snofrou, et cela avec mention de la 7e et 8e fois du recensement. Comme cette opération ne se faisait pas régulièrement sous son règne, cela ne peut fournir d'indication exacte ; toujours est-il qu'il y a au moins 8 à 10 années de lui perdues. Il ne peut donc y avoir eu, à la ligne 6, que peu d'années de son ou de ses prédécesseurs ; mais nous devons essayer de faire aussi grand que possible l'intervalle entre Chaʿsechemoui et Snofrou, et, par conséquent, essayer de déplacer aussi loin que possible vers la droite, à la ligne 5, l'année de sa naissance. Puisqu'on ne peut songer à reculer le fragment au delà du milieu, aussi bien à cause du verso, que pour des raisons empruntées aux lignes 2 et 3 du recto, il résulte que la place adoptée par nous doit être en réalité la bonne.

Le fait le plus frappant peut-être que nous ait fait connaître la Pierre de Palerme, c'est que la IIIe dynastie n'y figure pas. Aucune des années de la Pierre ne lui appartient ; à la ligne 5, nous sommes encore dans la IIe dynastie, et loin avant sa fin ; à la ligne 6, nous sommes déjà au milieu

mentions de naissance y figurent, les mentions d'âge qu'on trouve au Papyrus de Turin, pour les premières dynasties, peuvent très bien avoir une valeur historique.

du règne de Snofrou. On dirait presque que la Pierre ait négligé ce règne. On se rangera difficilement à cette opinion; mais, même si nous le plaçons à la fin de la ligne 5 et au commencement de la ligne 6, il se contracte, de toute façon, sur peu d'années[1]. Ceci forme le contraste le plus frappant avec les listes et les chiffres de Manéthon et d'Érastothène, mais concorde au mieux avec les tables de rois; ces dernières, comme le Papyrus, ne donnent ici que 4 noms (sur lesquels, d'ailleurs, il n'y a pas accord), et les 4 rois du Papyrus n'ont, au total, régné que 55 ans. La Pierre de Palerme, qui est plus vieille d'un millénaire, confirme la chose; mais, chez elle, le nombre des années doit être encore plus petit. Ces écarts ne peuvent s'expliquer que par le fait, qu'à cette époque, l'unité de l'Empire a été, à plusieurs reprises, complètement détruite.

Mais la portée de cette constatation est encore beaucoup plus considérable. Nous y trouvons une analogie parfaitement confirmée avec les résultats auxquels nous sommes arrivés pour les temps de la VIIe à la XIe dynastie, et de la XIIIe à la XVIIe. Si nous devons réduire à un quart (55 ans) ou même à moins, l'intervalle entre les derniers Thinites et les premiers rois de l'Ancien Empire (Snofrou et ses successeurs), que Manéthon fixe à 214 ans, l'autorité de Manéthon ne peut être un obstacle pour réduire l'intervalle entre l'Ancien Empire et le Moyen Empire (fin de la VIe dynastie jusqu'à Amenemhet Ier) de 783 ans à 360, en chiffres ronds, et l'intervalle du Moyen Empire au Nouvel Empire (fin de la XIIe dynastie jusqu'à Amosis) de 1590 ans à 210, en chiffres ronds.

Sethe, dans la reconstitution du recto, a pris pour base

1. Si Zoser se trouvait encore à la ligne 5, nous aurions, d'après les chiffres du Papyrus de Turin, à placer à la ligne 6, avant Snofrou, encore 36 ans. Pour cela la place est à peine suffisante, même si nous admettons que les cases annuelles aient été aussi étroites qu'à la ligne 4. — Je ferai encore remarquer que le résultat, pour la IIIe dynastie, n'est

les nombres de Manéthon pour les dynasties I et II (253 ans = lignes 2, 3; 302 ans = lignes 4, 5); il leur a donc donné une valeur historique. Cependant nous ne possédons aucun moyen de les contrôler, et ils se sont montrés inacceptables partout où nous possédons des témoignages authentiques. Nous avons vu que ces nombres supposent à la pierre une largeur notablement trop grande (10 fois 1/2 le fragment conservé). Dans notre reconstruction, nous obtenons :

L. 2 + 3, c'est-à-dire vraisemblablement dyn. Ire = 93 + 117 = 210 ans.
L. 3 + 4, » » dyn. IIe = 135 + 108 = 243 »
453 ans.

Dans le nombre pour la IIe dynastie, *peut-être* les 19 ans de Zoser (de la IIIe dynastie) sont-ils encore contenus, de sorte qu'il faudrait évaluer la IIe dynastie à 224 ans, et les deux dynasties Ire et IIe à 434 cases annuelles. Pour la IIIe dynastie, s'ajouteraient alors à la ligne 6, au maximum, environ 30 ans; ce qui donne au total, pour le temps qui va de Ménès à l'avènement de Snofrou, 480 ans, au plus[1].

Plus haut, page 117, nous avons eu d'après le Papyrus,
pour les Ire et IIe dynasties ensemble, environ 420 ans
pour la IIIe dynastie, » 55 ans x mois

Total des dynasties Ie à IIIe...... 475 ans.

Comme on le voit, ces résultats concordent aussi exactement qu'il est possible à l'heure actuelle.

Certes, je suis très loin de croire que cette concordance presque complète soit quelque chose de plus qu'un hasard. Notre calcul des années de la Pierre repose sur l'évaluation à un neuvième du fragment conservé, évaluation qui, évi-

pas essentiellement changé, même si, avec Sethe, on donne à la pierre une largeur plus grande que celle que je crois admissible. Le fait qu'il compte encore Snofrou à la IIIe dynastie (v. plus haut p. 198, n. 2), ne change rien à la question.

1. Il faut prendre en considération, que, pour la première dynastie tout au moins, les mois en excédent étaient comptés comme des années entières.

demment, n'est pas absolument certaine. Du moins, cette concordance prouve-t-elle que nous sommes sur la bonne voie. En conséquence, je crois que l'on pourra regarder comme historiques les nombres que nous avons obtenus pour la Ire dynastie, avec une marge de quelques dizaines d'années. C'est tout ce que nous pouvions espérer obtenir avec les moyens dont nous disposons.

Les prédécesseurs de Ménès

La première ligne du recto contient, dans le morceau conservé, les noms des rois de la Basse Égypte — comme tels ils sont caractérisés par le déterminatif 𓀗 écrit au-dessous d'eux, tandis que, derrière le nom de Binothris, à la ligne 4, vient un roi avec la double couronne 𓀗. Sethe tient ces rois pour les *Šemsou Ḥor*, les « serviteurs d'Horus », qui correspondent aux Νέκυες de Manéthon et qui ont régné immédiatement avant Ménès; il admet qu'une liste analogue des rois de la Haute Égypte les aurait précédés[1], de sorte qu'il y avait ici, comme nous disons, des listes des rois des deux royaumes particuliers du Sud et du Nord.

En gros, cela me paraît certainement juste; mais, cependant, je ne puis me rallier à cette interprétation, d'autant moins que, d'après notre reconstruction, les noms conservés occupent la partie droite de la pierre (et non pas la gauche, comme Sethe l'admettait). Par conséquent, les rois de la Haute Égypte suivraient; et on n'admettra pas davantage une suite de 120 rois de la Basse Égypte. En outre, je ne crois pas soutenable l'idée qu'une chronique égyptienne ait jamais pu commencer autrement que par les Dieux. Dans la première ligne, les souverains des temps primitifs ont dû se trouver placés exactement comme nous les avons trouvés, concordant en leurs grandes lignes et dans le Papyrus de Turin et dans

1. Ce que met en doute Schæffer (p. 14 de son édition).

Manéthon. Après les dynasties des Dieux, suivaient dans les deux textes, comme nous l'avons vu (p. 165 sq.), un grand nombre de souverains terrestres, et alors seulement les Šemsou Ḥor. Parmi ces souverains mortels, le Papyrus en cite 19 de Memphis et 19 vénérables (souverains) du pays du Nord ; Manéthon donne 30 Memphites. Ces rois seront ceux énumérés dans le fragment conservé de la Pierre ; à gauche de ceux-ci, venaient ensuite les Šemsou Ḥor, desquels, malheureusement, rien n'a été conservé.

Dans le détail, on s'attend bien à ne pas trouver de concordance entre les données beaucoup plus tardives du Papyrus, et surtout de Manéthon, et celles de la Pierre ; sur ce sujet, l'arbitraire et l'imagination ont de bonne heure exécuté de nombreuses variations. Il serait possible aussi que les premières des VII dynasties, comptées au Papyrus entre les Dieux et les Šemsou Ḥor, ne fussent pas énumérées sur la Pierre nom par nom, mais seulement par dynasties. Tout ce que nous pouvons dire, c'est qu'environ 48 cases de grandeur égale, dont la bonne moitié doit avoir appartenu aux Dieux, ont précédé les 9 noms conservés et que 64 environ ont suivi.

Les noms conservés des rois de la Basse Égypte sont, par l'écriture et la forme, presque aussi archaïques que ceux des Thinites d'Abydos ; aussi la lecture et la prononciation en sont-elles très douteuses. Mais ils n'ont pas l'air d'avoir été inventés ; et je croirais plutôt que nous avons réellement à la base de ceci une source de valeur historique, quoique je ne veuille en aucune façon discuter ni la liste des souverains, ni le temps où ils sont placés, pas plus que le nombre d'années que le Papyrus a assignées à eux et à leurs successeurs (ceux-ci, les *Šemsou Ḥor*, on s'en souvient, reçoivent au Papyrus 13420 ans !).

Il est bien caractéristique qu'ici encore, comme pour le Calendrier, la Basse Égypte nous apparaisse dominant sur la plus ancienne histoire et sur la civilisation de la vallée du Nil. L'idée admise par tous, et que j'avais aussi adoptée, était que cette civilisation tirait son origine de la Haute Égypte, ce qui s'appuie sur le fait que le Sud seul, jusqu'ici, nous a conservé des monuments, et sur cet autre que la couronne de la Haute Égypte a la prééminence sur celle de la Basse Égypte. Mais cette idée n'est plus guère soutenable. La prééminence du titre « Roi du Sud » et de la « couronne blanche » nous semblera bien plutôt le résultat d'un fait purement historique : la conquête du pays du Nord par les rois de la dynastie des Thinites, et la « réunion des deux terres » par Ménès.

APPENDICES

I. — LES ONZE DERNIÈRES DYNASTIES D'APRÈS MANÉTHON

Afin de présenter aux lecteurs de ce travail les matériaux fournis par Manéthon au complet, je donne ici un résumé de ce qui reste du troisième Tomos, auquel j'ai seulement ajouté les remarques critiques indispensables[1]. Pénétrer plus avant dans cette époque nous entraînerait trop loin et se trouverait en dehors du but de nos recherches.

L'AFRICAIN			EUSÈBE		
XXe dyn.	12 Diospolites	135 ans	XXe dyn.	12 Diospolites	178 ans[2]
XXIe dyn.	7 Tanites		XXIe dyn.	7 Tanites	
1.	Σμενδής	26 ans	1.	Σμενδίς	26 ans
2.	Ψουσέννης	46 »	2.	Ψουσέννης	41 »
3.	Νεφελχερής	4 »	3.	Νεφερχερής	4 »
4.	Ἀμενωφθίς	9 »	4.	Ἀμενωφθίς[3]	9 »
5.	Ὀσοχώρ	6 »	5.	Ὀσοχώρ	6 »
6.	Ψιναχῆς	9 »	6.	Ψινάχης	9 »
7.	Ψουσεννής	14 »	7.	Ψουσέννης	35 »
	Total	130 ans		Total	130 ans

[Les chiffres individuels dans l'Africain donnent 114 ans ; c'est donc probablement Eusèbe qui a donné les chiffres justes aux n°s 2 et 7.]

1. J'ai omis ici les variantes sans importance. La liste du *Livre de Sothis* dont les rois 62-86 sont tirés de la liste d'Eusèbe (dyn. XXIe-XXVIe), avec de grossières altérations (au lieu de Smendes on a n° 62 Σουσακείμ), n'a pas besoin non plus d'être citée ici.
2. De même *Sync.* et *Canon ; Arm.*, 172.
3. Ἀμμενωφθίς *cod.* B et *Hieronymus*.

L'AFRICAIN		EUSÈBE	
XXIIe dyn. 9 Bubastites		XXIIe dyn 3 Bubastites	
1. Σεσώγχις......	21 ans	1. Σεσόγχωσις	21 ans
2. Ὀσορθών	15 »	2. Ὀσορθων[1]	15 »
3 à 5. Ἄλλοι τρεῖς....	25 »		
6. Τακέλωθις	13 »	3. Τακέλωθις	13 »
7 à 9. Ἄλλοι τρεῖς....	42 »		
Total....	120 ans	Total...	49 ans
[Les chiffres individuels donnent 116 ans.]			
XXIIIe dyn. 4 Tanites		XXIIIe dyn. 3 Tanites	
1. Πετουβάτης..... [olymp. 1]	40 ans	1. Πετουβάστις	25 ans
2. Ὀσορχῶ....... ὃν Ἡρακλέα Αἰγύπτιοι καλοῦσι	8 »	2. Ὀσορθών ...... [ὃν Ἡρακλέα Αἰγύπτιοι ἐκάλεσαν]	9 »
3. Ψαμμοῦς	10 »	3. Ψαμμοῦς[2].....	10 »
4. Ζήτ[3]	31 »		
Total....	89 ans	Total...	44 ans
XXIVe dyn. Βόχχορις[4] Σαίτης (ἐφ' οὗ ἀρνίον ἐφθέγξατο ἔτη ϡϞ' [990 ans])	6 ans	XXIVe dyn. Βόχχορις[4] Σαίτης. (ἐφ' οὗ ἀρνίον ἐφθέγξατο).	44 ans
XXVe dyn. 3 Éthiopiens		XXVe dyn. 3 Éthiopiens	
1. Σαβάκων ...... [ὃς αἰχμάλωτον Βόχχοριν ἑλὼν ἔκαυσε ζῶντα]	8 ans	1. Σαβάκων....... (même annotation)	12 ans
2. Σεβιχὼς υἱός...	14 ans	2. Σεβικὼς υἱός...	12 »
3. Τάρκος........	18 »	3. Ταρακός.......	20 »
Total...	40 ans	Total...	44 ans

1. Osorthôs *Arm.*
2. λδ' (?) *cod.* B.
3. Phramus *Arm.*
4. Ainsi *cod.* B, ap. l'Africain et Eusèbe; d'autres *codd.* Βόχχωρις; *Hieron.* lui donne 46 ans.

L'AFRICAIN

XXVIe dyn. 9 Saïtes

1.	Στεφινάτης.....	7 ans
2.	Νεχεφώς.......	6 »
3.	Νεχαῶ........	8 »
4.	Ψαμμήτιχος ...	54 »
5.	Νεχαῶ δεύτερος.	6 »
6.	Ψάμμουθις ἕτερος	6 »
7.	Οὔαφρις......	19 »
8.	Ἄμωσις......	44 »
9.	Ψαμμεχερίτης..	— » 6 m.
	Total...	150 ans 6 m.

HÉRODOTE

Ψαμμήτιχος ..	54 ans
Νεκῶς.......	16 »
Ψάμμις.....	6 »
Ἀπρίης......	25 »
Ἄμασις......	44 »
Ψαμμήνιτος...	— 6 m.

EUSÈBE

XXVIe dyn. 9 Saïtes

1.	Ἀμμέρις[1] Αἰθιοψ....	12 ans[2]
2.	Στεφινάθις.........	7 »
3.	Νεχεψώς.........	6 »
4.	Νεχαῶ...........	8 »
5.	Ψαμμήτιχος.......	44 »[3]
6.	Νεχαῶ δεύτερος[4]....	6 »
7.	Ψαμμούθις ἕτερος ὁ καὶ Ψαμμήτιχος......	17 »[5]
8.	Οὔαφρης..........	25 »[5]
9.	Ἄμωσις..........	42 »
	Total....	167 ans[6]

1. Ameres *Arm.* — 2. Ainsi. *Sync.* et le *Canon; Arm.* 18 ans. — 3. Ainsi, de même, *Arm.* et le *Canon; Sync.* 45 ans. — 4. « Qui et Necepsos » *add. Hieron.* — 5. Hieronymus s'écartant du Canon armén., donne à Psammuthes 12 ans, à Vafres 30 ans. — 6. De même, *Arm.; Sync.*, ρξγ'.

Tous deux ont pour Nechao II l'annotation empruntée à l'Ancien Testament : οὗτος εἷλε τὴν Ἱερουσαλὴμ καὶ Ἰωάχαξ τὸν βασιλέα αἰχμάλωτον εἰς Αἴγυπτον ἀπήγαγε ; de même pour Ouaphres ᾧ προςέφυγον ἁλούσης ὑπὸ Ἀσσυρίων (*sic*) Ἰηρουσαλὴμ οἱ τῶν Ἰουδαίων ὑπόλοιποι. D'ailleurs il apparaît clairement, et partout, qu'Eusèbe ne donne qu'un mauvais arrangement de la liste qui se trouve dans l'Africain, surtout pour les XXIIe et XXIIIe dynasties. Mais, plusieurs fois, il a conservé de bonnes et d'utiles indications, particulièrement sur l'éthiopien Ammeres au commencement de la XXVIe dynastie (= Tanouatamon)[1]. Ψάμμουθις ἕτερος dans l'Africain ne s'explique que par l'annotation d'Eusèbe ὁ καὶ Ψαμμήτιχος ; le texte correct devrait être Ψαμμήτιχος ἕτερος ὁ καὶ Ψάμμουθις. De plus, il est tout à fait exact, chronographiquement, que le règne de six mois de Psammecherites (= Psammétique III) ne soit relevé par Eusèbe, ni dans la liste, ni dans le Canon. Le fait que Bocchoris dans Eusèbe a 44 ans, au lieu de 6 dans l'Africain, contient assurément aussi un élément historique, quoiqu'il faille remarquer que, dans Eusèbe, les dynasties XXIIe, XXIIIe, XXVe présentent toutes trois le total 44. Les nombres qui diffèrent aux n°s 2, 7 de la XXIe dynastie, concordent avec le total de 130 ans donné à la fois par l'Africain et par Eusèbe ; ils seront donc exacts[2]. Au sujet des variantes qu'on relève dans la dynastie XXIIIe, n°s 1, 2 ; dans la dynastie XXVe, n°s 1 à 3, il n'est pas possible de se décider avec certitude.

Pour les dynasties suivantes, cf. mes *Forschungen*, II, 487 sq., 490 sq. On peut rapporter à Manéthon la phrase du début commune aux deux abréviateurs : Καμβύσης ἔτει πέμπτω[3]

1. D'après Eusèbe, le *Sothisbuch* l'a placé aussi à sa place juste n° 78, *Sync.*, p. 360 (mal écrit Ἀμαῆς, avec 38 ans).

2. Pour une autre opinion, cf. Gelzer, *Afr.*, I, 204 ; mais je ne puis tenir pour bonne son argumentation (comp. plus haut p. 99, 2).

3. *Arm.*, XV. *Can. arm.*, sexto; *Hieron.*, quinto.

τῆς ἑαυτοῦ βασιλείας Περσῶν (= 525 av. J.-C.) ἐβασίλευσεν Αἰγύπτου. Eusèbe le fait régner sur l'Égypte trois ans, l'Africain six ans ; il serait peut-être plus exact de mettre quatre ans (525-522). Pour le reste, Eusèbe a introduit sa liste personnelle des rois Perses, tandis que l'Africain a intercalé dans la liste manéthonienne les interrègnes éphémères (parmi eux, celui du roi imaginaire Artabanos, le vizir meurtrier de Xerxès). A Manéthon même devrait revenir seulement ce qui, dans le tableau suivant, n'est pas mis entre crochets [ ]. Dans les dynasties indigènes, Eusèbe, dynastie XXIXe, n° 4, a placé un roi Mouthes, qui pourrait bien n'avoir été qu'un usurpateur, et qui, pour la chronologie, ne doit pas[1] être compté, pas plus que les quatre mois de Nepherites II (dyn. XXIVe, n° 4, ou 5).

L'AFRICAIN				EUSÈBE			
XXVIIe dyn. 8 Perses				XXVIIe dyn. 8 Perses			
1. Καμβύσης.......	[6]	ans		1. Καμβῦσης......	3	ans	
2. Δαρεῖος Ὑστάσπου	36	»		2. Μάγοι........	—	»	7 m
3. Ξερξης ὁ μέγας.	21	»		3. Δαρεῖος........	36	»	
[4. Ἀρτάβανος......	—	»	7 m.	4. Ξέρξης ὁ Δαρείου	21	»	
5. Ἀρταξέρξης	41	»		5. Αρταξέρξης.....	40	»	
[6. Ξέρξης........	—	»	2 m.	6. Ξέρξης ὁ δεύτερος	—	»	2 m
[7. Σογδιανός......	—	»	7 m.	7. Σογδιανός......	—	»	7
8. Δαρεῖος Ξέρξου [*sic*]........	19	»		8. Δαρεῖος ὁ Ξερξου [*sic*]........	19	»	
Total...	124	ans	4 m.	Total...	120	ans	4 m
XXVIIIe dyn. Ἀμύρτεος Σαίτης...	6	ans		XXVIIIe dyn. Ἀμυρταῖος Σαίτης.	6	a	
XXIXe dyn. 4 Mendésiens				XXIXe dyn. 4 Mendésiens			
1. Νεφερίτης......	6	ans		1. Νεφερίτης......	6	ans	
2. Ἄχωρις	13	»		2. Ἄχωρις	13	»[2]	

1. Dans l'addition, Mouthes est compté par Eusèbe, mais dans la mention que la dynastie n'a eu que quatre rois, il n'est pas compté. Les dynasties XXVIIIe-XXXe se trouvent aussi chez le Syncelle, p. 488, avec de nombreuses fautes.

2. Dans le Canon 12 ans ; de même la *Series regum* de l'Arménie et de Hieronymus. La première compte Mouthes ; la dernière, et le Canon, ne le comptent pas.

3. Ψάμουθις ...... 1 »	3. Ψαμμούθης.... 1 »
	Μούθης[1] .... 1 »
4 Νεφορίτης..... — » 4 m.	4. Νεφερίτης...... — » 4 m.
Total... 30 ans 4 m.	Total... 21 ans 4 m.
Xe dyn. 3 Sebennytes	XXXe dyn. 3 Sebennytes
1. Νεκτανέβης.......... 18 ans	1. Νεκτανέβις[2] 10 a. Canon 18 a.
2. Τεώς............... 2 »	2. Τεώς..... 2 »
3. Νεκτανεβός.......... 18 »	3. Νεκτανεβός. 8 » Canon 18 a.
Total... 38 ans	Total... 20 ans

Les nombres qui diffèrent pour la XXXe dynastie, dans le texte d'Eusèbe, ne sont dus, évidemment, qu'à des fautes d'écriture.

Il est certain que Manéthon n'a connu que 30 dynasties et qu'il a terminé avec la conquête de l'Égypte par Ochos[3]. Aussi Eusèbe remarque-t-il, dans le Canon [II, p. 112, 113] à la dernière année de Nectanebo II : « Ochus Aegyptum tenuit, Nectanebo in Aethiopiam pulso, in quo Aegyptiorum regnum destructum est. » Hieronymus ajoute encore à cela les mots omis par l'Arménien : « huc usque Manethos ». Mais pour donner un ensemble, l'Épitomé a ajouté une XXXIe dynastie, peut-être en utilisant les matériaux que Manéthon lui-même a fournis. Les mots d'introduction (Eus., *Arm.*, I, 149; *Sync.*, p. 145 = 146) Ὦχος εἰκοστῷ ἔτει τῆς ἑαυτοῦ βασιλείας Περσῶν (340 av. J.-C.) ἐβασίλευσεν Αἰγύπτου, qui répondent à la mention sur Cambyse, proviendront encore de Manéthon. En tout cas, celui-ci a compté, comme dernière (18e) année de Nectanebo, l'année qui va du 17 nov. 342 au 15 nov. 341. C'est peut-être l'année de sa mort (ou de sa fuite en Éthiopie) ; car, en réalité, la conquête de l'Égypte par Ochos tombe un ou deux ans plus tôt, en été 343 ou 342.

1. Mis à cette même place dans l'Arménien, dans Sync. comme cinquième roi après Nepherites II.
2. Ainsi *cod.* A et *Arm.*; les autres : Νεκτανέβης.
3. Voyez Unger, *Chronologie des Manetho*, p. 334 sq.

Eusèbe a pris encore les nombres de la XXXIe dynastie dans sa liste de rois perses, tandis que l'Africain prend peut-être les siens à Manéthon[1] lui-même.

L'AFRICAIN		EUSÈBE	
XXXIe dyn. 3 rois perses		XXXIe dyn. 3 Perses	
1. Ὦχος........	2 ans	1. Ὦχος........	6 ans
2. Ἀρσῆς........	3 »	2. Ἄρσης Ὤχου...	4 »
3. Δαρεῖος........	4 »	3. Δαρεῖος........	6 »

Le total (9 ans chez l'Africain, 16 ans chez Eusèbe) manque des deux côtés, preuve nouvelle que la dynastie tout entière est secondaire.

Après la XXXIe dynastie vient dans l'Africain le total du troisième Tomos et la formule finale, qui est répétée plus complète dans le *Syncelle*, p. 486, 17 sq., à propos de la conquête de l'Égypte par Ochos. Seulement le nombre de 31 dynasties doit être corrigé en 30. On y lit : Ἕως Ὤχου καὶ Νεκτανεβὼ ὁ Μανεθὼ τὰς λ'[ά] δυναστείας Αἰγύπτου περιέγραψε. Τρίτου τόμου ἔτη ϥν'. Μέχρι τῶνδε Μανεθῶ· τὰ δὲ μετὰ ταῦτα ἐξ Ἑλληνικῶν συγγραφέων· Μακεδόνων βασιλεῖς ιε'.

Les derniers mots sont le titre pour une liste des rois macédoniens, qui suit. Elle doit donc avoir compris, — en outre d'Alexandre, Philippe Aridée et Alexandre II, — 12 Ptolémées. Ce qui précède nous pouvons le regarder comme la conclusion de l'Épitomé de Manéthon.

Dans le total du Tomos, on a omis le nombre des rois ; le nombre des années, 1050, ne concorde pas absolument avec les chiffres donnés et Bœckh l'aura changé, avec raison, en ων', 850 (de même Unger). Il résulte de ce qui est dit plus haut, que la XXXIe dynastie n'entre pas en compte. Les totaux dans l'Africain sont :

1. Cf. *Forschungen*, II, p. 491 sq.

XXe dyn.	....	135 ans	[Eus. 172 ou 178 ans]	
XXIe »	....	130 »	[chiffres individuels 114 ans]	
XXIIe »	....	120 »	[» 116 »	
XXIIIe »	....	89 »		
XXIVe »	....	6 »		
XXVe »	....	40 »		
XXVIe »	....	150 »	6 mois	
XXVIIe »	....	124 »	4 »	
XXVIIIe »	....	6 »		
XXIXe »	....	20 »	4 »	
XXXe »	....	38 »		
		858 ans	(sans les mois en excédent)	

Nous pourrions obtenir 850 ans, en insérant pour la XXIIe dynastie la somme des chiffres individuels 116, et si nous admettions que Manéthon, ou plutôt l'Épitomé, a attribué 120 ans à la XXVIIe dynastie, qui, en tout cas, ne se trouve dans l'Africain qu'à l'état d'interpolation[1]. Mais une telle hypothèse ne saurait absolument être considérée comme certaine.

II. — LES NOMS DES MOIS, ET LA RELATION ENTRE L'ANNÉE CIVILE, L'ANNÉE DE SIRIUS ET L'ANNÉE SOLAIRE[2].

J'ai parlé plus haut, p. 58 sq., des difficultés énormes et jusqu'ici presque insolubles que présente l'interprétation du calendrier dans le papyrus Ebers. D'abord un fait incompréhensible : c'est que, contrairement à l'ordinaire, il n'y ait pas, à côté du 9e jour des mois de l'année civile vague, les noms des divinités ou des fêtes du mois,

1. Alors il n'y aurait à ajouter que trois ans pour Cambyse, comme Eusèbe l'avance ; historiquement, il en faudrait quatre, mais une faute de cette sorte est facile à comprendre.

2. *Nachträge zur Aegyptischen Chronologie*, 1908, p. 3-18.

qui désignent les mois de l'année de Sirius. Au commencement, à côté du 9 Epiphi, c'est-à-dire du jour du lever de Sirius dans les années 1550-49 à 1547-46, là où on attendrait le commencement du premier mois (Thoth) de l'année de Sirius, il n'y a aucune désignation de ce genre, et au lieu de cela nous trouvons « fête du nouvel an », tandis que Techi, qui correspond d'ordinaire à Thoth, est placé seulement auprès du mois suivant. J'avais noté brièvement que Brugsch[1] a démontré qu'à l'époque ptolémaïque, ce signe est employé comme équivalent de Mesore, le dernier mois de l'année ; mais, dans l'impossibilité où j'étais de pousser plus loin l'explication, il me fallait regarder cette énigme comme insoluble.

Depuis lors, des documents nouveaux, publiés par Alan H. Gardiner[2], nous ont fait connaître une évolution tout à fait surprenante des noms de mois égyptiens. Non seulement ils apportent une solution à l'énigme du papyrus Ebers, mais ils nous ouvrent des horizons nouveaux et inattendus sur l'histoire de l'année égyptienne. Je vais, en premier lieu, donner les dates publiées par Gardiner, tout en indiquant la suite des mois égyptiens par des chiffres romains de I à XII[3], car les noms dont nous nous servions, empruntés à l'époque postérieure, sont désormais complètement inutilisables pour l'ensemble des temps antérieurs.

1. La fête d'Epiphi, qui a plus tard donné son nom au XIe mois, tombe l'an 3 du règne de Ramsès XI (dans un compte de travaux), sur le 1er ou 2e jour du XIIe mois, et, dans le papyrus de Boulaq n° 19 (XXe dynastie ?), elle

1. *Æg. Zeitschrift*, 1870, p. 109, d'après le texte republié au *Thesaurus*, p. 266, l. 16, comparé avec les textes de p. 255, 46, et du texte F, p. 271 sq. (cf. aussi p. 447).

2. *Mesore as first month of the Egyptian year* (ap. *Æ. Z.*, XLIII, 1907, p. 136 sq.).

3. Il est très remarquable que cette façon de désigner les mois par une simple numérotation de I à XII se retrouve aussi dans la chronique de la pierre de Palerme.

apparaît associée avec une date, qui vraisemblablement s'applique au 15ᵉ jour du XIIᵉ mois ( )[1].

2. Dans un journal des travaux d'une nécropole, de la 13ᵉ année de Ramsès IX, le 1ᵉʳ jour du Iᵉʳ mois est désigné comme « jour de naissance de Reʿ-Hor-achouti » ; en avant, on a écrit le dernier jour du XIIᵉ mois et ensuite les 5 épagomènes. Mesout-Reʿ « naissance de Reʿ » est la fête d'où provient le nom Mesore (Mesoure) et qui désigne plus tard le XIIᵉ mois. De là, le nom du dieu protecteur de ce mois, Reʿ-Hor-achouti, . Au lieu de *Mesoure*, nous voyons dans un ostrakon du Nouvel Empire (Erman, *ÆZ.*, XXXIX, p. 128; v. plus bas, p. 15, n. 3) « la marche d'Horus », comme nom du Iᵉʳ mois.

3. Dans un papyrus de Kahun de l'an 35 d'Amenemḥet III (Griffith, *Hierat. pap. from Kahun*, pl. XXV, l. 32 sq., *text*, p. 60), la « navigation d'Hathor », qui a donné plus tard son nom au IIIᵉ mois (Athyr), est en relation avec le IVᵉ mois; et la fête d'Hathor tombe aussi le 1ᵉʳ jour du IVᵉ mois au calendrier de Medinet-Habou, sous Ramsès III.

4. Dans le même papyrus de Kahun, la fête *Neḥeb-Kaou* tombe au 1ᵉʳ jour du Vᵉ mois ; de même dans le fragment de calendrier de Thoutmes III (ap. Brugsch, *Thesaurus*, p. 362), et dans le calendrier de Medinet-Habou. Au contraire, dans le calendrier d'Edfou, c'est la « fête du nouvel an d'Horus d'Edfou » ( ) qui tombe sur ce jour;

1. On ne peut décider avec certitude, si elle durait au moins 15 jours, ou si c'était une fête lunaire dont la place variait dans le calendrier, ou s'il s'agit ici uniquement d'un nom de mois (le 15ᵉ jour du XIIᵉ mois, en Epiphi) comme Gardiner propose de traduire. Mais il faut absolument exclure l'hypothèse que cette fête ait été intercalée dans le calendrier civil ; ainsi que Gardiner l'observe avec raison, toutes ces fêtes appartiennent à l'année civile, et non point à l'année de Sirius (cf. *Décret de Canope*, l. 21).

tandis que la fête de Neḥeb-Kaou tombe le 29 IV (Brugsch, *Thesaurus*, p. 369, col. 9, 10 ; 373, col. 7 ; cf. p. 1125). Gardiner pense, avec raison, qu'elle est identique avec la fête de Kaḥirka, qui a donné plus tard son nom au IVe mois (Choiak).

5. Brugsch a déjà montré (*Thesaurus*, p. 303 sq.) que la fête de la déesse Renenoutet, qui plus tard a donné son nom au VIIIe mois (Pharmouthi), tombe le 1er jour du IXe mois, aux tombeaux de Chaʿ-em-ḥet et de Neferḥotep (XVIIIe dynastie).

Ces dates montrent que les fêtes, d'où dérivèrent les noms de mois employés à l'époque postérieure, étaient réellement célébrées un mois plus tard aux temps plus anciens, sous la XXe, XVIIIe et même parfois dès la XIIe dynastie. En d'autres termes, vers la fin du Nouvel Empire, il s'est produit un déplacement, d'un mois en arrière, des fêtes et des noms de mois correspondants. Sans doute, ce fait ne se laisse prouver, jusqu'ici, que pour cinq mois. Mais, comme ces noms et ces fêtes ont conservé leur place relative l'un vis-à-vis de l'autre, il faut admettre que le déplacement n'a pas affecté seulement certaines fêtes isolées, mais s'est étendu au système tout entier. La seule perturbation qu'il ait subie s'explique par cette raison, depuis longtemps connue, que les fêtes mensuelles postérieures sont, en partie, d'origine récente, et ont supplanté les anciennes : nous en avons déjà cité un exemple, le remplacement de l'antique fête de Neḥeb-Kaou par celle de Kaḥirka (Choiak), et nous en verrons d'autres par la suite.

Mais ce qu'il y a de plus important, c'est que la fête de « la naissance de Reʿ », qui a donné, plus tard, son nom au XIIe mois *Mesore*, marquait, à l'origine, le commencement de l'année, c'est-à-dire était le jour même du nouvel an ; ce qui explique, comme Brugsch l'a déjà démontré (cf. *supra*), qu'aux temps postérieurs, le nom de Mesore, avec l'épithète « fête du nouvel an » , soit passé du Ier mois au

XIIe mois de l'année précédente. D'où il résulte des lumières nouvelles non seulement pour ce nom, mais aussi pour la nature même de l'année égyptienne. Evidemment, la fête de naissance du dieu solaire, au jour de l'an, correspond aux jours de naissance des 5 dieux du cycle osirien, aux 5 Epagomènes qui précèdent ce jour immédiatement; tous ont été établis en même temps. L'*année* appartient à Re^c; les *jours supplémentaires*, qui n'appartiennent pas à l'année de 12 mois, mais qui sont « placés en avant d'elle[1] » comme éléments isolés, appartiennent aux 5 autres dieux; ceux-ci

1. [hiéroglyphes] « les 5 qui se trouvent sur l'année », c'est-à-dire placés en avant (en tête) de l'année, αἱ πέντε αἱ ἐπαγόμεναι πρὸ τοῦ νέου ἔτους, ég. [hiéroglyphes] (décret de Canope). Aussi la fin de l'année est-elle, non pas le 5e épagomène, mais le 30, XII (cf. p. 8); dans la plus ancienne liste (document de Tehne, début de la Ve dynastie, ap. Sethe, *Urk. A. R.*, p. 24 sq.), les épagomènes ([hiéroglyphes]) viennent en tête des 12 mois de l'année. Plus tard, il est vrai, on les cite toujours à la fin de l'année. — Dans les notices concernant la chronologie et le calendrier à la fin du papyrus Rhind (pl. XXI, 2; cf. Erman, *Æ. Z.*, XXIX, 1891, p. 59), on trouve sous la 11e année d'un roi non désigné, au 2e jour du Ier mois « la naissance de Seth (en ce jour la majesté de ce dieu fit entendre sa voix », c'est-à-dire il tonna) — et ensuite, également en rubrique, « la naissance d'Isis (grâce à qui la pluie tomba du ciel) ». Comme ces deux jours, selon les témoignages nombreux et de toutes les époques de l'histoire égyptienne, sont sûrement le 3e et 4e épagomène, il ne peut y avoir ici qu'une erreur de date de la part du scribe. — La mention bien connue, qui se trouve à la ligne 9 de la *stèle des bannis* (datée de Mencheperre^c, XXIe dyn., Brugsch, *Recueil*, I, 22), reste tout à fait obscure; Breasted, après une nouvelle collation du texte (*Ancient Records*, IV, 654), a traduit : « [Now, after] the fourth month of the third season, on the fifth day of the (feast) « Birth of Isis », corresponding to the feast of Amon at the new Year » ([hiéroglyphes]). Le 5e jour doit être naturellement le 5e épagomène (cf. l'indication analogue Μεσορη επα. ε pour le 5e épagomène, ap. Wilcken, *Ostraka*, I, 809); mais la naissance d'Isis tombe le 4e épagomène; comment celui-ci peut-il correspondre à la fête d'Amon, au jour de l'an? Est-ce une erreur du lapicide transcrivant sa copie? La fête d'Amon de Thèbes, au jour de l'an, est connue aussi par ailleurs, et encore à Napata, cf. *Stèle de Pianchi*, l. 25.

ont ajouté à l'année solaire normale de 360 jours, commençant avec la naissance du démiurge Re', ces 5 jours qui marquent leur propre naissance, en dehors et de l'année et du domaine de Re'.

Noms et fêtes appartiennent à l'année civile et se déplacent avec celle-ci, selon une marche régulière, au cours de la période sothiaque, au travers du cycle des saisons. Mais l'année civile vague n'est qu'une reproduction imparfaite de l'année vraie et fixe, qui est caractérisée par le lever de Sirius; en théorie celle-ci seule est reconnue, et toujours représentée, à l'exclusion de l'autre, dans les calendriers et les textes qui s'y rapportent (tables horaires des culminations d'étoiles, tableau au plafond du Ramesséum). Pour pouvoir fixer la position relative de l'année civile dans chaque cas, il fallait la comparer avec l'autre pour chaque année en question; alors, lorsqu'on savait le nombre d'années écoulées depuis ce moment, on pouvait trouver exactement, pour chaque cas, l'état du calendrier. On avait certainement recours à ce procédé de comparaison afin d'établir les tables horaires des levers d'étoiles pour l'usage pratique des horoscopes, mais il n'en est pas fait mention dans les deux tombes royales où on a retrouvé[1] de

1. Il sera difficile de calculer exactement l'année normale dans laquelle ces tables horaires ont été dressées; les dates nous conduisent à peu près à la deuxième moitié du XVIe siècle (cf. p. 46), c'est-à-dire vers l'époque, où, après l'expulsion des Hyksos, la réorganisation de l'État s'accomplissait. Est-ce que l'an 9 d'Aménophis Ier, donné au papyrus Ebers (1550-49 à 1547-46 av. J.-C.), serait cette année même, où une régulation astronomique générale eut lieu? En d'autres termes, y eut-il, cette année-là, une remise au point générale des données astronomiques et calendériques, et une adoption d'un plan type? Autrement il devenait inutile d'indiquer que le papyrus avait été écrit précisément cette année-là; et le calendrier était au contraire le calendrier normal, qu'on recopiait aussi bien que le reste de l'œuvre. — Dans les tables horaires la culmination de Sirius tombe au début du crépuscule, le 16 Thot; j'ai supposé (p. 46, n. 5) que cela correspondait environ au 24 septembre jul., et je suis arrivé ainsi aux années 1529-26. Si, au lieu de cela, nous adoptons 1550-49 à 1547-46, le jour de culmination serait

ces tables. Par contre, ce calcul nous est conservé dans le calendrier du papyrus Ebers, qui désormais nous devient complètement intelligible.

Ce calendrier est basé sur l'année de Sirius, dont les 12 mois sont désignés par les noms des fêtes des mois ; on ajoute à ces mois le jour du calendrier civil, qui, en l'an 9 d'Aménophis I, correspond à leur début. En tête, on trouve la « fête du nouvel an » qui coïncide avec le lever de Sirius, et qui est identique naturellement à la « fête de la naissance de Reʿ » ; nous voyons maintenant, qu'en fait elle désigne le premier mois de l'année (qui sera appelé plus tard Thoth)[1]. Techi, qui plus tard correspond matériellement à Thoth, désigne ici le IIe mois, et ainsi de suite jusqu'à la fête d'Epiphi, qui dénomme ici non pas le XIe, mais le XIIe mois. En l'an 9 d'Aménophis, la fête du nouvel an et le lever de Sirius tombèrent le 9, XI de l'année civile ; par suite, le Techi de l'année civile commence le 9, XII, et ainsi de suite. Si dans le tableau, que je reproduis ci-dessous, le signe qui sert à indiquer une répétition se retrouve à toutes les lignes sous les mots « lever de Sothis », cela ne doit pas être pris à la lettre ; mais cela signifie que toutes ces équations reposent sur la date observée du lever de Sirius.

Voici la traduction du calendrier, que je donne une fois de plus :

An 9 sous S. M. le roi Zoserkereʿ (Aménophis I)

Fête du nouvel an	(= Mesore)	mois XI	jour 9	lever de Sothis
Techi	(= Thoth)	» XII	» 9	»

le 30 (ou 29) septembre, différence très petite en fait, puisque toutes ces indications ne pouvaient être que très vagues, d'après leur nature, et ne pouvaient être comparées à nos calculs précis.

1. Ainsi Brugsch avait complètement raison quand au *Thesaurus*, p. 473, il proposait dans le papyrus Ebers la lecture Mesore. Ni lui, ni personne à ce moment, ne pouvait soupçonner que c'était autrefois le nom du premier mois de l'année.

Menchet	(= Paophi)	mois	I	jour	9	lever de Sothis
Ḥathor	(= Athyr)	»	II	»	9	»
Kaḥirka	(= Choiak)	»	III	»	9	»
Šef-ḅedet	(= Ṭybi)	»	IV	»	9	»
Rekeḥ	(= Mechir)	»	V	»	9	»
Rekeḥ	(= Phamenoth)	»	VI	»	9	»
Renenoutet	(= Pharmouthi)	»	VII	»	9	»
Chonsou	(= Pachon)	»	VIII	»	9	»
Chentechtai	(= Payni)	»	IX	»	9	»
Epet[1]	(= Epiphi)	»	X	»	9	»

Le calendrier ne témoigne pas, d'ailleurs, que les fêtes qu'il cite au début, soient tombées aux dates indiquées du calendrier civil; au contraire, leur place à toutes est une pure fiction. Elles suggèrent à quel moment les fêtes devraient tomber, en théorie, si justement l'année civile était l'année véritable. Dans la réalité, elles sont toutes célébrées le jour du mois où elles prennent rang dans le calendrier civil, et sont par conséquent en rapport avec l'année solaire, sans être toutefois des fêtes mobiles dans le calendrier. Cela est vrai aussi du jour de l'an civil, le « jour de naissance de Reʿ »; mais ici, et ici seulement, on distingue de celui-ci la vraie fête du nouvel an, le lever de Sothis, qui, par conséquent, dans le calendrier civil est une fête mobile, précisément pour cette raison qu'il tombe toujours le même jour de l'année solaire (julienne), le 19 juillet. C'est donc à bon droit que l'expression « lever de Sothis » n'accompagne pas les fêtes fictives de l'année de Sirius, mais se place à la suite de la date calendérique de l'année civile vague, où il tomba en l'an 9 d'Aménophis I.

Les 5 épagomènes ne trouvent pas davantage place dans cette liste. Dans l'année civile, ils précèdent naturellement le Ier mois; mais le calendrier idéal les ignore, ici, comme au plafond du Ramesséum ou dans les tables horaires de

1. Sethe, *Urkunden der 18 Dyn.*, p. 44, transcrit par (?) le nom, dont les derniers signes sont indistincts.

culmination d'étoiles. D'après notre terminologie, ils sont intercalés dans les mois de l'année fixe juste à la place où ils se trouvent dans l'année civile, et dans le papyrus Ebers, par conséquent, après le 22 du mois Techi ; ensuite le reste du mois interrompu (ici du 23 au 30 Techi) se poursuit, comme, au calendrier romain, le reste de février après l'introduction du jour intercalaire entre le 23 et le 24 février.

Il est notoire, et je l'ai souligné plus haut (p. 43 sq.), que (avec ou sans ⊙), *wepet ronpet*, désigne aussi bien le jour de l'an idéal, c'est-à-dire le jour du lever de Sirius, — par exemple au décret de Canope et dans les formules funéraires des Mastabas[1], — que le premier jour de l'année civile vague ; il en est ainsi dans de nombreux comptes de Kahun (XIIe dynastie), où il se place à côté de (Griffith, *Kahun Papyri*, pl. XXIV et XXV), de même dans les contrats de Hapzefai (XIIe dynastie) et dans les fragments du calendrier d'offrandes de Thoutmes III à Eléphantine (cf. *supra*, p. 43, n. 2), où la fête du lever de

1. De même, dans le texte connu d'Hatšepsout, qui place son intronisation par son père au jour de l'an (Naville, *Der el-Bahari*, III, 63 ; Sethe, *Urkunden der 18 D.*, p. 261, 33 ; 262, l. 7), il semble que ce soit par fiction que la première année de règne d'un souverain coïncide avec le jour de l'an de l'année idéale, puisqu'en réalité la reine calculait ses années à partir d'une date toute différente (qui tombait entre 1 VI et 30 XII. Cf. Breasted, *Ancient Records*, II, 233). Comme le reconnaît Gardiner et comme Breasted le signale, il s'agit ici de formules stéréotypées, déjà en usage au Moyen Empire pour l'avènement d'un corégent ; preuve en sont les fragments qui donnent en partie un duplicatum littéral de l'inscription d'Hatšepsout (*Æg. Inschriften aus der kgl. Museen*, Berlin, III, p. 138), et qui se rapportent à l'installation d'Amenemhet III par son père Sésostris III. Il est probable, qu'ici aussi, le jour de l'an est nommé en tant que jour du couronnement. Les textes de Dendéra (cités par Brugsch, *Thesaurus*, p. 110) suggèrent également que le jour où le roi montait sur le trône devenait le jour de l'an. Cette fiction explique qu'en bien des cas connus, les années d'un roi, en Égypte, comptent à partir du jour de l'an qui précède son avènement au trône : ainsi la partie de l'année commencée par le prédécesseur est attribuée au successeur.

Sirius tombe au 28, XI et se trouve par conséquent séparée de lui.

Cette amphibologie dans l'expression, qui nous paraît si bizarre et si peu pratique, se retrouve dans les noms des trois saisons, qui, selon le contexte, peuvent désigner soit les saisons naturelles, soit les trois divisions conventionnelles de l'année vague (cf. p. 12). La théorie, avec une indépendance souveraine, s'affranchit de ce fait que l'année civile, dans ce monde de contingences imparfaites, ne peut réaliser la véritable année de Sirius.

La trouvaille de Gardiner, s'appuyant sur la vieille découverte de Brugsch, nous a appris une troisième signification de l'expression [hiéroglyphes] (*heb*) *wepet ronpet*, qu'on trouve dans le calendrier du papyrus Ebers[1], à savoir : la fête du mois *Mesoure*ʿ (Mesore) « naissance de Reʿ », qui désignait originellement le premier, et plus tard le dernier mois de l'année. Cela concorde avec le fait que le dieu Reʿ-Horachouti « dieu du soleil à l'horizon », au Ramesséum et dans le calendrier d'Edfou, est le dieu gardien du mois Mesore.

Et maintenant, voici une nouvelle bizarrerie : le déplacement des fêtes de mois et des noms de mois qui en dérivent, ne s'est pas accompli à un moment déterminé, de façon à détacher une appellation de l'autre ; au contraire toutes deux, au moins dans le Nouvel Empire, subsistent inséparables. Tandis qu'au papyrus Ebers, et dans les textes de la XXe dynastie cités par Gardiner, règne la classification ancienne, plus d'un siècle avant ces derniers le plafond astronomique du Ramesséum montre la classification nouvelle, d'où sont issus les noms postérieurs des mois. Voici leur ordre :

1. Au contraire, dans le calendrier de Ramsès III, basé sur l'année normale, le lever de Sirius se place au nouvel an, tandis qu'ici *wepet ronpet* manque. Dans les calendriers de Dendéra, Edfou, Esne, le jour de l'an est, au rebours, désigné comme *wepet ronpet*, mais la désignation du lever de Sirius est omise.

Papyrus Ebers et Textes de Gardiner	*Ramesséum*
Wepet ronpet Mesou-re' I.	Re'-Hor-achouti XII.
Techi II.	Techi I. (Lever de Sirius).
etc.	⋮
Renenoutet IX.	Renenoutet VIII.
⋮	⋮
Epiphi XII.	Epiphi XI.

Il s'agit de trouver une explication de ce fait bizarre et du déplacement des fêtes et des noms des mois.

Les textes de Dendéra[1], qui nous restituent ici d'antiques traditions, montrent que le lever de Sothis « au matin de la fête du nouvel an [hiéroglyphes] », « au premier jour de l'année, au premier mois de la saison Echet » [hiéroglyphes], était regardé comme « le jour de la naissance de Re' » ou « du disque solaire » [hiéroglyphes], [hiéroglyphes]. La naissance du soleil, par quoi commence l'année égyptienne, doit nécessairement être en relation avec la course du soleil, et, dans une année qui commence en plein été, ne peut être que le solstice d'été, lequel, d'ailleurs, marque aussi le commencement de l'année dans beaucoup de calendriers grecs. Ainsi se confirme l'hypothèse, souvent exprimée, que le calendrier égyptien se rapporte au cours du soleil, aussi bien qu'à Sirius[2].

Cela devait arriver d'autant mieux que l'année de Sirius, de 365 jours 1/4 et la véritable année solaire sont presque de même longueur, et aussi parce que le lever de Sirius et le solstice d'été tombaient presque simultanément, au moment où l'on dressa le calendrier égyptien[3]. Dans l'année

1. Brugsch, *Thesaurus*, p. 105 sq. et 452 sq.

2. J'ai eu tort de ne pas envisager plus tôt cette hypothèse, mais je n'en avais point trouvé de preuves assez sûres, et je ne voulais pas charger mon exposé de considérations superflues.

3. Puisque de notre temps, le public se désintéresse presque de l'observation élémentaire de ce qui se passe au ciel, je noterai ici expres-

4241 av. J.-C., le lever de Sirius à Memphis tomba le 19 juillet jul.; et le solstice d'été le 25 juillet jul.[1], par conséquent six jours seulement plus tard, ce qui compte à peine dans la pratique. Les Égyptiens pouvaient donc, à la fin du Ve millénaire, être convaincus que le lever de Sirius coïncidait avec le solstice, et célébrer la fête de la naissance de Re' en même temps que le jour de l'an véritable. Au cours des siècles suivants, les deux moment se rapprochèrent, astronomiquement, toujours davantage; au XXXVe siècle, tous deux tombaient le 19 juillet, et, de même, au début de la deuxième période sothiaque (2781 av. J.-C.), où le solstice eut lieu le 13 juillet, ils coïncidèrent encore en pratique, presque parfaitement. La coïncidence du lever de Sirius, du jour de l'an, de la fête de la naissance de Re' (Mesore), qui se réalisait dans l'année idéale, fut donc, comme beaucoup d'autres choses, transportée de celle-ci à son image imparfaite, l'année civile vague.

Mais, dans les siècles suivants, le solstice d'été s'éloigne toujours plus de l'année de Sirius. Au début de la troisième période sothiaque (1321 av. J.-C.), il tombe déjà le 1er juillet jul., 18 jours avant la fête du nouvel an, donc au milieu du dernier mois de l'année idéale. Ce déplacement ne pouvait pas passer inaperçu[2]. On s'explique qu'au

sément que ces deux phénomènes, dès que l'horizon s'éclaircit, peuvent être suivis par chacun sans la moindre difficulté; point n'est besoin ni de connaissance astronomique, ni même d'instrument; il suffit d'y apporter cet intérêt, qui ne manque jamais chez un peuple d'agriculteurs. Naturellement, il ne saurait ici être question d'observation déterminée à un jour (ou même à un moment) près; le soleil, qui jusqu'alors, se levait chaque jour plus loin vers le Nord, se lève à ce moment, pendant plusieurs jours, au même point de l'horizon, pour reculer, ensuite, lentement vers le Sud. Le solstice dure donc plusieurs jours.

1. Date donnée par Ginzel, *Handbuch der mathem. und techn. Chronol.*, I, 190. A la page 16, j'avais précédemment donné le 28 juillet, d'après une communication du prof. Förster.

2. J'ai suggéré ceci p. 17, tout en doutant que les Égyptiens en aient tiré quelque conséquence. Nous voyons maintenant que ce déplacement n'a pas été sans influencer leur calendrier.

Nouvel Empire, à côté de l'équation tirée de l'année de Sirius :

Wepet ronpet = naissance de Reʿ (Mesore) = lever de Sirius = premier mois d'Echet I,

s'établisse l'équation nouvelle, correspondant à la position actuelle du solstice :

Wepet ronpet = naissance de Reʿ (Mesore) = 4e mois de Šomou XII.

Cette position nous est donnée au plafond du Ramesséum. Le tableau représente justement l'année normale idéale (l'année sothiaque fixe), d'après la position du soleil au moment du lever de Sirius, sous le règne de Ramsès II.

En ce temps là, la « naissance de Reʿ » tomba le dernier mois de l'année de Sirius, et Reʿ-Hor-achouti devait forcément apparaître comme le patron et gardien de ce XIIe mois ; au contraire, Isis-Sothis restait tout naturellement associée au Ier mois. Mais ce premier mois, puisque Reʿ reculait dans le XIIe mois, devait aller se relier à la fête Techi, qui jusqu'alors avait désigné le IIe mois. De la même façon, tous les autres dieux patrons et gardiens, et toutes les autres fêtes furent déplacés d'un rang dans l'année idéale, jusqu'à la fête d'Epiphi (Epet), qui passa du XIIe au XIe mois.

Dans la vie pratique, qui ne se conformait pas à l'année idéale, mais à l'année civile vague, les anciennes équations sont restées en usage pendant des siècles encore, et au moins jusqu'à la fin de la XXe dynastie ; ceci nous est prouvé par les dates de Gardiner, et par un texte que nous allons examiner[1]. Ici encore, nous rencontrons l'esprit conservateur des Égyptiens, leur attachement extrême à la tradition : alors même qu'une conception nouvelle s'introduit, on garde l'ancienne, côte à côte avec elle, même si elles se contredisent ou s'excluent logiquement. Ce n'est

1. *Hierat. inscriptions*, pl. XXVIII.

qu'au Ier millénaire, que la nouvelle classification a pénétré partout et a fini par s'imposer. Nous la constatons tout d'abord dans les noms de mois des sources araméennes, au temps des Perses ; cependant ces noms ont été évidemment adoptés auparavant, et pas plus tard sans doute que la Restauration sous la XXVIe dynastie. Cette adoption fut alors réglée par un acte officiel, qui fixa définitivement les noms de mois sur la base des nouvelles équations. Désormais, il n'y a plus d'hésitation, ni dans les appellations, ni dans leur concordance avec les graphies en usage depuis les temps très anciens : « premier, deuxième, troisième, quatrième mois d'Echet », etc.

Pour comprendre nettement tout ceci, il faut considérer deux faits :

1. Ces noms de mois, à l'origine, ne sont pas une désignation officielle ; leur déplacement n'implique aucune modification du calendrier. Le calendrier est fixé, de toute antiquité, définitivement et suit son cours uniformément sans aucune perturbation ; tout aussi vieilles et définitives sont les désignations de mois : premier mois d'Echet, etc. Ce qu'était la prononciation de ces graphies, nous ne le savons pas ; ce que nous savons seulement, c'est que la prononciation officielle de n'a jamais été *Mesore‘*, ni (du moins jusqu'à l'époque tardive) *Thout*. Ce sont uniquement des appellations populaires ; elles se formèrent peu à peu, elles étaient susceptibles de déformations et se déformèrent, jusqu'à leur fixation définitive, qui eut lieu vraisemblablement sous la XXVIe dynastie.

2. Parmi les fêtes annuelles, deux seulement sont en relation avec des phénomènes naturels, et par conséquent devinrent des fêtes mobiles dans le calendrier civil : la « fête de naissance de Re‘ » *Mesoure‘*, c'est-à-dire le solstice d'été, dont nous ne savons pas, à ma connaissance, s'il était véritablement célébré comme une fête — et la « fête du lever de Sirius » *peret Sopdet*, qui était célébrée officiel-

lement tous les ans. Toutes les deux sont désignées comme *heb wepet ronpet* « fête du nouvel an ». Cela laisse supposer que, dans la pratique, le solstice d'été n'était pas célébré isolément, mais tombait en même temps que la fête de Sirius ; cependant, en réalité, il avait été séparé de celle-ci, et cela s'attestait aussi par le transfert du nom *heb wepet ronpet* = *Mesoreʿ* au dernier mois de l'année idéale et de sa copie imparfaite, l'année vague[1]. Cette fête ou double fête sont donc, dans le calendrier égyptien, ce que sont chez nous Pâques et Pentecôte. Au contraire, toutes les autres fêtes sont fixées à des jours de mois déterminés du calendrier civil ; celui-ci ne comprend donc pas de fêtes mobiles. La plupart du temps, elles embrassent toute une période de jours, et pour quelques-unes d'entre elles, on peut prouver qu'elles sont à cheval sur deux mois. Cela explique qu'elles pouvaient servir à désigner deux mois différents : dans le classement ancien la fête de Rekeḥ donnait déjà son nom à deux mois, le VIIe et le VIIIe. Ainsi, entre toutes, la grande fête d'Amon en Opet (Karnak), qui a donné son nom à Paophi, s'étend, d'après le calendrier

1. Le fait qu'il existe simultanément pour la même expression , trois acceptions différentes, est vraiment caractéristique de la mentalité égyptienne (de même que la double signification du nom des saisons). Ces trois acceptions sont : 1° premier jour de l'année idéale = lever de Sirius (formules funéraires de l'Ancien Empire ; décret de Canope ; fréquemment dans les calendriers, et en outre, avec le sens de 1er mois tout entier de l'année de Sirius, dans le calendrier du papyrus Ebers) ; 2° 1er jour de l'année vague, très commune à toute époque (cf. p. 44 sq.) ; 3° le XIIe mois de l'année vague (Edfou) = Mesoreʿ. — Au calendrier d'Edfou, le 26 X est en outre désigné (Brugsch, *Thesaurus*, p. 383, l. 15, cf. p. 447). Brugsch dit que cela s'explique par le calendrier alexandrin, où, à vrai dire, le 26 X (Payni) = 20 juin jul., et tombe, par conséquent, peu avant le solstice. Cette explication ne me paraît pas sûre. De plus, au calendrier d'Edfou, le 1 V (Tybi), jour du couronnement d'Horus, est désigné comme : cf. Brugsch, *Thesaurus*, p. 369, col. 10 *a* ; p. 373, col. 7 ; cf. p. 395 sq. et p. 1125 ; voir aussi *supra*, p. 303, § 4.

des fêtes de Ramsès III à Médinet-Habou, du 19 II au 12 III, et par conséquent désigne, à l'origine le IIIe (*Hier. Insc.*, XXVIII), et, plus tard, le IIe mois. A toute époque, la grande fête du dieu Thout[1] fut célébrée le 19 I ; elle s'accompagnait de la grande allégresse de l'« ébriété » *Techou*, qui durait du 20 I au 5 II, et se trouvait donc étroitement unie à celle de Thout[2]. Ainsi s'explique, qu'à une époque antérieure, la fête de Techi se rapportait au IIe mois, tandis que Thout était aussi le dieu du IIe mois (*Hier. Insc.*, XXVIII) ; plus tard, tous deux sont reliés au Ier mois. L'appellation d'après le dieu (תחות, Θωυθ) est alors devenue prédominante. La fête « navigation de Mout d'après laquelle on nomme le VIe mois (*Hier. Insc.*, XXVIII), est célébrée en l'an 17 de Ramsès IX (?), comme « jour de la sortie en barque de Mout-ouert d'Aśerou, le 30 V (Gardiner, *l. c.*, p. 140), et à l'époque romaine le 17 V (Brugsch, *Thesaurus*, p. 522) ; elle empiétait donc, selon la remarque de Gardiner, sur deux mois. La même chose se passa probablement pour la fête d'Hathor, le 1 IV, celle de Renenoutet, le 1 IX, et celle de Neḥeb Kaou = Kaḥirka, le 1 V (cf. *supra*, p. 303, § 4), et vraisemblablement pour plusieurs autres encore, surtout celle d'Epiphi[3].

Ajoutons à cela, que le choix des fêtes, devant servir à l'appellation des mois, a subi des variations fréquentes. Les noms anciens, qui se présentent dans le calendrier du papyrus Ebers, furent souvent, aux siècles qui suivirent, supplantés par de nouveaux noms, dont quelques-uns sont

1. Cf. p. 44, n. 1, d'après le calendrier de Médinet-Habou ; de même, dans Plutarque, *De Iside*, 68.

2. D'après le calendrier d'Edfou ; cf. Brugsch, *Thesaurus*, p. 455. Je ne connais pas de données antérieures sur la date de cette fête si souvent mentionnée.

3. En outre, il faut tenir compte de l'influence possible des différences locales. De plus, certaines fêtes, comme celle d'Epiphi, ont peut-être été à l'origine en rapport avec les phases lunaires et oscillé avec celles-ci.

d'origine thébaine (Gardiner, p. 137). Voici un tableau des principales listes conservées.

I. — Classement ancien (*Mesore*ʿ ou *wepet ronpet* premier mois, Techi ou Thout deuxième, Epiphi douzième) :

1. Mois du papyrus Ebers.

2. Données sur les fêtes des mois de la XIIe à la XXe dynastie, d'après les sources citées.

3. Liste des huit premiers noms de mois dans le langage populaire, d'après l'ostracon de Londres (*Inscr. in the hieratic character*, XXVIII) découvert et commenté par Erman (*Æ. Z.*, XXXIX, 1901, p. 128 sq.). Erman devait naturellement admettre que ce Thout, nommé en deuxième place, correspondait au premier mois, et fut donc embarrassé pour expliquer la « procession d'Horus » qui précédait. Il devient clair maintenant, comme le remarque Gardiner (p. 140), que ceci correspond à *Mesoure*ʿ et désigne le premier mois.

II. — Classement nouveau (premier mois Thout, deuxième mois Mesoreʿ) :

4. Dieux des mois au plafond du Ramesséum (L., *D.*, III, pl. 170-171).

5. Liste de mois d'Edfou (Brugsch, *Mon. de l'Égypte*, 1852, pl. 9, 10).

6. Variantes de cette dernière, d'après d'autres listes ptolémaïques et romaines, ap. Brugsch, *Thesaurus*, p. 472 sq. (où elles sont comparées aux listes 1, 4, 5), et enfin, données diverses de l'époque postérieure.

7. Noms araméens des mois, de l'époque Perse, d'après la comparaison faite par Spiegelberg, ap. *Oriental. Studien für* Nöldeke, p. 110. Je dois à M. Sachau les noms nouvellement découverts dans les papyri de Berlin provenant d'Éléphantine.

8. Les noms grecs des mois d'après Wilcken, *Ostraka*, I,

807 sq.; les noms coptes, d'après Stern, *Kopt. Gramm.*, p. 136.

(*Voir le tableau ci-annexé.*)

Au Ramesséum, les noms des dieux remplacent, à diverses reprises, les fêtes du calendrier d'Ebers : *Re'-Hor-achouti* est mis pour *wepet ronpet* (Mesore'); *Ptaḥ* de Memphis pour Menchet; *Sochmet* pour Kaḥirka; *Min* pour Šef-bedet; pour le reste, les deux listes concordent, en dépit du déplacement dans le calendrier, et ces mêmes noms sont conservés au calendrier d'Edfou et dans les listes de la même époque (seule la fête d'Opi, au IIe mois, a pris la place, à plusieurs reprises, de Menchet ou de Ptaḥ).

Toutefois, dans le langage populaire, cinq seulement des noms anciens ont survécu :

Ḥathor IV = Athyr (חתחור) III;

Kaḥirka V = Choiak (Kiaḥk, כיחך) IV;

Renenoutet IX = Pharmouthi (c'est-à-dire « celui de Renenoutet » VIII;

Chonsou X = Pachôns פחנס (c'est-à-dire « celui de Chonsou ») IX;

Epet XII = Epiph(i) אפפי XI.

Nous pouvons ajouter encore : *wepet ronpet* I (= Re'-Hor-achouti) dont Mesore' מסורע XII n'est qu'une variante identique en fait.

Pour les six autres mois (Techi; Menchet = Ptaḥ; Šefbedet[1] = Min; les deux Rekeḥ; et [Hor]chentechtai[2]), des noms nouveaux sont apparus dès avant la fin du Nouvel Empire, même sous le régime du classement ancien (*Hiërat. Insc.*, XXVIII); ils se sont conservés dans le classement nouveau et ont servi de base à la dénomination ultérieure des mois.

1. La fête apparaît encore à l'époque ptolémaïque (Brugsch, *Thes.*, p. 255, 40; 266, 12; 307 ici 20 V.

2. Pour ce dieu d'Athribis, cf. von Bissing, *Æ. Z.*, XL, p. 144 sq.;

I. Classement ancien.			II. Classement nouveau.				
1. Pap. Ebers.	2. Anciennes fêtes des mois.	3. Hierat. inscr., 28.	4. Ramesséum.	5. Edfou	6. Variantes postérieures.	7. Araméen.	8. Formes grecques et coptes.
(ḥeb) wepet ronpet I	Me-sou(t)reʿ Ier, *Gard.* Fête de Thout au 19, I, pour tous les temps; fête de Techou du 20, I, au 5, II	« la procession d'Horus », I	Reʿ Ḥor-achouti XII.	Reʿ Ḥor-achouti XII	ḥeb wepet ronpet = Mesore XII (Edfou), cf. p. 302	מסורע XII	ΜΕϹΟΡΗ, thébain ΜΕϹΟΡΕΙ, ΜΕϹⲰΡΗΙ, ΜΕϹⲰΡΗ, ΜΕϹΟΥΡΗ XII, k. **Ⲙⲉⲥⲱⲣⲏ**
Techi II	—	Thout II	Techi I (en relation avec Isis-Sothis)	Techi I		תחות Ier	ΘⲰΥΘ, ΘⲰΥΤ, thébain anc. ΘΑΥΤ I, k. **Ⲑⲱⲟⲩⲧ : Ⲑⲟⲟⲩⲧ, Ⲟⲁⲩⲧ**
Menchet III	Fête d'Amon en Opet du 19, II, au 12, III, *Cal. de Med. Habou*	pen-Opet « celle d'Opet (Karnak) », III	Ptaḥ de Memphis II	Menchet (Dieu Ptaḥ) II	Ḥeb Opi, etc.	פאפי II, פאופי (Berl. 5, 1)	ΦΑⲰΦΙ, thébain. ΠΑⲰΠΙ II, k. **Ⲡⲁⲱⲡⲉ : Ⲡⲁⲁⲡⲉ, Ⲡⲟⲟⲡⲉ**
Ḥathor IV	« Sortie en barque d'Ḥathor », IV, *Kahun (12e Dyn.).* Fête d'Ḥathor au 1, IV, *Cal. de Med. Habou*	Ḥathor IV	Ḥathor III	Ḥathor III		חתחור III	ΑΘΥΡ, ΑΘΑΥΡ III, k. **Ⲁⲑⲱⲣ : Ϩⲁⲧⲱⲣ**
Kaḥirka V	Nehebkaou 1, V, *Kahun (12e Dyn.)*	Kaḥirka V	Sochmet IV	Kaḥirka IV		כיחך IV	ΧΟΙΑΚ, ΧΟΙΑΧ VI, k. **Ⲭⲟⲓⲁⲕ : Ⲕⲓⲁϩⲕ, Ⲭⲟⲓⲁϩⲕ**
Šefbedet VI	—	« la navigation de Mout » VI	Min V	Šefbedet V	Šefbedet.	—	ΤΥΒΙ, ΤΥΒΕ V, k. **Ⲧⲱⲃⲓ : Ⲧⲱⲃⲉ**
Rekeḥ VII	—	pen pa Mechirou « celle de la fête de Mechir » VII	Rekeḥ ouer (Anubis) VI	Rekeḥ ouer (Hippopotame) VI	Fête de Mechir au 21, VI	מחיר VI	ΜΕΧΙΡ VI, k. **Ⲙⲉϫⲓⲣ : Ⲙϣⲓⲣ**
Rekeḥ VIII	—	pen Amenḥotep « celle du roi Amenophis » VIII	Rekeḥ nezes (Anubis) VII	Rekeḥ nezes (Hippopotame) VII		פמנחתף VII (Berl. 14, 4, 2)	ΦΑΜΕΝⲰΘ, thébain. ΦΑΜΕΝⲰΤ VII, k. **Ⲫⲁⲙⲉⲛⲱⲑ : Ⲡⲁⲣⲙϩⲁⲧ, Ⲡⲁⲣⲉⲙϩⲁⲧⲡ**
Renenoutet IX	Renenoutet 1, IX, *18e Dyn.*	—	Renenoutet VIII	Renenoutet VIII		—	ΦΑΡΜΟΥΘΙ, thébain. ΦΑΡΜΟΥΤΙ VIII, k. **Ⲫⲁⲣⲙⲟⲩⲑⲓ : Ⲡⲁⲣⲙⲟⲩⲧⲉ**
Chonsou X	—	—	Chonsou IX	Ḥeb Chonsou IX		פחנס IX	ΠΑΧⲰΝ, thébain anc. ΠΑΧⲰΝϹ IX, k. **Ⲡⲁϣⲟⲛⲥ : Ⲡⲁϣⲟⲛⲥ**
Chentechtai XI	—	—	Chenti Horus) X	Ḥor Chentechtai X	ḥeb en Onet « fête de la vallée », 9, X	פאני X	ΠΑΫΝΙ, ΠΑΥΝΗ, ΠΑΟΝΙ X, k. **Ⲡⲁⲱⲛⲓ : Ⲡⲁⲱⲛⲉ, Ⲡⲁⲁⲛⲏ**
Epet XII	jpjp (Epiphi) XII, *Gard.*	—	Epet XI	Ḥeb Epet (déesse hippopotame) XI		אפפי XI, אפף (Berl. 9, 1)	ΕΠΙΦ, thébain ΕΦΙΠ, ΕΦΕΙΠ, ΕΦΕΙΦ XI, k. **Ⲉⲡⲏⲡ : Ⲉⲡⲉⲡ**

C'est de fêtes thébaines que dérivent :

pen-Opet III = Paophi באבי II, « mois de la fête d'Opet » (Karnak);

pen-Amenḥotep VIII = Phamenoth פמנחות VII, « mois de la fête du roi divinisé Aménophis I »;

pen-Onet = Payni פאני X, « mois de la fête de la Vallée[1] », qui, par un hasard, ne s'est pas conservé dans les temps antérieurs;

pa Chenout Mout VI (cf. *supra*, p. 15) « mois de la sortie en barque de Mout », plus tard remplacé par le nom Tybi V, dont l'origine n'est pas encore éclaircie;

Ajoutons le nom de *Thout* תחות pour II, plus tard I (cf. *supra*, p. 14 sq.) et la fête *Mechir* מחיר pour VII, plus tard VI[2].

Ce remplacement des fêtes anciennes par de nouvelles a peut-être facilité le déplacement des noms de mois dans le calendrier; mais le premier a eu lieu, comme nous l'apprend l'*Hierat. Insc.*, XXVIII, longtemps avant que se soit produit le second.

Il est d'ailleurs fort possible que par cet acte officiel, plusieurs fêtes aient été effectivement reculées dans le mois précédent[3]. Répétons-le une fois de plus : la cause de ce

Madsen, *Æ. Z.*, XLI, p. 115 sq.; Spiegelberg, *Musée égyptien*, II, 24, et *Recueil*, XXIX, p. 53 sq.

1. D'après Brugsch, *Thesaurus*, p. 257, 60; 278, mentionnée à Thèbes sous la XIXe dynastie; célébrée à Edfou, le 9 IX.

2. D'après Brugsch, *Thesaurus*, célébrée le 21 VI.

3. Comme preuve de pareils déplacements de fêtes, citons, en outre des variantes des calendriers, le fait souligné par H. Schæfer (*Mysterien des Osiris*, *Unters. zur Gesch. Aeg.*, IV), p. 25, n. 3 et 4, que la *peret 'at*, la grande fête funèbre d'Osiris, tombe, dans le calendrier de Médinet-Habou, le 22 I, et d'après le papyrus Rhind, au contraire, en l'an 21 d'Auguste, le 28 XII. D'après Plutarque (*De Iside*, 13, 39, 42), la mort d'Osiris tomberait le 17 Athyr (17 III), et les fêtes qui l'accompagnent, du 17 au 20 Athyr. Mais ces calculs, suivant la juste remarque de Parthey, sont faits d'après le calendrier alexandrin (= 13 à 16 novembre), puisque d'après le c. 13, le soleil est déjà dans le signe du Scorpion, et d'après le c. 39, le temps de l'inondation est déjà

déplacement est la disjonction du solstice d'été d'avec le lever de Sirius, dont le premier effet fut de transporter du premier mois au dernier mois le nom *Mesoreʿ* « fête de la naissance de Reʿ » = *wepet ronpet,* en conformité avec la théorie de l'année idéale fixe. La conséquence fut un déplacement de tous les autres dieux et fêtes des mois dans l'année idéale ; ce que montrent le tableau au plafond du Ramesséum et les calendriers ptolémaïques, en opposition avec le calendrier du papyrus Ebers. Dans la pratique, cela n'eut d'abord aucune importance, non plus que le remplacement de six noms de fêtes par de nouveaux. Ce n'est que bien plus tard, probablement sous Psammétique I, que les noms populaires des mois du calendrier civil furent homologués, par un acte officiel, avec ceux du calendrier idéal, en les faisant remonter d'un rang, à une place qui leur est déjà assignée 600 ans plus tôt, sous Ramsès II.

Pour la marche du calendrier, nous ne cesserons de le répéter, ce déplacement des noms n'a eu aucune importance[1]. Les 12 mois (avec leurs jours intercalaires) se suivirent, avant comme après, sans interruption ni changement, selon leur dénomination originelle , etc.

passé. Cela ne nous apprend donc rien pour le temps antérieur ; mais nous sommes certainement en présence d'un déplacement de la fête. [La date mentionnée par Schæfer (*l. c.*) du temps d'Amosis est absolument incertaine. Birch (*On two Egyptian tablets*, p. 30 (ap. *Archæology*, XXXIX, 1864), écrit la date et traduit : « the year ... 1st of the month Mechir, the day of the great manifestation (?) ». Mechir ne peut provenir que d'une étourderie. Brugsch (*Matériaux*, 1864, p. 85), qui emprunte le texte à Birch, transcrit *Epiphi*, mais il interprète aussi . Or une graphie du mois, telle que Birch la propose, est complètement inadmissible.]

1. Il viendra peut-être à l'esprit, qu'un beau jour, on a intercalé un mois : ainsi, après le 4e mois de Schomou, serait venu un second (quatrième mois) et ensuite seulement (après les Épagomènes), aurait succédé le premier mois d'Echet : les fêtes et les dieux se déplaçant ainsi d'un rang. Mais cela est chronologiquement impossible : tous les rois du Nouvel Empire se trouveraient alors déplacés de 120 ans en

III. — UNE MONNAIE D'ANTONIN LE PIEUX ET LA PÉRIODE SOTHIAQUE[1]

P. 36, il faut mentionner la monnaie alexandrine d'Antonin le Pieux, de la 6e année = 142/43 ; elle représente le phénix auréolé de rayons avec la légende ΑΙΩΝ ; elle se rapporte clairement[2] à la nouvelle période Sothiaque, où l'on vient d'entrer[3]. Cela confirme que le début de la première tétraétéride de la nouvelle période Sothiaque est en 140/41 à 143/44 ap. J.-C. Au contraire, cela contredit l'affirmation d'Oppolzer, reprise par Mahler[4], que cette tétraétéride soit tombée de 1318/17 à 1315/14 av. J.-C. et ensuite de 143/44 à 146/47 ap. J.-C. En effet, dans cette hypothèse, la monnaie d'Antonin le Pieux aurait été frappée l'année avant le renouvellement de la période.

IV. — LES FÊTES SED ET LA CHRONOLOGIE

C'est à dessein que je n'ai pas utilisé les fêtes Sed, quoiqu'on ait souvent essayé d'en tirer parti pour un but chronologique. Nous savons, par le décret de Rosette, que cette fête se célébrait normalement tous les trente ans. Il est

arrière, ce qui est en contradiction aussi bien avec les dates égyptiennes de ce temps, qu'avec le synchronisme fourni par l'histoire babylono-assyrienne. Une autre objection, c'est l'existence simultanée des classements ancien et nouveau, révélée par le plafond du Ramesséum : la continuité des mois, dans le calendrier, n'a pu donc en être affectée.

1. *Nachträge zur aegyptischen Chronologie*, p. 43.

2. L'apparition du Phénix est, comme on le sait, mise en connexion avec la « magni conversio anni » (= Αἰών) et avec la période Sothiaque, par Manilius (ap. Pline, X, 5, cf. Tacite, *Ann.*, VI, 28).

3. Poole, *Catal. of Coins of Alexandria*, p. LVI et pl. 26, 1004. Il rapproche aussi de la période Sothiaque, la monnaie de l'an VIII, = 144/45 relative au Zodiaque, ce qui est peu vraisemblable.

4. *Deutsche Litteraturzeitung*, 1905, 2328 (répété dans le mémoire

connu que beaucoup de rois l'ont célébrée dans la 30e année de leur règne et l'ont renouvelée ensuite à des intervalles très rapprochés. Par conséquent, elle ne peut avoir été une fête cyclique, comme l'admet Petrie ; il s'agit seulement d'un jubilé du règne, issu de conceptions très antiques et à demi mythiques. Il n'en est pas moins certain que beaucoup de rois l'ont célébrée avant leur trentième année ; par exemple, Neb-taoui-reʿ Mentouḥotep IV, dans la deuxième année de son règne. Sethe a émis cette pénétrante hypothèse que ce jubilé se rapportait à la proclamation du successeur du roi. Mais cela n'est démontré nullement, et, à mon avis, on ne devrait pas tabler sur cette hypothèse, ainsi que l'a fait Breasted, comme s'il s'agissait d'un fait prouvé. Breasted aurait plutôt fourni une preuve décisive contre la justesse de cette théorie, en découvrant plusieurs inscriptions du portique construit par Thoutmosis IV dans le temple d'Amada, d'après lesquelles ce roi n'avait pas célébré la fête Sed seulement une fois, mais « l'avait renouvelée pour la première fois »[1]. Or, Thoutmosis IV, dont la momie est parfaitement conservée, est mort très jeune, et l'examen anatomique des tissus du tibia a prouvé qu'il a vraisemblablement dépassé 20 ou même 24 ans, mais n'a pas vécu plus de 25 ans[2]. Si l'hypothèse de Sethe était juste, il aurait été proclamé successeur une dizaine d'années avant sa naissance.

« Sothis », *Actes du XIVe Congrès des Orientalistes*, Alger, 1906, t. I, p. 41 sq. Mahler calcule très correctement, d'après le décret de Canope, que le lever de Sirius, en l'an 1318 av. J.-C., tomba le 1er Thout. Je n'y ai pas, naturellement, contredit; mais j'ai montré que 1318, et de même l'année du décret de Canope, était la 4e année de la tétraétéride, tandis que Mahler posait ce postulat arbitraire, que ce devrait être la 1re année de la tétraétéride. L'idée de Lepsius, qui fixe la première tétraétéride à 1322/21-1319/18 av. J.-C., et 139/40-142/43 ap. J.-C., s'accorde avec la monnaie d'Antonin, mais non avec ce que dit Brandes (136/37-139/40 ap. J.-C.).

1. *The temples of Lower Nubia* (*Amer. Journal of Semitic Languages*, XXIII, 1906, p. 51.

2. G. Elliot Smith, ap. *Annales du Service*, IV, 1903, p. 133 sq.

Les énigmes de la fête Sed restent encore à expliquer; mais, ce qui est sûr, c'est qu'elle ne peut donner aucune base pour des calculs chronologiques.

V. — ENLIL À NIPPOUR[1]

Qu'il me soit permis d'ajouter ici, comme complément aux considérations exposées *supra*, p. 94, n. 2, et à mon traité sur *Les Sumériens et les Sémites en Babylonie*, quelques idées importantes. J'avais dit, p. 30 sq. de cet ouvrage, que l'on ne pouvait admettre un changement dans le nom du grand dieu de Nippour; comment aurait-il pu s'appeler Enlil aux vieux temps sumériens et Bêl aux temps sémitiques postérieurs, sans qu'on retrouve la moindre trace de cette transformation, ni dans l'écriture, ni ailleurs? Comme tous les assyriologues admettaient, sans restriction aucune, que (*an*) *En-lil* devait se lire, en sémitique, Bêl, j'avais conclu que ceci avait été toujours le nom du dieu de Nippour, que le lieu de son culte était par conséquent sémitique, et j'avais cherché à étayer encore cette hypothèse par d'autres arguments.

L'hypothèse, dont je partais, s'est confirmée rapidement, mais tout à rebours, les conséquences qu'on en avait tirées, ont été retournées. En réalité les choses sont juste en sens inverse. A.-T. Clay[2] a démontré d'après des noms araméens inscrits sur des documents de l'époque Perse, que *En-lil* n'est jamais rendu par Bêl, mais toujours par אלל c'est-à-dire Ellil; il doit, par conséquent, garder toujours cette prononciation dans les textes cunéiformes. Donc le dieu de Nippour a toujours reçu, en fait, le même nom,

1. Supplément à *Sumériens et Sémites en Babylonie* (*Abh. Berl. Akad.*, 1906).

2. *Ellil, the god of Nippur* (ap. *American Journal of Semitic Languages*, XXIII, 1907, p. 269 sq.).

chez les Sumériens comme chez les Sémites Babyloniens et les Assyriens ; il ne s'appelle pas Bêl, mais Enlil, ou par assimilation Ellil (V R., 37, 21, 2).

Il s'ensuit qu'en réalité Nippour fut, primitivement, un lieu de culte sumérien (et non pas sémitique), et que la conception de ce dieu des tempêtes comme « seigneur des pays » (*lugal kurkura,* = sémitique *bêl malâti*), dont le trône est sur la cime des montagnes, est d'origine sumérienne (pour l'opinion contraire, voir p. 32). Les hommes imberbes, chauves, au type sumérien, que l'on voit sur les tablettes votives de Nippour (p. 98 sq.), seraient donc des Sumériens, habitants de Nippour ; peut-être en est-il de même du très ancien relief en calcaire, représentant un homme avec perruque, barbe et favoris (p. 80, 2; Hilprecht, *Explor. in Bible Lands*, p. 487), qui concorde avec les figures similaires, sur la base arrondie originaire de Tello. Les dieux de ces tables votives, à longue chevelure, à barbe et couronne particulière, qui rappellent la figure de Ningirsou, sont des images de dieux sumériens. Les Sémites envahisseurs ont ensuite emprunté, outre le culte, le nom même du dieu de Nippour, et ils l'ont gardé jusqu'aux époques les plus récentes. Au contraire, *bêl* est originellement, chez les Babyloniens et les Assyriens, toujours écrit (*an*) *en*, et jamais (*an*) *en-lil;* ce dernier (*an*) 50 (= *nînnû*) n'a pas été un véritable nom de dieu, non plus que *ba'al* chez les autres Sémites, mais seulement un surnom, qui s'appliquera spécialement à Mardouk de Babel, lorsque, plus tard, Bêl sera devenu réellement un des noms propres de ce dieu.

Il faudrait donc réviser, en s'appuyant sur ces nouveaux matériaux, mes hypothèses sur les temps anciens, antérieurs à Sargon. Quant aux résultats, auxquels je suis arrivé pour le temps de Sargon et de ses successeurs, de Goudea et des rois de Sumer et d'Akkad, il n'y a pas lieu de les modifier.

ERRATA

P. 6, n. 3,	*au lieu de*	p. 52,	*lire* p. 66.
— 54, n. 3,	—	de Baedeker, t. V	— V^{e} édition.
— 63, l. 22,	—	an 22	— an 24.
— 99, l. 3,	—	Setnecht	— Sethnecht.
— 124, l. 28,	—	418, voir plus loin	— voir p. 138.
— 131, l. 15,	—	Setnech	— Sethnecht.
— 171, l. 6,	—	Liste de rois	— Liste des rois.
— 190, l. 22,	—	Comp. p. 152	— Comp. p. 206.
— 249, l. 14,	—	Les dates des neuf premières dynasties.	— Les dates des onze premières dynasties.

TABLE DES MATIÈRES

IMPRIMERIE FRANÇAISE ET ORIENTALE E. BERTRAND 024

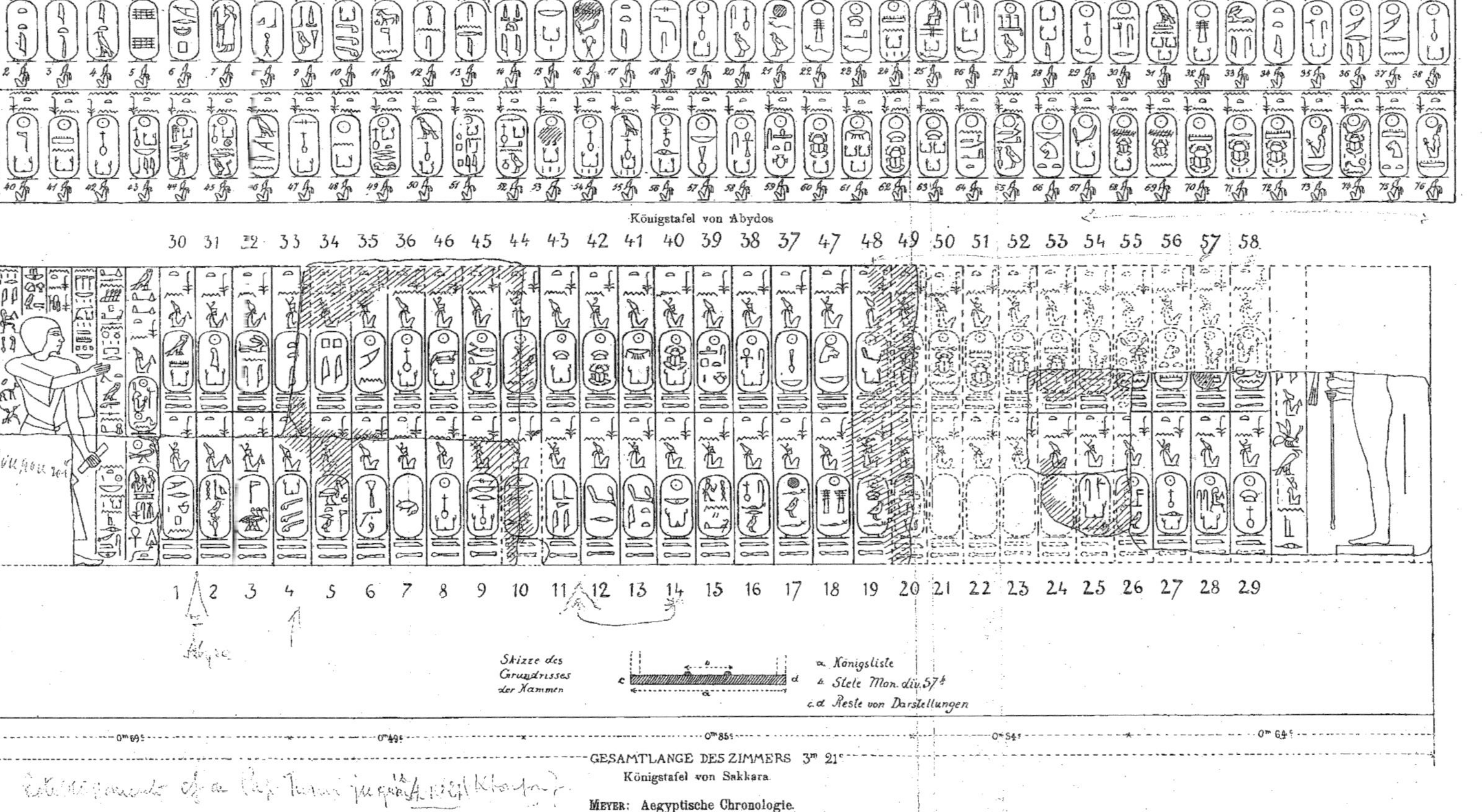

Königstafel von Sakkara.

MEYER: Aegyptische Chronologie.

Col. 1.

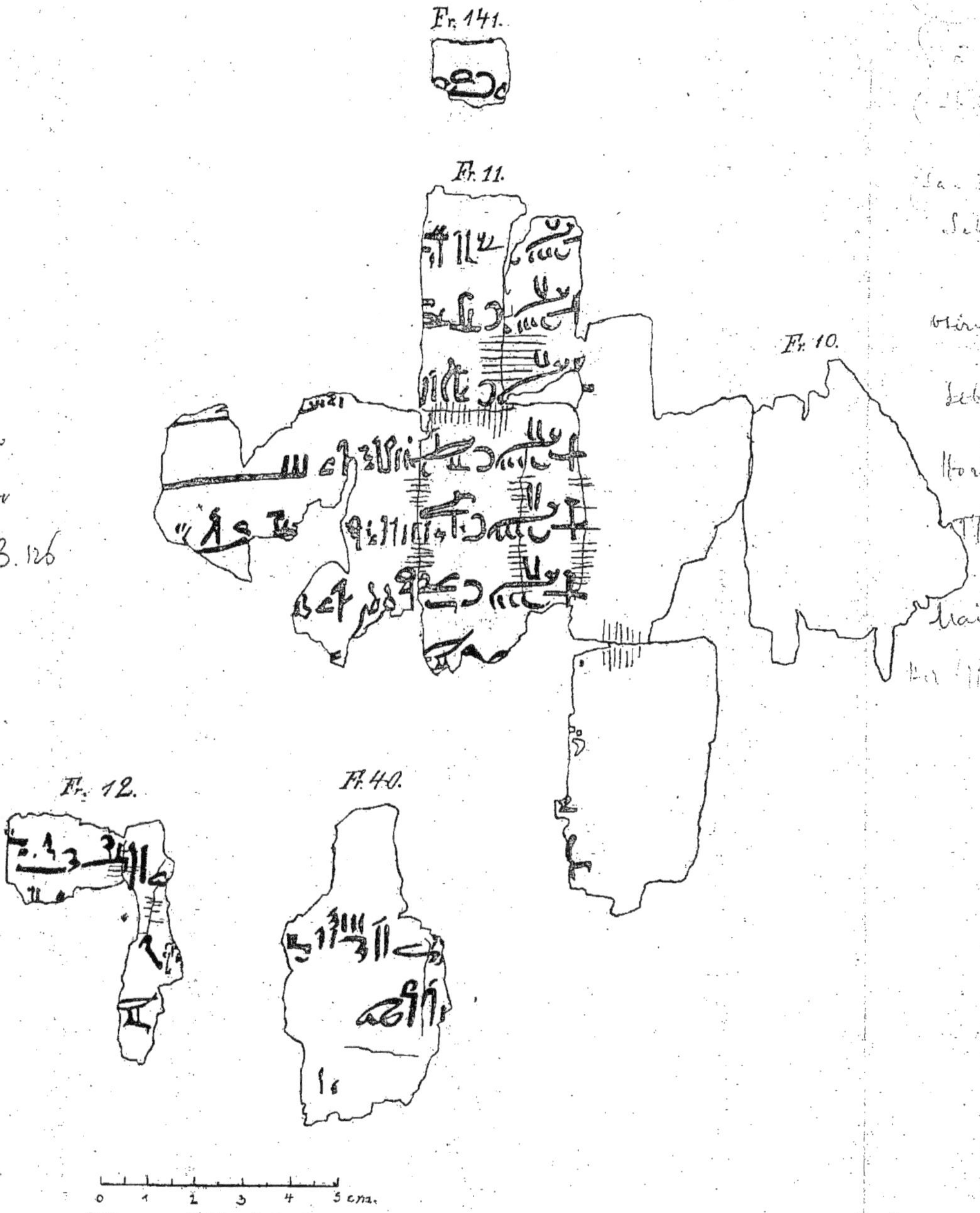

Fr. 141.

Fr. 11.

Fr. 10.

Fr. 12.

Fr. 40.

0 1 2 3 4 5 cm.

Stellung von fr. 12 und 40 willkürlich.

Turiner Papyrus col. I.

MEYER: Aegyptische Chronologie.

Col 2.

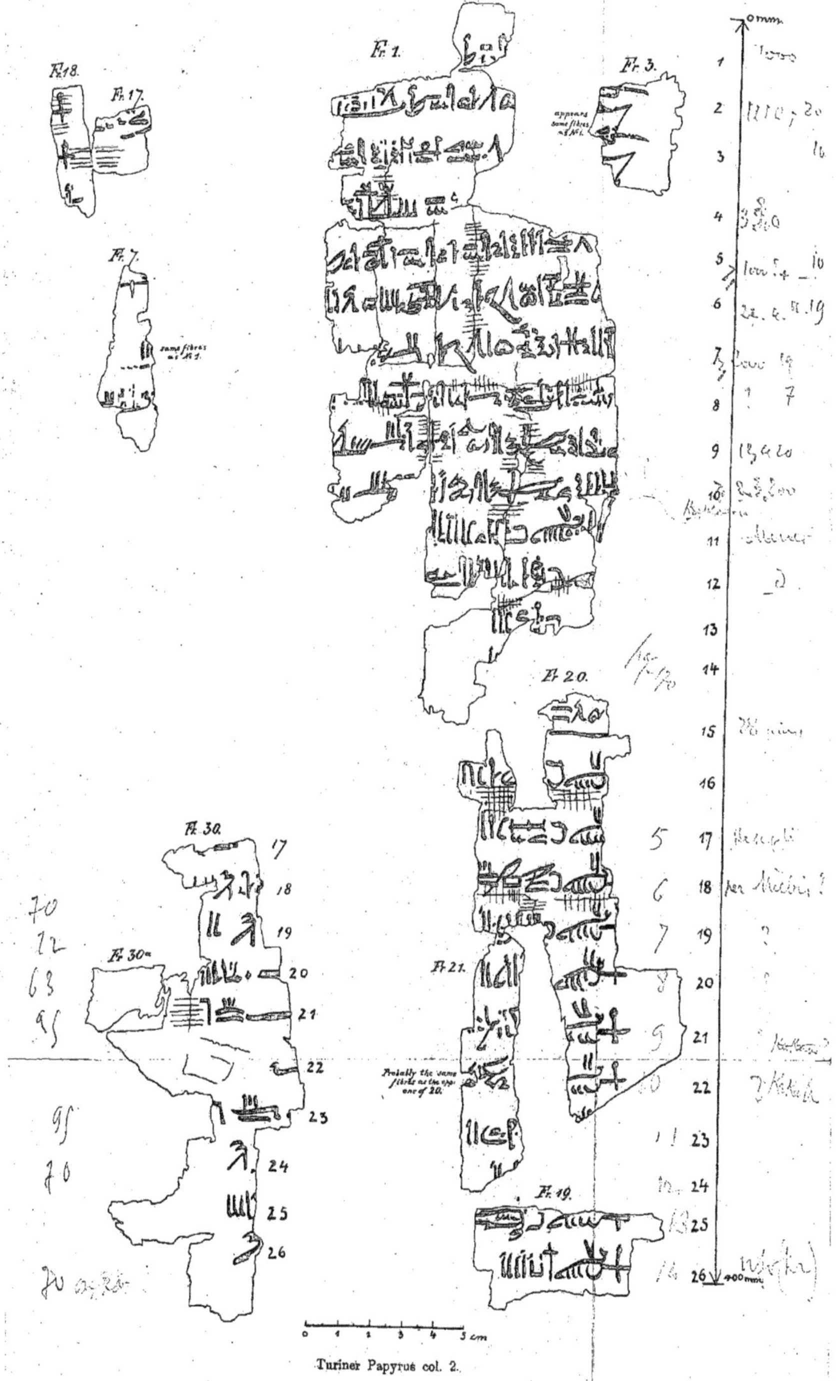

Turiner Papyrus col. 2.

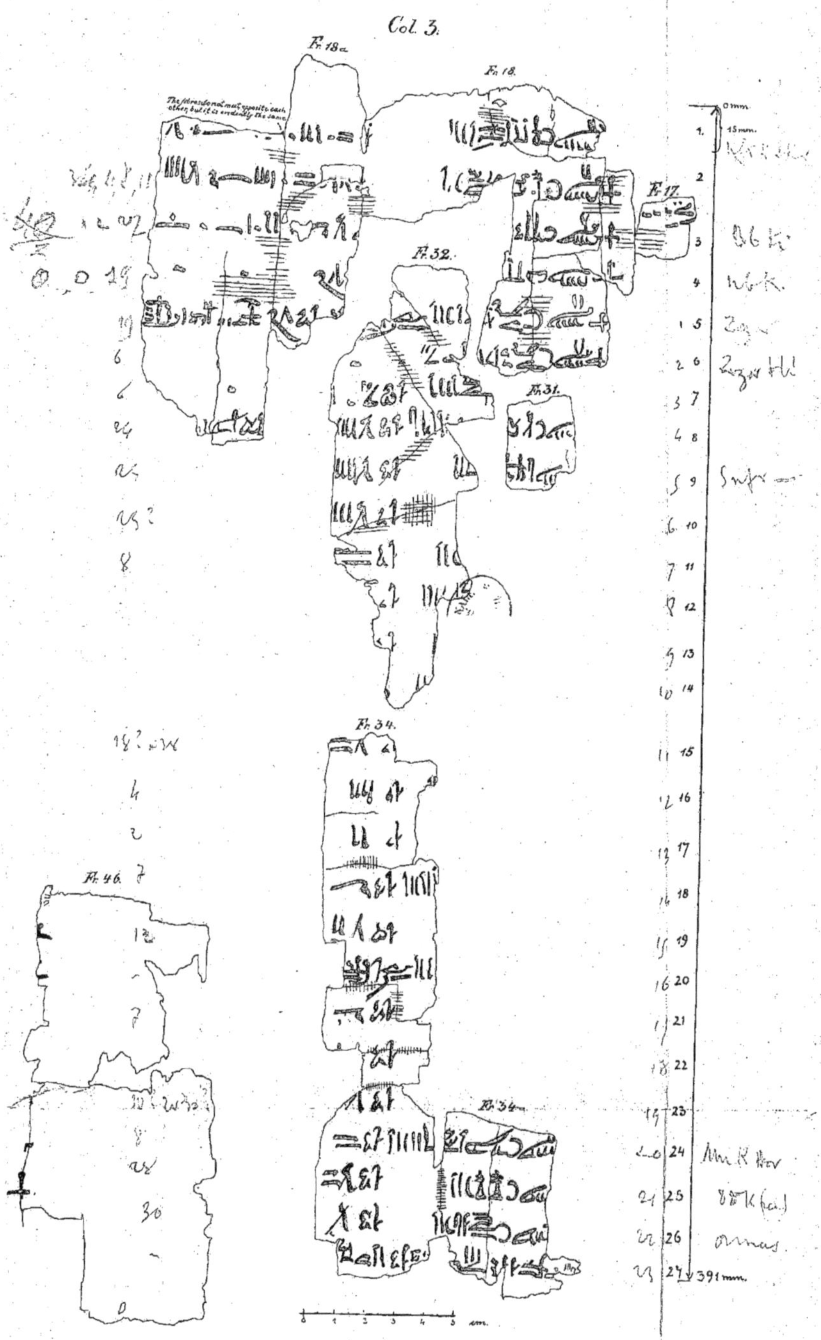

Turiner Papyrus col. 3.

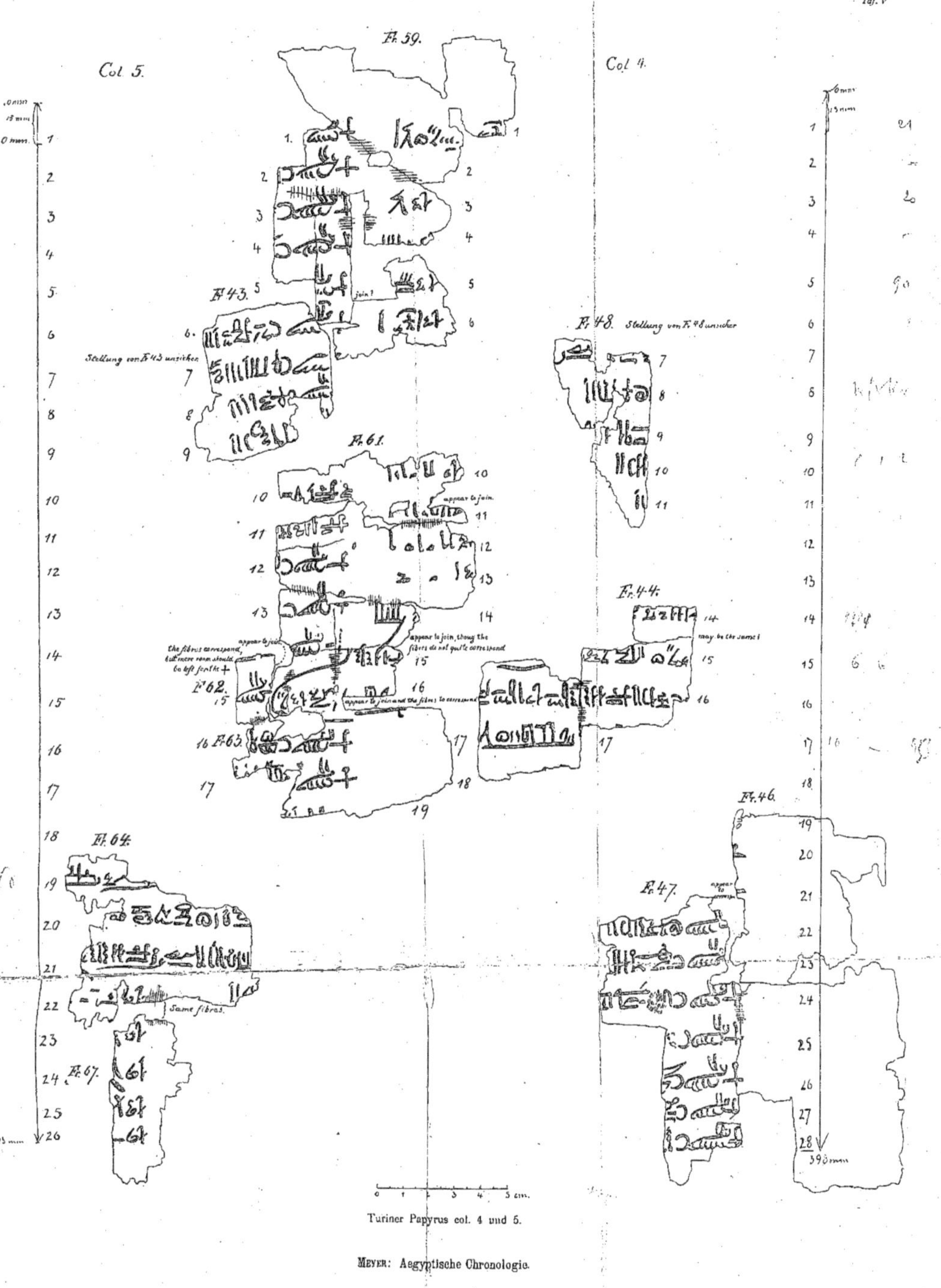

Turiner Papyrus col. 4 und 5.

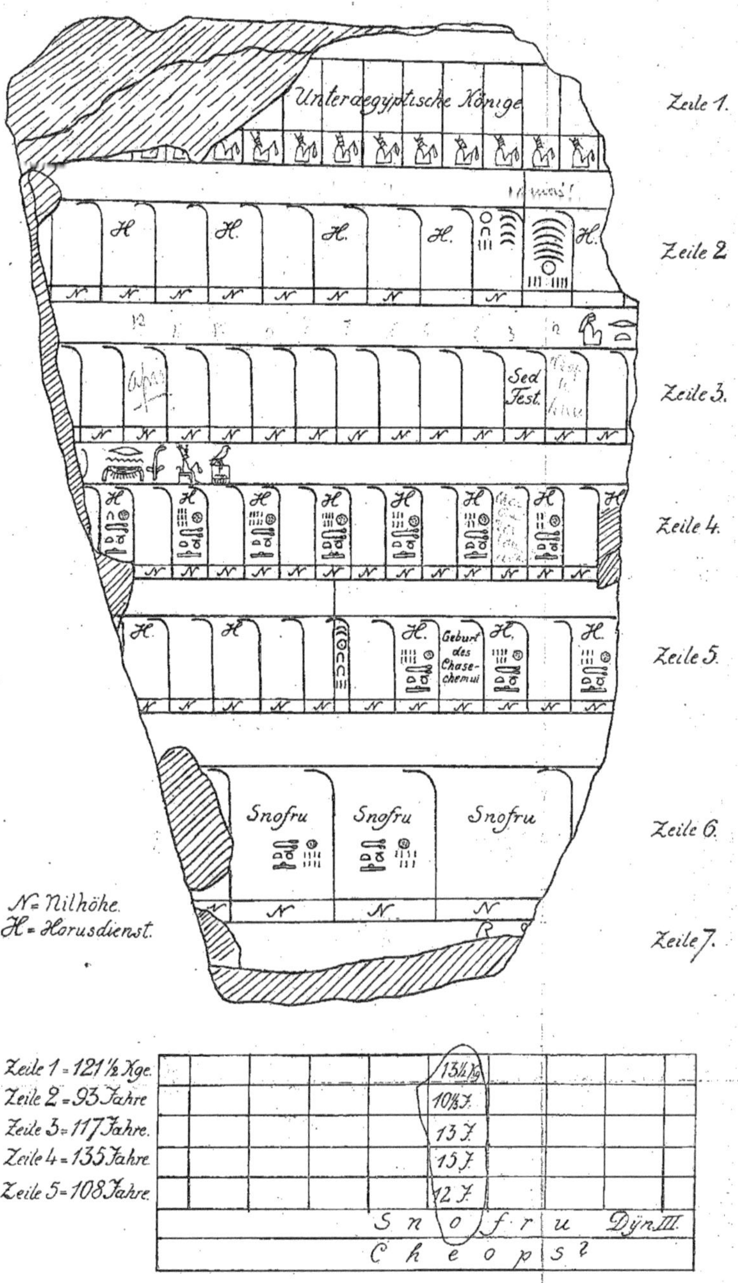

Schematische Reconstruction der Vorderseite, unter der Annahme dafs von Zeile 4 ein Neuntel erhalten ist.
Das erhaltene Stück ist eingerahmt

Stein von Palermo, Vorderseite.

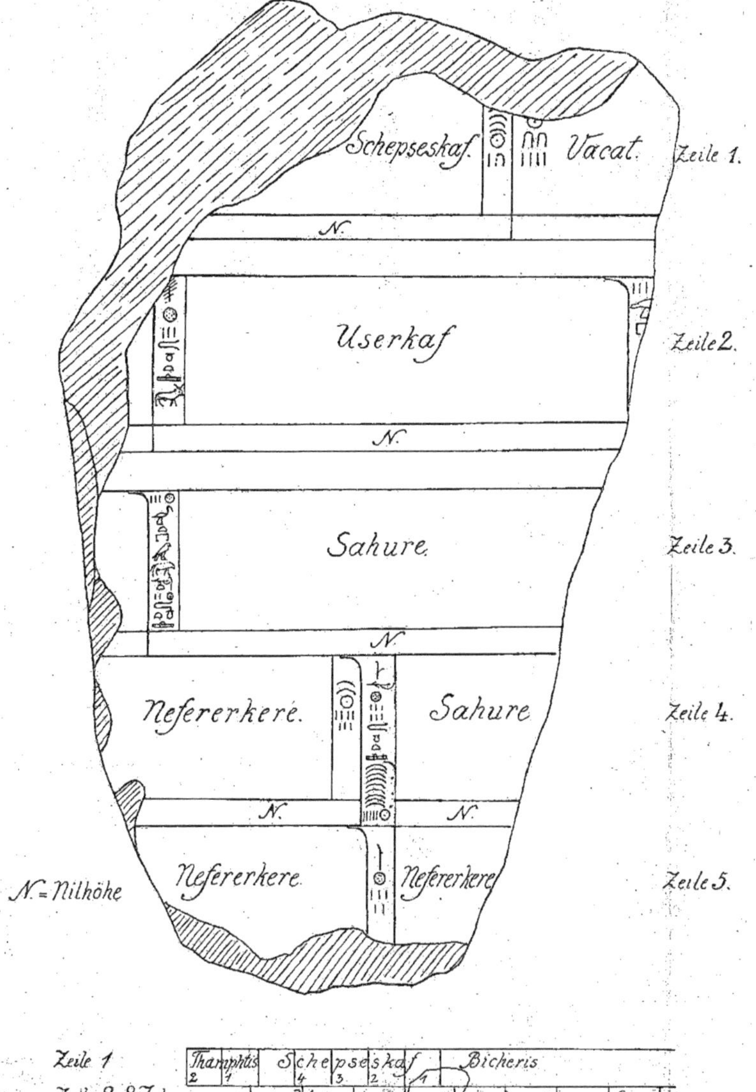

Zeile 1 — Thamphtis 2, 1 — Schepseskaf 4, 3, 2, 1 — Bicheris

Zeile 2 = 8 Jahre — Userkaf 8, 7, 6, 5, 4, 3, 2, 1

Zeile 3 = 8 Jahre — Sahure 8, 7, 6, 5, 4, 3, 2, 1

Zeile 4 = 9 Jahre — Nefererkere 4, 3, 2, 1 — Sahure 13, 12, 11, 10, 9

Zeile 5 = 9 Jahre — Nefererkere 10, 9, 8, 7, 6, 5

Schematische Reconstruction der Rückseite, unter Annahme gleicher Grösse der Jahresfelder in jeder Zeile. Das erhaltene Stück ist eingerahmt.

Stein von Palermo, Rückseite.

MEYER: Aegyptische Chronologie.

www.ingramcontent.com/pod-product-compliance
Ingram Content Group UK Ltd.
Pitfield, Milton Keynes, MK11 3LW, UK
UKHW020157250726
13967UKWH00003B/1122

9 782012 880351